中国近现代
中小学体育教科书发展史

蒋宏宇◎著

湘潭大学出版社

图书在版编目（CIP）数据

中国近现代中小学体育教科书发展史 / 蒋宏宇著
. -- 湘潭 : 湘潭大学出版社, 2018.10
ISBN 978-7-5687-0265-2

Ⅰ. ①中… Ⅱ. ①蒋… Ⅲ. ①中小学－体育课－教材建设－教育史－中国 Ⅳ. ①G633.96

中国版本图书馆 CIP 数据核字（2018）第 230193 号

中国近现代中小学体育教科书发展史

ZHONGGUO JINXIANDAI ZHONGXIAOXUE TIYU JIAOKESHU FAZHANSHI

蒋宏宇　著

责任编辑：刘　丹
装帧设计：李时春
出版发行：湘潭大学出版社
社　　址：湖南省湘潭大学工程训练中心
电　　话：0731-58298960　0731-58298966（传真）
邮　　编：411105
网　　址：http://press.xtu.edu.cn/
印　　刷：长沙超峰印刷有限公司
经　　销：湖南省新华书店
开　　本：710 mm×1000 mm　1/16
印　　张：20.5
字　　数：349 千字
版　　次：2018 年 10 月第 1 版
印　　次：2018 年 10 月第 1 次印刷
书　　号：ISBN 978-7-5687-0265-2
定　　价：45.00 元

目　　录

绪　论

中国近代著名教育家、出版家，中华书局创始人陆费逵在《中华书局宣言书》中曾有过“立国根本，在乎教育；教育根本，实在教科书”的著名论断，在提及教科书的功能时又指出：“教科书之于教育，犹锄犁之于耕。无炮械不可言战，无教科书不可言教育。此人人之所知也。”① 陆费逵的论说，点明了教科书之于教育的重要意义。我国近代以来，受西方教育体制的影响，教科书已逐渐成了学校教育的重要要素之一。作为有着庞大使用群体的一种特殊文本，教科书的发行量相当惊人。陆费逵所创立的中华书局，以及稍早成立的商务印书馆，这两家中国近代出版史上最负盛名的出版机构，就是以出版教科书起家的，在其后相当长的一段时间里，教科书发行仍占据了这两家出版机构的半壁江山。中华人民共和国成立后，教科书仍是我国发行量最大、读者数量最多的出版物之一。随着近年来教育科学研究的蓬勃发展，教育领域诸多要素均成了理论研究的关注对象，但相对教科书文本的迅速发展和人们对其他教育要素的重视程度，对教科书的理论研究则略显滞后。教科书理应是最不该被忽视的文本，然而，这个文本却是最少被研究的，“最不该忽视的研究被忽视了”②。

体育教科书是伴随着我国近代西学东渐的浪潮，伴随着近代体育课程的发源

① 刘立德. 陆费逵与中国近代教科书主权意识觉醒［N］. 中华读书报，2013－11－20（014）.

② 石鸥. 最不该忽视的研究——关于教科书研究的几点思考［J］. 湖南师范大学教育科学学报，2007，6（5）：6

和确立而出现在历史舞台的。一百余年来，体育教科书随着社会历史的不断变迁和我国教育的近、现代化进程，也走过了自己的百年历程。但时至今日，对体育课程是否需要教科书，体育课程发展历程中究竟有没有出现过教科书，以及体育教科书该如何编写使用等问题，人们依旧存有疑问。在这样的背景下，选择以我国近代以来体育教科书发展变迁的历史进程为研究课题，无疑具有深远的意义。

第一节　导　言

一、教科书历史研究是深化当前基础教育课程改革的时代需要

教育是民族振兴、社会进步的基石，是提高国民素质、促进人的全面发展的根本途径。中小学教育是科教兴国战略的基础，课程教材的改革是中小学教育改革的核心，它关系到正在成长的青少年思想观念的形成、知识的获取和能力的提高。作为教材家族中比重最大、作用最强、使用面最为广泛的成员，教科书无疑具有其他教材无法取代的地位。教科书是人类文明传承的工具，它总是选择它所处时代的最重要的文化要素作为其内容，以便年轻一代可以掌握必要的知识技能，维持社会的不断发展。教科书集中体现了社会的主流文化，渗透了统治阶级的意识形态和价值观。教科书通过对一代代年轻人的教育，塑造了一个国家的国民素养，国家民族素质与教科书有着不可分割的联系。

教科书文本蕴含了丰富的文化内涵，近代教育领域对教科书一直较为关注。2005 年，民国时期出版的《开明国语课本》重印 8000 册，2009 年脱销，引发了大众及学界对民国老教材与当今教材的对比和关注，再加之民间团体对基础教育教科书的批评和争议不绝于耳，中小学教科书成了社会公众瞩目的焦点。公众对教科书的争议，不仅是基于教科书在我国基础教育中的重要地位的认同，也是对当今基础教育改革的反思和批判。该选用什么样的教科书，教科书该如何编写，教科书与当前的教育现状有怎样的因果联系，教科书可以为改变当前教育现状做

些什么，这一系列问题正逐渐成为课程理论学界的研究热点问题。整理和研究我国近现代中小学教科书的变迁历史，是我们透过教科书了解社会政治文化变迁规律的重要途径，更是我们反思和总结教育发展规律、探寻解决当下教科书存在的问题与争议的必要工作。

二、体育基础课程改革面临亟须解决课程内容选择的问题

在近年来的基础教育课程改革热潮中，中小学体育教育也面临着一系列的问题和挑战。伴随着基础教育课程改革诞生的新体育课程标准在内容安排上强化了“两头”，而淡化了“中间”，“即强化了目标体系和考核体系，淡化了课程内容的选择和具体安排”[①]，这一变化必然要求体育教科书的编写必须更加注重对内容的精心选择和合理安排。早些年有批评的声音称本次体育课程改革致使教学中存在“教学目标虚化、教学内容泛化、教学过程形式化、教学评价和气化”等现象[②]，由此可见新课改中教学内容的选择问题亟待解决。与其他学科一样，体育学科是基础教育中正式的教学科目，但也是一个特殊的学科。体育课的组织形式、授课场所、教学内容均与其他学科存在较大的差异。体育课上课时几乎不使用教科书，很长一段时期学生也基本没有体育教科书，因此对于体育课有没有必要使用教科书，体育教科书究竟该如何使用等问题，体育教育理论界一直存有争议。新课改的浪潮将体育教科书推上了改革的浪尖，体育教科书该如何适应时代的需求，合理有效地解决改革进程中出现的问题，是我们不得不思考的改革命题。因此在当前对我国近现代体育教科书发展变迁的历史进程进行梳理研究，以期找出可以解决当前问题的有效对策，既是解决基础教育课程改革所面临问题的需要，也是体育教科书自身发展的内在需求。

三、探寻体育教科书历史变迁规律是建设有中国特色体育课程的必经之途

近代以来，我国体育课程始终受到国外体育课程的影响，从近代学制确立之

① 姚蕾. 当代中国学校体育发展的热点问题解析［J］，南京体育学院学报，2010，24（3）：20.

② 王家宏，蒋国旻. 基础教育体育课程教学改革之审视［J］，东南大学学报（哲学社会科学版），2010，12（1）：108～111.

初的学习日本，到自然主义体育思想影响下的仿效欧美，再到中华人民共和国成立之初的全面“苏化”，直到改革开放以来先后学习日本、美国，及至广泛学习各个国家的先进经验，我国体育课程的发展始终处于不断地向国外学习的过程中。重视仿效学习国外经验的体育课程，难免存在缺少鲜明的本土特色的弊病，如何建成具有中国民族特色的体育课程，一直是一代体育工作者为之不断奋斗的理想。

“体育课程的发展，在横向上受到同时代先进国家影响的同时，在纵向上还要受到本国传统和现实条件制约：一个国家的体育课程在走向世界的同时，还必须体现民族性，或者说立足本国。”① 学习国外经验是无可厚非的，体育课程也必须在不断学习中才能逐步形成自己的特色。然而，建设具有中国特色的体育课程理论，仅向国外学习是不够的，更重要的是要以我国体育课程的历史传统为基础，挖掘近现代以来中国体育课程发展的历史经验，这是建设有中国特色体育课程的必经之途。教科书研究是课程研究的重要内容之一，伴随着体育课程的百年历程，体育教科书承载了太多等待挖掘的经验和规律。体育教科书也同样存在形成中国特色的问题，建设有中国特色的体育课程，是绝不能缺少具有鲜明民族特色的教科书的。当前体育理论界逐渐开始了对教材及教科书的研究与整理，然而对我国近现代百余年来体育教科书的整体回顾和总结恰恰是缺失的。因此本研究从体育教科书本身出发，整理并研究其历史变迁的进程，从建设有中国特色体育课程的角度来看，也是十分有必要的。

四、体育教科书历史研究是丰富我国近现代教育史、体育史的有益工作

作为一种重要的社会文化现象，教科书的历史是社会政治史、文化史、教育史的重要组成部分，透过这一现象，我们可以对社会政治、经济、文化、教育、科技等多个方面及其历史发展进程、规律获得丰富的理解。体育教科书是中小学教科书的组成成员之一，社会历史变迁必定会在不断发展演进的体育教科书身上

① 王华倬．论我国近现代中小学体育课程的发展演变及其历史经验［D］．北京体育大学博士学位论文，2003：118.

打上深深的烙印。考察我国近现代体育及教育的发展历程，我们不难发现体育教科书在这一历史进程中扮演了重要的角色。

我国近代体育的发源是与西方国家的政治和经济侵略相伴随的，教会学校和洋务学堂是近代西方体育运动输入中国的一个重要门户，许多西方体育运动项目及其竞赛，首先是在学校开展起来，然后才慢慢为当时的社会所关注和接受。因此我们可以说学校体育是中国体育近代化的媒介。教科书几乎是与近代学校同时出现在历史舞台上的，体育教科书从诞生之日起便从客观上为促进西方体育运动在近代中国的传播起到了一定的推动作用。回顾一百余年来学校体育的发展历程，体育教科书的历史变迁过程与体育课程的发展始终是紧密伴随的。历史赋予不同时代体育教科书的绝非一成不变的使命，一部近现代中小学体育教科书的发展历史，就是一部部近现代中国政治、文化、教育、体育发展史的缩影。发掘埋藏在体育教科书百年变迁中的历史故事，探寻和总结其产生形成过程中的经验与规律，这是体育科学工作者不可推卸的责任。

第二节 研究的基本思路

一、研究目的与意义

研究体育教科书发展历史的目的在于：对我国近现代中小学体育教科书的发展历史进行文献和书目整理，客观描述中小学体育教科书的百年发展轨迹，揭示和总结其变迁规律和编写经验，为当代体育教科书编写提供借鉴与参考。

其意义如下：

（1）教科书是人类文明传承的重要工具，随着现代教育的不断进步，人类的生存与发展越来越依赖于通过教科书来吸取已有的知识经验。教科书建设事关人类文明传承与发展，对教科书的研究是确保有效发挥教科书功能，减少教科书失误和差错的必要行为。我国近现代体育教科书伴随着体育课程的不断发展，已经历了一百余年的历史，产生了承载着不同历史时期学校体育教育理念的历史文本，通过对这些文本的整理与研究，可系统回顾近现代以来体育教科书历史变迁的轨迹，审视不同时期体育教科书的编写特点，总结体育教科书的编写经验与规律，丰富当代教科书编写理论，推动体育教科书更好地发挥自身的功能，以促进体育课程在人的全面发展中产生更加重要的作用。

（2）当前对于体育教科书的功能、价值、内容选择、表现形式等基本理论问题存有较大分歧，对体育教科书历史变迁规律和经验的总结，能促使人们从教科书发展变迁的层面思考这些问题，达到以史为镜、夯实体育教科书选编的学理基础的目标，为解决当代体育教科书领域的有关争议提供理论依据。

（3）建设有中国特色的体育课程需要产生出有中国特色的体育教科书，对我国近现代体育教科书历史变迁进程的回顾与总结，有利于发掘和整理出有中国特色的体育教科书应具备的基本要素，这对推动具有中国特色体育教科书的形成具有重要的理论和现实意义。

（4）体育教科书是不同时期教科书编写者在体育课程标准（或教学大纲）的指导下编写出来的，它的形成受到了不同时期社会政治、经济、文化、教育、学科发展等要素的深刻影响，对教科书的研究和解读就是对埋藏在教科书文本中的各种要素的一次挖掘和解密，能有效促进对体育教科书与社会发展各要素之间关系的进一步理解和认识，为丰富体育教育基本理论作出贡献。

二、研究对象与方法

（一）研究对象

本书主要以我国近现代以来的中小学体育教科书为研究实体，探讨百余年来中小学体育教科书发展变迁的历史轨迹与演变规律。其中关于教科书的定义，根据大百科全书的提法是指：根据体育教学大纲（或课程标准）编订的、系统地反映体育学科内容的、作为课堂教学主要资源的教学用书。由于我国近现代史上体育学科主要是以编写和使用教师用书为主，各类体育教科书大都冠以诸如“教授细目”“教本”“教学参考书”“教材”等名称，学生用书在20世纪80年代以前较少出现。因此在本书的研究中，对于有学生用书的时期以研究学生用书为主，对于只有教师用书的时期，就只研究教师用书。

对于体育教科书的范围，空间上界定为我国大陆地区，时间上界定为从我国近代教科书产生（19 世纪末 20 世纪初）到 2014 年，即包括了清末、民国时期和中华人民共和国时期，在学段上包括小学和中学，中学仅涉及普通中学。

（二）研究方法

本研究拟采用文献资料法、比较研究法、历史研究法、座谈及访谈法等研究方法。（1）文献资料法，本研究将搜集整理我国近现代以来体育学科不同版本的体育教科书，与体育教科书有密切关系的教育文件、课程标准，以及各种报刊媒体中的报道及历史上学术期刊中的研究文献等资料，通过对上述资料进行整理、分类，并认真研读，以整合、提取体育教科书百年变迁的相关信息，进而客观描述体育教科书的历史发展脉络。（2）比较研究法，主要在各阶段研究时运用，通过对不同时期教科书各项要素的纵向和横向比较，找出各要素间的异同，以探寻和总结体育教科书发展变迁的特殊性和普通性规律。（3）历史研究法，在对体育教科书历史变迁历程的描述研究中，必须坚持用马克思主义辩证唯物主义与历史唯物主义相结合的原则，遵循历史事件发展的逻辑顺序，通过整理和分析一切可找寻到的历史记录，以还原真实的百年中小学体育教科书发展变迁的历程。（4）座谈及访谈法，访谈直接参与或主持过中小学体育教科书编写、修订的学者，了解文字记录背后全面、客观的历史情境；访谈优秀中小学体育教师，了解不同历史时期体育教师对体育教材的评价。

三、研究思路与创新

（一）研究思路

本研究以我国近现代中小学体育教科书文本为基本研究对象，在研究思路上强调内因和外因、局部和整体相结合。先分期描述我国近现代体育教科书的变迁轨迹，并重点分析各时期不同教育思潮和学校体育思想对体育教科书的影响，然后再针对教科书本体进行纵向梳理与归纳，最后对中小学体育教科书的编写经验与演进规律进行总结，为当前和今后教科书的编写提供借鉴与启示。

具体可分为三个层次进行研究，第一个层次是我国近现代中小学体育教科书变迁的脉络梳理；第二个层次是体育教科书的历史变迁影响因素分析。第三个层次是在前述研究基础上总结近现代体育教科书的变迁规律和经验教训。

（1）我国近现代中小学体育教科书变迁的脉络梳理。

这一研究内容是对从清末至今我国出版的中小学体育教科书的发展与变迁的历史脉络进行全面梳理，并在此基础上，研究各历史时期具有代表性和广泛影响力的体育教科书编写的社会背景、编写依据、编写方式、使用和修订情况、在体育教科书发展历史上的地位等，同时扼要介绍其他体育教科书，并总结该时期体育教科书发展的特点和经验。根据社会历史变迁的主要特征，本研究将我国近现代中小学体育教科书发展历史进程分为三个阶段进行研究。

第一阶段，清朝末年（1840—1911 年）中小学体育教科书的整理与分析；

第二阶段，民国政府时期（1912—1949 年）中小学体育教科书的整理与分析；

第三阶段，中华人民共和国（1949—2014 年）中小学体育教科书的整理与分析。

对以上各阶段的具体研究，将根据各时期教科书发展的特点和具体研究需要进行进一步细分。每一时期各个阶段的研究，主要应包括以下方面：一是该时期体育教科书编写的社会背景，特别是教育事业的发展状况（包括有关教育政策、重要教育思想，以及体育事业的具体发展情况等）。二是该时期体育教科书编写出版情况，包括该时期教科书编写的依据，如当时的教育政策（包括教科书审定制度）、学制、课程（教学）计划和课程标准（教学大纲）等；体育教科书的编写指导思想、编写原则，该时期体育教科书编写的人员组织和编写方式；体育教科书的出版概况等。三是该时期主要体育教科书的内容分析，如各项教材内容的分类和排列、教材的主要特点、与以往教科书在内容结构等方面的变化之处、改革中关注或争论的焦点等。四是该时期体育教科书的使用情况。五是该时期体育教科书在百年教科书发展中所处的地位和影响评价。

（2）我国近现代体育教科书历史变迁影响因素的分析。

当前对影响体育教科书编制的外部因素研究成果相对较少，其中关于学校体育思想和教育思潮百年发展历程的研究虽然较多，但大多没有与体育教科书的变迁和发展相结合。本研究将对社会文化变迁、意识形态、教育思潮，以及体育事业发展等方面进行深入探析，找寻其对体育教科书历史变迁的影响。需要说明的是，对于影响体育教科书发展的这些因素，本研究并没有单列出一个部分来进行专门分析，而是将其穿插在各时期教科书的研究分析中分散进行的。事实上，本研究所指出的三个层次中，前两个层次是结合在一起的，在对我国近现代体育教科书发展历史脉络进行梳理的过程中，同时穿插分析了其所置身的各种社会历史影响因素。

（3）我国近现代中小学体育教科书历史变迁的规律和经验的总结。

根据以上两个层次的研究结果，对我国近现代中小学体育教科书历史变迁规律与经验进行总结，并提出编写体育教科书的基本规律和具体要求。

（二）创新之处

本研究的创新之处在于：（1）以往的研究大多是将体育教科书的研究附属在体育史、学校体育史、体育思想史的研究中，或者是断代史的研究，或者是着眼于其中某一问题的纵向研究，本研究将初步形成专门、系统研究中小学体育教科书历史的研究体系。（2）以住的研究对教育思潮和学校体育思想的研究大多是围绕其本身的发展变化或者是对学校体育工作、体育课程构建以及体育教学的影响上，而对于这些因素如何影响体育教科书发展的研究，却较少涉及，本研究将填补这一空白。（3）从对教科书本身的研究来看，以往大多停留在对体育教材选编和组织等方面的研究上，仅涉及宏观层面的原则与方法，对于教科书中各项目的具体内容缺乏研究，研究不够细致，本研究立足体育教科书本身，在分析不同历史时期体育教科书发展变迁进程时，选择体育教科书中基础知识、游戏、基本活动、田径、体操、球类、武术、韵律体操和舞蹈等具体的内容要素进行分析，从体育教科书百余年来的具体内容要素的历史变迁中找出规律和经验，用以指导当前体育教科书的编写。

第一章 体育教科书相关问题研究综述

第一节 教科书的起源、发展和基本概念的界定

一、教科书的起源和发展

教科书的产生和发展是伴随着人类教育教学活动的演进而逐步成熟的。从原始社会的教育活动开始，人们为了向后代传授生产生活的经验，在教育活动中慢慢形成了以口耳相传、言传身教为主要特征的经验材料，但这种经验材料还只是停留在“声音和动作”的水平上①，只可视为人类教学材料的雏形。文字的出现对教科书的产生起到了重要的推动作用，公元前2世纪造纸术的发明则为古代教科书的形成和普及起到了决定性的作用。在我国古代私塾、村学等机构中，《三字经》《百家姓》《千字文》等古代教科书有着相当广泛的使用范围。科举制度出现后，“四书”“五经”则成了几乎等同于国家法定地位的教科书。

世界其他较早产生教育活动的国家也出现了类似我国古代的教科书，如欧洲

---

① 曾天山. 教材论［M］. 南昌：江西教育出版社，1997：39.

中世纪的各类学校主要以基督教的《圣经》为教科书，伊斯兰国家早期教育则以《古兰经》为主要教科书。但无论是我国古代社会还是西方国家，均没有明确出现“教科书”这一概念。我们以今天的眼光来审视，这些所谓的教科书也许还只能算作是教学材料，尚不具备近代教科书的特点。为近代教科书的产生和形成作出重大贡献的是捷克大教育家夸美纽斯，他在1658年出版了世界上第一本面向儿童的插图教科书——《世界图解》，这本书出版后很长一段时间内均受到欧洲各国儿童的喜爱，成为近代教科书的楷模①。17世纪班级教学出现后，教科书才成为学校教育的主要教材并确立了其在教学中的重要地位。此后教科书在欧洲经历了不断完善和规范的过程，并逐步形成近代教科书的特征。

“教科书”一词（Text Book）传入中国已是19世纪下半叶的事情，最早是在1876年由基督教传教士使用并传入中国的。但该词传入之初，并没有为中国社会普遍接受，1877年成立的“学校教科书委员会”（the School and Text Book Series Committee）出版了各种作为在华教会学校使用的书籍，但这些书籍并没有在书名中使用到“教科书”一词，而是冠以“读本”“纲要”“入门”“基础”等字眼②。同一时期，中国学者大多使用“功课之书”等近似之词来表达教科书的含义。直到1897年，南洋公学外院成立，其使用的教科书中出现了《笔算教科书》《物算教科书》等，才标志着“教科书”一词在近代中国的正式出现。此后，由于清末新政的推行及人们对甲午战争的反思，改革教育的呼声越来越高，教科书也逐渐受到了人们的关注。1901年后，清政府官方文牍中开始出现“教科书”一词，“教科书”的概念在教育界中使用得日渐频繁，至辛亥革命前，已基本成了为民间和官方开始认可的概念。民国以后，“教科书”已成为政府文件和民间认同的正式用语，标志着其为中国社会所普遍接受。

二战以后，随着社会经济的迅速发展和世界政治格局日趋稳定，教科书逐步迎来了其发展的黄金时代。世界各国越来越重视对教科书的研究，教科书从编写、审定到出版等领域均引起了各国教育专家学者的关注，其研制的技术水平有

① 钟启泉. 现代课程论（新版）[M]. 上海：上海教育出版社，2006：379.

② 毕苑. 中国近代教科书研究 [D]. 北京师范大学博士学位论文，2004：10.

了质的飞跃，质量和管理水平有了显著的提高。尤其是20世纪80年代以来，教科书研究在美国、英国、德国等国家逐渐变成了课程与教学论中的“显学”，30多年来成果斐然[①]。我国现代教科书在解放之初以解放区教科书为基础，大量借鉴了苏联教科书国定制的经验，确立了我国教科书的编定体制。中华人民共和国成立以来，我国先后出版了9套基础教育教科书，先后出版了多套地方教材，每年出版的教科书多达几十亿册。教科书已占据了我国出版业的半壁江山，这些数据充分表明，经历数千年流变的教科书已成了当代不可忽视的重要文本。

二、教科书概念界定

教科书是教学过程的三大基本要素之一，是基础教育基本建设的重要组成部分。人们对教科书的重要性虽有几乎一致的高度认同，但由于教育活动的复杂性，理论界对教科书概念的界定至今仍然呈现出众说不一的局面。下面搜集了一些关于教科书概念的界定：

德国施穆克认为“教科书是学校的教育工作中根据各州教育部的教学大纲，从一定的教育观点出发向学生提供个别的活动素材的辅助手段”[②]。

日本认为教科书是“根据学科课程组织排列的，作为学校的主要教材供教学之用的学生用书”[③]。

美国大百科全书对教科书的定义为“教科书是为了学习的目的通过编制加工并通常用简化方法介绍主要知识的书”[④]。

《汉语大词典》对教科书的定义为“根据教学大纲的要求，专门为学生上课和复习而编写的书”[⑤]。

《现代汉语词典》对教科书的解释是“按照教学大纲编写的为学生上课和复习用的书”[⑥]。

---

① 李祖祥. 控制与教化——小学思品教科书研究［D］. 湖南师范大学博士学位论文，2007：6.
② 钟启泉. 现代课程论［M］. 上海：上海教育出版社，1989：691.
③ 钟启泉. 现代课程论［M］. 上海：上海教育出版社，1989：736.
④ 曾天山. 教材论［M］. 南昌：江西教育出版社，1997：8.
⑤ 本书编委会. 汉语大词典［M］. 上海：上海辞书出版社，1990.
⑥ 中国社科院语言所词典编辑室. 现代汉语词典［M］. 上海：商务印书馆，2002.

《中国大百科全书·教育卷》对教科书的定义为“教科书亦称课本，根据教学大纲（或者课程标准）编定的系统的反映学科内容的教学用书”①。

钟启泉认为教科书是指“学校或是任何学习集团在学习一定领域知识时所运用的教材，以便于教学的方式编辑的图书”②。

从以上不同学者对教科书的概念界定来看，对于教科书的界定主要存在以下几个方面的争议：一是教科书是否必须按照教学大纲来编写，较多学者认为按照教学大纲（或者课程标准）编写的才能称之为教科书，但也有不同的声音，如日本、美国及我国学者钟启泉对教科书的定义则没有强调教科书需按照教学大纲编写；二是教科书的呈现形式是否一定是书本，大部分定义均认为教科书的呈现形式是“书”，但施穆克则只是指出教科书是“辅助手段”，并不强调一定是书本；三是教科书是否仅限于学校使用，大部分对教科书概念的界定均指出教科书是在学校使用的，部分界定虽未明确指出是在学校内使用，但也指明是供教师或学生使用，但美国学者及钟启泉等均认为教科书不一定仅限于学校使用，其使用者甚至可以是“任何学习集团”。

事实上，以上几种对教科书概念的不同界定，恰恰反映了对教科书概念的内涵及外延存在不同认识，或者说，教科书有着广义和狭义之分。现代社会里，教育的范畴绝不仅限于学校教育，教科书的表现形式也不应局限于纸质文本。教科书在很长一段时间被人们习惯性地称之为教材，也正是这种认识差别的体现。

因此，在对教科书概念进行界定时，必须区分清楚其与教材概念之间的关系。在教育领域，人们更多地提到教材的概念，但对于什么是教材，同样存在着不同的认识。曾天山认为“教材其一是信息（用以表达规范化和符号化的语言和思想）；其二是信息赖以存在和显现的物质载体（如语言、甲骨、木竹、石、皮、帛、纸、胶片、磁带、录像、软盘等）。因此教材包括教学的内容（Subject matters or Contents）和教学的教材（Teaching and learning materials）两大部分”，他将教材的概念界定为：“教材是教学过程中教师用来协助学生学习达到教学目

① 中国大百科全书出版社编辑部．中国大百科全书·教育卷［M］．上海：东方出版中心，1998.
② 钟启泉．现代课程论（新版）［M］．上海：上海教育出版社，2006：377.

标的各种知识信息材料。"[①] 从这一界定来看，教材概念的外延较为广泛，它既包括学校教育教材，也包括社会教育教材；既包括教授材料，也包括学习材料；既包括学科教材，也包括活动教材；既包括书籍等有形教材，也包括师生的经验等无形的教材。

从对教材概念的剖析来看，教科书与教材二者的关系就较为清晰了。教材是具有两个层面的含义的，第一个层面的教材表现为语言和思想的信息，它承载着教学内容，"是教学内容的选择反映形式和集中表现"[②]。教学内容是各学科中教学的目标或内容，是指学生应该掌握的知识和技能，为了"习得这种学科内容而在教学过程中运用的教学活动的直接对象，就是教材"[③]。从这一层面来说，教科书中呈现的具体内容也可称之为教材。教材的第二个层面是指信息赖以存在和显现的物质载体，这种载体包含上文所述的多种形式。教科书就是一项最常见的、最重要的教材，但教材家族中除了教科书外，还有其他表现形式的教材。

由于教材概念的复杂性，我国教育界有时并不细分教材与教科书两个概念，人们习惯上将学生使用的教科书也称之为教材，甚至某些教科书的名称也冠以"教材"字样。这一现象体现了人们对教科书属于第二个层面的教材范畴的认可，可见区分教材与教科书概念，有时并非是必要的。我们可以将教科书认定为依据教学大纲编写的供教师和学生使用的书本，但对于不断出现的其他表现形式的教材，只要它符合这一基本原则，不管其物质载体是否表现为书本，我们也可将其称为教科书，近年出现的电子教科书就是例证。

第二节　体育教科书的研究进展及成果

体育教科书是伴随着近现代体育课程的发展而不断更新的，因此对体育教科

① 曾天山．教材论［M］．南昌：江西教育出版社，1997：7～8．

② 曾天山．教材论［M］．南昌：江西教育出版社，1997：8．

③ 钟启泉．现代课程论（新版）［M］．上海：上海教育出版社，2006：378．

书的研究也是随着体育课程的发展演变而不断充实和丰富的。在体育教科书一百余年来的发展过程中，关于体育教科书的发展变迁、影响因素及教科书该如何编写等问题逐步引起了人们的关注，并出现了一批研究成果。

一、体育教科书的发展变迁

（一）体育史研究中的教科书研究

对我国近现代以来体育教科书发展变迁历程的研究，研究成果绝称不上丰富。在相当长一段时间里，体育教科书的研究一直处于空白状态，对体育教科书自近代出现在历史舞台以来的变迁发展情况所进行的研究，也基本处于缺失状态。但体育教科书作为学校体育中的一个重要要素，它的存在是不容忽视的，事实上它也从未被忽视过，在各类体育史和学校体育史的研究中，人们均不约而同地相继提及了各历史时期出现的体育教科书，部分研究中还设有专节论述了体育教科书的变迁历史。

提及了我国近代以来中小学体育课程及教科书发展变迁情况的体育史研究成果主要有成都体育学院体育史研究室编著的《中国近代体育史简编》①，成都体育学院体育史研究所编著的《中国近代体育史资料》②，颜绍泸、周西宽编著的《体育运动史》③，由国家体委文史委员会和中国体育史学会组织编写，何启君、胡晓风担任主编的《中国近代体育史》④，伍绍祖主编的《中华人民共和国体育史（1949—1998）综合卷》⑤，以及谷世权编著的《中国体育史》⑥，崔乐泉总主编的《中国体育通史》⑦ 等。

在这些体育史著作中，大多设有专门章节论述各时期学校体育的概况，一般均较为详尽地提及了当时体育课程的开设情况，对体育课程中关于体育教材的相

① 成都体育学院体育史研究室．中国近代体育史简编［M］．北京：人民体育出版社，1981.
② 成都体育学院体育史研究所．中国近代体育史资料［M］．成都：四川教育出版社，1988.
③ 颜绍泸，周西宽．体育运动史［M］．北京：人民体育出版社，1990.
④ 何启君，胡晓风．中国近代体育史［M］．北京：北京体育学院出版社，1989.
⑤ 伍绍祖．中华人民共和国体育史（1949—1998）综合卷［M］．北京：中国书籍出版社，1999.
⑥ 谷世权．中国体育史［M］．北京：北京体育大学出版社，2003.
⑦ 崔乐泉．中国体育通史［M］．北京：人民体育出版社，2008.

关规定也多有提及。如《中国近代体育史》中在论述民国初期与北洋政府时期的学校体育发展状况时，就设有“新学制关于学校体育的规定与体育教材”专门小节来论述当时体育教材的基本情况，并提及了沈重威与梅克乐共同署名出版的《新学制体育教材》①。《中国近代体育史资料》收集了我国近代各类体育资料，其中有较多史料与体育课程教材有着密切的联系，如国民党教育部所编印的教科书《小学体育教授细目》，其中 1 ~ 8 页的部分内容就被收录在该著作中②。崔乐泉总主编的《中国体育通史》是对中国体育史进行全方位研究的最新著作，其第三卷至第七卷，较为详尽地描述了当时学校体育的发展概况，尤其是在第三卷和第四卷中，更是为我们提供了大量的有关体育课程及教材的翔实的史料。《中华人民共和国体育史（1949—1998）综合卷》也提供了中华人民共和国成立后体育课程与教材建设的一些历史资料，该书所叙述的各时期体育事业的发展状况中，均专门叙述了当时学校体育的发展概况，对体育教科书的编写和出版，也多有论及，如论述关于中华人民共和国成立后学校体育发展情况时，提到了全国各省市结合学习苏联体育教学大纲，编写了适合本地区情况的体育教材或参考书，“北京编订了《小学体育教学参考资料》，天津市编制了《中小学体育教学大纲》，东北地区编辑出版了五年一贯制《小学体育教材》和《小学试用教材》”③。

从这些体育史的专著来看，虽然不同版本的体育史专著对各时期体育教科书的着墨详略有别，但无一例外地均有或多或少的论述，虽然这些论述内容较为零散，也未能形成对我国近现代体育教科书发展变迁历史的整体概述，但这些宝贵的史料和论述，对于今天我们研究近现代体育教科书的历史变迁而言，却是弥足珍贵的。

当然，由于体育史专著的研究着眼点须关注到体育领域的每一个方面，因此对体育课程教材的关注难免会有些力度不够，在这些专著中我们也能看到，有关

① 何启君，胡晓风．中国近代体育史［M］．北京：北京体育学院出版社，1989：117 ~ 119.

② 成都体育学院体育史研究所．中国近代体育史资料［M］．成都：四川教育出版社，1988：151 ~ 155.

③ 伍绍祖．中华人民共和国体育史（1949—1998）综合卷［M］．北京：中国书籍出版社，1999：58.

体育教材的论述一般是对现有史料的分析和评述，缺乏新整理收集的材料或是关于体育教材的考证。如《中国近代体育史资料》在“体育教材之编印”这一资料中，简述了国民党教育部于1942年所编写出版的几十部中小学体育教材的概况，并列出了《小学垫上运动与叠罗汉》《小学韵律活动》等二十几部中小学体育教材和参考用书①。《中国近代体育史》在论及国民党时期的学校体育概况时，也专门列表统计了“1942年后教育部组织编写的体育教材”，其所罗列的教材仍为《小学垫上运动与叠罗汉》《小学韵律活动》等《中国近代体育史资料》提及的20余部中小学体育教材及体育教学参考书②。《中国体育通史》第四卷中，在分析同一时期体育教材发展情况时，其所列的“1942—1945年间出版的体育教材和教学参考书”明确指出源自何启君、胡晓风的《中国近代体育史》，同样列出了与前述两书中相同的体育教材内容③。可见，从体育史专著中我们虽然可以找到许多我国近现代以来体育教科书编写出版的有关信息，但如果要获得更为全面的教科书史料，仍需我们进一步进行整理与研究。

除上述体育史专著中提及了体育课程教材的有关史料外，在我国近现代学校体育史或体育课程史的研究中，有关体育教科书发展变迁的相关论述则更为集中。这部分研究成果主要有苏竞存先生编著的《中国近代学校体育史》④，李晋裕、滕子敬、李永亮等编著的《学校体育史》⑤ 及王华倬的博士论文《论我国近现代中小学体育课程的发展演变及其历史经验》⑥ 等，这些文献中均有或多或少的关于体育教材及教科书的论述。如《中国近代学校体育史》对我国近代学校体育按照清朝末年、辛亥革命后北洋军阀时期、国民党政府时期、革命根据地和解放区四个部分分别进行阐述，比较全面地勾勒了我国近代学校体育发展的全

① 成都体育学院体育史研究所．中国近代体育史资料［M］．成都：四川教育出版社，1988：132～134.

② 何启君，胡晓风．中国近代体育史［M］．北京：北京体育学院出版社，1989：119.

③ 罗时铭，赵华．中国体育通史：第四卷［M］．北京：人民体育出版社，2008：241.

④ 苏竞存．中国近代学校体育史［M］．北京：人民教育出版社，1994.

⑤ 李晋裕，滕子敬，李永亮．学校体育史（中华人民共和国教育专题史丛书）［M］．海口：海南出版社，2000.

⑥ 王华倬．论我国近现代中小学体育课程的发展演变及其历史经验［D］．北京：北京体育大学博士学位论文，2003.

貌。该著作较为具体地介绍了不同时期体育教材的编写和出版情况，并对各个时期体育课程进行了十分详细的论述，这一研究对我们研究中国近代体育教科书的历史变迁有着重要的指导意义。《学校体育史》则以中华人民共和国成立到1999年的学校体育发展历史为研究对象，分段描述了各个时期学校体育发展中的重要历史事件，各章节中均专门论述了体育课程教材建设和体育教学改革的相关情况。该著作与《中国近代学校体育史》一道，提供了一段相对完整的近现代学校体育发展变迁的历史，对研究近现代以来体育教科书的历史变迁有着重要的启示。而王华倬先生的博士论文《论我国近现代中小学体育课程的发展演变及其历史经验》则以历届中国政府颁布的有关普通中小学教育的学制、课程（教学）计划、体育课程标准（体育教学大纲）为主要历史发展线索，系统回顾了一百多年来我国近现代体育课程的发展演变历程，该研究中多处提及作为课程重要资源之一的体育教科书的发展概况，部分章节甚至直接列举了一部分体育教材（教科书）作为分析课程发展情况的主要材料，由于本研究与该论文在研究时段上的一致性，再加上课程与教材二者之间不可分割的密切联系，该论文的研究范式和结论对本研究有着十分重要的指导意义。

从总体上来说，无论是零散分布在体育史专著中的教科书研究史料，还是在学校体育史和体育课程史的研究中相对较为集中出现的体育教科书研究资料，二者均缺少对体育教科书的整体审视，这些研究的着眼点或是关注整个体育领域，或是关注学校体育历史或体育课程历史，体育教科书都只是作为出现在其中的一个要素被研究者予以关注，这种状态下对体育教科书发展变迁历史的审视，无疑是远远不够的，这也注定了在这些成果中，体育教科书的研究史料均较为零散，尚有待于更系统更全面地研究。

（二）体育教科书历史变迁的专题研究

近年来，随着教科书研究的逐步升温，体育教科书逐渐引起了人们的关注。围绕体育教科书发展变迁历史所进行的专题研究，主要有课程教材研究所编著的《新中国中小学教材建设史（1949—2000）研究丛书·体育卷》，张庆新的博士论文《中国近现代体育教材史的研究》，刘斌的《从体操到体育——清末民国体育教科书研究》等，此外还有张天白、郑志林、庄弼等人也对某一段时期或某一部较具代表性的体育教科书进行了专门的研究，这些研究立足教材或教科书本位，重视对教科书本身的研究分析，得出了百余年来体育教材或教科书历史变迁的一些有益经验。

国家课程教材研究所编著的《新中国中小学教材建设史（1949—2000）研究丛书·体育卷》① 以人民教育出版社在中华人民共和国成立以来50余年间所编写出版的体育教学大纲及体育教科书为线索，全面回顾了中华人民共和国中小学体育课程和教材50年来的发展历程，收集和整理了不同历史时期人民教育出版社编写每一套体育教学大纲和教材时鲜为人知的许多珍贵的历史资料，对中华人民共和国成立以来每一套教学大纲和体育教材的内容和结构均进行了详细的介绍和分析，展现了中华人民共和国成立后50年来中小学体育教材建设发展的基本脉络和主要思想，归纳和总结出了中小学体育教材编写的一些基本规律和基本理论。王占春先生在此前还多次对中华人民共和国成立以来体育课程教材的建设与发展历史进行了全面的总结，如在1999年《新中国中小学体育教材建设五十年》上②、下③两篇中，王占春先生回顾了中华人民共和国成立五十年来体育教材建设的历程，探讨了编订体育课程教材的依据，并总结了体育课程教材建设的9条经验和教训。2009年，王占春先生又撰文回顾了我国中小学体育课程教材的建设历程④⑤⑥，该文后收入《新中国中小学教材建设史（1949—2000）研究丛书·体育卷》，作为全书总论出版。

张庆新的博士论文《中国近现代体育教材史的研究》对我国近现代大中小学体育教材发展变迁的历史进行了全面回顾与研究⑦，并整理了我国近现代以来所出版的小学体育教科书463册，中学体育教科书614册，大学体育教科书1213册。张庆新认为我国体育教材以1903年第一本体育教材《蒙学体操教科书》为

---

① 课程教材研究所. 新中国中小学教材建设史（1949—2000）研究丛书·体育卷［M］. 北京：人民教育出版社，2010.

② 王占春. 新中国中小学体育教材建设五十年（上）［J］. 中国学校体育，1999（5）：4~6.

③ 王占春. 新中国中小学体育教材建设五十年（下）［J］. 中国学校体育，1999（6）：8~11.

④ 王占春. 新中国中小学体育教材史论纲（一）［J］. 中国学校体育，2009（5）：6~10.

⑤ 王占春. 新中国中小学体育教材史论纲（二）［J］. 中国学校体育，2009（6）：6~10.

⑥ 王占春. 新中国中小学体育教材史论纲（三）［J］. 中国学校体育，2009（7）：6~9.

⑦ 张庆新. 中国近现代体育教材史的研究［D］. 北京师范大学博士学位论文，2008.

标志登上历史舞台后，经历了从无到有、从有到多、从多到优、从优到精的发展过程，不同学段体育教材的发展存在差异性与潜伏性，不同时期大中小学体育教材发展存在统一性与不平衡性，呈现出社会、教育、经济、文化、体育因素的制约性与时代性等规律。并提出中国未来的特色体育教材应强调民族传统特色，加强大中小学体育教材的衔接性和实用性。此后，张庆新、毛振明在《中国近现代体育教材发展的回顾与展望》[①]《近现代我国体育教材内容的嬗变与展望》[②] 等文中回顾了中国近现代体育教材的发展历程，并得出了与上述结论基本相同的研究结论。

刘斌的博士论文《从体操到体育——清末民国体育教科书研究》以石鸥所收藏的80余册中小学体育教科书为主要材料，将我国近代体育教科书发展变迁分为清末体育教科书的雏形和初创及民国时期体育教科书的稳步发展、繁荣及停滞几个阶段，系统地分析了从清末到民国时期中小学体育教科书的发展变迁历程，并重点再现了《蒙学体操教科书》《共和国教科书体操》及《体育教授细目》等几部各时期较具代表性的体育教科书[③]。

除上述几个较有代表性的体育教科书历史研究专题外，自20世纪90年代以来，也陆续出现了一些体育教科书研究的论文。如一些研究以我国近代以来体育教科书发展变迁为研究对象，回顾并评述了体育教科书发展变迁的百年历程。如郑志林对我国近代以来中小学体育教材建设的历史进行了梳理，认为我国百余年来中小学体育教材建设发展的历程可分为三个历史时期：起步时期（1902—1921）、建设时期（1922—1949）、发展时期（1949至今），并认为我国体育教材建设在这一进程中经历了从照抄外国到自我完善、自我发展的道路[④]。庄弼对我国近现代中小学体育教材的建设和发展历程也进行了研究，他分了五个时期进行

① 张庆新，毛振明. 中国近现代体育教材发展的回顾与展望［J］. 体育学刊，2009（6）：69～71.

② 张庆新，毛振明. 近现代我国体育教材内容的嬗变与展望［J］. 北京教育学院学报（自然科学版），2009，4（2）：32～36.

③ 刘斌. 从体操到体育——清末民国中小学体育教科书研究［D］. 湖南师范大学博士学位论文，2011.

④ 郑志林. 对我国中小学体育教材建设的历史回顾与展望［J］. 浙江体育科学，1994（5）：42～51.

阐述：（1）1949 年以前的体育教材建设；（2）规范化体育教材建设的最初尝试（1949—1955）；（3）体育教材体系的初步建立（1956—1981）；（4）体育教材体系的初步完善（1982—2000）；（5）体育教材建设的发展和成熟（2001—2008），文章分别阐述了各个时期体育教材的建设情况和特点，并罗列了各个时期较具代表性的体育教科书①。这些研究以有限之篇幅，纵览体育教科书百年发展的历程，自然有些浮光掠影之嫌，但其关于我国近现代以来体育教科书发展变迁历史的思考，对我们系统研究这段历史无疑具有很好的借鉴意义。

另一部分研究则集中在对某一时段体育教科书发展变迁历史的研究上，如张天白对我国清末体育教科书的出版情况进行了梳理，认为中国最早出版的适合于普通学校的体育教科书，应为光绪十六年（1890）庆丕、翟汝舟所译的《幼学操身》，并对由丁锦所译的《体操》、王肇鋐翻译的《普通体操学教科书》、李春醺所译的《新撰小学校体操法》和《瑞典式体操初步》等几部我国早期体育教科书的出版概况进行了梳理②。焦友吉等通过对中华人民共和国中小学体育教学大纲与教材建设的回顾，分析了不同年代中小学体育教学大纲与教材建设发展的特点，总结了我国中小学体育教学大纲与教材建设的基本经验③。张路遥、潘绍伟等回顾了我国 20 世纪 80 年代以来出版的多套中小学体育教科书，并对各套教科书在编写角度、编写内容等方面均随着时代的发展而相应地发生变化这一现象进行了分析，认为作为体现体育课程主要媒介的体育教科书，在体育教学过程中起着重要作用；我国的中小学体育教学在优秀教科书的指导下逐步走向正规化、科学化；未来的中小学体育教科书的编写应该更加注重时代性与科学性、基础性与创造性④。肖威对中华人民共和国成立以后我国中小学体育教材发展变迁的轨迹进行了描述，并考证了全国第一套学生体育课本应为 1983 年初郑州出版的中

① 庄弼．我国中小学体育教材建设发展初探［J］．体育教学．2008（12）：10～13.

② 张天白．我国近代出版体育教科书的早期概况［J］．体育文史，1990（3）：51～52.

③ 焦友吉等．新中国中小学体育教学大纲与教材建设的回顾［J］．北京体育大学学报，2002（25）5：672～674.

④ 张路遥，潘绍伟，王春燕．80 年代以来我国中小学体育教科书的演变［J］．浙江体育科学，2005（4）：66～67.

学体育课本[①]。余纯璐从初创与发展时期、恢复整顿与改革准备时期、重建与发展时期、改革与发展时期等几个阶段，对中华人民共和国成立以来上海市中小学体育教材建设的历程进行了回顾和总结[②]。

还有一部分研究则聚焦在某一部体育教科书上，集中笔墨评述具有典型意义的部分体育教科书。如郑志林对刊载于 1902 年《杭州白话报》上的《国民体育学》一文进行了点评，称该文是“我国近代体育发端时期，唤起民众，传播和实施西方近代体育，强国强种，健全国民素质，洗刷‘东亚病夫’耻辱的珍贵启蒙之作，是中国近代体育史上的一朵报春花”[③]。崔鲁祥、刘斌对我国近代第一套通用中小学体育教科书《体育教授细目》的编写出版特点及内容编排特色进行了较为详细的描述[④]。1983 年以来，很多地方都在编写地方版本的体育教材，并撰文进行介绍。广东省[⑤]、浙江省[⑥]、广西壮族自治区[⑦]、江苏省[⑧]等中小学体育教科书编写组均发表介绍性文章，大多从为什么要编写体育教材、本套教材的主要特点、创新特色、使用情况等角度进行了阐述。这些研究虽不属于教科书发展变迁的历史研究，但其所记载或整理的史料，正成了我们今天进行教科书历史变迁研究的珍贵资料。

二、体育教科书历史变迁的影响因素

体育教科书的产生和发展离不开其所处的社会历史条件，不同时代的社会政

---

① 肖威. 我国中小学体育教材发展回顾与思考 [J]. 运动，2012（49）：104～105.

② 余纯璐. 上海市中小学体育教材建设与发展 [J]. 体育科研，2009（30）5：100～103.

③ 郑志林，俞爱玲. 洗刷“东亚病夫”耻辱的号角——读《国民体育学》［J]. 浙江体育科学，2001，23（2）：46～47.

④ 崔鲁祥，刘斌. 我国近代第一套通用中小学体育教科书《体育教授细目》[J]. 湖南师范大学教育科学学报，2012，12（3）：39～43.

⑤《广东省中小学体育试用课本》编写小组.《中小学体育试用课本》的编写及使用说明 [J]. 体育教学与训练，1984（3）：47～48.

⑥ 李翅鹏. 关于体育课本的发展研究 [J]. 学校体育，1987（1）：21～22.

⑦ 余新田，柯文楹，关怀东. 突出地方特色提高体育教材生命力 [J]. 体育科技，1989（3）：53～57.

⑧ 杜伟，姚品荣. 体育教材“三特”刍议——关于江苏体育教材体现“中国特色、地方特点和时代特征”的初步探索 [J]. 体育与科学，1992（6）：41～44.

治、经济、文化、教育及体育学科发展变迁均会对其产生一定程度的影响。这些影响因素有些是直接作用于体育教科书的，有的则是通过对课程标准（或教学大纲）的影响，间接指导体育教科书的编写。对体育教科书影响因素的研究中，大部分是从近现代以来学校体育思想变迁及国外教育体育思潮对体育教科书的影响这一视角来进行研究的，也有部分研究是从社会、经济、文化等其他角度来研究中小学体育课程和教科书的影响因素的。

（一）体育教科书变迁的教育体育影响因素

有关体育教科书发展变迁影响因素的研究，主要集中在对教育思潮及学校体育思想变迁这两个方面，而事实上，近代以来我国学校体育思想的变迁，无不深受当时主要教育或体育思潮的影响。因而提及体育教科书发展变迁的影响因素时，我们大可将这一类研究均归为教育体育影响因素一类，一并作一简述。这类研究主要是对学校体育发展变迁的教育思潮及学校体育思想的分段发展历程的回顾与阐述，这些研究重视对思想史的反思与总结，研究成果直接或间接地影响了中小学体育课程和教科书的发展，为教科书研究提供了较好的教育学研究视角。

如陈晴编著的《清末民初新式体育的传入与嬗变》，主要从中外教育交流史的角度叙述了1840至1922年期间我国学校体育和体育教材的发展。该研究记录了我国近代以来新式体育传入与嬗变的过程，其中有一些史料叙述了各时期体育教材的建设概况，涉及的内容有体育教学内容的名称和对身体的评价①。

更多的研究则主要集中在对我国近代以来学校体育思想变迁历程的研究。如潘志琛等研究了近现代中国学校体育思想发生、发展、变化和更替的历史过程及其特点，并对各个时期的体育课程体系进行了分析。② 苏竞存则对中华人民共和国学校体育思想四十年的发展历程进行了回顾和阐述。③ 赖天德等对中国学校体育指导思想百年来的演进过程进行了回顾，总结了我国的学校体育指导思想百年

① 陈晴. 清末民初新式体育的传入与嬗变［M］. 武汉：华中师范大学出版社，2007.

② 潘志琛，罗映清. 中国近现代学校体育思想发展演变的初步研究，北京体育学院学报，1991（2）：47～55.

③ 苏竞存. 我国学校体育思想四十年的曲折发展［J］. 体育文史，1989（8）：2～5.

发展的一些规律和经验。[①] 武恩莲对百年来我国在清朝末年引进日本学校体育，20 世纪 20～30 年代引进欧美学校体育、中华人民共和国成立之初引进苏联学校体育的情况进行了总结。[②] 张庆新等考察了百年来学校体育思想变迁对体育教材的影响，并以中国近现代各个时期主流的学校体育思想和代表性体育教材为主要历史发展线索，回顾了军国民、自然主义、国粹、民族主义、三基、“左倾”、竞技、体质教育、快乐和终身，我国近现代 10 种学校体育思想教材观的发展演变历程。[③] 这些研究中，部分研究并没有直接提及学校体育思想变迁对体育课程教材的影响，但其所揭示的百余年来学校体育发展变迁的经验和规律，对我国当前体育课程和教材改革建设发展均有重要启示。

除对学校体育思想进行历史回顾外，还有部分研究以近现代史上对学校体育或体育教科书发展产生过重要影响的人物为对象，分析了这些历史人物及其所传译的教育思想对我国近代以来体育教科书的影响。如近代史上为体育课程和教材发展作出过积极贡献的麦克乐，王前红等将其对中国近代学校体育的推动作用总结为以下几方面：（1）推广西方自然体育思想。（2）建设体育专科学校。（3）培养体育师资和体育干事。（4）学校体育教材的编译。[④] 王建台认为麦克乐在发展近代中国学校体育方面的贡献，主要包括构建体育的目标、完善体育课程的内容、发展体育师资等方面。[⑤] 罗晖、刘云朝、苏苗对麦克乐的体育思想进行了研究，分析了麦克乐体育思想产生的时代背景和主要观点。[⑥]

从上述有关我国近现代以来学校体育思想变迁或教育思潮及重要人物的研究来看，这些研究大多集中对教科书所产生和酝酿的教育体育环境进行了较为系统

① 赖天德，于述平. 中国学校体育指导思想百年演进给我们的启示［J］. 中国学校体育，2003（3）：59～60.

② 武恩莲. 近百年来引进外国学校体育的反思［J］. 体育文化导刊，1990（3）：2～8.

③ 张庆新，朱俊全，衣扬. 近现代我国学校体育思想教材观考察［J］. 体育文化导刊，2009（7）：135～139.

④ 王前红，李承涛. 麦克乐对我国近代学校体育发展的影响［J］. 体育文化导刊，2009（5）：99～100.

⑤ 王建台. 麦克乐对中国近代体育的影响［J］. 体育文史，1994（5）：49～53.

⑥ 罗晖，刘云朝，苏苗. 麦克乐的民主主义体育思想探析［J］. 吉林体育学院学报，2007（1）：3～4.

的研究，尽管部分研究并没有直接指向体育教科书，但其揭示的体育教科书发展变迁的外部环境，为我们进一步整理和研究近代以来体育教科书的历史变迁做出了重要的铺垫，从历史事实来看，这些理论和研究成果都已经直接或间接地影响了过去一段时期里中小学体育课程和教科书的发展，这更是我们研究体育教科书不可回避的问题。

（二）体育教科书变迁的其他影响因素

体育教科书发展变迁的过程中，并不仅仅只是受到当时教育体育思想的影响，各个历史时期的社会政治、经济、文化等，均对教科书的发展变迁产生过一定程度的影响。但从现有研究成果来看，这一视角的研究还较为少见，仅有吴小鸥、刘斌等人从教科书启蒙价值的角度对中小学体育教科书进行了研究。吴小鸥的博士论文在探寻清末民初教科书的启蒙诉求时，对于清末民初体育教科书的启蒙价值进行了一些论述，论文主要从教科书中文明生活方式启蒙、“强国保种”的意识和实践这一角度进行阐述，整理了与之有关的 31 种中小学体操教科书，论述了包括体育教科书在内的多种教科书是通过现代卫生常识的普及、生活陋习的革除、运动锻炼的提倡等内容来强调强身健体是强国的必要之举。[①] 刘斌则直接将研究指向清末体育教科书，从社会政治变革和社会文化变迁的视角，探讨了体育教科书的启蒙价值问题。[②]

作为课程的重要构成要素，体育教科书常常出现在有关体育课程的研究中，部分体育课程研究成果也涉及了体育教科书发展变迁的社会政治、经济、文化等影响因素，如王华倬先生的博士论文回顾我国近现代体育课程发展变迁的历史经验时，文中多处提及不同社会政治、经济、文化背景下体育教材的发展情况。而在更多的课程研究中，研究者往往只是将研究的视角定位在体育课程上，较少直接探讨上述因素对教科书的影响。如刘旻航以体育课程改革发展为主线，从文化学的视角对体育课程改革进行了审视，此类研究则较为多见。这类研究虽然没有直接提及体育教科书，但其从社会政治、经济、文化等视角对体育课程的审视，

① 吴小鸥．清末民初教科书的启蒙诉求［D］．长沙：湖南师范大学博士论文，2009．
② 刘斌．清末中小学体育教科书的启蒙价值［J］．湖南师范大学教育科学学报，2012（6）．

为我们研究体育教科书提供了较好的借鉴。①

三、体育教科书编写

（一）教科书的价值与功能

体育学科与其他基础学科相比，具有自身鲜明的特性，在很长一段时期里，体育教科书均处于没有学生用书的状况，同时体育教科书的使用也有其特殊性，由于这些问题的存在，对于体育教科书编写的必要性与可行性等问题的争论与思考，以及体育教材或教科书功能与使用问题的探索，一直是体育教科书研究的一个重要内容。

自 1983 年开始出现了学生体育课本，对于这一新生事物，众多研究者展开了一系列讨论。1987 年 11 月召开的第三次全国体育课本研讨会，总结了当时各地体育课本编写的经验和进展，对体育课本的作用形成了一系列肯定性共识②。王占春针对是否要给中小学生编写体育教科书、如何编写教科书的问题，对体育课本的独特价值和作用进行了阐述。他认为：（1）课本是任何电视和印刷资料都不能替代它的准确性、权威性和信息源的；（2）课本是教师把知识传授给学生最有效、最可靠的媒体；（3）并非所有的学校都有足够的图书资料，即使有足够的资料，教师也没有时间或很难精选出完全适合学生的教学材料；（4）课本是结合学生的特点编写的，它符合学生的生理和心理特点，并配上吸引人的插图，它会增强学生的学习兴趣和可读性；（5）学生通过自己阅读课本，可以得到像教师一样的辅导；（6）课本是由专家和优秀教师编写的，集中了优秀教师的教学经验，可以帮助教师完善和改进自己的教学方法；（7）课本能帮助学生对教材内容进行预习、复习、思考，启发学生完成作业，以及自我评估学习成绩。③ 在 1999 年召开的体育学科编写课本的必要性和可行性论证会上④，与会者

① 刘旻航．我国现代体育课程改革的文化审视［D］．南京师范大学博士学位论文，2008.

② 罗茂华．中小学体育课本在深化改革中不断改进——第三次全国《体育课本》编写研讨会侧记［J］．体育教学与训练，1987（6）：29～30.

③ 王占春．关于编写体育课本的必要性与可行性研究［J］．课程・教材・教法 1999（8）：36～39.

④ 耿培新．体育学科编写课本的必要性和可行性论证会综述［J］．课程・教材・教法，1999（8）：40～42.

普遍认为从社会发展、学生需要和体育学科的特点出发，均有必要编写学生体育课本，并建议研究编写适应21世纪社会发展的高质量的《体育与健康》课本，并建议加大管理力度，建立良好的市场竞争机制，使优秀课本得到推广。这标志着经过一段较长时间的探索后，对于编写体育教科书的可行性问题基本达成了一致。

而对于体育教科书的功能与使用问题，也有一些值得关注的成果。如毛振明认为体育学科的特性决定了体育教科书的功能与用途也是特殊的，它不同于其他学科的教科书。针对体育教科书的功能和用途等问题，他从分析教科书的特性、体育各项内容与教科书的关系入手，揭示了体育教科书的5种功能：（1）作为技能讲解媒体的功能。（2）作为课后复习材料的功能。（3）作为课中和课后体育作业辅导书的功能。（4）学生课外阅读的功能。（5）学生在课中和课下进行相互和自我评价的功能。以及体育教科书的3种用法：（1）课中辅助教学，课下指导复习。（2）课中辅助教学，课下拓展学习。（3）课中辅助教学，课中或课后进行评价，此外还对体育学习卡片的实践提出了一些启示。①

对编写体育教科书必要性和可行性的讨论，实际上是对体育教科书价值的讨论，是对体育课程中编写体育教科书能否发挥一般教科书作用问题的探索。只有在对体育教科书的价值基本达成一致见解的基础上，分析和讨论体育教科书的功能和用法才具有意义。对体育教科书价值与功能的这些研究，为我们正确认识近现代以来体育教科书的发展变迁，提供了重要的价值观上的理论依据。

（二）教科书的编写经验

在体育教科书编写经验的总结和归纳上，如何选编体育教材是最为关键的问题。理论界对这一问题的关注，其研究出发点可能并不是从体育教科书该如何选材开始的，但对这一问题的探讨，事实上为体育教科书选编教材指明了方向。1995年前后，围绕体育教材的选编等问题，在学校体育界出现了一次大规模的讨论，对有关问题的探讨甚至延续到2000年之后。其中以“为什么要教滑步推

① 毛振明. 体育教科书的功能与用途［J］. 体育学刊，2004（1）：96～98.

铅球”① 的讨论为起点，理论界围绕“选编体育教材的原则和依据”这一中心问题进行了充分的探讨。卢元镇认为教材是可以而且应该不断更新的，在选编中小学体育教材时应考虑以下几个问题：（1）要有利于提高学生的运动技能；（2）要有利于体育文化的继承；（3）要有利于形成学生身体锻炼的习惯；（4）要符合我国学校体育的实际；（5）要为学生未来的生活服务。② 真名认为选编教材不仅要有“合格标准”，而且要有“选优标准”，并且应该建立“选优程序”来进行教材的选编。具体程序为：（1）根据教育的基本观点审视素材；（2）根据体育的基本功能讲行素材分类；（3）对素材进行典型性分析；（4）根据具体的教学任务选择和优化教材；（5）根据教学条件确定实施教材。③ 张洪潭根据其所创立的技术健身论的思想，提出选编教材的两大原则：以运动技术为主和可测类技术为主，并对中学体育课程的基本教材、辅助教材等的增删取舍作了详尽地阐述④，还对编制中学体育教材纲要进行了理论构思⑤。耿培新对选择体育教材也提出了自己的观点：（1）从选材的价值观上看，要根据体育学科的特点，研究社会需要、学生需要和体育知识、技术的结合点，找出他们的层次性和可操作性；（2）从教材价值和功能上看，教材的价值只有与学生的主观需要结合起来，并且通过内化的过程，通过教师的教育、教学活动，将教材赋予某种目标，并在学生的思想或行为上表现出来才具有真正的价值；（3）加强体育教材对学生身心影响的价值和认同顺序的研究，以确定各年级体育教材的先后顺序和量与度。⑥ 毛振明也针对体育教材选编的有关问题，在卢元镇所提出的教材选编的 5 条原则的基础上，提炼出了健身性原则、实用性原则、代表性原则和可行性原则 4 条选编体育教材的基本原则。⑦ 吕晓昌、季浏、赵美鲁对于选编体育教材的原则，提

① 真名．从“为什么要教滑步推铅球”谈起［J］．中国学校体育，1994（2）：64～65．

② 卢元镇．中小学体育教材改革自议——再与真名先生商榷［J］．中国学校体育，1995（2）：63～65．

③ 真名．对体育教材“选优程序”的构思［J］．中国学校体育，1995（3）：60～61．

④ 张洪潭．体育教学内容增删择取［J］．上海体育学院学报，1996（1）：1～6．

⑤ 张洪潭．编制中学体育教材纲要的理论构思［J］．上海体育学院学报，1996（2）：1～5．

⑥ 耿培新．对选择体育教材的几点认识［J］．中国学校体育 1996（4）：57～58．

⑦ 毛振明．论体育教材的选编［J］．天津体育学院学报，2002（4）：34～36．

出了动机效果原则、能力适切原则、练习应用原则及引导持续原则。[①]

另一部分研究则集中在对体育教材的特性及其在教科书中的分类与排列方法等方面。如陈珂琦以作为教学科目的体育为研究对象，阐述了什么是教材、教材有何特性，体育教材与素材的关系，指出体育教材的特性表现在：（1）动态学习的教材特性；（2）增强体质，掌握知识、技术、技能，培养良好品德的教材特性；（3）深受场地器材设备限制的教材特性。[②] 王占春对中小学体育课程要不要有统编教材，如何来认识中小学体育课程的统一性与灵活性的问题，进行了阐述。[③] 毛振明在2002—2003年期间对体育课程和教材体系的构建及其相关问题进行了系统的研究，其中包括建立中国体育课程和教材特色的出发点[④]，体育教学内容的分类方法的研究[⑤]，体育教材排列的问题[⑥]等。

除对体育教科书编写中教材选编及分类排列等问题进行研究外，还有一部分研究从体育教科书编写出版的实践出发，探讨和总结了体育教科书编写中的有关经验和问题。如耿培新与王占春对根据2000年新大纲编写的中小学体育与健康教科书进行了全面介绍，指出了新的教材是以素质教育和健康第一作为指导思想，其特点是在教学目标、内容、方法、考核与评价等方面，都反映了教育和体育与健康学科改革新发展。[⑦] 原教材审查委员滕子敬结合体育教材送审的有关情况，指出体育课本的选材存在三个方面的问题：（1）理论知识和技术动作的深度与广度方面掌握不当；（2）有些课本过多地以竞技体育为主要目的进行选材；（3）有些课本未能充分发挥体育教材对提高学生素质方面的多种功能。[⑧] 耿培新总结中华人民共和国成立60年来中小学体育课程教材建设的经验进行时指出：

---

① 吕晓昌，季浏，赵美鲁. 对我国中小学体育课程改革的若干思考［J］. 聊城大学学报（自然科学版），2009（6）：63～65.

② 陈珂琦. 试析体育教材的特性［J］. 中国学校体育 1996（4）：61～62.

③ 王占春. 要客观评价中小学体育课程的统编教材［J］. 体育教学，2006（1）：14～16.

④ 毛振明. 对建立有中国特色体育课程和体育教材体系的探讨［J］. 广州体育学院学报，2002（3）：86～92.

⑤ 毛振明. 体育教学内容的分类方法［J］. 体育学刊，2002（11）：8～11.

⑥ 毛振明. 体育教材排列理论与方法研究［J］. 天津体育学院学报，2003（4）：44～46.

⑦ 王占春，耿培新. 构建九年义务教育体育与健康教材的思考［J］. 课程·教材·教法，2001（4）：31～34.

⑧ 滕子敬. 体育课本建设刍议［J］. 中国学校体育，1996（4）：60～61.

(1) 中小学体育课程教材建设必须贯彻国家的教育方针，以育人为宗旨，要适应社会发展对培养人的要求，适应学生身心发展规律，适应体育科学文化知识不断发展的实际；(2) 当前体育课程教材建设要明确体育课程的性质、地位与价值属性，落实三级课程管理；(3) 体育课程教材建设必须把内容的教育性、科学性、文化性与可行性相结合，为学生健康发展服务；(4) 体育课程教材建设必须坚持健身性与教育性的统一；(5) 必须大力加强体育与健康教科书和教师用书建设。① 贺亚平认为我国近现代中小学体育教材建设的基本经验主要包括：(1) 体育教材的建设发展具有国际性和民族性；(2) 体育教材发展演变受到多种因素的影响；(3) 体育教材发展的动态性与阶段性；(4) 体育教材的统一性和灵活性；(5) 正确处理好继承与发展、本国经验与学习外国经验的关系。② 林向阳总结了我国体育课程教材研究和编写的历史经验，并提出了课程教材编写改革应实现从“教材”到“学材”，从“知识”到“资源”，从“范例”到“案例”，从“规定”到“建议”，从“呈现”到“互动”的改革方向。③

上述关于体育教科书编写原则与经验的相关研究，解决了体育教科书编写中的一系列理论问题，对新世纪新课程改革背景下体育教科书的编写具有重要的指导意义。2001 年新的《体育与健康课程标准》颁布后，对于课程改革中出现的一些新问题也形成了较大范围的争论，其中与课程和教材有关的争论主要包括：(1) 运动技术与健康的关系④；(2) 运动技术教学是否需要强调正规性、完整性、层次性和系统性⑤；(3) 如何看待体育课教材的问题⑥；(4) 目标与内容的

---

① 耿培新. 中国特色的中小学体育课程教材建设 [J]. 体育教学，2009 (10)：46 ~ 49.

② 贺亚平. 我国中小学体育教材建设的历史经验及未来展望 [J]. 体育科研，2008 (2)：87 ~ 89.

③ 林向阳. 体育课程教材研究的经验、问题与展望 [J]. 体育文化导刊，2005 (2)：52 ~ 54.

④ 毛振明，赖天德. 体育为健康，运动技术学习也为健康——兼评“新的课程教学改革是技术与健康之争”的观点 [J]. 中国学校体育，2007 (1)：27 ~ 29.

⑤ 毛振明，赖天德，师俭. 体育课一定要让学生学好有用的运动技术——兼对“运动技术教学不需要强调正规性、完整性、层次性和系统性”说法的质疑 [J]. 中国学校体育，2007 (3)：24 ~ 26.

⑥ 毛振明.《话说好课、解读要求》系列文章之三：好的体育课的核心是好教材 [J]. 体育教学，2007 (3)：49 ~ 51.

关系①；（5）体育教学内容开发的问题②；（6）身体素质和身体健康的关系③；（7）如何进行学习评价的问题④，等等。面对新课程标准以强化目标体系和考核体系、淡化课程内容的选择与安排的特点，这些研究在解决体育课程内容该如何选择的问题上，做出了一些尝试性的回答。这些成果对于今天我们修订完善课程标准、总结教科书编写经验，均有着良好的启示作用。

四、体育教科书研究的总体评析

从总体上来说，现有研究文献对中小学体育教科书的关注并不少见，这些成果或是提供了近现代以来有关体育教科书的重要史料，或者是从编写体育教科书的视角出发，总结和归纳了体育教科书编写的宝贵经验和规律。现有的这些研究中所提及的研究线索和研究思路，对我们进一步系统地研究近现代以来中小学体育教科书百年变迁的历程，无疑具有举足轻重的借鉴意义。

当然，从本书研究视角出发来看，现有的这些研究仍然存在以下几点不足：一是缺少百年跨度的对体育教科书的系统研究，缺少对我国近现代体育教科书变迁历程的整体考察，缺少对纵向历史发展脉络的深入探究。在以体育教科书为直接研究对象的研究成果中，大多数研究仅仅只是关注某一段体育教科书的历史，或是没能对教科书发展的各种要素进行全面考察，要么时间“长度”不够，要么研究“宽度”不够，因而大多难以真正探索各个历史时期体育课程和教科书传承与发展的经验与规律。二是没有建立百年体育教科书研究的基本体系。现有研究中，体育教科书仅仅只是作为大多数研究中的一个要素或一个部分，穿插在体育史、学校体育史、课程发展史的研究中，虽然从这些历史研究中我们可以找到体育教科书历史变迁的一些线索，但无论是在哪一类研究中，我们都无法窥见

① 毛振明，赖天德. 试析体育教学的主轴线——兼对“课的主轴线是目标而不是教材”等说法的质疑［J］. 中国学校体育，2007（4）：17～19.

② 毛振明，赖天德. 再谈体育教学内容的开发问题——对提倡“扁担南瓜进课堂”主要观点的辨析［J］. 中国学校体育，2007（5）：18～20.

③ 毛振明，赖天德. 体育课程教学要通过发展身体素质来促进学生身体健康——兼对“学生跑得快慢与身体健康无关”的说法的质疑［J］. 中国学校体育，2007（7）：22～25.

④ 毛振明，赖天德. 体育学习与评价要有一个统一标准——兼对否定体育学习与评价“统一标准”的质疑［J］. 中国学校体育，2007（8）：20～23.

体育教科书百年变迁的全貌。在另一些有关体育教材教法或如何构建体育课程的论争中，也出现了一些对体育教材选择等问题的关注和探讨，但这些研究对体育教科书本身的关注力度还显得不够。三是缺少与体育教科书紧密联系的外部因素的研究。在有关体育教科书历史变迁的社会政治、经济、文化、教育思潮等影响因素的研究中，大部分研究者都只是将视角投注在体育课程或学校体育发展的研究上，所关注的仅仅是体育教科书的外围，如关于学校体育思想和教育思潮百年发展历程的研究等，虽然这一类研究成果较多，但直接以体育教科书影响因素为研究对象的成果还较为少见。

总之，虽然与中小学体育教科书相关的研究成果并不少见，但由于上述理由，本研究认为进一步深入研究体育教科书的历史变迁仍有一定的必要性，尤其是以各个历史时期的有代表性的中小学体育教科书本身为基本研究对象，从社会、学生、学科等多个视角阐明我国近现代体育教科书发展特点，总结编写规律，以达到以史为镜、用于指导现在和将来体育教科书的发展，就更具有必要性和深远意义。

第二章　清末体育教科书的萌芽与兴起

第一节　清末体育教科书的发展历程

一、社会背景

自康乾盛世以后，清王朝闭关锁国政策所带来的弊端日渐突显，又加之统治集团自身腐败无能，国力已逐步呈现出江河日下之势。到了鸦片战争前后，清王朝已成为一个政治上黑暗腐朽、经济上衰败残破、军事上软弱无力的封建帝国，其在政治、经济、军事、文化教育等方面都已远远落后于当时的西方资本主义国家。1840 年，英国发动了侵略中国的鸦片战争，使中国由一个闭锁的封建大国逐步沦为半殖民地半封建国家。中国历史的发展从此发生重大转折，拉开了中国近代史的帷幕。

鸦片战争沉重地打击了疲弱不堪的清王朝，战争失利后清政府被迫签订了《南京条约》等一系列不平等条约，中国领土、领海、司法、关税和贸易主权开始遭到严重破坏，中国经由鸦片战争后已逐步丧失了独立主权。清政府对外采取了不惜割地、赔款以求苟安的妥协态度，随之而来的巨额战争赔款的支付压力，再加之资本主义以不公平贸易为手段的经济侵略，这些汇聚在一起的因素致使国家财力日渐枯竭，维系清朝封建统治的经济基础也摇摇欲坠。1851 年太平天国运动的出现，吹响了大规模反帝反封建的号角，客观上加速了清王朝和整个封建制度的衰落与崩溃，先后经历了鸦片战争与太平天国运动的清王朝面临内忧外患，危机四伏，在历史的风雨中摇摇欲坠，维系了两千多年的封建社会即将走到它的尽头。

为挽救濒临生死困境的清王朝，统治阶级内部的一批有识之士发起了“洋务运动”，他们认识到西方先进技术对社会发展进步的巨大作用，主张“中学为体，西学为用”，对外派遣留学生、购买洋枪洋炮并按“洋法”操练军队、学习西洋科学，在国内开矿办厂、兴办学堂。洋务运动虽然没能真正改变清王朝没落的历史宿命，但在洋务派主张下兴办的这批学堂，对中国近代教育的进步和发展起到了较大的推动作用。与此同时，西方国家为了进一步扩大殖民势力，加大了对中国的殖民思想侵入，他们通过设立教堂，开办教会学校等方式宣扬资本主义思想。西学东渐与洋务运动一道推动了中国近代社会的发展，随后在甲午战争、维新变法等历史事件的冲击下，一批呼喊变革救亡的有志之士纷纷著书立说，西方文化进一步融入中国，这在客观上加速了中国封建传统文化的解体。

清末的教育制度也发生了深刻的变革。清代除中央设立国子监，府、州、县设立儒学外，各地还有书院、塾学、义学等，其教育体制本是基本完备的。但至鸦片战争后，中国社会已发生了巨大的变化，而晚清各类学校却依旧以一成不变的义理考据辞章之学为主要教育内容，这种陈腐之学早已不适应社会发展的需要。洋务运动创办的洋务学堂、基督传教士开设的教会学校及后来维新改良派影响下建立的维新学堂，这些新式学校的出现，使本已空疏的传统教育体系终于土崩瓦解，新学制率先在清末破败的气息中建立起来。

二、近代学制建立前体育教科书的起源

我国近代教科书的出现，是西学东渐与变法图强双重作用的产物，帝国主义的文化侵略客观上打破了封建教育的死寂局面，为教科书的产生带来了可供借鉴

的样本与经验，而从清政府内部来看，各项变法自强的呼声，更从根本上推动了封建教育体制的破产，催生了近代教科书的出现。体育教科书也正是在这一外一内二者合力的共同作用下，出现在历史的舞台。

（一）西学东渐与体育教科书的编译

影响近代中国的西学东渐，事实上从15、16世纪就已开始出现，这一时期，“是人类对赖以生存的地球重新认识的转折时代”，“是世界格局发生空前变化的关键时代”，“也是全球文化格局发生巨变的关键时代”[①]。就是从这一时期开始，最早进入中国的耶稣会传教士，充任了这一时期西学传播的主角，但至18世纪中叶，耶稣会在中国遭到禁止，持续二百余年的西学东传之路被迫中断。19世纪初，基督教新教传教士又陆续进入中国，由此揭开了新一轮西学东渐的序幕。但在1842年前，由于清政府禁止外国人来内地活动，传教士的主要活动仍多限于南洋等地，直至鸦片战争中清政府战败，被迫割让香港，开放了广州、福州、厦门、宁波和上海五地为通商口岸，并允许外国人在这些口岸传播宗教，开设学堂，传教士的活动才在这些地方活跃起来。

传播西学是在华传教士传播基督教的重要手段之一，以他们为主要阵营，一批西学著作开始陆续在华出版。据统计，从1843年至1860年，传教士在香港共出版中文书刊60种，在广州出版42种，福州42种，厦门13种，宁波106种，上海171种[②]。这些出版物，以宗教内容为主，但也有一定比例的知识性读物，其中一部分知识性读物就被用作了早期的教科书。如《算法全书》即为英国传教士蒙克利1852年为香港圣保罗书院编的教科书，1856年出版的《智环启蒙塾课初步》为传教士理各雅执教于英华书院时所编的教科书，1853年《数学启蒙》出版后，被许多学校采为教科书[③]。

兴办教会学校是西方传教士普遍采用的另一传教方式。早在1818年，伦敦会传教士米伶便在马六甲创办了第一所为华人而开设的教会学校——英华书院，后于1943年迁到香港。1839年在澳门由马礼逊教育协会主办的马礼逊学堂，是

① 熊月之. 西学东渐与晚清社会［M］. 北京：中国人民大学出版社，2011：29.
② 熊月之. 西学东渐与晚清社会［M］. 北京：中国人民大学出版社，2011：119～165.
③ 熊月之. 西学东渐与晚清社会［M］. 北京：中国人民大学出版社，2011：121～149.

最早在中国本土开办的教会学校，学校开设的课程有中文、英文、天文、地理、历史、算术、代数、几何、初等机械学、生理学、化学、音乐、体育等。1842年五口通商后，教会学校在香港、广州、厦门、福州、宁波和上海相继设立。据统计，1860年以前，仅基督教新教在上述六个地区开设的各式学校就有50所，有学生一千余人①。而到1877年，教会学校已达350所②。从教会学校课程设置来看，大多数学校均重视西学教育，但也能兼顾中学教育，一部分教会学校开设了体育课程。如1864创办的山东登州文会馆、1884年设立的江苏镇江女校，均列有“体操”课程，这些有据可查的早期教会学校体育课程开设的情况虽不多见，但“课外体育活动的开展还是比较普遍的”③。

教会学校数量的增长使学校教科书匮乏的问题变得亟待解决，1877年，在华新教传教士在上海举行了第一次大会，决议成立学校教科书委员会（英文名为School and Textbook Series Committee，中文名字叫益智书会），负责编写教科书，供全国教会学校使用，英国伦敦会传教士韦廉臣被委任为益智书会秘书。1887年，韦廉臣在上海成立同文书会，1894年同文书会易名为广学会。益智书会自成立起即着手编写教科书，至1890年，益智书会出版和审定合乎学校用的书籍共98种198册。由于教会学校大多仍未开设体育课程，在《广学会译著新书总目》中我们可查到的“体学”书目下仅有《幼学操身》《体学图说》《女学体操》三册。《体学图说》出版于1904年，《女学体操》至今无法觅得，《广学会译著新书总目》中，《女学体操》目录下仅记载有“男操之书，译者不乏，独女操无人过问，今云南女医士特备一册”几句，由此推测该书出版时间至少已在“男操之书，译者不乏”的近代学制建立之后。因而广学会所记录的三册“体学”类书目中，仅能确定《幼学操身》一书编写出版年代较早。

《幼学操身》为（英）庆丕与（清）翟汝舟合著，该书被称为“最早出版的适合于普通学校的体育教科书”④，梁启超曾把它列入其编纂的《西学书目表》

---

① 熊月之. 西学东渐与晚清社会［M］. 北京：中国人民大学出版社，2011：226.

② 陈景磐. 中国近代教育史［M］. 北京：人民教育出版社，1979：77.

③ 王华倬. 论我国近现代中小学体育课程的发展演变及其历史经验［D］. 北京体育大学博士学位论文，2003：19.

④ 张天白. 我国近代出版体育教科书的早期概况［J］. 体育文史. 1990（1）：51～52.

中，并在《读西学书法》中做出了这样评价：“幼学操身，述体操之法。与中国易筋经相仿佛，而其法较善。有志缮生之学者，不可不留意。西人学堂，皆立体操，定课每日以一二小时为之，此西人所以多强壮，而举国皆可为兵也。中国读书种子，率文弱柔脆，皆不讲体操所致也。”时任山东登莱青兵备道东海关监督，后来创立了著名的北洋公学及南洋公学的盛宣怀亲笔为该书作序，从其简短的序言中，可一窥编撰《幼学操身》的初衷，序全文如下：

纂辑《幼学操身》一书，原为便于塾童学习，特虑措辞深奥，不如用语简明，义戒幽深，言取浅近，启示幼童，不无裨益。尤以操练式样，笔难形容尽致，非有图以阐明之，恐人终不易解，故作图三十二幅，悉绘形象，俾学者昕夕参观，或可了然心目。纂修是编，详加考核，以为启蒙之用，惟愿后学按法操练，日久工熟，外则养身，内则养志。幼时肢体强壮，遇事敢为；老来血气弗衰，全无杂疾。不第终身为有用之身，能受无穷之益焉。然亦赖启迪者循循善诱，详为指示者也。

《幼学操身》按图编目，全书共计三十二节，各节以图为引，详述各项动作操练方法。因这一特征，后来该书重版时，也题名为《幼学操身图说》（如1895年会文斋本）。从内容上来看，《幼学操身》仅限于徒手体操，与稍后出现的包含器械体操、兵操内容的体育教科书均有所不同，这也体现了编撰者“以为启蒙之用”的宗旨。作为第一本为普通学童而编的体育教科书，《幼学操身》具有以下几个特征：一是所选内容完全有别于早期洋务学堂里所操练的兵操，是专为增进幼童身体发育而设；二是强调操练者应秉承强健肢体的观念，要使练习体操达到“强者智而不愚，智者强而不弱”① 的效应，表达了编者对人当求内之神志与外之筋骨相衡发展，不应偏废的理念；三是多处强调初学者应循序渐进，不可贪多冒进，并于每图叙述完操练方法后设“六问”“七问”，引发幼童思考，以巩固前文所述方法，体现了早期体育教科书在编撰时加入教学方法的尝试。

《幼学操身》面世后，引起了一定程度的关注，时人将其与中国传统养生功法《易筋经》相提并论，足见重视。《幼学操身》中提及该操练习效果时称：

① ［清］庆丕，翟汝舟．幼学操身［M］．上海：墨海书局，1890．

“尝见某塾计有二百余童，功至半载，每童胳膊均加尺寸七分，又见有兵丁三人，功及七月，均加尺寸一寸四分，岂非功效之明征哉！”推测此言虽为编者为宣扬功效所致，但在当时体操由西方传入，往往先已进入学堂，之后才由有识之士编撰教材，因而说该书所述操法在当时的部分学堂中推行，也应有一定可能。清末民初陈惟彦撰《幼学分年课程》将“十二岁至十六岁为第三级”。要求该级学生“次习体操，依幼学操身法，或一月，或两月尽一课，调血气、强筋骨，故泰西大、小学堂均列之。”第三级“应习书”中则有庆丕《幼学操身》，可见该书在清末影响之长久。然而我们也应看到，在当时新式学制尚未推行、体育课程尚未能普遍开设的过渡时期，作为一本为蒙童所编的尚未完全具备近代教科书要素的著作，《幼学操身》虽起到了引领体育教科书发展的作用，但其作用毕竟是有限的。

（二）变法自强与学堂体育教科书的传入

以传教士为主体的力量在客观上为中国教育的近代化做出了实质性的推动，与此同时，从国门被打开的那一刻，清朝统治阶级中的洋务派也开始了“自强”“求富”之路，他们认为造就人才“实为中国自强之本”，且是“目前当务之急”，他们提倡新教育主要是通过两种途径，一是创办洋学堂，二是派遣留学生到国外留学。洋务派创办的新式学校，主要有外国语学校、工业技术学校和军事学校三种。从1862年京师同文馆设立开始，一批洋务学堂纷纷涌现。

作为中国人自己办的最早的新式学校，洋务学堂打破了旧式封建学校的课程设置，提出了“中学为体，西学为用”的办学理念，在教育内容上增加了西文和西艺课程，一些学校开始设有体育课程（体操课）。受当时内忧外患之扰，洋务学堂设置体育课程，完全是从增强军事力量出发，在其设立的军事学堂里，这一目的尤为明显。从19世纪60年代起，洋务派即开始对军队进行西式编练，以洋操、洋枪、洋炮为主要训练内容，新军中早期以习练英国兵操为主，后来多采用德式兵操，这“使西方兵操得以系统地传入中国”①。而在洋务学堂中，一般都设体操课，军事学堂中更是普遍开设有兵操课程。这些早期的兵操课程一般聘请外籍教员任教，其后洋务派也逐渐派遣军官赴国外专习兵操，待学成后回国担

① 何启君，胡晓风．中国近代体育史［M］．北京：北京体育学院出版社，1989：54．

任教练。因而无论是新军教练，还是洋务学堂中的兵操教习，其教授兵操均采用口授身教，并没有出现兵操教科书。但至1884年，驻德公使李凤苞翻译了德国提督康贝撰写的《陆操新义》一书，分上下两册共4卷详述了德军“走动操法”“交锋操法”“一营操法”“合军操法”等内容，对中国新军的建设“有着较为直接的作用和影响”[①]。该书曾被梁启超称为当时“最佳”的练兵书籍，但因其内容主要为兵操，“其中虽然涉及一些西方近代体育的内容，但称之为军事教科书较为合适”[②]。

与《陆操新义》不同，1900年出版的《湖北武学》二十种，则是由湖北武备学堂编译的军事学堂教科书，其中有《体操法》与《普通体操摘要》两种。《体操法》注明为德国武备原本，共分五卷，分别由德国瑞乃尔、斯泰老口译，卷二由冯锡庚同译，各卷均由德州萧诵芬笔述，可见仍属译作。该书“操法分四类，曰空手体操，曰运枪体操，曰用架体操，曰越险体操”[③]，五卷中前四卷分述四类体操，卷五为体操要需，详述各类体操器材。书中阐述体操正义时称体操之法，“实为兵家之助，能除一身疲惫，弱者使壮，壮者使强四肢百骸，精力由是而生，且身体活便而耐勤劳，并可壮其胆，坚其心，行军遇险，堪令自信，无所疑惧”。由此可管窥当时德国对兵操功用认识之一斑。《普通体操摘要》注明为日本师范学校原本，由王肇鋐所译，书中凡例指出：“原书为日本中等学校、师范学校生徒教授体操之用，本分十七章，今谨摘取其八章。演习哑铃体操之先，本不可少徒手体操等，因已详见德国武备体操一卷空手体操部，故略之。”[④]故该书仅译有哑铃体操、球竿体操、棍棒体操、木环体操四种。湖北武备学堂在出版上述两种体操教科书后，同年底六艺书局分别以《德国武备体操法》《日本普通体操学》之书名，出版了与《湖北武学：体操法》《湖北武学：普通体操摘要》内容完全相同的两本体操书，可称得上是这两本书的再版，由是可见该书在当代影响之深。

---

① 杨恒.《陆操新义》探析［J］. 军事历史研究，1988（12）：175～178.
② 张天白. 我国近代出版体育教科书的早期概况［J］. 体育文史，1990（1）：51.
③ ［清］湖北武备学堂. 体操法［M］. 瑞乃尔，译. 湖北官学处，1900.
④ ［清］湖北武备学堂. 普通体操摘要［M］. 王肇鋐，译. 湖北官学处，1900.

1897年，南洋公学外院成立，“其课程分为国文、算学、舆地、史学、体育六科，由师范生陈懋治、杜嗣成、沈叔达等自编蒙学课本三编”①，这批《蒙学课本》被认为是中国人自编近代教科书之始，“是因为其体裁开始模仿外国课本，有了较为明显的近代色彩”②。然而虽然南洋公学外院设体操科课程，却未见有体育教科书面世。“同年吴眺、俞复、丁宝书、杜嗣成等创办无锡三等学堂，由俞复、丁宝书等编国文、修身、算学等课本，称蒙学课本。”③ 1902年，俞复、廉泉等人在上海创立文明书局，“又将无锡三等学堂蒙学课本重付印刷发行”。“是年七月学部颁布学堂章程，该局于章程颁布前后，发行教科书多种，总称科学全书，冠以蒙学二字。是年末，该局广告所列书目，有丁锦编之《体操》一本。”此外有“董瑞椿译补之《游戏法》一本”④。按此推论，丁锦所编之《蒙学体操教科书》当为第一本近代意义的体育教科书。

《蒙学体操教科书》译自日本，著者为坪井玄道及田中盛业，日文原著原名《小学普通体操法》，该书有日本东京西郫贞所撰之原序，书中凡例也照译自日文原书，可见该书虽伴随其他学科自编教科书而出，但仍为译著。该书主要内容为普通体操，有整顿法、矫正身体术、徒手体操一、徒手体操二等章节。从内容上分析，该书对体育教材的选择，是从整队等最基本的体育课队列训练内容开始的，这种编写思路与稍早时期的《幼学操身》及《湖北武学：体操法》《湖北武学：普通体操摘要》相比，又有了一些进步。普通体操除徒手操外，一般还包括器械体操，《蒙学体操教科书》原书凡例后有译者附志：“按原书以哑铃操为下卷，今另编为高等小学体操教科书，原例已备译于此。学者演终此篇，进习哑铃，一以贯之矣。”⑤

---

① 教科书之发刊概况［M］//李桂林，戚名琇，钱曼倩．中国近代教育史资料汇编·普通教育．上海：上海教育出版社，1995：167.

② 毕苑．从蒙学教科书到最新教科书——中国近代教科书的诞生［J］．山西师大学报（社会科学版），2006（02）：94~98.

③ 教科书之发刊概况［M］//李桂林，戚名琇，钱曼倩．中国近代教育史资料汇编·普通教育．上海：上海教育出版社，1995：168.

④ 教科书之发刊概况［M］//李桂林，戚名琇，钱曼倩．中国近代教育史资料汇编·普通教育．上海：上海教育出版社，1995：170~171.

⑤［日］坪井玄道，田中盛业．蒙学体操教科书［M］．［清］丁锦，译．上海：文明书局，1903.

《蒙学体操教科书》扉页上有“初等小学堂学生用书”字样，这是我国近代史上第一本标明为学堂学生用书的体育教科书。该书于1903年8月初版，其时《钦定学堂章程》已经颁布，但由于该学制并未真正施行，且即便是当年底颁布并施行的《奏定学堂章程》，也并未能在短期内对教科书的编撰产生真正的影响，因而很难说是我国近代学制建立后的产物。此外，尽管该书内容及编写思路已较为适应小学体育课程，但这种适应，毕竟只是翻译他国教科书所带来的效用。真正具有现代意义、并由国人自己编写的体育教科书，还得等到近代学制产生之后。但从今天的视角来看，《蒙学体操教科书》也代表了近代学制确立前那一时期寻求体育“强身”“强国”理想的一代人在译撰体育教科书历史上的最高成就。

三、癸卯学制建立后体育教科书的编写与出版

甲午战争的失败使清政府举国上下进一步认识到了中西国力的巨大差距，民族危机由此进一步加深。在资产阶级维新运动的积极推动下，加紧对当时业已腐朽落后的封建教育进行彻底地变革，渐渐成为了新型知识分子和清朝统治阶级中有识之士的共识。1900年，八国联军发动了对中国的侵略战争，义和团运动四起，清政府在内忧外患下签订了丧权辱国的《辛丑条约》，国内外阶级矛盾进一步激化。为缓和矛盾，维护统治，清政府被迫“变法”，在政治、军事、经济、文化教育等方面实行“新政”，清末近代学制就是在这样的历史背景下颁布的。

1902年，清政府颁布了《钦定学堂章程》，这是中国近代第一个由官方正式颁布但未能实行的学制，亦称壬寅学制。该学制具体规定了各级各类学堂的办学纲领、功课教法、修学年限、课程设置等内容，体育课程（体操）作为一门科目在这一学制中得以明确规定。壬寅学制虽因种种原因未能实施，但其开创之功不可磨灭，它也为次年癸卯学制的颁布奠定了基础。光绪二十九年底（公历为1904年1月），清政府颁布《奏定学堂章程》，开始实施癸卯学制。“这个学制建立和施行，改变了中国长期的封建制的官学、私学、书院等学校形式，为中国现

代形式的学校制度奠定了基础。”① 随后，体操课程在清末各级学堂正式开展起来，体育教科书也随之发展并逐步得以完善。

（一）教科书编写的主要依据

癸卯学制建立前，清政府并没有规定统一的全国性的教育宗旨，至《奏定学堂章程》颁布，才明确指出：“至于立学宗旨，无论何等学堂，均以忠孝为本，以中国经史之学为基。”② 1906 年学部成立后，进一步将“忠君、尊孔、尚公、尚武、尚实”确立为新的教育宗旨③。从这些规定来看，虽然该学制的推行强调向西方学习，但其实质上仍受封建思想的支配，这是我们理解这一时期教科书编写指导思想的重要基础。

对于体育科书的编写指导思想，清政府学部也有具体规定。1906 年《学部奏请宣示教育宗旨折》指出：“凡中小学堂各种教科书，必寓军国民主义”“体操一科，幼稚者以游戏体操发育其身体，稍长者以兵式体操严整其纪律”④。与此同时，受“强国强种”等尚武思潮的影响，体育教科书普遍以改造国民之体格为己任，普通体操和兵式体操成了这一时期体育教科书的主要内容。

对于教科书编写应遵循的原则和程序，《奏定学堂章程》也有相关规定。其中指出“教科书应颁发目录，令京外官局私家合力编辑，书成后编定详细节目讲授”。所谓详细节目，即指出每本教科书“每年讲若干，每星期讲若干，自何处起，至何处止，共若干日讲毕”⑤。又指出“官编教科书，未经出版以前，各省中小学堂亟需应用，应准各学堂各科学教员按照教授详细节目，自编讲义”。等学期结束后汇编成册“送学务大臣审定”，择优者“作为暂时通行之本”“其私

① 毛礼瑞，钱灌群．中国教育通史．第 4 卷［M］．济南：山东教育出版社，1988：211．

② 张百熙，荣庆，张之洞．重订学堂章程折［M］//舒新城．中国近代教育史教学参考资料·上册．北京：人民教育出版社，1981：195．

③ 学部奏请宣示教育宗旨折［M］//舒新城．中国近代教育史教学参考资料·上册．北京：人民教育出版社，1981：217．

④ 学部奏请宣示教育宗旨折［M］//舒新城．中国近代教育史教学参考资料·上册．北京：人民教育出版社，1981：220．

⑤ 张百熙，荣庆，张之洞．学务纲要［M］//舒新城．中国近代教育史教学参考资料·上册．北京：人民教育出版社，1981：210．

家编纂学堂课本，呈由学务大臣鉴定，确合教科程度者，学堂暂时亦可采用”[1]。然而体育学科中，始终未见官方编写的“教授详细节目”出版。此外，当时学部官编教科书的编写和出版，尚不能及时满足各级学堂需要，民间编写和出版的教科书在清末一直是各学堂教科书的重要来源，这一现象从体育教科书的编写和出版中也可得以确证。

清末对教科书所采用的是审定制。自癸卯学制始就规定了各级学堂所用教科书，应先选用官设编译局编撰的课本，如果官编本尚未出版，民间所编课本须经学务大臣审定方可采用。这一制度确保了清政府对中小学堂教科书的绝对控制，也从客观上规范了教科书的编写程序，在一定程度上保证了各地教科书的编写水平。为从整体上保证教科书的质量，清政府学部对教科书审定一直严格把关，许多达不到出版标准的教科书均未能获审通过。如 1906 年，“学部设图书局编译教科书”“于是年三月公布审定初高小暂用教科书凡例及书目略”，一大批教科书未能通过审定，“邓诗莹编之《小学体操生理》教科书一部，则辞不达意，均经学部批驳”[2]。1909 年，文明书局出版《小学校训练法》，“日本语气太重学部批驳”。四川速成师范学生《地理总论》等科讲义，“多译自日本”，送审后“以取材适于日本化，经学部批斥”[3]。从清末公布的教科书审定结果来看，学部对教科书编写质量的要求逐步提高，愈往后走，学部愈是排斥粗糙的日文译本，这表明，在经过一段向日本学习的过程后，清末教科书的编写逐渐由对日本教科书的简单模仿过渡到追求提高自编教科书质量的阶段，这可视为清末自编教科书经过十余年探索，已向日渐成熟的阶段又迈进了一步。

（二）体育教科书的编写方式

癸卯学制颁行后，清学部一直倡导教科书应以官编为主，并期盼官编教科书能够占据各级学堂。但正如上文所述，由于许多新设学科“中国尚无自纂之

① 张百熙，荣庆，张之洞. 学务纲要［M］//舒新城. 中国近代教育史教学参考资料·上册. 北京：人民教育出版社，1981：211.

② 教科书之发刊概况［M］//李桂林，戚名琇，钱曼倩. 中国近代教育史资料汇编·普通教育［M］. 上海：上海教育出版社，1995：174～175.

③ 教科书之发刊概况［M］//李桂林，戚名琇，钱曼倩. 中国近代教育史资料汇编·普通教育［M］. 上海：上海教育出版社，1995：178～179.

本”，清政府在短期内没有办法全部依靠官编教科书来满足各级学堂的需求，因而民间编撰的各类教科书仍在许多学堂内使用。除鼓励各级学堂教员按官编教授细目编写教科书外，清政府学部甚至“选外国教科书实无流弊者，暂应急用”①。体育教科书的编写情况也大致如此，其编撰者主要是以民间学者为主，大多由民间编撰后经学部审定使用。编写体育教科书的民间学者大多为留日学生，主要有丁锦、李春醲、徐傅霖等，这些留学生回国后多担任学堂教员，当关注到各级学堂中体育教科书缺乏的情况后，他们纷纷以日本体育教科书为蓝本，翻译编写了一大批体育教科书，这批学者的努力，为近代中国体育教科书的发展作出了积极的贡献。

癸卯学制建立前后，体育教科书的编写体例基本全部照抄国外教科书，其中尤以日本为主。日本维新教育的成功范例和甲午战争中对抗北洋水师的胜利，促使一批有识之士更多地将目光投向了当时日本的学校教育。清政府在“新政”出台之前便派出了一大批学生留学日本，并多次派出官员赴日考察，大量日本教育文献传入我国，如 1901 年创办的中国第一份半官方性的教育专业杂志《教育世界》即刊出了大量的日本教育规章制度，这些均从客观上促成了对日本当时教育制度的模仿和学习，在教科书领域也同样如此。“今中国编定教科书，宜先译日本书为蓝本而后改修之。如算学、理化、体操、图画等可直用东书。”② 类似的观点在癸卯学制颁行前后十分普遍，体育课程也深受日本影响，以至于对比中日体操课程，“从名称到教材、教法几乎完全一致”③。因此可以说，我国清末近代学制建立前后，体育教科书的编写出版是以日为师的。

我国癸卯学制颁行前后出版的体育教科书，在编写体例上也同样具有鲜明的“舶来”特征，无论是癸卯学制颁布前译入的《幼学操身》《湖北武学：体操法》《湖北武学：普通体操摘要》《蒙学体操教科书》，还是其后的《日本初等小学体

① 张百熙，荣庆，张之洞．学务纲要［M］//舒新城．中国近代教育史教学参考资料·上册．北京：人民教育出版社，1981：211.

② 罗振玉．日本教育大旨［M］//璩鑫圭，唐良炎．中国近代教育史资料汇编·学制演变．上海：上海教育出版社，1991：227.

③ 王华倬．论我国近现代中小学体育课程的发展演变及其历史经验［D］．北京体育大学博士学位论文，2003：19.

操教科书》等，这些从日本或德国翻译的体育教科书均有着几乎相同的编写体例，即基本不分学年，以介绍一类体操法为主旨，全书虽有章节，但均没有指明教学进度。由此可见，即便是完全照搬国外先进经验，我国近代早期体育教科书也仍然存在不适应近代学校教育的地方，引入国外经验后的适应与改造，就显得尤为重要。学部审定教科书推行后，经审定的体育教科书在编写体例上表现出了较为明显的进步，如《新撰小学校体操法》即是按学年学期分配教学内容，对各项教材的教学方法的叙述也更为详尽，这表明学部的规制和约束在一定程度上提高了体育教科书的编写水平，对体育教科书向近代意义教科书的转变产生了积极的影响。

（三）体育教科书的出版概况

教会出版机构及清政府所办之官书局是维新变法运动之前最重要的出版力量，但伴随维新运动的发展，民营出版业迅速发展壮大。到 1906 年，加入上海书商会的民营出版机构就有商务印书馆、启文社、彪蒙书室、文明书局、时中书局等二十二家[①]，这些民营出版机构为清末教科书的出版作出了重要的贡献。据统计，1906 年学部第一次审定初等小学教科书暂用书目 102 册，其中民营出版机构占 85 册，为商务印书馆、文明书局及时中书局三家所包揽[②]。清末体育教科书的出版也以上述三家机构为主，除此之外，还有学部编译图书局、中国图书公司等机构也出版了一些体育教科书。

清末各类机构共出版体育教科书 40 余册，癸卯学制颁布前，仅有广学会、湖北官学处、文明书局、六艺书局出版的少数几本体育教科书，癸卯学制确认了体操课程的地位后，体育教科书的出版数量在短短几年内迅速增长，其中 1906 年出版了 17 本，1907 年出版了 10 本，两年间出版的体育教科书总数占清末半数以上。当时出版的部分教科书已出现再版的现象，如丁锦所译《蒙学体操教科书》1903 年 9 月初版，1905 年 11 月已出现了第七版，由上海作新社编撰并发行的《普通体操法》，1903 年 1 月初版发行，1906 年第四版发行。

---

① 毕苑．从蒙学教科书到最新教科书——中国近代教科书的诞生［J］．山西师大学报，2006，33（2）：94 ~ 98．

② 李泽彰．三十五年来中国之出版业［M］//张静庐．中国现代出版史料．北京：中华书局，1959．

癸卯学制颁行前出版的体育教科书主要有《幼学操身》《湖北武学》《蒙学体操教科书》《高等小学游戏法教科书》及作新社编撰并发行的《普通体操法》，1902 年出版了日本西川政宪编著、杨寿桐翻译的《国民体育学》，该书本为育儿指导书，日本体育会会长黑川通轨在原序中称“知是书所缕述者，均为我邦育儿法所未周至之端，并为母者所当注意之要件”①，王有朋将其收入了《中国近代中小学教科书总目》，将该书列为中学体育课本。郑志林等称该书“是我国近代体育发端时期，唤起民众，传播和实施西方近代体育，强国强种，健全国民素质，洗刷‘东亚病夫’耻辱的珍贵启蒙之作”②。1904 年后陆续有郑宪成《初等小学体操教科书》、嵩灵《绘图蒙学体操实在易》等书出版，到了 1906 年，商务印书馆出版了 12 卷本《最新体操图》，至 1907 年，李春醲编撰的《新撰小学体操法》《瑞典式体操初步》也相继面世，清末体育教科书的出版在其时达到了顶峰。随后，清王朝衰亡的步伐日益加速，教科书出版也受到了影响，体育教科书仅有学部编撰的《初等小学体操教授书》等少量作品出版，总量上已呈现逐步减少的趋势。

第二节　清末体育教科书的变迁特点

一、清末体育教科书内容分析

纵观清末各种体育教科书之内容，不外乎普通体操、兵式体操、游戏三大类，或者说可分为体操与游戏两类，田径、球类等项目及中国传统体育如武术等内容在清末体育教科书中均没有出现过。因普通体操与兵式体操内容上区别较大，下面仍分三类分述体育教科书之内容。

---

① ［日］西川政宪. 国民体育学［M］. 杨寿桐，译. 文明编译书局，1902.

② 郑志林，俞爱玲. 洗刷“东亚病夫”耻辱的号角——读《国民体育学》［J］. 浙江体育科学，2001，23（2）：46～47.

（一）普通体操

以是否使用器械为标准，普通体操可划分为徒手体操与器械体操两大类。各类普通体操教科书在序言或凡例中一般会表明其主要内容是否包含这两类体操的内容。如《普通体操法》目次即标明该书内容包括“体操准备、整容法、呼吸运动、身体矫正术、徒手体操第一二演习、哑铃体操第一二三演习、球竿体操、棍棒体操第一二三演习、木环体操、豆囊体操、体操演习示要、身体检查”共计十七章，后有附录“人体运动机略论”。《幼学体操法》[①] 目录共分卷一、卷二两卷。卷一内容为总论及空手操法，卷二分总论及身体各部位操练法共二十种。《绘图蒙学体操实在易》，作者嵩灵白话自序中说该书是一本“徒手体操”，并称自己“做出了一部明明白白仔仔细细，有图有说，看了就会，学了就懂的体操书”[②]。商务印书馆出版的《最新体操图》12 卷，各分卷的书名即以“普通徒手体操连续运动”“普通基本体操”“器械体操”等标识了其所包括的体操类别和内容。

徒手体操的内容主要包括准备法、矫正术、徒手操等，各教科书分类互有出入，这类体操主要是通过活动身体的基本部位，对头、胸、肩、四肢、背、腹、腰等各部位进行锻炼，达到强壮筋骨、强健体质的目的。器械体操有哑铃体操、球竿体操、棍棒体操、豆囊体操及单杠、双杠、平衡杠、木马、跳台、吊环、爬杆、跳箱等内容。各项目均有较为详尽的描述，如单杠一项，就介绍了悬垂、引体向上、反悬垂、屈肘横跳、倒翻上、前摆跳下等动作。在介绍具体动作时，各教科书在撰写上一般先述动作要领，然后简述该动作“用意”，有时配有插图，以确保教师或学生能够正确领会动作要领。

按癸卯学制中对体育课程内容的安排，普通体操不仅适应于小学堂阶段学生学习，到了中学堂阶段，尽管兵式体操内容逐渐加入，普通体操也仍是中学堂体操课的主要内容之一。这表明普通体操对不同学段的学生均有较好的健身价值，尤其适合初等小学及蒙学堂学生操练。如《幼学体操法》则指出：“体操分类，

---

① ［清］图书课．幼学体操法［M］．直隶：学务排印局．

② ［清］嵩灵．绘图蒙学体操实在易［M］．上海：彪蒙学室，1905．

有空手体操、器具体操等，此书为蒙学所用，故专述普通柔软各法。”而《德国武备体操法》作为兵式体操的代表，其中第一部分即为空手体操内容。可见对于以培养军事人才为目的的武备学堂，普通体操也同样被认为具有价值（兵式体操中，一般也有柔软体操之类的内容，其操练之法与普通体操中徒手操略有差别而已，在此可不必深究二者之关系，总之普通体操的健身价值是毋庸置疑的）。普通体操的价值还不仅限于学堂学生，《普通体操法》凡例中称“此体操法，无论男女老幼，皆可通用，其所差违者，只在器具之长短轻重而已，然小削之，于其种类之难易，实各有适不适之异。如第一之徒手体操，最适于女子与儿童，豆囊体操，最适于女子；如木环体操，为男子之运动，女子行之，当稍斟酌；棍棒体操，第二第三演习，为在年龄十五岁以上男子之运动”。

考察清末的体育教科书，我们可以发现教科书的编译者普遍将普通体操视为全民族强身健体的工具，这与当时西方社会对体操运动的价值认识是基本一致的。如果说清政府所颁行的学制中安排兵式体操的内容是出于其训练保卫封建王朝的武备力量的目的，那么普通体操的功效则不仅限于此，一方面它不可避免地肩负为培养武备人才打好基础的责任，另一方面，其更重要的功效是，正如《奏定学堂章程》中所称，体操课应“使身体各部发育均齐”，可见练习体操“强国”“强种”才是更为重要的目的。因而在各项内容的排列上，体育教科书基本遵循了按学段先安排普通体操、后加入兵式体操的顺序，在普通体操的内容安排上，一般均为先安排徒手体操，后安排器械体操，以求能达到循序渐进、有效促进学生身体发育的功效，这正与清王朝开设体操课程的意图是相吻合的。

（二）兵式体操

清末体育教科书中兵式体操主要源自德国和瑞典，尤以德国为主，《奏定学堂章程》规定进入高等小学堂则“宜以兵式体操为主”“其兵式体操先教单人教练、柔软体操、小队教练及器械体操，再进则更教中队教练、枪剑术、野外演习及兵学大意”。兵式体操主要包含以上内容，各教科书分类略有出入。虽然兵式体操中也有类似普通体操的柔软体操及器械体操等内容，但这些内容均为适合士兵操练的练习方法，与普通体操中相应内容有所区别。

从兵式体操所包含的具体内容来看，其各式操练的目标指向的是培养军事人才，或者说是培养各高等小学堂及中学堂学生的军事能力。癸卯学制强调随年级增高而不断加大兵式体操的内容比例，彰显了其通过学校体操课程来完成国民军事教育的目的。兵式体操的内容都是直接来源于军队训练士兵的各项内容，无论是其训练方法抑或是其训练手段，均与学校教育所倡导的促进学生全面发展的理念有着较大出入。以早期兵式体操教科书《德国武备体操法》为例，我们可以一目了然地看到其所包含的军事训练内容，如空手体操内容包括“总说”“归队”“站法”“头操”“臂操”“上身操”“腿部操”“跳法”“跑法”；运枪体操内容包括“总说”“归队”“站法”“双手运枪”“单手运枪”；用架体操内容包括“总说”“用架站法”“架高”“免险”“用架归队法”“四等横杠法”“四等跳绳法”“四等用双垂绳法”“四等单柱梯并坡梯上下法”“四等桥梁架法”“三等横杠法”“三等跳绳法”等；越险阻体操内容包括“总说”“桥梁架走法”“带枪跑法”“远高跳法”“跳沟法”“跳篱法”“跳沟垒法”“跳短墙法”“过高墙法”等；该书卷五体操要需则列出了操练兵式体操所需要的器具，有横杠架、横绳架、跳板、升降架、桥梁架、高墙式、攀援架、活梯等，也多为军队训练所用器具。稍晚出版的《体操教科书兵式教练》一书，其内容包括“各个教练”“枪”“部队教练”“中队教练”“斥候教练”“步哨教练”“警备”共七章，也具有鲜明的军队训练色彩。

作为倡导“尚武”救国的体操教学来说，兵式体操的内容应更多适应各级学堂学子身心发展之需要，而不应一味着眼于将学生培养成可以抗辱拒敌的护国人才。虽然对身处内忧外患的清政府来说，通过学堂教育培养和选拔军事人才是合情合理的，但培养专门人才应由诸如武备学堂之类的专门学校来完成，各级普通学校则更应注重使学生“身体各部均齐发育”。将本为训练军队士兵的兵式体操充斥体育课堂，势必会带来一系列的问题。

（三）游戏

清末体育教科书十分重视游戏的作用，所出版的教科书中专述游戏之法的为数不少。游戏多安排在学龄前幼儿教育阶段，初高等小学堂中各类游戏法内容逐渐减少。《奏定学堂章程》称教授学生游戏“要在使其心情愉快活泼，身体健适安全，且养成儿童爱众乐群之习气”。译自日本的《高等小学游戏法教科书》日文原序称“然欲健身之道毫发无遗憾者，非兼行游戏运动不可。游戏之事，为儿童所深悦，故不但健身已也，其教足以活泼精神，生动意识”①，虽为日本学者之见，也可足证时人对游戏运动价值的认识。

清末出版的游戏教科书有董瑞椿所译的《高等小学游戏法教科书》，该书第一章为总论，第二章为游戏种类，共计四十八节，详述游戏四十一种；徐昭曾、孙掞编纂的《表情体操法》（又名《唱歌游戏》），该书目录共列50个内容，其中大多为游戏，部分为体操内容，所列每一个教学内容都配有歌词，这种将音乐与体操（或游戏）相结合，以提高学生学习兴趣的做法，“开创了体育教科书的先河”②。另有王伍所编，商务印书馆出版的《儿童游戏》，内容有待考证。

除专门的游戏教科书外，清学部所编撰的《初等小学体操教授书》中也有较多游戏内容，该书名为体操教授书，但从人民教育出版社所藏第一册及第三册来看，其内容多为游戏。第一册凡例中详列各游戏道具及制作法，教授法中强调游戏开始前应做准备活动。游戏中所唱歌曲为军歌，可见军国民体育思想影响之深。书中游戏重视对学生的思想教育，每一课均列出要旨，阐述本课主旨，如第三册第二课《燕筑巢》，其要旨为“导以独立自营之气象及协同相助之精神”，文中有“燕，微禽耳，犹能不辞劳瘁，衔泥筑巢，可以人而不知独立自营之道乎？教员宜以此义训勉诸生”。第三课《穿圈竞走》要旨为“鼓舞勇气”，其余各课要旨有如“养尚武之精神”“养爱国心”“养其协同相助之精神”等。该书也有“养优美之情趣”的唱歌游戏，如第一课《双双燕》，要求学生“风琴声作则同歌双双燕之曲，而随之以动作”。歌词为“双双燕，出巢中，入花荫，啄飞虫，啄虫不自食，急忙回巢里，回巢来哺其子”③。这类唱歌游戏与《表情体操法》一道，影响了后来唱游教材的编写。

《初等小学体操教授书》是清政府学部编撰的唯一一套官方体育教科书，也是我国近代最早的由教育主管部门统编的体育教科书。该书按学年编写，在内容

① ［清］高等小学游戏法教科书［M］. 董瑞椿，译. 上海：文明书局，1903.

② 刘斌. 从体操到体育——清末民国中小学体育教科书研究［D］. 湖南师范大学博士学位论文，2011：61.

③ ［清］学部. 初等小学体操教授书［M］. 学部图书局，1909.

编排上明确规定了每星期的具体教学内容，并对教授进程中上课时间的长短、复习课的安排等均有说明。在我国近代教科书发轫之初，这种分学年编写教科书的方式具有重大的进步意义。

（四）小结

从上述体育教科书各项内容的分析中，我们可以发现清末体育教科书具有如下几个特征：

一是体育教科书与近代体育课程具有同源性，都有明显的拿来主义的特点。这种对西方体育课程，更确切地说是对日本体育课程的模仿，在清末体育教科书中表现得更为突出。我们考察清末不同版本的体育教科书时，可以发现不同时期的体育教科书均表现出了对国外教科书内容的模仿和借鉴，不同版本的教科书中甚至常常选用了完全相同或相近的内容，如《幼学体操法》中，其空手操法内容与《德国武备体操法》中空手操法内容基本相同，总论及身体各部位操练法则与《幼学操身》中内容相近，可见复制和模仿痕迹仍然很重。从整体上来看，清末体育教科书大部分均译自日本，或仿效日本教科书内容及体例来编写，少数早期兵操译著译自德国等欧美国家。由于大部分译者常常只照原书直接翻译过来，通常没有比较国内已有译著之内容，又加上之后的教科书编著者在以某一国外教科书为蓝本时，也往往会博采众书之长，若该“蓝本”已有国内译本时，则不可避免会出现不同版本教科书内容相同或相近之嫌。此外，日本明治维新倡导向西方学习，其教科书之编撰同样出现过向西方学习的过程，如范迪吉译自日本的《瑞典式体操教科书》，其译例中指出“此书系日本体育会员所编纂，译者又参照波氏学校体操、聂氏瑞典式初步体操、孟氏瑞典式训练法撰”①，清末教科书学习日本，又受欧美之影响，出现各版本内容重复的情况则是不可避免的。

二是清末体操教科书中逐渐出现对教学方法的关注。在最早出版的《幼学操身》中，就已出现通过设问、强调循序渐进等方式来规范教学过程的做法。其后的《幼学体操法》，则尤为注重教学方法，书中指出：“凡教此法，须深知体操一课，系于儿童身体极有益之事，必令人乐于学习，如作费力等课，及空腹饥饿

① ［清］范迪吉．瑞典式体操教科书［M］．上海：时中书局，1906.

之时，切不可操，致令视以为苦，此等处教习务宜留意。”“教练体操，须从易处作起，循序渐进，初学幼童，断无数日即能教齐之事，教习入手，先按后开各法（如头操臂操等类），按照次序。每次教练一二式，或二三式，此式教熟，然后按次分日陆续再教别式（惟走步法可于每次操毕先教之，以便齐队）。至各式一律全熟后，则每次之操，即令全身各处皆操到，不可常操一式，致使一处力乏，不能更及他操，令操者生厌。”黄元吉译《初等小学体操教科书》，总论中有“教授者之心得”“教授阶级及教法之选择”①，均可视为关于教学方法的阐述。《新撰小学校体操法》则于每项教学内容中均设有教授者之心得，用以指导如何教授体操课程。从这些体育教科书中关于教学方法的论述来看，我国清末体育教科书中对教学方法的论述虽然还远远难以称得上系统全面，但它们表现出来的关注教学方法的精神，是值得称赞的。

三是清末体操教科书内容编排已初步具备适应人体生长发育规律的特征。早期的体育教科书中已基本能做到对不同年龄段练习对象均有特别提醒，稍后出现的体育教科书虽还没有按学段编写，但在内容编排顺序上基本能做到以随着年龄段增长逐步增大练习难度，如《日本普通体操学》凡例中指出“原书为日本中学校、师范学校生徒教授体操之用，本分十七章，今仅摘取其八章，演习哑铃体操之先，本不可少徒手体操等，因已详见《德国武备体操》一卷空手体操部，故略之”。至学部所编《初等小学体操教授书》时，其内容选编更为注意遵循学生生理发展规律，如书中明确指出“此书为初等体操，若进而求之，如兵式器械等类，应从此书入门始也”。但这种对学生生长发育规律的关注毕竟还只是初具意识，清末体育教科书尚未能做到真正意义上的以学生之身心特点为编写依据，如《普通体操法》凡例称：“书中尺寸，都以壮年之人之适当者，施于女子与儿童，可斟酌之。”该书译自日本，标明为“寻常中学校”教科书，“书中尺寸”尚不能做到适应学生，由此审视深受日本教科书影响的清末体育教科书，在这一点上予以过高评价无疑是不公允的。

---

① ［日］川濑元九郎，手岛仪太郎．初等小学体操教科书［M］．黄元吉，译．上海：商务印书馆，1907.

四是清末体育教科书编写深受军国民教育思想影响。军国民主义教育思想在我国近代教育和体育史上产生了深远的影响，自资产阶级改良派宣扬尚武救国思想以来，军国民主义教育思想逐渐为清末学校教育及学校体育所接受，“凡中小学堂各种教科书，必寓军国民主义”，体育课程更是将兵操作为了主要教学内容。除各类兵式体操教科书直接培养学生军事才能外，在《表情体操法》及《初等小学体操教授书》等体育教科书中也体现出了鲜明的军国民主义教育思想的影响。如《表情体育法》中大量的唱歌游戏均冠以“祈战死”“出军”“决战死”“勇男儿”等名称，这些游戏名称或直接以战斗命名，或间接反映奋勇抗敌，以激发国人自强尚武的精神，军国主义色彩浓郁。

二、教科书使用情况

清末体育教科书的使用情况，较少有文献记录。但从当时体育课程的实施情况、体育教科书的发行情况及一些史料中记载的当代人对该时期体育教科书的评价，我们可对其大致情况略知一二。

癸卯学制实施后，体育课程“在全国范围内普遍初步地得到了实施”，但“由于体育师资水平参差不齐”“造成了各地、各学校体操课实际情况差别很大”①，如直到清末宣统元年（1909），清学部在《奏请变通初等小学堂章程折》中仍称“其体操一科，学堂设在城镇者，亦列为必修科目，学堂设在乡村者，现因体操教员缺乏，暂作为随为科目上”②。同时由于奇缺受过专业训练的体育教师，各级学堂大量聘用了从军队中退伍的下级军官担任体操教员，“这些人不但不懂普通体操，甚至对兵式体操也只知道喊几句‘立正’‘稍息’之类的口令，作点队列练习。这样，在体育课上往往以兵操代体操，又以队列代兵操”③。1905 年《广益丛报》82 号刊出《体操改良》一文，其中提到：“苏垣私家蒙小各学堂，迩各习体操，以为尚武之计。惟各教员半非学堂出身，于体操一门非素

① 王华倬. 论我国近现代中小学体育课程的发展演变及其历史经验［D］. 北京体育大学博士学位论文，2003：31.

② 学部奏请变通初等小学堂章程折［M］//璩鑫圭，唐良炎. 中国近代教育史资料汇编 · 学制演变. 上海：上海教育出版社，1991：545.

③ 何启君，胡晓风. 中国近代体育史［M］. 北京：北京体育学院出版社，1989：73.

习，以故所教各种式样，诸多牵强；以致学生习之，不但不能舒畅筋骨，而少年体骨脆弱，因而致病者所在多是；以致人皆不知教员之不善，转咎体操之伤人，相戒子弟勿上操场。”从上述关于清末体育课程实施情况的描述中，我们可以大致推断体育教科书在这一时期的使用情况。

在清末出版的几十本体育教科书中，各版本教科书的使用概率是有着较大区别的，陆费逵称“在光复以前，最占势力者，为商务之最新教科书，学部之教科书两种”①，体育教科书使用情况应与该状况基本相同。部分体育教科书多次再版，如《普通体操法》1903 年 1 月初版，8 月再版，1906 年 3 月三版，4 月四版，表明其使用概率也应当相对较高，从当代人上体育课的回忆文章中，我们也可以对当时体育教科书的使用情况略知一二，如张秀熟回忆：“光绪三十四年，我们平武县也开办了平武高等小学堂”“特别引人的是学堂开设了体育课，当时叫体操课。记得当时还有体操课本，课本很简单，主要是一些动作的简单绘图”②。四川省一个普通县级高等小学堂可见到体操课本，可见体育教科书在清末的各级学堂中得到了一定程度的使用。

三、清末体育教科书总体评价

清末体育教科书的起源和发展，在我国近代教育和体育史上均具有非凡的意义，它不仅代表着经历了改革阵痛后的学校教育已正式确立了体育课程的应有地位，也标志着经由西学东渐和变法图强的双重冲击后，以体操为代表的西方体育已穿透中国传统体育的樊篱，成了中国近代体育的重要组成部分。体育教科书的出现，是伴随着近代体育课程的产生而出现的，它是近代体育课程的产物，也是重要的体育课程资源之一。体育教科书的出版和传播，为清末体育课程的有效开展提供了有力的支持，也从客观上促进了西方体育尤其是体操在中国学校体育中的广泛传播，体育教科书无形中充当了中国体育近代化的重要催化剂。

---

① 陆费逵. 论中国教科书史［M］//李桂林，戚名琇，钱曼倩. 中国近代教育史资料汇编·普通教育. 上海：上海教育出版社，1995：189.

② 王华倬. 论我国近现代中小学体育课程的发展演变及其历史经验［D］. 北京体育大学博士学位论文，2003：31.

清末体育教科书顺应教会学校及各级学堂开设体育课程的现实需要，经历了从无到有、从自发翻译到自觉编撰的过程。体育教科书的出现不仅宣告了中国传统教育中没有体育课程时代的终结，也与其他学科教科书一道，标志着中国传统教育中不分科选用教材的做法已成为历史。对重文轻武的传统教育而言，体育教科书的出现是一种双重突破。与国文、算术等已有传统教育的学科相比，体育教科书没有经历“先破后立”的过程，它的起步直接源于对西方教育的借鉴和模仿。正因为少了对传统的反思和继承，体育教科书内容上表现出了更为明显的对西方体育的移植和依赖，体育教科书的译者和编者，很难将目光投向传统体育中的合理内容。同时，体育教科书的诞生事实上经历了长达半个世纪的孕育过程，在其萌芽与雏形阶段，其本身存在一些问题是在所难免的。清朝以后，风起云涌的社会剧变不断改变着教育生存的客观环境，也促使着体育教科书在时代的风雨中吸取养分，不断发展。

第三章　民国时期体育教科书的演进

第一节　民国初年与北洋政府时期的体育教科书

一、社会背景

1911 年 10 月，辛亥革命爆发，结束了维系两千多年的封建专制制度。1912 年 1 月 1 日，孙中山就任临时大总统，中国历史上第一个资产阶级共和国——中华民国诞生。

孙中山组建的南京临时政府是一个资产阶级共和国性质的革命政权，它只存在三个月便夭折了。1912 年 3 月，掌握了清朝军政大权的北洋军阀袁世凯窃取了中华民国大总统的职位，政权由此落入北洋军阀手中。1916 年袁世凯称帝失败后，其手下的几个北洋军阀相继执政，此情况一直维持到 1928 年前后北洋军阀被国民革命军和蒋介石、冯玉祥等人的军队消灭为止，这段时期即被称为北洋政府时期。北洋政府是一个代表大地主和买办资产阶级利益的反动政权，在政治上，它实行军阀官僚的专制统治，在经济上，它竭力维护帝国主义、地主阶级和买办资产阶级的利益，在文化思想方面，尊孔复古思潮大行其道，北洋军阀使中国重新落入了黑暗的深渊。孙中山曾沉痛地说过，当时中国“政治上、社会上种种黑暗腐败比前清更盛，人民困苦日甚一日”。北洋政府统治时期，中国仍是一个半殖民地半封建性质的社会，甚至半殖民地化程度还进一步加深了。

北洋政府的专制统治和军阀的割据纷争给人民带来了无穷灾难，心忧天下但却陷入绝望、苦闷和彷徨之中的中国先进知识分子一刻也没有停止追寻中国出路的脚步，他们及随之而来的新文化运动掀起了一轮新的思想启蒙高潮。这场思想启蒙运动连同之后轰轰烈烈的五四运动，给中国社会在思想、文化、教育等领域都带来了巨大的冲击，开启了我国近代史上思想、文化、教育领域空前活跃的新时代。这一时期西方各种教育思潮大量引入中国，工人阶级作为一支新的社会力量迅速成长壮大，又加之第一次世界大战和俄国十月革命的冲击，多种因素促使教育界也发生了一场深刻的变革，1922 年，旨在“适应社会进化之需要，发挥平民教育精神，谋个性之发展”[①] 等目标的壬戌学制颁布，中国近代以来的学制体系建设由此步入基本成熟的阶段。

二、体育教科书的编写与出版

（一）编写依据

中华民国成立之初即致力于肃清封建专制教育的流毒，第一任教育总长蔡元培与教育界同仁一道，废除了清学部所颁布的“忠君、尊孔、尚公、尚武、尚实”的教育宗旨，而代之以“注重道德教育，以实利教育、军国民教育辅之，更以美感教育完成其道德”的德、智、体、美兼顾的教育宗旨，改革清政府旧学制，颁布了壬子、癸丑学制，改学堂为学校，进行了一系列大刀阔斧的改革，兴起了我国近代教育史上的新一轮兴国高潮。1912 年全国各类学校 87272 所，学生 2933387 人，1914 年学校数即增至 122286 所，学生数增至 4075338 人[②]。

壬子癸丑学制是民国初期临时政府所颁布的一系列教育法规的总称，主要包括《普通教育暂时办法》《普通教育暂行标准》《小学校令》《中学校令》《小学

---

① 学校系统改革案［M］//陈元晖. 中国近代教育史资料汇编·学制演变. 上海：上海教育出版社，1991：694.

② 舒新城. 中国近代教育史资料·上册［M］. 北京：人民教育出版社，1961：367.

校教则及课程表》《中学校令施行规则》《中学校课程标准》等。壬子癸丑学制虽宣称要对清政府旧学制进行全面革新，但事实上其在课程设置上与清末癸卯学制仍是一脉相承的。在体育课程的课时、内容的规定上，壬子癸丑学制与癸卯学制相比也没有很大变化。民初体操科仍以游戏、普通体操及兵式体操为主，规定“初等小学校首宜授适宜之游戏，渐加普通体操。高等小学校宜授普通体操，加时令游戏，男生加授兵式体操。视地方情形，得在体操教授时间或时间以外，授适宜之户外运动或游泳”①。规定中学校“体操分普通体操、兵式体操二种，兵式体操尤宜注意。女子中学校免课兵式体操”②。与清末体操课程内容相比，民国初年兵式体操已成为了高等小学体育课的内容，这表明民国初年军国民主义教育思想仍占据重要地位。

第一次世界大战结束后，军国民教育逐步淡出世界潮流，又加之五四新文化运动的促进作用和实用主义教育思想的传入，军国民教育和兵式体操最终被完全排除出学校教育领域。但这一过程并非是一蹴而就的，在壬子癸丑学制实施的这一时期，学校体育课程出现了课内按规定实施兵式体操和普通体操、课外开展以田径和球类为主要内容的体育活动的现象，这种课内外两种截然不同的体育内容并存的现象被称为学校体育的“双轨”现象③。在部分学校，就连体操课内也已开始逐渐减少兵式体操，增加田径和球类等项目的内容，有些学校甚至自行宣布废除兵操，将“体操课”改为“体育课”④。在壬戌学制颁布前夕，体育课程内容的变革需求已是呼声高涨，教育自身发展的内在动力已将新学制的出台条件悄悄酝酿成熟。1922年壬戌学制及次年的课程改革，“提倡民主与科学，尊重学生个性，强调儿童本位”，明确提出了体育课程要“顺应儿童爱好活动的本性”，“发展个人之本性及人格”⑤，完全剔除了兵式体操，以田径、球类、游戏、体操

---

① 教育部订定小学校教则及课程表［M］//陈元晖．中国近代教育史资料汇编·学制演变．上海：上海教育出版社，1991：694.

② 教育部订定小学校教则及课程表［M］//陈元晖．中国近代教育史资料汇编·学制演变．上海：上海教育出版社，1991：671.

③ 何启君，胡晓风．中国近代体育史［M］．北京：北京体育学院出版社，1989：113.

④ 王华倬．论我国近现代中小学体育课程的发展演变及其历史经验［D］．北京体育大学博士学位论文，2003：44.

⑤ 苏竞存．中国近代学校体育史［M］．北京：人民教育出版社，1994：100~101.

为体育课程的主要内容，这些均为新学制后体育教科书的编写确立了明确的改革方向。

民国初年，教科书编写表现出了较为鲜明的对学制所规定课程内容的依赖性。较清末而言，民国初期与北洋政府时期，依据课程计划和课程标准编写的教科书占据了主流。站在教科书发展变迁的角度来看，这种现象的出现相较于教科书发轫之初的无序状态而言，无疑是教科书编写史上的进步，它标志着教科书编写告别了萌芽阶段的自发状态，逐步变成了与学校教育联系紧密、与课程标准有着较高吻合度的近代意义的教科书。壬子癸丑学制颁布后，教育部没有过分强调统编教科书，而是指出“初等小学校、高等小学校、中学校、师范学校教科用图书，任人自行编辑，惟须呈送教育部审定”“编辑教科用图书，应依据小学校令中学校令师范教育令”①，这就为民初形成以民间出版机构编写教科书为主的局面埋下了制度性的伏笔。

袁世凯复辟期间，曾一度禁用民国初期所编写的教科书，并计划加强教育部编写教科书的力度。1914 年，北洋政府教育部拟定了《教育部整理教育方案草案》，其中议定“今除高等小学暨中学师范教科书，仍专采审定制外，初等小学校教科书，拟由部编成课本，任民间翻印为用，并定翻印方法，以防纸质粗劣各弊；一面使民间编成善良教科书呈部审定”②。袁世凯从推行封建复古教育出发，其提倡部编教科书的初衷本是为了通过教科书宣扬其尊孔复古思想，不过从提高教科书编写质量的角度来看，这一段时期有关教科书编写审定的具体规定却对当时教科书编写质量的提升具有一定的促进作用。虽然由于种种原因，部编教科书一直没有出现，但正由于这一原因，教育部更是加强了对教科书的审查力度。随后袁世凯复辟阴谋倒台，其所颁发的一些教育指令除部分规定被废除外，关于教科书审定的有关规定一直延续使用。到壬戌学制颁布时，教育界对教科书编写之重要性的认识又有了新的进步，在教育部召集的学制会议上议定，基于“表达改

① 教育部公布审定教科用图书规程［M］//李桂林，戚名琇，钱曼倩．中国近代教育史资料汇编·普通教育．上海：上海教育出版社，1995：457～458．

② 教育部整理教育方案草案［M］//陈元晖．中国近代教育史资料汇编·学制演变．上海：上海教育出版社，1991：694．

革真意”“确定各级学校之标准”“齐一同级学校之程度”等理由，“请教育部组织教材要目编审会”“依照议定案系统拟具教材要目”“延员草编要目，并审核各省送交要目”。“编审既毕，由部令行各省查照要目，自行编辑教本，并参加补充教材。”① 从这些规定不难看出，在经历了北洋政府时期近十年的探索后，教科书的编写流程逐渐规范，越来越重视从学制所议定之“要目”和课程标准出发来编写教科书。教科书编写过程中这些原则的逐步形成，为下一时期产生一批优秀的教科书奠定了良好的基础。

自民国成立伊始，教育部即十分重视对教科书的审查。1912 年 5 月，教育部颁布《审定教科图书暂行章程》，这是民国第一个专门的教科书法令，在提及教科书审定时，该规定要求“图书发行人，应于图书出版前，将印本或稿本呈请教育部审定”“已经审定之图书，由教育部以公报宣布”②。随后，又在这一章程的基础上修订颁发了《审定教科用图书规程》，继续推行全国统一审查教科书的制度。但同年颁布的《小学校令》规定“小学校所用教科图书，由省图书审查会择定之”③，《中学校令施行规则》第十八条规定“中学校教科用图书，由校长就教育部审定图书内择用之”④，这意味着民国初期形成了较为完备的教科书审查体系，除教育部负责审查教科书外，还增加了省图书审查会这样的辅助机构，帮助教育部完成对教科书的审查工作。但这一情形并没有维持太久，1914 年，《教育部公布修正审定教科用图书规程》规定“小学校中学校师范学校教科用图书，须经教育部审定”，这标志着北洋政府取消了各省审查教科书的权利。在军阀割据的动荡时代，地方与中央势必存有利益冲突与矛盾纷争，作为思想控制的重要阵地，教科书审查权利被收回教育部自然是顺理成章之事。

此后一段时期，中小学教科书的审定一直由教育部负责，1915 年颁布的

① 教育部召集之学制会议及其决议案［M］//陈元晖. 中国近代教育史资料汇编·学制演变. 上海：上海教育出版社，1991：981～982.

② 教育部颁布审定教科图书暂行章程［M］//李桂林，戚名琇，钱曼倩. 中国近代教育史资料汇编. 上海：上海教育出版社. 1995：456～457.

③ 教育部公布小学校令［M］//陈元晖. 中国近代教育史资料汇编·学制演变. 上海：上海教育出版社，1991：655.

④ 教育部公布中学校令施行规则［M］//陈元晖. 中国近代教育史资料汇编·学制演变. 上海：上海教育出版社，1991：673.

《预备学校令》规定“预备学校之教科图书，须用教育部所编行或经教育部审定者”。由于预备学校附属于中学校，因而又规定“前项图书，关于同一教科目而有数种者，应由该校主任商承中学校校长择定之”。《国民学校令》规定“国民学校之教科图书，须用教育部所编行或经教育部审定者”①。“前项图书，关于同一教科目而有数种者，应由县知事招集各校校长会议择定。”②《高等小学令》规定“高等小学校之教科图书，须用教育部所审定者”。“前项图书，关于同一教科目而有数种者，应由县知事招集各校校长会议择定。”③ 这些政策出台后，直至国民党政府新的教科书审定政府出台前，北洋政府均没有再颁发新的教科书审定制度。

（二）编写方式

民国初年与北洋政府时期，教科书的编写仍旧以民间力量为主。与清末不同的是，这一时期教科书的编写在人员组织上表现出了一些新的特征。民国初期学校教育迎来了一个迅速发展期，各级学校和学生人数均大幅增加，教科书的需求量也迅速增长，基于教科书出版背后的巨大经济利益，各大出版机构纷纷投身教科书市场。而民国初期与北洋政府时期，教育部统编的教科书一直未能出现，为满足各级学校需求，教育部允许民间按要求自由编撰教科书，只需审定通过即可进入市场。在这种情况下，商务印书馆、中华书局等教科书出版机构为了确保他们所编写的教科书能通过教育部的审定，争相聘请各学科较有名望的专家编写教科书，这就使得在这一时期，民间编撰教科书的人员基本上都被聚集到了各出版机构周围，形成了以出版机构为中心的编写组织。

民国初年与北洋政府时期，编写体育教科书数量最多的当数徐傅霖，其次还有王怀琪、赵光绍、杨彬如等人。这几个编写人员主要集中在商务印书馆、中华书局两家出版机构，尤其以商务印书馆为主。徐傅霖早年留学日本，后与徐一冰

① 大总统申令：国民学校令［M］//陈元晖．中国近代教育史资料汇编·学制演变．上海：上海教育出版社，1991：785．

② 大总统申令：国民学校令［M］//陈元晖．中国近代教育史资料汇编·学制演变．上海：上海教育出版社，1991：779．

③ 大总统申令：高等小学校令［M］//陈元晖．中国近代教育史资料汇编·学制演变．上海：上海教育出版社，1991：775．

等人创办了中国体操学校，王怀琪民国初年也担任高校要职，他们均是活跃在民国期间的重要体育人物，在整个近代体育教科书的发展历史中占有重要的地位。体育教科书由他们编写，标志着最优秀的知识群体已成为了体育教科书的编撰者。

在教科书的编写体例上，清末学部编撰的《初等小学体操教授书》开启了分学年编写体育教科书的先河，至民国初年，体育课程内容与清末相比较变化不大，仍是以游戏、普通体操及兵式体操为主，体育教科书的编写也基本遵循了按内容进度分学年编撰的特征，如徐傅霖编的《中华高等小学体操教科书》，全书内容共分四章，每一章即相当于一册。但作为民间出版机构编写的体育教科书，这种按年级划分教科书内容的做法毕竟还不够成熟，在整个民国初年与北洋政府时期，我们尚未能看到根据学制标准分册出版的体育教科书。同时由于这一时期学校体育存在的双轨现象，根据课程计划内容编写的体育教科书虽然呈现出一定的分年级编写的特征，球类、武术等教科书则仍旧以单册的形式出现。这表明在编写体例上，民国初年与北洋政府时期的体育教科书依然未能形成对课程内容的整体安排和考虑，表现出了课内外内容各自为政的特征。这一现象直至壬戌学制颁行后，仍没能在短期内得以纠正。

（三）出版概况

民国成立后，教育部即通电各省颁发《普通教育暂行办法》，规定“凡各种教科书，务合乎共和民国宗旨。清学部颁行之教科书，一律禁用”。“凡民国通行之教科书，其中如有尊崇满清朝廷，及旧时官制、军制等课，并避讳、抬头字样，应由各该书局自行修改，呈送样本于本部，及本省民政司、教育总会存查。”① 这一规定出台后，清末出版的体育教科书被迫全部禁用，民国初年教科书的编写者必须在极短的时间内迅速修订旧存教科书，以供各级学校使用。而事实上无论是各大教科书出版商，还是教科书的编写者们，都没能在这么短的时间里做好充分的应对准备。作为清末最大的教科书出版机构，在1912年教育部通

① 教育部：电各省颁发普通教育暂行办法［M］//陈元晖．中国近代教育史资料汇编·学制演变．上海：上海教育出版社，1991：597.

令修改教科书和颁布学制系统后，商务印书馆迅速集中了数十人重编教科书，并于当年出版了《共和国新教科书》数十种。在为其新出版的教科书所刊登的广告中，商务印书馆称“政体既已革新，而为教育根本之教科书，亦不能不随之转移以应时势之需要”“本馆即将旧有各书遵照教育部通令大加改订，凡与满清有关系者，悉数删除，并于封面上特加订正为中华民国字样，先行出版，以应今年各校开学之用”①。与民国同时诞生的中华书局，因其创始人陆费逵早料到革命必能成功，事先做好了准备，抢在商务印书馆之前半年，编辑出版了全套《中华教科书》，迅速抢占了大片教科书出版市场。中华书局在教科书出版市场的成功表现改变了商务印书馆独家垄断教科书出版市场的格局，它与商务印书馆自此成为民国最大的两家教科书出版机构。体育教科书大多由这两家出版机构出版，除此外，世界书局、中国图书公司、中国健学社等出版机构也出版了一些体育教科书。

民国初年与北洋政府时期，共计编写出版了体育教科书 57 本，其中小学 46 本，中学 11 本。这其中商务印书馆共出版 29 本，占半数以上，中华书局出版 9 本。徐傅霖共编写 11 本，王怀琪共编写 8 本，赵光绍编写 4 本，马良编写 4 本，朱士方编写 3 本，五人所编体育教科书即在这一时期出版总数的半数以上。这五人所编写的 30 本体育教科书中，仅徐傅霖有 3 本由中国图书公司出版，王怀琪有 1 本由教育杂志社出版、另有 2 本由中国健学社出版，1 本由澄中学校出版，朱士方 3 本分别由上海东南公学及能强小学社出版，其余 20 本均由商务印书馆与中华书局出版。由此可见，民国初年与北洋政府时期，体育教科书的出版基本由商务印书馆和中华书局两家出版机构及其所聘请的编写人员所掌控。

1912 年民国成立当年，陆费逵与他早已做好了准备的中华书局出版了民国第一套教科书，这套教科书中有徐傅霖编写的《中华初等小学体操教授书》及《中华高等小学体操教授书》（后者于 1913 年出版），紧随其后商务印书馆也推出了修订后的《共和国教科书》，其中体育教科书有徐傅霖的《共和国教科书新

① 商务印书馆新编共和国教科书说明［M］//陈学恂. 中国近代教育史教学参考资料·中册. 北京：人民教育出版社，1987：422.

体操》《共和国教科书兵式教练》《共和国教科书普通体操》。商务印书馆这套“共和国教科书”，编写体例和编写质量，确也超出中华书局为“适合于政体”赶出来的“中华教科书”，这就使得中华书局不得不重新编写新的教科书，1913年后，“新制教科书”“新式教科书”陆续出炉。商务印书馆也在随后的几年中相继推出了“新学制教科书”“新撰教科书”等多套教科书①。伴随着这几套教科书面世的体育教科书有徐傅霖编写、中华书局出版的《新制中华体操教授书》《新制体操教本》，但商务印书馆“新学制教科书”“新撰教科书”等多套教科书中却未见有体育教科书。这一时期，商务印书馆出版的教科书有赵光绍的《体操教授细目甲编》《体操教授细目乙编》《体操教授细目丙编》，徐傅霖《体操讲义》，王怀琪《正反游戏法》等，中国健学社在壬戌学制颁行后出版有《走步、体操、游戏三段教材》正编、续编两册教科书，此外，还有王怀琪《八段锦体操》《八段锦》，王小峰《图球游戏》，马良《中华新武术》等代表中国传统体育内容及西方近代体育内容的教科书也得以出版。

三、教科书内容分析

民国初年与北洋政府时期，体育教科书中的主要内容以壬戌学制为界，可分为前后两个时期。前一时期体育教科书的内容主要包含两个部分，其一是与课程计划规定的内容相一致的游戏、普通体操及兵式体操，这一部分内容是对清末体育教科书内容的承袭；另一部分内容则是逐步出现的中国传统体育及以英美田径、球类为代表的体育项目。壬戌学制后，兵式体操内容彻底退出体育教科书，田径、球类、游戏、普通体操成了体育教科书的主要内容。

（一）兵式体操

兵式体操在民国初年至壬戌学制颁布前发展到了顶峰，“面对世界大战，教育界人士出于爱国主义的愿望，而主张军国民主义教育，使得以兵式体操为主的体育课程得到了前所未有的重视，在我国学校教育中达到了高潮”②。与清末相

① 王余光，吴永贵．中国出版通史：民国卷［M］．北京：中国书籍出版社．2008：391．

② 王华倬．论我国近现代中小学体育课程的发展演变及其历史经验［D］．北京体育大学博士学位论文，2003：39．

比较，兵式体操已不仅仅只是中等学校的主要内容，民初高等小学的体操课程中就开始将兵式体操作为主要内容。民国初期出版的各类体育教科书中，兵式体操内容占据了重要的位置。如徐傅霖所编《共和国教科书兵式教练》，就是作为民国时期最早的一批体育教科书出版的。而《中华高等小学体操教授书》中，全书共计四章，其中第三章则为兵式教练的内容。

与清末兵式体操内容相比，民国初年兵式体操在内容上并没有太大变化。如徐傅霖的《共和国教科书兵式教练》，全书共分5章，分别为单个教练、连教练、射击术、野外警戒和礼节[①]。与清末兵式体操教科书相比较，仅“礼节”一章为新出现的内容，其余各章节均与清末内容相同或相似。

兵式体操的传入和发展，是与近代中国社会的历史特点密切相关的。从兵式体操在中国传播的历程来看，虽然其前后延续了约半个世纪，但无论是早期清朝军队的兵操训练，还是北洋政府时期在军国民教育思想鼓动下的学校兵式体操练习，兵式体操都是为培养抗敌御辱的军事人才服务的。因此当世界局势风云变幻，人们对国家安危和民族生存的忧虑日渐强烈时，就会更加迫切地渴望有着强大的武力寄托，因此到了民国初期及第一次世界大战爆发时，提倡军国民教育，推行兵式体操，自然成了大势所趋，如时任教育总长的范源濂曾提出“诚以充实国力之最良制度，莫如全国皆兵”[②]，蔡锷也认为“居今日而不以军国民主义普及四万万，则中国真亡矣”[③]！兵式体操所具有的培养强国御辱人才的功利目的，正是与整个民族心态一致的。第一次世界结束后，国际局势渐趋安定，军国民思想也逐步消退，兵式体操赖以生存的社会土壤基本不复存在，因此，未等及壬戌学制出台，兵式体操已渐渐在学校体育中消失，兵式体操的内容在体育教科书中也慢慢远去。

（二）普通体操

虽然在民国初期相当长的一段时间里，兵式体操充斥着体育课堂，但由于人

---

① 张庆新．中国体育教材史论［M］．北京：中国农业大学出版社．2011：33．

② 范源濂．今日世界大战中之我国教育［M］//陈学恂．中国近代教育史教学参考资料·中册．北京：人民教育出版社．1987：307．

③ 金冲及．蔡锷的历史评价［M］//苏竞存．中国近代学校体育史．北京：人民教育出版社．1993：85．

们对于普通体操基本功能的认同，这一时期出版的体育教科书中，普通体操仍然占据重要的地位，无论是从合编的教科书中二者内容的比重来看，还是从分开编写的教科书数量来看，普通体操在体育教科书编写者心目中都占据了更为重要的位置。这一时期的体育教科书，对普通体操的内容划分更为细致，相对清末而言，普通体操教科书的分类更为科学合理，已逐步由按外形器具分类过渡到按运动目的分类。同时，对于不同学段适用于何种体操教材，编写者也进行了认真的研究，并体现在这一时期的体育教科书中。

在民国初年与北洋政府时期，普通体操教科书中影响力最大的当为徐傅霖所编撰的普通体操教科书。徐氏的普通体操教科书，是根据教材特点按学段分开编写的，依次为《共和国教科书初等小学新体操》《共和国教科书高等小学新体操》及中学校使用的《共和国教科书普通体操》，虽同为普通体操，但各学段内容不一。如《共和国教科书普通体操》[①]，全书共分“绪论”“体操教材”“补助体操”“体操科之设备”及“体操科之教授法”五章，第一章详细论述了体操运动的特点、分类、运动方法及体操运动的相关知识，第二章是该书主体部分，分别论述了“下肢运动”“平均运动”“上肢运动”“头部运动”“呼吸运动”“胸部运动”“背部运动”“腹部运动”“躯侧运动”“悬垂运动”“跳跃运动”共十项内容。作为中学阶段的普通体操教材，该书较为注重内容上的系统性和完整性，教材选择也基本做到了适应中等学校学生特点。同时，从该书内容编排上，我们也可以见到这一时期体育教科书表现出来的进步性，该书编辑大意中称“体操之准备，大半即兵式教练之材料，故本书仅载排列法，余可参考兵式教练”，又称“各种方法，凡已载高等小学新体操”，由此可见该书与《共和国教科书兵式教练》及《共和国教科高等小学新体操》等教科书在内容上是互为补充的。

吴圣明所编写的《初中柔软体操教材》则代表了这一时期体育教科书对学生身心特点的关注，该书标明“适合初级中学及与初中同等学校用”，按照初中学生身体发育之顺序编定，并“经编者在浙江第十一中学、广西玉林第二中学一再实验”。上海二师校王庚在序中说“我时常看见有许多体操教员，拿初级小学

① 徐傅霖. 共和国教科书普通体操［M］. 上海：商务印书馆，1912.

用的徒手操用在初级中学三年级上，试问初中三年级的学生欢迎不欢迎？又或将中学的教材用在小学上，试问小学生能做得来吗”，称吴圣明所编的这本教科书“悉照身体之发育编定，并在几个中小学校实验过，内容由简而繁、由易而难，对于生徒心理生理两方面，均无不合之处。”时任上海东亚体专教员的邹法鲁也称该书“难易之间，秩然有序，而徒手器械又相间交用，取材不特有循序渐能，迎合生徒各时期生理要求之价值，且极尽变化之能事，于心理方面亦必得浓厚之兴趣”①。该书按初中一至三年级共六个学期编写，每学期分四部分，全书共分二十四部内容，但全书仅 144 页，内容略显简单。

此外，王怀琪《走步、体操、游戏三段教材》正、续编中也编入了普通体操内容，这两部体育教科书出版于壬戌学制颁布之后，在内容上已受到新学制影响，其续编多为田径、球类及武术等内容。

（三）游戏

根据壬子癸丑学制的规定，游戏是各个学段体育课程内容的重要组成部分，因而除一些诸如兵式体操、武术等项目的专门体育教科书外，民国初年与北洋政府时期所出版的体育教科书中几乎都涵盖了游戏的内容，同时，还有一批专门的游戏教科书在这一时期出版，如谭竞公的《小学游技》、汪应钧的《行进游技法》、沈镜清与奚萃光编的《体操游戏》、王怀琪的《正反游戏法》、朱士方的《游戏教材》、陈志方的《游戏新教材》、杨彬如的《不用器具的游戏教材》等。游戏教材作为体育课程内容的重要成分，在教科书的出版份额中就可见一斑。

从民国初年与北洋政府时期所出版的游戏教科书来看，这一时期的游戏类教科书已逐渐出现了按游戏类型编写出版的特征。较为多见的是体操游戏类教科书，如沈镜清、奚萃光编的《体操游戏》，汪应钧的《行进游技法》等，也有军事游戏类的教科书，如孙掞的《作战游技法》，此外还有按是否使用器具进行的分类，如杨彬如的《不用器具的游戏教材》等。唱游教材在这一时期也有出版，如王季梁、胡君復编的《唱歌游戏》。

沈镜清、奚萃光编的《体操游戏》“大半取材于本国历史”，书中有大量如

① 吴圣明. 初中柔软体操教材［M］. 中国健学社，1926.

“七擒孟获”“孟母三迁”“六出祁山”“孔明借箭”“楚汉相争”等以历史故事命名的体操游戏，表现出了较为鲜明的自编游戏教科书的特点。尤其让人注意的是，该书第一个游戏名称为“共和万岁”，是一个体操行进法游戏，很明显具有附和新成立的中华民国之意。该书专为初等小学所编，绪言中称“而教授儿童，课以正操，鲜有兴味，惟游戏与儿童之心理最宜，故小学校之初年，以游戏为急务也”[①]。由此我们可以看到，在壬戌学制前后，游戏教材也同样表现出对儿童心理特点和参与兴趣等问题的关注，这表明受这一时期教育思潮影响，无论是哪一种类型的体育教科书，在编写中均已达到了将学生身心特征规律作为编写原则的程度，这是体育教科书的一大进步。

（四）田径、球类等新项目

民国初年与北洋政府时期，学校体育领域出现了所谓的“双轨”制现象，田径、球类等项目在较长的一段时间里一直作为课外体育内容存在。由于体育课程内的教学对这些只在课外活动中出现的新兴项目并无要求，同时也由于当时体育课堂教学事实上多以兵操替代，普通体操与游戏内容在部分学校体育课堂中都未必能得以真正执行，因而在民国成立后很长一段时间里，田径、球类等项目一直没有出现专门的教科书，其他体育教科书中也没有田径、球类项目的内容。这一现象直到1920年王小峰编纂的《圈球游戏》[②]出版后才得以打破，新学制颁布后，在部分体育教科书中田径、球类项目内容所占比例明显上升。

《圈球游戏》一书中的圈球游戏，可归入球类项目之中，但与由英美等国传入的篮球、足球等项目不同的是，圈球这一游戏是由王小峰根据篮球运动所自创的新型体育项目，可以算是球类项目本土化的产物。《圈球游戏》一书内容简练，全书共22页，有作者自序及友人沈恩孚、吴研因序。自序中作者提到：“当西历一千九百年，美国哥力克（L. H. Gulick）氏，在斯泼林费儿特（spring-field）地方之青年会高等学校教授体育，氏云：凡为游戏运动，须得下列之价值。（1）无论在广狭之地，大小之室，均可玩之；（2）务使游戏之人，不论多

① 沈镜清，奚萃光．体操游戏（第10版）［M］．上海：商务印书馆．1922.

② 王小峰．圈球游戏［M］．上海：商务印书馆．1920.

寡，皆可练习；（3）游戏须身体各部分都获益；（4）须有充分之兴味，及美满之快乐；（5）避去野蛮，且不危险；（6）玩法简单，一般人皆能练习。自氏定出以上六种游戏运动之价值后，氏之学生 James A. Naisimith 氏，将上列六种价值，半夜构思，独具创见，即发明篮球之游戏，风行欧美，竟于体育上独树一帜，其价值可知矣。”“但篮球游戏，只适应于中等学校以上各校学生，及高等小学高年级学生之玩耍，而国民学校之高年级学生，及高小之一二年级学生，身体发育尚未完全，虽具好胜竞争追逐游猎捕捉等之天性，而篮球游戏，非所宜也。鄙人于民国七年，任国立南京高等师范附属小学校体育教员，每课国民科儿童体操，与之玩耍各种游戏，欲得一种最有价值之游戏，确合儿童之心声，有十分兴味与快乐者，颇不容易，后按篮球游戏之价值，参照其方法，编为圈球游戏一种，应用于国民科三四年级，及高小一二年级，以为练习篮球游戏之准备。起初试用，缺点殊多，后经半年之研究，及同学邵君可羡、吴君麟若之修改，按体育之原理，乃渐觉完善，若以之教授各女子学校，亦甚适宜。”吴研因在序中称赞说：“今小峰乃发明圈球之戏，其法简易可行，小橡皮球亦可为用，且兼有足球篮球之长，吾之行之既久，好之习之者众多，必有取足球篮球而代之之势也，其价值原不重哉！”

《圈球游戏》主要内容共分球场之布置、应用之器具、职员、各种规则、非正式比赛之练习法五章，每章下有小节，内容较为完整。如第一章下即有六小节，分别为球场之长短广狭、球场四周之界线、圈之位置、中圈之画法、罚球界线、罚球区域。目录后附有球场图例，并附有南京高等师范附属小学圈球游戏照片一张。

从《圈球游戏》的出现可以看出，代表着田径、球类等英美新式体育项目的内容出现在体育教科书中，是经历了一个由课外到课内的适应过程的，在壬戌学制将田径、球类等项目确定为体育课程的主要内容后，这些内容在其后所编的体育教科书中就渐渐成了主角。

（五）武术等传统项目

在体操进入学校的同时，作为传承了几千年、有着广泛群众基础的中国传统体育项目，武术一直未能引入体育课堂。受义和拳运动等多种因素的影响，武术在近代学制建立之初受到了排斥，没能成为学制系统规定的体育教学内容，辛亥革命后，武术的功能和价值日渐受到重视。1915 年，全国教育联合会提出的《军国民教育实施方案》建议“各学校应添中国旧有武技”①，同年，北平体育研究社在“全国教育联合会”上委托北平教育会代为提出《拟请提倡中国旧有武术列为学校必修课》的议案，报请教育部将武术列为各级学堂必修课并获批准②，标志着武术以合法的身份正式进入体育课程。这一时期不少人开始致力于武术书籍的整理和武术刊物的发行，这些都直接推动了适应学校体育课程教学的武术类体育教科书的产生。马良的《中华新武术》与王怀琪的《八段锦体操》《八段锦》便在这一时期出现了。

早在担任山西陆军学堂团体教练时，马良就开始对传统武术进行了改造，后经实践改编，于 1918 年由商务印书馆出版了《中华新武术：摔跤》（上编）、《中华新武术：拳脚》（上编）、《中华新武术：棍术》（上编）、《中华新武术：剑术》（上编），共计四部，但均只见上编，下编则未见面世。《中华新武术》的编写旨在促使练习者掌握武术的基本技术，并养成习练武术所必备的身体素质，由于马良对这些传统武术项目进行了改造，“依习拳术当然之顺序”“按武术套路的基本原理编排成新的势势相承的练习”③，因而在学校及军队中较为受欢迎，被不少学校将其列为武术教材。

马良所推行的新武术在当时受到了新文化运动倡导者的批判，从今天的视角来审视马良的新武术及其“国粹体育”，可以看到它是具有明显的反动性的。辛亥革命后，复古的封建思想曾一度泛滥，在教育领域也出现了尊孔复古、保存“国粹”的逆流，“国粹体育”便是在这一背影下出现的。马良将其所编的“中华新武术”自称为“我国之国粹”，这一言论受到了所谓“国粹派”教育家的支持，他们通过一系列会议和决议，提出应“推广新武术”，将其称为“中国式体操”④。国粹派提倡“新武术”，目的是借之宣扬封建思想，以反对当时正在兴起

① 何启君，胡晓风. 中国近代体育史［M］. 北京：北京体育学院出版社，1989：108.
② 何启君，胡晓风. 中国近代体育史［M］. 北京：北京体育学院出版社，1989：138.
③ 何启君，胡晓风. 中国近代体育史［M］. 北京：北京体育学院出版社. 1989：143.
④ 苏竞存. 中国近代学校体育史［M］. 北京：人民教育出版社，1993：87.

的唯物主义思想，这与时代的潮流是背道而驰的，注定会受到批判。鲁迅先生当年便称他对于练习武术的人，是“毫无可否的意见”，但对于一味鼓吹“国粹体育”的人，则认为其“多带着鬼道精神，极为危险之兆”①，可见鲁迅先生并非反对推广武术运动，而只是要反对国粹派借武术之名以推行复古倒退思想的“鬼道”精神的。但客观地说，虽然马良的“中华新武术”及其所代表的“国粹体育”具有反动性，但在当时学校体育对中国传统体育内容存有主观需求的情形下，它们也在事实上起到了促进武术在学校体育中的发展的作用。

（六）小结

民国初年与北洋政府时期，体育教科书在相当长一段时间里仍然表现出了对清末教科书的继承性，但其内在的变革动力也促使它们表现出了一些新的特征，学制的变迁对其更是产生了巨大的影响，现将体育教科书内容上的变化特征简述如下：

一是体育教科书内容的变化表现出了其自身发展的规律性。民国初年与北洋政府时期，体育课程的内容因学制的修订，实现了从以体操游戏为主，到剔除兵操、以田径球类和普通体操及游戏等为主要内容的蜕变。但考察体育教科书的内容变迁，我们可以发现，即便是在教育政令频繁变化、教科书内容需要随教育政策修改而不断变更的民国时期，教科书自身仍然在一定程度上保持了其内在的稳定性和独立性。如体育教科书中兵式体操的退出，田径、球类教材内容的进入，均经过了一段时间的酝酿，最终才慢慢为其后的教科书所吸纳。这表明社会文化变迁、教育思潮变革，甚至是学制修改等外部因素，其对教科书的影响会有一个相对课程改革而言更为缓慢的过程，需要经历一段时间的渗透才会真正对教科书产生作用。这同时也表明，作为教育改革的一个窗口和课程资源的重要载体，教科书的发展有其自身内在的节奏和规律性。

二是更加注重各学科教科书及体育教科书各项内容之间的联系。商务印书馆在其出版的《共和国教科书》中称，该书在编撰上有四个特点，其一即为“各

① 鲁迅．拳术与拳匪［J］．新青年，1919，6（2）．

科互相联络，期教授之统一”[①] 商务印书馆的自我评价，基本能代表民国初期教科书编写的这一特点。在体育教科书中，在分项目编写的各本教科书之间，均十分注意内容的相互联系，以求互补。如徐傅霖编的《共和国教科书普通体操》，书中编辑大意称“体操之准备，大半即兵式教练之材料，故本书仅载排列法，余可参考兵式教练”，又称“各种方法，凡已载高等小学新体操”，可见各本教科书之间内容是互为补充的。同时，在体育教科书的编著中，编者一直强调体育教学时，各内容应混合教授，不得偏重某一内容。《新制体操教本》中即强调“中学体操科时间，每周占三小时，每小时以普通体操、兵式训练及游戏三者，排列合理的顺序授之，勿单以一种课一小时，致陷偏颇之弊”[②]。《共和国教科书普通体操》中也称“中学体操科，定章第一学年至第四学年，每周三小时，每小时普通体操与兵式教练混合教授，不得独立”[③]。在当时的体育课上，上述三种内容是否融合在一起教授，我们不得而知，但可以确定的是，对体育教科书的编写者而言，他们是强调各项内容之间的联系的。

三是大部分体育教科书在编写体例上仍然表现出专项教科书的特点。该时期的体育教科书，仍多从项目出发编写，即便是有些教科书在书中指出应以普通体操、兵式体操及游戏三者相结合，但编写上仍多是各项目内容单独成书，尚未能完全从体育课程开设之顺序，按课程教授顺序将各项目结合在一起。各体育教科书以某一项目为主单独成书时，也较为注重系统地介绍这一项目的全部内容，如《共和国教科书普通体操》，专列绪论分述“体操之特质”“体操之主眼点”“体操运动之类别”“体操知识”“体操运动之速度”“体操运动之次数”“体操运动之连续”“体操运动之调律”“体操之呼唱”等问题，这就将体操运动的特点、类别、运动方法及有关知识均做了相对全面的介绍。这种编写方式较为注意项目内容的整体性，但对比现代课程及教科书按教学进度安排内容的编写体例来说，这一时期体育教科书在编撰上还只能说尚处于不够成熟的阶段。

---

① 商务印书馆新编共和国教科书说明［M］//陈学恂．中国近代教育史教学参考资料·中册［M］．北京：人民教育出版社，1987：422．

② 徐傅霖．新制体操教本［M］．上海：中华书局，1917．

③ 徐傅霖．共和国教科书普通体操［M］．上海：商务印书馆．1912．

四是这一时期体育教科书较为注重教授法的编写。这一时期出版的体育教科书大多为教师用书，有些教科书直接标名为教授法，如商务印书馆、中华书局等出版的教科书即是如此。另有一些没有标明为教师用书的体育教科书，内容中大多也有教授法的部分。壬戌学制后，体育教科书在编写上对教授法更为重视，王小峰所编写的专门的体育教学法著作——《小学体育教学法》的出版即是一个很好的例证。该书分“走步、柔软操、仿效操、游戏、田径赛、课前早操、教室体操和游戏舞蹈八种”，分别叙述各种项目教学方法。体育教科学注重教授法编写的这一特征，一直延续了很长的时间，在之后相当长的一段时间里，体育教科书的出版也是一直只有教师用书，学生用书在很多年后才重新出现在体育教科书的队伍中。

四、教科书使用情况

民国初年与北洋政府时期，由于各级学校办学规模的扩大，全国中小学校学生人数有了较大的增长，体育作为必修课程之一，如果能在全国各级学校中普遍开展，那么体育教科书势必会有一个相对庞大的需求量。而从体育课程实施的具体情况来看，“民初不少学校均开设了体育课，主要内容还是以兵式体操为主”，“但仍有学校没有条件开设体育课”①，可见在民国初期，体育课程还没有得到完全普及。壬戌学制颁行后，体育课程废除了兵操，内容上更贴近学生生理心理特点，体育课程也更为注重对教学方法和教材建设的研究，这为体育教科书在中小学普遍使用创造了更好的环境。

从体育教科书的发行量上来看，这一时期许多体育教科书均多次再版，如沈镜清、奚萃光编的《体操游戏》自辛亥年七月初版，至1922年已发行至第十版；《共和国教科书初等小学新体操》1912年初版，至1913年10月已发行至第五版；《共和国教科书兵式教练》1912年初版，1913年也同样出现了第五版。尽管我们无法获知每本教科书每版发行的具体数量，但从这些体育教科书的再版情况

① 王华倬. 论我国近现代中小学体育课程的发展演变及其历史经验［D］. 北京体育大学博士学位论文，2003：38.

来看，当时体育教科书的销量是相当可观的。庄俞在提及民国初年商务印书馆所编教科书时，称“其小学用共和国之教科书，自出版迄今，复印至三百余次，销售至七八千万册。其它各书，大概称是”①。虽然庄俞描述的是整个学校教科书的出版发行情况，但因为民国初年与北洋政府时期，几家主要出版机构一般是整套出版教科书，因而从出版机构教科书发行总量上，我们可以大致推断体育教科书在当时的发行数量。由此可见，民国初年与北洋政府时期，学校中教科书的使用已较为普遍，我们虽不能明确知晓体育教科书的具体使用情况，但大致可以推断，这一时期体育教科书已在各级学校得以大量使用。

五、总体评价

民国初期与北洋政府时期，体育教科书的发展表现出了鲜明的阶段性特征。这种阶段性的发展，有两个突出的表现。其一是中华民国成立，政治体制由封建王朝转变为共和国体后，体育教科书的编写极力响应变革呼声，表现出了一系列的变化。其二是新学制颁布后，体育课程受到以实用主义为指导思想的美国课程的影响，实现了从“体操”到“体育”的飞跃，体育教科书以此为界，实现了从模仿日本向仿效美国的转变，这成了我国近代体育教科书发展历程中的一个重要转折点。在这两次变革的过程中，武术内容逐步进入了体育教科书中，兵式体操正式从体育教科书中剔除，新学制实施后，以田径、球类、游戏和普通体操为主要内容的适应儿童少年身心特点的体育教材正式成为体育教科书的主要内容。

在这一时期，西方儿童中心理论逐步传入我国，如何从儿童心理出发来编撰教科书，成为这一时期受到热议的一个话题，这一时期的体育教科书中也出现了一些强调教材排列应符合儿童经验及儿童心理特征的做法，这些有益的尝试使体育教科书在编写中逐渐注意到了学生在教科书编写中的地位和作用，这对我国体育教科书的科学化发展有着重要的意义。但这一时期的体育教科书也存在一些问题，如按年级编写的体育教科书仍然没有出现等。

---

① 庄俞．三十五年来之商务印书馆［M］//陈学恂．中国近代教育史教学参考资料·中册．北京：人民教育出版社．1987：421．

民国初期与北洋政府时期，我国体育教科的发展经历了其发展历程中最重大的历史性变革，在社会制度变革和教科书自身发展内在动力的双重驱动下，体育教科书适应体育课程变迁的需求，逐步洗去了身上所留存的封建教育的糟粕，呈现出了越来越多的近代教科书的特征，这预示着经历了近三十年近代学制的洗礼后，具有真正近代意义的体育教科书登上了历史的舞台。新学制出台后，在北洋政府的统治下体育教科书又经历了一段时期的探索和尝试，这些均为下一阶段体育教科书的编写积蓄了经验和力量，当相对稳定的政治格局出现时，民国时期教科书最辉煌的时代即将到来。

第二节 国民党统治时期的体育教科书

一、社会背景

北伐战争后，北洋军阀不再作为独立的政治力量继续存在，中国结束了民国以来持续多年的军阀割据局面，基本实现了形式上的全国范围内的统一。国共合作失败后，国民党已不再是工人、农民、城市小资产阶级和民族资产阶级的革命同盟，而是变成了一个由代表地主阶级、买办性的大资产阶级利益的反动集团所控制的政党。这一时期，中国的政治与经济制度并没有发生本质上的变化，广大中国人民仍然身处帝国主义、封建主义和官僚资本主义三座大山的压迫之下。

国民党统治集团在第一次国共合作失败后，迅速暴露了其反革命的真正面目，中国共产党遭遇了前所未有的困难，国民党政府开始大规模屠杀和镇压共产党人及工农革命群众，中国共产党被迫开展武装反抗国民党统治的斗争，并确立了走农村包围城市、武装夺取政权的道路，中国因此出现了一系列在共产党领导下的革命根据地。随后，由于日本的入侵，中国又相继出现了几个沦陷区。因此，这一时期中国事实上存在着国统区、沦陷区和革命根据地三种不同性质的政权。由于解放区和革命根据地及沦陷区体育教科书编写方面的一手资料至今难以收集，因此本论文只论述国民党统治地区体育教科书的发展情况。

在国民党政府统治的国统区，从1927年南京国民政府成立到1937年抗日战争全面爆发，中国社会进入了相对稳定的十年，中国的经济和文化在这一时期取得了一定程度的发展。国民党政府在教育投入及教育管理上均有所进步，各级学校的数量、招生人数及毕业人数均达到了民国以来的最高水平。这在客观上为教科书的发展创设了一个相对良好的环境。

1937年抗日战争全面爆发，给中国带来了深重的灾难，中国的教育事业也蒙受了惨重的损失，近半数学校被迫关停，学生人数急剧减少，大批教师和学生被迫离开学校。国民党政府颁布《战时各级教育实施方案纲要》，采取了一系列措施以应变战乱，在全民族共赴国难的大环境下，广大教育工作者自强不息，在极其艰苦的抗战岁月里推动着教育向前发展。“这场侵略战争打断了我国发展势头良好的教育近代化进程，在山河破碎、大片国土沦陷的情况下，我国的教育只能在艰难的环境下维持”①。直至抗战后期，各级教育才逐步得到恢复。

抗战后短暂的平静，使教育事业得到了一定程度的恢复，教科书编写和出版在抗战胜利后迎来了一个短暂的复苏期，但随着全面内战的爆发，国民党政府又迅速陷入政治腐败、经济枯竭的新困境中，教科书出版也受此影响，伴随着国民党政府在政治、经济及军事上的破落和不断退败，一同退出了历史舞台。

二、体育教科书的编写与出版

（一）编写依据

南京国民政府成立后，教科书编审始终以“三民主义教育宗旨”为基准，对教科书编审采取严格的管理制度。1927年10月，中央教育行政机构由中华民国大学院替代教育行政委员会，在大学院教育行政处下，专设书报编审组。12月，大学院公布《教科图书审查条例》，规定了大学院对包括体育在内的中小学教科书的审定权力。1928年11月，大学院重新改为教育部，教科书的编审则归编审处掌管。1929年1月，国民政府教育部公布《教科图书审查规程》，同时公

① 王余光. 中国出版通史：民国卷［M］. 北京：中国书籍出版社，2008：387.

布《审查教科图书共同标准》，这两文件“除强调了教育精神必须‘适合党义’外，进一步从教材内容的科学性、实用性，教材结构的合理性，教育方法的循序渐进，教育心理以及文字表达、印刷装订质量等方面，全方位地严格规定了教科书的审查制度”①。

国民党政府于1932年6月设立的国立编译馆，是民国时期存在时间最长的编审教科书的学术机构，其编审体制一直延续到1949年。1933年4月，国民政府裁撤教育部编审处，公布《国立编译馆组织条例》，同时编订《办事细则》，详细规定了教科书的初、复、终三审程序。为了使教科书的编审工作更加专门化、专业化，国民政府教育部还先后于1935年5月设立中小学教科书编审委员会，于1936年7月设立教科图书编辑委员会，但到1942年，上述机构又并入或改隶国立编译馆，并明确规定，中小学各科教科书，由商务、中华、正中、世界、大东、开明、交通7家书局联合刊行。从以上叙述可知，国民党统治时期教科书的编审制度渐趋稳定，操作程序也在实施过程中不断完善，这些相对规范的制度在一定程度上保证了教科书的品种和质量，为这一时期编写出能够基本满足各级各类学校教学需求的教科书提供了保障。

国民党统治时期，教育部先后进行了5次课程标准的修订，其中最后一次（1948年）没有实施，王华倬先生根据这几次课程标准的变更情况，将其分别称为“暂行课程标准（1929）”“正式课程标准”（1932）、“修正课程标准”（1936）和“重新修正课程标准”（小学1942、中学1941）②。各时期课程标准均明确提出了小学、初中及高中各学段体育课程的目标，并详细规定了各学段体育教材的基本内容。具体如下③：

暂行课程标准（1929）：小学为游戏、舞蹈、运动、其他（4类）；初中为游戏活动、天演的活动、护身技能、自试活动、韵律活动、野外活动、个人体操改

① 李华兴．民国教育史［M］．上海：上海教育出版社，1997：490.

② 王华倬．论我国近现代中小学体育课程的发展演变及其历史经验［D］．北京体育大学博士学位论文，2003：51.

③ 课程教材研究所．20世纪中国中小学课程标准·教学大纲汇编——体育卷［M］．北京：人民教育出版社，2001年，第12，17，20，23～24，394，398，405～406，411～412，417～418，423～424，443页整理.

正及医疗体操等（7类）；高中为游戏活动、天演的活动、护身技能、自试活动、韵律活动、野外活动、个人体操各种医疗体操及自然活动（7类）。

正式课程标准（1932）：小学为游戏、舞蹈、运动、其他（4类）；初中第1学年为游戏、机巧运动、活泼器械运动、球类运动、田径赛运动、国术、舞蹈、天然活动、改正体操、基本练习、活缓运动（11类）；第2学年为游戏、机巧运动、团体混合连续器械运动、球类运动、田径赛运动、国术、舞蹈、天然活动、改正体操、自然体操、活缓运动（11类）；第3学年为游戏、机巧运动、活泼器械运动、球类运动、田径赛运动、国术、舞蹈、天然活动、改正体操、自然体操、活缓运动（11类）；高中第1学年为游戏、团体混合连续器械运动、球类运动、田径运动、国术、舞蹈、天然活动、改正体操、球类田径器械运动之基本动作、和缓运动（10类）；第2学年为游戏、器械运动、球类运动、田径运动、国术、舞蹈、改正体操、游泳滑冰及课外练习、基本练习、和缓运动（10类）；第3学年为球戏、器械运动、天然活动、田径运动、国术、舞蹈、游泳滑冰及课外练习、团体混合连续器械运动、和缓运动（9类）。

修正课程标准（1936）：小学为游戏、韵律活动、体操、运动、其他（5类）；初中第1学年为体操、机巧运动、活泼器械运动、器械运动、田径、球类、天然活动、国术、舞蹈、游戏、改正体操、和缓运动（12类）；第2学年为体操、机巧运动、活泼器械运动、田径、球类、天然活动、国术、舞蹈、游戏、改正体操、和缓运动（11类）；第3学年为体操、机巧运动、团体混合器械运动、田径、球类、天然活动、国术、舞蹈、游戏、改正体操、和缓运动（11类）；高中第1学年为体操、器械运动、团体混合器械运动、田径、球类、天然活动、国术、舞蹈、游戏、改正体操、和缓运动（11类）；第2学年为体操、器械运动、田径、球类、天然活动、国术、舞蹈、游戏、改正体操、和缓运动（10类）；第3学年与第2学年相同。

重新修正课程标准（小学1942、中学1941）：整队与走步、体操、韵律活动、游戏与运动（4类）；初中为体操、韵律活动、游戏运动、机巧运动、球类运动、竞技运动、自卫活动、水上及冰上运动、其他运动（9类）；高中为体操、韵律活动、游戏运动、机巧运动、球类运动、竞技运动、自卫活动、水上及冰上运动、其他运动（9类）。

从上述国民党统治时期课程标准对体育教材的大致分类来看，这一时期的课程标准严格规定了各时期体育课程教材的内容，在具体的课程标准中，上面所列的各类别教材还有更为详细的规定，如以1936年“修正课程标准”为例，其小学阶段所规定的5类体育教材内容，低、中、高年级均有不同，如小学第1、2学年规定游戏类内容为故事、追逃、竞争、球类、杂项等游戏，第3、4学年则规定游戏类内容为追逃、竞争、球类等游戏，第5、6学年规定游戏类内容为竞争、球类等游戏，由此可见课程标准对体育教材内容规定的详细程度。国民党统治时期强调体育教科书必须根据课程标准编写，从上述课程标准对体育课程教材内容的详细规定来看，这一时期的体育教科书编写有了重要的内容选择依据。

（二）编写方式

国民党统治时期，民间出版机构在教科书的编写中仍然发挥了重要作用，但与前一阶段相比，国民政府教育部门在这一时期的体育教科书编写中表现出了更大的参与性。一方面，各出版机构为争夺教科书市场，继续组织了一批体育专业人才进行教科书的编写，另一方面，教育部为占据学校教科书编写的主导地位，也主动聘请了国内一批著名的体育专家学者来编写体育教科书。教科书编写人员队伍的壮大，直接促进了这一时期体育教科书的繁荣，在国民党统治时期的第一个十年，体育教科书的编写出版进入了民国时期最为兴盛的时代。

这一时期体育教科书的编写体例较前一时期也有所进步，主要表现为，相对前一时期体育教科书单本较多的编写特点，这一时期出现了完全按照学制分年级编写的全套体育教科书，如《体育教授细目》即是从小学直至高中，每一学年编写1本。这种按年级编写的做法，在此后逐步得以继承，并成为中华人民共和国成立后体育教科书编写的重要经验。同时，由于国民政府教育部所颁布的各体育课程标准，在体育教材内容的规定上表现得更为具体细致，体育教师按课程标准要求选用教材也较为方便，这样教科书的编写者则可以根据课程标准中各项具体内容编写教材，以备学校使用。如根据国民政府教育部门1932年所颁布的课程标准，勤奋书局出版了一套《小学体育教本》丛书，该丛书共分游戏类、舞蹈类、运动类和其他四个部分，共计25本教科书。其中游戏类教科书有《唱歌游戏》甲乙编两本、《故事游戏》《摹仿游戏》《追逃游戏》《模拟游戏》《竞争游戏》《竞技游戏》《乡土游戏》共计9本，这些教科书的面世，基本满足了课程标准中提出的各类教材内容的要求，体育教师在教学中按课程标准规定的内容，自行选用教科书，即可完成体育课程教学任务。与勤奋书局这种丛书式编写相仿，其他出版机构也相继出版了一些如球类、器械运动等单项类别的体育教科书，国民党统治时期体育教科书，呈现出按单项编写的体育教科书与按照年级成套编写的体育教科书共存的局面。

这一时期体育教科书在编写体例上还有几个值得提及的新做法，一是出现了按性别编写的体育教科书，如《体育教授细目》就按性别分为《初中男生体育教授细目》与《初中女生体育教授细目》两部分；二是在各类体育教科书中，编写者一般会在主要内容之前安排有体育基本理论知识，或是在正课前安排有总论、早操或课外活动组织等相关知识，体现出了体育教科书对运动技术内容之外的有关知识的关注；三是在经历了“白话文运动”后，这一时期的体育教科书大多已使用浅近白话文书写，文字排版也大多从竖排版改为横排版，但这一过程是逐渐过渡的，如这一时期较为有名的《复兴体育教本》，其中学阶段的教科书则依然是采用竖排版的。

（三）出版概况

国民党统治时期，出版体育教科书数量最多的要数勤奋书局，其出版体育教科书的总量甚至超过了商务、中华和正中等几家主要教科书出版机构中的任何一家。1942年教育部为加强对教科书编写出版的统一管理，明确规定中小学各科教科书，由商务、中华、正中、世界、大东、开明、交通7家书局联合刊行，在这7家书局中，出版体育教科书较多的主要为商务、中华及正中等几家出版机构。

勤奋书局由曾担任上海《申报》体育记者的马崇淦于1929年创办，直至1949年方停办。勤奋书局“曾是20世纪30年代出版体育书籍的重要阵地，也是上海最早出现的专业体育书店”①，其出版发行的体育书籍在近代体育史上有着重要的地位，如1933年出版的吴蕴瑞、袁敦礼合著的《体育原理》，至今仍是体育理论研究领域的经典著作。勤奋书局还于1933年创办了《勤奋体育月报》，这个刊物成了我国近代最具名望和最有代表性的体育期刊，被誉为“当今体育界一盏光芒四射之明灯”②，它在每一期上几乎均有专文探讨中小学学校体育及体育教材，对我国近代体育教科书的发展和进步产生了重要的影响。

这一时期出版的体育教科书，无论从数量还是从质量上来看，都可以说达到了民国时期体育教科书编写出版的最高成就。体育教科书中，仍以小学教科书居多，其中教育部编撰、勤奋书局和商务印书馆等共同出版的24本《体育教授细目》，束云逵、蔡雁宾、王复旦、王诚毅等人编写，商务印书馆出版的12本《复兴体育教本》等教科书因其编写体例上的系统性，成了这一时期最具代表性的著作。勤奋书局根据1932年体育课程标准编写出版的《小学体育教本》丛书也较有代表性，除前文所述的各类游戏教科书外，还有诸如阮蔚村等人编写的《小学田径运动》《小学远足登山》《小学游泳：第1册》《小学游泳：第2册》《小学篮球》《小学排球》《小学游戏》等教科书。《小学体育教本》丛书虽然仍然从项目出发编写，但其在内容选择上加强了与课程标准的联系，所编选之内容均能紧扣课程标准的要求。从数量上来看，以这一类教科书为代表的按单项编写的体育教科书，仍然占据了这一时期体育教科书出版的主导地位。

体育教科书的出版在抗战前达到了高峰，抗战爆发后体育教科书的出版也陷入低潮，直到抗战后期教育逐步复苏，体育教科书的编写出版才渐有恢复的迹象，但因全面内战的爆发，又再次受到影响。从体育教科书出版数量上来看，1933年是国民党统治时期，也是整个民国时期出版体育教科书数量最多的一年，这一年及随后的两年时间里，体育教科书出版达到了民国以来的最高峰。这也标志着在经历学制变革和教育改革等诸多因素的综合影响后，体育教科书的出版迎来了自诞生以来最辉煌的时代。

---

① 谢振声. 奥运举办之日，就是我中华腾飞之时——体育丛书、勤奋书局和张伯苓先生［J］. 出版史料，2008（1）.

② 岳虹妍. 上海《勤奋体育月报》研究［D］. 吉林大学硕士学位论文，2011.

三、教科书内容分析

国民党统治时期，学校教育和体育课程的各项制度日趋完善，体育教育观念日益更新，体育课程内容逐步丰富。这一时期按课程标准要求编写的体育教科书，所涵盖的内容既包括新学制以来所提倡的球类、田径等内容，也包括中国传统武术及一直占据重要地位的体操等内容。可以说，现代体育教科书中所出现的绝大部分内容，在国民党统治时期的体育教科书中基本上都可以找到，因而我们可以说这一时期体育教科书的内容体系是相对全面的。现将这一时期体育教科书所涵盖之内容分为球类、田径、体操、游戏、国术及其他六类，以略作分析。

（一）球类

国民党统治时期，球类教材在体育教科书中出现的频率越来越高，历次颁布的课程标准中，球类教材均占有十分重要的地位。在体育教科书中出现的球类项目类别已经相当丰富，粗略统计可发现，这一时期的体育教科书中已有篮球、排球、足球、网球、垒球、手球、棒球等球类项目，除此之外，还有回力球、小速球、小足球、复兴足球等经过改编的适应本土特点的一些球类项目。

篮、排、足三大球出现在学校体育中已经有了相当长一段时间，民国以来的学校运动会中，也常常举行这几大球类比赛。《勤奋体育月报》作为国民党统治时期与学校体育联系较为紧密的期刊，几乎每一期上均刊载有各学校之间的球类赛事报道。在东亚运动会中，主要由大学生组成的国家足球队，已有了较为出色的成绩。可见到了国民党统治时期，三大球类项目在学校体育中已有了较好的群众基础。网球、垒球、手球、棒球等小球类项目在学校体育中也有了一定的基础，学生均有较高的参与兴趣。纵观这一时期的体育教科书，有邹吟卢编著的《小足球》，阮蔚村等编著的《小学篮球》《小学排球》，宋君复编的《垒球》等，除这些专门的球类教科书外，在《体育教授细目》《复兴体育教本》等成套编写的体育教科书中，球类运动均占据了重要的分量。如《初中男生体育教授细目》称第一学年“球戏约占百分之十六，以后渐加”[①]，《初中女生体育教授细

① 教育部. 初中男生体育教授细目：第二学年用［M］. 上海：商务印书馆，1936：例言.

目》则称“球戏占百分之三十”[①]《复兴体育教本》中虽没有明言各类教材内容所占比例，不过我们可以从中看到，各学段教科书均编排有球类运动的相关内容。而且除了上述较为常见的各种球类运动外，还有回力球、小速球、小足球、复兴足球等经过改编的球类运动出现在《复兴体育教本》中。

球类教材内容在这一时期的体育教科书中内容十分丰富，以《初中男生体育教授细目》为例，该书按照周次编写，每周安排有五个单元的教材内容，每个单元占半小时，第一学年其中关于足球教材的单元有“足尖踢球之基本方法”“踢足球比远”“足背踢球”“足球射门比准”“足立内侧与外侧边踢球法”“盘球法”“足球运球比快”“盘球射门比准”“足球停球法”“顶球法”“盘球行进”“足球进攻”“非正式足球比赛”“顶足球比远”等18个单元的内容。第二学年中又安排了“足球盘球练习”“足球踢空中球”等23个单元的足球教材内容。第三学年安排了“足球守门员之资格”“足球内卫之资格”等24个单元的教材内容。从该书中足球教材的内容安排来看，这些内容基本涵盖了足球运动的全部技术内容，各内容按照由易到难的原则系统有序排列，各学年中足球内容的课时逐步递增。而且到了高中阶段，《体育教授细目》仍安排有足球教材内容。初中三学年仅足球一项，其课时内容就已占总课时的10.5%，初中阶段除足球一项外，还有篮球、垒球、手球等其他球类项目内容，由此可见，球类项目在该教科书中占有十分重要的地位。

这一时期还出现了本土化的球类教材内容，如《复兴体育教本》中，就出现了为适应中小学生身体特点，或规避中小学体育场地器材之局限而创编的小足球、小速球等球类运动。如小足球用普通足球场地一半，规则与普通足球规则基本相同，比赛双方每队七人，教学时可增至九人或十一人，其创编者称小足球运动“设备简易，动作活泼，为训练足球员之最完美之运动，在初级中学中，应多提倡，以现时中学之经济状况与体育设备论，亦最易提倡”[②]，由此可见创编者的目的。小速球则是篮球与小足球的结合，“用手部分均用篮球规则，惟不运

① 教育部．初中女生体育教授细目：第一学年用［M］．上海：商务印书馆，1936：例言．
② 王复旦．复兴初级中学体育教本：第一册［M］．上海：商务印书馆，1934：72．

球”，“用足部分均用小足球规则”，其编者称“此种小速球，现在无人试验过，不过以编者之经验观察，此项球类运动，定受欢迎”①，可见小速球运动，应当是此教科书编写者首创。复兴足球“可为美国式足球之初步”“中国民气消沉，战斗精神衰颓，已成不可掩饰之事实。欲复兴中国，须先恢复民气，发扬民族之战斗精神，此种足球实足以发扬民族之战斗精神者，故名之曰复兴足球”②。从《复兴体育教本》中出现自编球类运动这一现象来看，一方面说明体育教科书编写者能将球类运动进行本土化改造，以适应我国学生及学校体育之特点，是教科书编写进步的体现，另一方面也说明有着良好群众基础的球类运动，在这一时期的体育教科书中占有十分重要的地位。

（二）田径

国民党统治时期教育部所颁布的历次课程标准中，田径都是最重要的教材内容之一。这一时期的体育课程受自然主义体育思想影响，认为体育活动必须适应儿童的本能冲动，跑、跳、投掷、攀爬等田径项目的基本内容都是儿童的本能活动，因而应成为体育课程中的重要内容。从这一时期所出版的体育教科书中，也能清楚地看到田径运动在体育课程中的地位。其中单项出版的体育教科书有步起、吴蕴瑞编写的《田径运动》，阮蔚村、孙和宾编著的《小学田径运动》，陈鸿仪编写的《田径运动概说》，赵学光编著的《我们的田径运动》等，此外《体育教授细目》《复兴体育教本》《新学制体育教材》等体育教科书中也均有田径运动项目的教材内容。

根据1932年课程标准编写的《体育教授细目》，其例言中称第一学年“田径运动占百分之二十，以后略加”③，《复兴初级中学体育教本》是一套按课时编写的体育教科书，这套教科书除国术内容外，在第一学年分册共计六十八小时的教材内容中，安排了十一小时有关田径赛的相关内容，具体包括有起跑、铅球、跳远、跳高、跳低栏及越野跑等，第二学年分册也安排了十一小时有关田径项目的内容，具体内容包括起点、终点、起跑、替换跑、掷铁球、跳高、跳栏、跳

① 王复旦. 复兴初级中学体育教本：第一册［M］. 上海：商务印书馆，1934：159~160.
② 王复旦. 复兴初级中学体育教本：第二册［M］. 上海：商务印书馆，1934：85~86.
③ 教育部. 初中男生体育教授细目：第二学年用［M］. 上海：商务印书馆，1936：例言.

远、标枪、五十公尺跑、百公尺跑、四百公尺跑等。从这一时期体育教科书中田径运动的具体内容来看，田径运动所包含的各运动项目，在体育教科书中均有所体现。

麦克乐在《新学制体育教材》中称“田径赛运动，都是天然活动”[①]，这个认识与自然体育思想关于田径运动的观点是基本一致的，这一论点也代表了这一时期体育教育界对田径运动的基本看法，因而大多数体育教科书均很注重安排学生参与各田径项目的体验与练习，较为重视训练方法和程序的安排。有的教科书如《体育教授细目》，尚能对部分新出现的技术进行动作要领阐述，以大致说明该技术在教学中应注意的关键问题，而更多时候则相对重视教学过程中的具体实施方法和程序的描述。另一些教科书则表现得更为突出，如《复兴初级中学体育教本》，从其第一、二学年两个分册中田径运动的具体内容来看，上述特点则十分鲜明。该书对田径项目内容的编排是螺旋式的，同一项目在不同阶段多有重复，以保证学生能在不同课时中获得练习机会。同时，该书十分重视教学过程中的具体实施方法和程序，而较少描述具体田径技术动作要领和基本知识，如《复兴初级中学体育教本》在讲述起跑这一技术运动时，教科书中仅作如下描述：“1 讲起跑穴之式样与掘法。2 讲起跑穴之效用。3 讲站穴之方法。4 讲起跑须下蹲之理由。”并指出“以上各点可参阅本馆出版著者所编之田径运动。”[②] 该书中对其他各项田径技术的论述也大多如此。我们比较《体育教授细目》和《复兴体育教本》两套教科书后可以发现，无论是在哪一个运动项目的表述中，前者相对偏重对技术动作要领的论述，而后者则偏重教学过程中的具体实施方法和程序，这一特点在田径类教材中表现得更为突出。

（三）体操

尽管经历从体操到体育的飞跃后，由于田径、球类等内容进入体育课程，体操在体育教科书中的比例因此相应减少，但统观这一时期的体育教科书，体操仍占有相当重要的比重。这一时期出版的体育教科书中，体操类教科书数量是各类

① 麦克乐，沈重威. 新学制体育教材［M］. 上海：商务印书馆，1928：257.

② 王复旦. 复兴初级中学体育教本：第一册［M］. 上海：商务印书馆，1934：60.

项目中数量最多的。在成套编写的体育教科书中，体操内容也占有很大比重。如《体育教授细目》例言中称第一学年“器械运动（包括机巧运动、活泼器械运动及木马双杠等）占百分之二十七，以后渐加”①。《复兴体育教本》中第一学年68学时中（国术除外），体操内容占16学时。邹法鲁编写的《小学体育教材》上、下两册中，体操内容共五章，占了全书十章内容的一半，可见在小学体育教科书中，体操所占比重更大。

从课程标准中对体操内容的相关表述来看，这一时期对体操的分类是较为复杂的。麦克乐在《新学制体育教材》中将体育教材分为“不自然的活动”“自然活动和模仿自然运动”及“体育附属活动”三大类，其中“不自然的活动”包含“走步和普通兵操”“姿势的训练和改正体操”及“团体柔软体操”三类，又将“团体柔软体操”分为“健身体操”“改正体操”“表演体操”和“团体健身运动”四类。“自然活动和模仿自然运动”中提及体操的相关分类有“摹仿体操”和“自试的运动”两种，其中“自试的运动”又包含“机巧运动”“器械体操”“垫上运动和翻筋斗”“叠罗汉”等②。从麦克乐的分类来看，可见体操在这一时期体育教科书中的分类是十分复杂的。体操自传入我国后，提及体操者多将体操分为德国式、瑞典式、美国式、丹麦式四种，但这些体操派别传入我国后，经过了我国体操教育研习者改编，其分类及动作方式与要领均已发生了一定的变化，原有界限已渐渐模糊，这表明体操传入中国大半个世纪后，已经在本土化的基础上有所发展，表现出了许多新的特征。

伴随体操运动在我国的发展，这一时期体操教材内容在体育教科书中的编排，也相应表现出了一些新的特征。虽然大部分体操教科书仍按体操各类别编写，如《小学器械运动》《徒手体操教材》《小学垫上运动与叠罗汉》《初中柔软体操教材》等，这些体操教科书分类别编写体操教材，在编排上与前一时期相比没有太大变化。但在成套编写的体育教科书中，体操内容的编写则表现出了较大的变化。这些变化首先体现在体操内容在体育教科书中已被化整为零，与其他项

① 教育部. 初中男生体育教授细目：第二学年用［M］. 上海：商务印书馆，1936：例言.
② 麦克乐，沈重威. 新学制体育教材［M］. 上海：商务印书馆，1928：12～13.

目教材混合编排在教科书中。如《体育教授细目》按每半节课（半小时）为一单元编排教材，《复兴体操教本》按每节课（1 小时）组织教材，体操教材大多零散分布在每一周的教材中。田径、球类、游戏等教材也同样采用这一方式编排，但由于在此之前的体操教材一直是系统地出现在体育教科书中，因而体操教材的这一变化仍能引起我们的关注。体操教材的另一个变化是，这一时期的教科书中较多将徒手体操内容作为每堂课上准备热身活动及健身手段使用，如《体育教授细目》中则将柔软体操内容集中放置于每学期正课内容之后，并规定“体操每星期教一次，一次序用两次，两星期一换。每次所占时间至多不得过八分钟”[①]。这些变化，都显示出近代体育课程经历了一段时期的发展后，其对体操教材在课程中作用的认识已发生了一定程度的改变。

（四）游戏

近代体育课程一直十分重视游戏在体育教学中的作用，到国民党统治时期，教育部门所颁布的各课程标准中，无论是小学，还是初中高中学段，游戏都是不可缺少的内容之一。这一时期人们对于游戏的目的与功能，有了更为深入与具体的认识。如麦克乐在《新学制体育教材》中称游戏教学的目的应包括“运动身体”“发展学生胆量、坚持性及反应等素质”“使学生发展适合社会需要的德性”“发达各人仁侠的精神”“要养成日常运动的习惯”及“在运动时练习一种娱乐的功夫”等[②]，同时将儿童的游戏按年龄大致分为六个阶段，并提出了根据每个阶段儿童生理与心理的特点选配游戏的原则。《复兴体育教本初小第二册》中将游戏大致分为四个阶段，并认为游戏应具有“发达小孩子的身体”“发展小孩的知识”及“发展小孩的道德心”三个主要价值[③]。对游戏健身和教育价值认识的深化促使体育教科书中更为注重游戏教材的编选，在这一时期，除体操类教科书外，游戏类教科书成了出版数量最多的体育教科书。

在整套出版的体育教科书中，游戏教材也占有重要的分量。《初中男生体育

① 教育部. 初中男生体育教授细目：第一学年用［M］. 上海：商务印书馆，1936：例言.
② 麦克乐，沈重威. 新学制体育教材［M］. 上海：商务印书馆，1928：42～47.
③ 束云逵，蔡雁宾. 复兴体育教本初小第二册［M］. 上海：商务印书馆，1933：189～190.

教授细目》例言中称“第一学年游戏约占百分之三十，以后递减”①，《复兴初级中学体育教本》中，各章节常配有游戏，如“跳箱与游戏”“双杠与游戏”“单杠与游戏”等。在小学阶段，游戏教材则几乎贯穿了整个体育教科书，如《复兴体育教本初小第一册》中称该书教材“一二学年，以唱歌、故事、追拍、摹仿、乡土、竞技等游戏为主”“三四学年，以游戏、模仿运动为主”“五六学年，以球类、田径赛运动为主，兼及游戏、器械运动等”②。胡绍之《初级小学体育教本》1～6 册中（该套书共有 12 册，现只能收集到初级小学 6 册），每课时均安排有游戏内容，虽然该书部分课时的游戏教材内容是重复的，但这亦足已证明游戏教材在这一时期体育教科书中的分量。

正由于游戏教材更适合低年级学段学生，因此在教材比重上，游戏教材呈现出随着学段升高，教材比重逐步减少的趋势。初小阶段的体育教科书中，游戏占据了一半以上的比重，其内容也较为注重趣味性，如“小鸡唱歌”“老鼠偷食”“拍着了做狗叫”等游戏，正是体现了这一特征。至高小及初中阶段，游戏内容逐步减少，但教科书中仍有具体的游戏内容安排，如“跳绳竞走”“替换跑”“竞登肋木”等游戏，其内容已变换为以体育竞赛和培养团队精神为主。至高中阶段，体育教科书中一般较少直接安排游戏教材内容，但在球类、田径等项目的教材中，穿插了以球类、田径相关项目内容为主的竞技游戏。游戏教材在体育教科书中的这一变化，正反映了这一时期体育教育领域对游戏在不同学段中教育价值的基本观念。

（五）国术

武术在北洋政府时期被确立为学校体育教材后，并没有如愿在学校体育中获得迅速发展，相反，由于其后新学制将田径、球类等运动引入体育课程，又加之体育教师多不会武术，武术因此一直处于被边缘化的境地。国民党时期教育部历次颁布的课程标准中，均将国术列为体育课程的基本内容，教育部组织编写或审查的体育教科书中，均要求国术必须占有相当重要的比重。但由于国术门派众

---

① 教育部. 初中男生体育教授细目：第二学年用［M］. 上海：商务印书馆，1936：例言.
② 束云逵，蔡雁宾. 复兴体育教本初小第一册［M］. 上海：商务印书馆，1933：2.

多、拳种芜杂等多种原因，这些体育教科书虽然安排了国术的教学时间，却均没有具体编写国术教材。如《初中男生体育教授细目》例言中称“国术占全体教材六分之一，由中央国术馆负责编辑，后日另行颁布，本书未列入”①，《初中女生体育教授细目》也称“国术教材，由中央国术馆编辑，由课外指定学习，故本书未列入”②。《复兴初级中学体育教本》中，每周三课时的教材中，第三课时均规定为“国术”，内容空缺，并在其编辑大意中指出“中国国术，派别颇多，动作复杂而名称各异。且注重记忆，在未改良及统一前，似不甚适合团体训练，仅适合个别指导，故本书未曾将国术教材，详细分段开列，仅将时间规定，每星期正课一小时。其教学方法，全由各国术教授，自行编定教案施用”③。

这里所说的“改良及统一”，就是指1934年，中央国术馆为促进国术的“系统化、条理化与科学化”④，所开展的国术统一运动。中央国术馆是国民党政府为推广武术发展，于1928年成立的武术推广组织，“武术”也随之被提升为“国术”。在当时的学校体育乃至国民体育中，以西方现代体育为代表的“洋体育”无疑已占据了主导地位，以武术为代表的本土传统体育要与其一争高下，势必产生争论，所谓的“土洋体育之争”就是在这样的情形下发生的。“土洋体育之争”彰显了在西方体育文化强势传入本土的过程中，民族传统体育文化争取自身地位的自觉要求，从另一个角度来说，也是民族体育文化觉醒和自信的一个过程。但这种争论却难有结果，中央国术馆在做了一系列推进国术发展的工作后，仍然选择改编本土传统体育以求得在西方现代体育语境下自身的发展，国术统一运动由此而生。这项运动将统一国术教材作为统一国术运动的第一步工作，当时国术类出版物并不少见，但却没有适合学校3级学制的国术教材。1934年，中央国术馆决定按照由简到繁、先易后难的原则编制3级教材，“初中学校第1学期教材计分4种：五行拳、潭腿、劈挂刀、三才剑；高中学校第一学期教材定为4种：太极拳、八卦掌、梅花刀、昆吾剑。五行拳由姜容樵、黄柏年编制，潭腿由

① 教育部．初中男生体育教授细目：第二学年用［M］．上海：商务印书馆，1936：例言．
② 教育部．初中女生体育教授细目：第一学年用［M］．上海：商务印书馆，1936：例言．
③ 王复旦．复兴初级中学体育教本：第一册［M］．上海：商务印书馆，1934．
④ 尹洪兰．民国期间的国术统一运动［J］．体育文化导刊，2013，20（3）：117～118．

马永胜编制，劈挂刀由姜容樵编制，三才剑由姜容樵、罗成立编制，太极拳由郭锡三编制，八卦掌由吴俊山编制，梅花刀由郭锡三编制，昆吾剑由龚润田编制，暂共编8种”[①]。这些教材后均由中央国术馆教材编审委员会陆续出齐，后来成了体育课程中国术内容的主要教科书。

国术统一运动所倡导的国术“系统化、条理化与科学化”，事实上也是武术遭遇发展困境后，欲与西方现代体育共存、谋求中西体育沟通所做出的努力。其后，国民体育委员会还组织编写了一些国术教科书，从中我们也可以看到这种努力。如1948年温敬铭编著的《短兵术》，其自序如下[②]：

“中西体育沟通”这个口号，我们喊了很久；这个问题，确为我国体育界同志，当今的大责重任。中西体育沟通之方法：一是将已有之中西体育方法，取长舍短，创造一种新的系统；一是使我国固有之体育方法科学化。短兵是依照我国古代短兵之重量长度，设计出来（之）的一种新的运动器具，短兵术虽然是我国固有的体育方法，但亦可用欧美击剑学比赛的方法来竞赛。这是我国体育方法欧美化，亦可说就是中西体育的沟通。

国民党统治时期，为推行国术的发展，中央国术馆编撰了一批国术教材，但现在大多不可寻得。从现存的部分国术教科书来看，当时的大多数国术教材都有在传统国术基础上，结合西方现代体育特点加以修改的痕迹。如王怀琪所编之《八段锦》，序中称“编者素以改造国粹体育，发展中国固有的体操为本旨”，向旧书摊上找寻，在古本仅有的“木刻图八幅，每图附有术语一句”的基础上，“编者参用新方法改编，躬自尝试，然后教授生徒，一再改编，遍求高明指教，荷蒙热心诸君赞助提倡，二十多年来，能‘八段锦’者，不知凡几”[③]，其修改用意十分明了。温敬铭的《短兵术》亦是如此，他对中国传统短兵术的改编正是其自称的中国传统国术的欧美化。从中西体育文化融合交流的视角来看，中国本土传统体育的西化或许能称之为“适应时代步伐”的“改革和再创造”[④]，仅

① 尹洪兰．民国期间的国术统一运动［J］．体育文化导刊，2013，20（3）：118．

② 温敬铭．短兵术［M］．南京：正中书局，1948．

③ 王怀琪．八段锦［M］．上海：国光书店，1947．

④ 邱丕相．全球文化背景下民族传统体育发展的思考［J］．体育科学，2006，26（8）：63～65＋79．

从推广民族传统体育的角度来说本是无可厚非的，但如果纯粹为了争一席地位而舍弃民族传统文化中的精华以迎合西方体育文化的做法，却是一种对本土传统体育文化不自信的表现，其结果可能是“武术仍然不受重视，学校体育依然如旧”①。

（六）其他

除上述几个主要项目外，国民党统治时期的体育教科书中还有如游泳、舞蹈及韵律活动等其他项目的教材内容。相对于前述几个主要项目，这些项目在体育教科书中所占比重相对略小。且有些项目如游泳，由于其对场地要求较高，因而部分教科书中并未列入正文。如《体育教授细目》就指出，“游泳一项，有设备或气候合宜之处，可用附录内之游泳教材代每学年下学期末后数星期及上学期开始数星期之教材”②。因而该教科书正文中并无游泳教材，仅作为附件在第三学年末附有七课时的游泳教材。也有一些教科书将游泳教材列入了正文内容，如《复兴初级中学体育教本》各册中则在正文中列有专章讲授游泳内容，可见游泳教材虽为课程标准规定的内容，但各版本教科书中对其处理方式是有差别的。

相对于游泳教材，舞蹈及韵律活动所占比重略多一些。国民党统治时期教育部所颁行的各课程标准中，舞蹈及韵律活动均为教材内容之一。值得注意的是，在各课程标准中，舞蹈与韵律活动是分开表述的，韵律活动一般包括韵律基本动作、听琴动作、唱歌游戏、故事式的表演、步伐及各种土风舞、形意舞、运动舞等，而舞蹈则包括听琴动作、简易土风舞、歌舞及土风舞等，二者内容上略有重合。韵律活动中基本步伐则包括有跑步、跑跳步、跑马步、点步、滑步、踵趾步、派克步、通步、踏跳步、交换步、华士步、华士跳步、沙底士步、绕跳步等③，由此可见韵律活动及舞蹈教材在分类上是极为繁细的。

这一时期的体育教科书，基本均包含有韵律活动与舞蹈教材的内容，不同版本的教科书对韵律活动及舞蹈教材的编撰互有差异。如《复兴体育教本》小学

① 苏竞存．中国近代学校体育史［M］．北京：人民教育出版社，1994：201．

② 教育部．初中男生体育教授细目：第二学年用［M］．上海：商务印书馆，1936：例言．

③ 课程教材研究所．20世纪中国中小学课程标准·教学大纲汇编——体育卷［M］．北京：人民教育出版社，2001：20～24．

阶段各年级教科书中，初小第一册中有“幼童舞”“皮匠舞”“德国儿童舞”等内容；初小第二册中有“跳舞”“蝴蝶舞”等内容；初小第三册中有“松鼠穿穴舞”“循环舞”“土风舞”“回旋舞”等内容；初小第四册中有“卜加舞”“荷兰舞”“女神舞”“鸡冠舞”“对舞”等内容①；高小第一册中有“凯旋舞”“交谊舞”“土风舞”等内容；高小第二册中有“芙蓉花舞”“乌鸦舞”“农人舞”“土风舞”“土人舞”等内容②。高棪编著的《小学韵律活动》，所包含的教材有听音动作、基本步法、唱游、舞蹈步法、舞蹈五类，其中舞蹈步法“分普通舞步法及踢踏舞步法”，舞蹈包括“土风舞及踢踏舞”。书中从三年级开始有舞蹈内容，三年级为“丹麦问安舞”“幼童舞”“德国儿童舞”和“对舞”，四年级有“相识舞”“瑞典问安舞”“双圈扑克舞”及“皮匠舞”，五六年舞蹈内容则更为丰富③。由这两本体育教科书中所包含的舞蹈内容来看，前者多选用的是舞蹈教材，而后者除有舞蹈教材外，还包含有韵律活动的其他内容。

除此之外，这一时期的体育教科书中还有远足、登山等所谓的“天然活动”，如阮蔚村、邵汝干编写的《小学远足登山》，这一类教材多作为上述主要项目教材的补充，大多安排在课外时间开展。

（七）体育教科书内容特点分析

国民党统治时期的体育教科书所包含的内容相当丰富，其教材来源不仅有西方现代体育内容，也包括中国本土传统体育内容。体育教科书这种兼容并包的教材组成方式，表明经过清末及民国时期较长一段时间的发展后，在内容选择上已逐步形成了相对完善的选择机制，其选编理念日臻成熟。综观这一时期的体育教科书，其在内容选择及编写上具有以下几个特点：

一是内容紧扣课程标准，教材体系完整系统。这一时期的体育教科书，无论是成套系统编写的《体育教授细目》《复兴体育教本》等，还是其他单项成册的体育教科书，大多数均会在其封面、扉页或序言中注明“新课程标准适用”“特为新制小学体育而编”等字样，表明它们是按照最新颁布的课程标准来编写的。

① 束云逵，蔡雁宾．复兴体育教本：初小1－4册［M］．上海：商务印书馆，1933．
② 蔡雁宾，束云逵．复兴体育教本：高小1－2册［M］．上海：商务印书馆，1933．
③ 高棪．小学韵律活动［M］．南京：正中书局，1949：2．

在教材内容选用上，这一时期体育教科书的内容几乎涵盖了课程标准所规定的全部内容，同一出版社出版的各种体育教科书往往能在内容互为补充，如《复兴体育教本》中编写田径运动教材时，则只叙述教学过程中的具体实施方法和程序，而对于具体的技术要领则建议参照教科书编写者另行编写的相关田径运动著作。这种内容上互为补充的编写方式既节省了笔墨，又使教科书内容体系完整而不重复。

二是体育教科书中教材排列形式多样化。一般认为，体育教科书中教材的排列有“直线式排列”和“螺旋式排列”两种方式，或为两者相结合的“混合型排列”方式。这一时期体育教科书中，体育教材的排列兼有上述三种方式。单项编写的体育教科书，大多数为“直线式排列”，内容上较为系统紧凑，较少有重复。成套编写的体育教科书，则多按周次、课时等编排教材，往往将教材内容化整为零，打乱后重新组合在每周的各个课时中，教材内容注重每一周内容上的科学性和实效性，部分内容则不可避免地重复出现。这部分教科书中有些体育教材是属于“螺旋式排列”的，但也有些教材则尽力做到不重复，如胡绍之编写的《小学体育教本》，其序言中称“厌故喜新，儿童较成人为尤甚，故教材之排编，多重变化，力避重复，务使兴趣横生，宏生健康之效，惟认为有必须复习之教材，为发育儿童身心计，则酌量复习数次”①。《体育教授细目》中指出“本书教材除游戏外，各项教材，先后有一定系统，难易有一定顺序”②，由此可见，成套编写的这一类体育教科书在教材排列上应算是“混合型排列”。

三是课内外教材内容兼顾，课外活动在体育教科书中受到重视。要完成体育课程的主要目标，光靠体育课堂的学习是不够的，还应该要注重课外体育活动的组织和实施。当时即有体育学者指出“课程标准里体育的时间不多，课外活动，一面为补活动时间之不足，一面为实践课内指导的方法，决不可等闲视之”③。国民党统治时期的体育教科书，也在一定程度上体现出了对课外体育活动的兼顾。如《复兴体育教本》中论及如何实现体育教育效率时，即指出体育课程应

① 胡绍之等. 初级小学体育教本：第一册［M］. 1930：凡例.

② 教育部. 初中男生体育教授细目：第二学年用［M］. 上海：商务印书馆，1936：例言.

③ 姚家栋. 小学体育教育实施法［M］. 南京：正中书局，1937：5.

包括“正式必修课程”“课外运动课程”和“校内外比赛或各种课外运动组织”三种，并要求“凡校中之体育部，应按其体育计划，将上列三种课程，努力推行实施之”①。这一时期的体育教科书中也列出相应章节论述“课外运动”和“校内外比赛或各种课外运动组织”的相关知识，如《复兴初级中学体育教本》第一、二册中均在最后一章中对课外活动的“时节支配、指导方法、运动规程、比赛及节假日体育设计”等进行了具体论述。这种在编撰了体育课“正课”教材内容之外，仍安排专门章节论述课外体育的组织和实施的做法，体现出了这一时期体育教科书编写者对课外体育活动的重视，表明当时的体育教育者已初步具备了课内外体育内容统筹兼顾的体育课程理念。

四是体育教科书内容表现出了鲜明的时代特征。抗日战争的爆发给这一时期的学校教育带来了巨大的影响，体育教科书也因之表现出了与抗战相关的鲜明时代特征。最为显著的是，抗日战争开始后的体育教科书中，普通增加了战时教材的内容，程登科、王复旦还专门编写了《战时体育补充教材》，“所选教材均以适合战时环境与经济为原则”“以供给迁移乡间之学校采用”②。同时，对于中华民族所遭受之屈辱，体育教科书中也创编诸如“国耻操”一类的体育项目，以激励学生强身健体，保家卫国。如《复兴初级中学体育教本》中，将第一学年第二学期第十周（五月第一周，因五七、五九、五卅种种耻辱均在五月）定为国耻周，特编“国耻操”以教授学生。“国耻操”内容包括通过队列队形变化排出“五七”“五九”“五卅”“九一八”“一二八”等字样，并设计了“攘臂忍辱”“委曲求全”“奋斗”“卧薪”“仰天长啸”“梦未醒”“无抵抗”“铁轮与枪声”等体操动作③，以表达对“国耻”的纪念，意图唤醒沉睡之国人。《复兴体育教本》将书名冠以“复兴”字样，以纪念我国东北沦陷，也算是一个例证。

五是体育教科书编写中益发重视体育的教育功能。自清末兴学以来，教育部门所提出的体育课程目标中除强调体育的健身强体之功效外，均一致将体育课程“活泼精神”“养成守规律尚协同之习惯”等视为其重要的教育功能。但之前的

---

① 王毅诚．复兴高级中学体育教本：第一册［M］．上海：商务印书馆，1934：4.

② 程登科，王复旦．战时体育补充教材［M］．教育部国民体育委员会，1941：前言.

③ 王复旦．复兴初级中学体育教本：第一册［M］．上海：商务印书馆，1934：145～151.

体育教科书，在编撰中更多将着眼点置于体育课程对学生生理上之促进作用，直至自然主义体育思想逐步为体育教育界所普遍接受后，体育教科书中才更多将视域投向体育的教育功能。因而我们在这一时期的体育教科书中，能看到更多对体育教育功能的关注。如《复兴体育教本》中指出，“凡属完善组织之体操教程，即能获得两种效果：（一）健康的效果；（二）教育的效果”。“如能利用体育活动，不仅有增加个人身体活动之机会，而收体格健全之效果，并能辅助教育，使个人剩余之精神，不得旁及无聊之行动，而专致力于体育之训练。如此，即知体育不但能健全人之体格，且为教育中不可少之一项教育方法。”① 凌陈英梅在论及游戏之意义时指出，“游戏除能健身外，还能恢复精神，娱乐身心，保存魄力”“但游戏的意义，还不止此，最要者，即能利用各种游戏，于不知不觉中，教导人至于至善。因此在教育上，却有极大的贡献，现在提倡游戏，不遗余力，也就是这个缘故”②。体育教科书编写者在观念上对体育教育价值的重视，势必影响并体现在其所编撰的教科书中，这也使得这一时期的体育教科书在发挥其教育功能上具备了更大的可能性。

四、教科书使用情况

国民党统治时期，体育课程得到了一定程度的重视，国民政府教育部门颁布了一系列有关体育课程的法规文件，并先后进行了多次体育课程标准的修订工作。这些工作为体育课程的有效开展奠定了良好的基础，但我们也必须看到的是，在当时国家遭遇外辱、国内政权动荡的时期，由于经费、设备、管理、师资等多方面存在的原因，学校体育课程很难真正意义上地在全国范围内得以全面贯彻实施。苏竞存、王华倬先生在梳理了这一时期学校体育课程开设情况的有关史料后，得出结论称“国民党统治时期体育课程不同程度地得到了实施，一般学校都有体育课和课外体育活动，即使在抗日战争时期的困难条件下，有些学校仍能

① 王毅诚．复兴高级中学体育教本：第一册［M］．上海：商务印书馆，1934：3.

② 凌陈英梅．小学初中分级体育活动教材［M］．上海：中华基督教女青年会全国协会，1934：1.

坚持上体育课，坚持学生的课外体育活动”[①]。但“多数中小学的体育课，教学不认真，没有教学计划，甚至每课教学事先都无计划，教材多不按规定进行。一般中小学，上体育课以打球为主，主要是篮、排、足球，上课点名后，进行几分钟的队列训练和准备体操，就分为几组自行打球，教师在一旁观望或做裁判，形同放羊，称为‘放羊式’教学。田径教材只是在学校开运动会以前，临时安排几次教学。器械体操教材，一般学校由于缺乏设备，学生多不感兴趣，更不受重视。但也有少数中小学体育课教学认真，课外体育活动开展的也较好”[②]。

从学校体育课程开设的具体情况，我们只能大致推测：体育教科书在这一时期的部分学校中是没能得以使用的。然而对于在当时开展体育教学相对规范认真的部分学校而言，体育教科书在师生中究竟使用情况如何，我们仍需做进一步考察。清末民国时期出版的教科书，其版权页上均没有注明发行量，因而无法对这一时期体育教科书的出版总量做出统计。从教科书的再版情况来看，大部分体育教科书均获得多次再版，如《复兴体育教本》初小第一册 1933 年 5 月初版，同年 7 月即已发行至第九版，《复兴体育教本》初小第三册 1933 年 7 月初版，同年 8 月即已发行至第八版，可见该教科书面世后，较为受学校师生欢迎。

国民党统治时期所出版的体育教科书均为教师用书，其书名多以“教授书”命名。自清末以来，大凡学生用书，多冠以“教科书”之名，整个国民党统治时期，其出版的全部体育教科书中，均没有发现以“教科书”命名的，可见这一时期出版的体育教科书全部是教师用书。胡绍之在其《初级小学体育教本》凡例中称“本书既与教科书之性质不同，复与教授书之规范有异，采教科教授之名均觉不妥，因将前八册定名为初级小学体育教本，后四册定名为高级小学体育教本”。该时期还有不少体育教科书定名为“教本”，其情形大致与此情况相仿。但即便是命名为“教本”的体育教科书，也没有见到关于其在学生中使用情况的相关记载。我们可以这样说，国民党统治时期体育教科书的使用者主要是教师，学生均没有使用教科书。

---

① 王华倬. 论我国近现代中小学体育课程的发展变迁与历史经验［D］. 北京体育大学博士学位论文，2003：65.

② 苏竞存. 中国近代学校体育史［M］. 北京：人民教育出版社，1994：175.

但国民党统治时期教科书从出版种类和册数上来看，应算是已达到民国时期教科书出版的高峰。如出版体育教科书数量最多的1933年，这一年度出版的体育教科书数量就超过了民国初年与北洋政府时期17年时间出版的全部体育教科书总和。在编写质量上，这一时期的体育教科书也应算是达到了民国以来的最高水准。即便如此，教育界人士仍深感体育教科书在品质上不尽如人意。如胡绍之在《初级小学体育教本》自序中说“今日‘小学体育’之不发达，固由于教育经费之不独立，与办学者之无诚意，而适当教材之缺乏，要知厥为一大原因”[①]。马客谈为邹法鲁所著《小学体育教材》作序时称：“尝考吾国小学体育课程标准，颇为合理，亦极详尽，而一般小学体育之实施，则距离课程标准甚远，其主要之原因有二：第一，为缺乏合格小学体育师资；第二，为无适当小学体育教材书籍，以供在职师资之参考。”[②] 马客谈此言虽为烘托邹法鲁著作对当时小学体育之贡献，但这一时期体育界人士普遍认为小学体育教科书质量不高，却是不争的事实。

即便是在国民党时期受到较多好评的几套体育教科书，它们在受到肯定的同时，人们也会对其无力真正改变体育课程面貌表示遗憾。如《体育教授细目》出版后，有评价称“从此，体育教师总算有了依据，不像先前那样茫然无主了。但是，有了这样的教授细目，体育教学是否就真的没有问题了呢？不然，只能说情况稍微改观了一些”。“其原因很多”，他认为当时学校场地器材的缺乏、体育教师难以胜任教科书中全部项目的教学及教材内容过多而实际教学时间不足等原因，“致使解放前中小学的体育教学，没有办法根据教授细目去上课，依然是各自为政，因人施教”[③]。勤奋书局的《小学体育教本》丛书出版后，俞子箴曾评价说该丛书起到了“促进全国小学体育统一教材”的作用，但“不免就疏忽了教法”[④]，也难以彻底解决小学体育教材所存在的问题。从这些评价中，我们可见看到，国民党时期的体育教科书，一经出版后的确能在一定范围内得以使用，

---

① 胡绍之．初级小学体育教本：第一册［M］．太原：并州新报社，1930.

② 邹法鲁．小学体育教材［M］．上海：新夏图书公司，1947.

③ 刘斌．从体操到体育——清末民国中小学体育教科书研究［D］．湖南师范大学博士学位论文，2011：156.

④ 俞子箴．发展我国小学体育之我见［J］．勤奋体育月报，1934，1（4）：6～7.

并对当时的体育教学产生积极的影响，但由于当时学校体育课程在实施中所存在的各种问题，体育教科书编撰者的许多美好愿景始终只能成为空中楼阁，体育教科书的功能也不能得以充分发挥，在体育课程所置身的大环境尚存有诸多问题的时代，体育教科书终究不能以一己之力改变当时体育课程教学的落后面貌。

五、总体评价

国民党统治时期，体育教科书伴随着体育课程的发展，经历了一个从快速发展到转入低潮、再到短暂复苏的过程。前十年，随着经济文化上的短暂发展和政治环境的相对稳定，国民政府各级学校教育在办学规模和质量上均获得了相对稳定的发展，学校体育也随之有了一些新的气象。体育教科书在这一时期迎来了民国以来编写和出版的最高峰，其出版数量和质量均创造了历史新高。其后随着抗战爆发，国民教育受到了极大的破坏，虽然许多爱国师生在物质条件极端困乏的情况下仍然坚守岗位、努力学习，但学校教育的规模仍不可避免地急剧减少。体育教科书的编写和出版在这一时期也因此而转入低潮，直到抗战后期，才逐步得以复苏。但好景不长，抗战胜利后，中国又陷入内战之中，体育教科书的出版终究没能迎来全面复苏的好时代，在短暂复苏后又渐归于沉寂。

国民党统治时期，体育教科书受实用主义教育思想和自然主义体育思想影响，较为重视体育的教育功能，在编写上紧扣课程标准要求，内容体系完整而全面。在内容编排上，这一时期的体育教科书大多以周次或课时为单位，教材组织有序，每节课教学内容的安排既能做到新旧知识结合，又能注意到学生兴趣与体能的分配，教科书中既有直线式排列以引起学生学习兴趣的新内容，又有螺旋式排列以供学生练习的老教材，不同学段也能结合学生身心特点采用适宜的教材排列方式，教科书中既有教学内容的安排，还常有教学方法的提示，教科书使用操作性较强。国民党统治时期体育教科书编写上的这些进步之处，对今天的教科书编写仍有重要的借鉴意义。

受时代之局限，国民党统治时期的体育教科书不可避免地也存在一些问题，如教科书仍以文字叙述为主而缺少图画以致可读性不佳，国术教材仍需单列、中西体育教材内容融合不够紧密，在教科书管理和使用中教育部门监管力度不够、教科书难以充分发挥其使用价值等。这些问题，有些是由于其所处的时代造成的，有些则是教科书在发展过程中必然经历的。以我们今天的眼光来看，虽然这一时期体育教科书仍然存在一些问题，但在当时的历史条件下，体育教科书从清末萌芽到国民党统治时期短短几十年时间里能够取得如此成就，无疑已称得上是难能可贵的。体育教科书所取得的成绩及其局限性，都是与其自身所经受的历史洗礼及其所处的时代背景分不开的，它们在这一时期所累积的经验和教训都将会对中华人民共和国体育课程和体育教科书的建设产生重要的影响。

第四章　中华人民共和国体育教科书的发展与变迁

第一节　中华人民共和国第一代体育课程时期的体育教科书

1949 年 10 月 1 日，中华人民共和国成立，中华民族结束了长达近百年的半封建半殖民地统治，中国社会在政治、经济、文化及教育等方面都发生了翻天覆地的变化，我国体育教科书的发展也由此进入了一个全新的历史时期。

即便是新生的共和国，也会在六十余年的岁月里栉风沐雨，经历不少曲折与沧桑。伴随着中华人民共和国变迁步伐曲折前行的教科书事业，其编写与出版也同样如此。在不同的历史时期，体育教科书经历了不同的历史风雨，表现出了较为鲜明的时代特征。要对中华人民共和国成立以来体育教科书的发展历程作一完整回顾，将其分成几个时期来论述是相对合理的。而对于体育教科书发展历史的分期问题，通常的分法是与历史学中对社会历史发展阶段性的划分相一致的，本论文在处理这一问题时也大致遵循这一原则。但我们也得看到，在六十余年的发展历程中，体育教科书自身也表现出了鲜明的阶段性和规律性，这些特征，无疑也应是我们划分体育教科书发展阶段的重要依据。

中华人民共和国成立以后，我国迅速确立了“国定制”的基础教育教科书编审制度。在国定制的教科书制度下，包括体育在内的基础教育教科书，其编写出版是“一纲一本”，即每个学科全国使用同一个大纲，由人民教育出版社一家编写出版教科书。这一制度一直持续到20世纪80年代中期，随着社会环境和教育目的的变化，基础教育课程管理体制随之发生了相应的改革，教科书也由原来的“国定制”改为“审定制”，规定任何单位、集体和个人在取得编写资格后均可编写教科书，经审定通过后自由选用。教科书管理制度由此进入了“一纲多本”甚至是“多纲多本”的时代，体育教科书也由此打破了一本教科书全国通用的局面。这一变革成了体育教科书发展历程中的一个分水岭，标志着体育教科书由此进入了一个新的阶段。从20世纪80年代中期到20世纪末，体育教科书得到了飞速发展，但也暴露出了一些问题。进入新世纪后，新一轮基础教育课程改革在全国推行，教科书的编写出版迎来了新的局面。新的体育课程标准中不再规定具体课程内容，课程名称也更名为体育与健康课程。这些变化都标志着体育课程及教科书的发展再次进入了一个新的阶段。从教科书自身的发展历程来看，中华人民共和国六十余年来体育教科书的发展阶段性特征是十分鲜明的。

教科书作为学校教育的重要载体，是课程的重要组成部分。教科书的发展历程与课程的发展变迁有着息息相关的紧密联系。我国著名课程研究专家白月桥先生在研究我国基础教育课程教材的发展历程时认为：“要研究课程的历史发展，需要用‘代’的概念，只有使用‘代’的概念才更加准确和科学。”① 他认为根据我国基础教育课程发展的历史轨迹和今后的趋向，可将其分为三代：“1966年‘文化大革命’前编订的课程教材为第一代；1985年以后编订并且作过多次修订现在仍在使用的课程教材为第二代；1999年之后，在国家新的课程文件指导下编订的适合素质教育要求的面向21世纪的课程应为第三代。”② 对于“文革”后至1985年之间的课程，白月桥先生认为：“我国1978年编订的教学计划、教学

① 白月桥. 素质教育课程构建研究［M］. 北京：教育科学出版社，2001：6.
② 白月桥. 素质教育课程构建研究［M］. 北京：教育科学出版社，2001：10.

大纲和教材，主要是为了拨乱反正，修复正常的教学秩序，不能称为改革的一代新课程，但却为新课程的产生创造了条件，奠定了基础。”① 王华倬先生依据白月桥关于中华人民共和国课程分代的划分理论，并结合体育课程的特点，将我国体育课程分为三代五个时期，三代体育课程分别为1949年至1985年为第一代体育课程，1985年至1999年为第二代体育课程，1999年至今为第三代体育课程。五个时期分别为：“（1）中华人民共和国成立初期的体育课程（1949—1957年）；（2）社会主义建设探索时期的体育课程（1958—1965年）；（3）‘文化大革命’时期的体育课程（1966—1976年）；（4）拨乱反正、全面恢复时期的体育课程（1977—1985年）；（5）改革开放高速发展时期的体育课程（1985年至今）。”②

体育教科书的发展历史分期问题，既要遵循基础教育教科书发展变迁的阶段性和规律性，又应该考虑与其紧密相关的体育课程的发展特征，结合上述对基础教育教科书发展过程的论述及体育课程历史演进的有关分期理论，本研究将中华人民共和国体育教科书的发展历程按三代体育课程划分阶段来论述。即第一代体育课程时期的体育教科书（1949—1985年），第二代体育课程时期的体育教科书（1986—1999年），第三代体育课程时期的体育教科书（1999年至今）。同时为考虑第一代体育课程所处历史阶段的相对复杂性，将第一代体育课程时期的体育教科书分为四个阶段，以方便论述。四个阶段分别为（1）中华人民共和国成立初期的体育教科书（1949—1957年）；（2）社会主义建设探索时期的体育教科书（1958—1965年）；（3）“文化大革命”时期的体育教科书（1966—1976年）；（4）拨乱反正、全面恢复时期的体育教科书（1977—1985年）。

一、中华人民共和国成立初期的体育教科书

（一）社会背景

中华人民共和国的成立，宣告了中国人民当家做主的时代已经到来，帝国主义列强压迫中国、奴役中国人民的历史从此结束，中华民族开始以崭新的姿态自

① 白月桥．素质教育课程构建研究［M］．北京：教育科学出版社，2001：15.

② 王华倬．我国近代现中小学体育课程的发展演变及其历史经验［D］．北京体育大学博士学位论文，2003：71.

立于世界的民族之林。但中华人民共和国成立初期，新生的政权还面临着国内外种种敌对势力的威胁，同时国家也还存在战胜严重的经济困难、恢复和发展国民经济、维护国家主权和安全等一些问题。因而在中华人民共和国成立后的头三年，全国人民的主要精力就是集中力量解决民主革命的遗留问题，并进行恢复国民经济、争取国家财政经济状况好转的工作。1953 年，中华人民共和国提出了过渡时期的总路线，制定并开始实施第一个五年计划。1956 年，中华人民共和国基本完成了对农业、手工业及资本主义工商业的改造，社会主义基本制度在中国得以确立。

在教育领域，中华人民共和国也进行了一系列深刻而卓有成效的改造，1949 年 9 月，《中国人民政治协商会议共同纲领》规定："中华人民共和国的文化教育为新民主主义的，即民主的、科学的、大众的文化教育。人民政府的文化教育工作，应以提高人民文化水平，培养国家建设人才，肃清封建的、买办的、法西斯主义的思想，发展为人民服务的思想为主要任务。"并指出"人民政府应有步骤、有计划地改革旧的教育制度、教育内容和教学法"①。这一纲领性的规定就为中华人民共和国的教育确立了基本方向，决定了中华人民共和国教育一定要肃清国民党统治时期的一切不合理的内容，建立全新的教育体系。1949 年 12 月 23 日，中央人民政府教育部召开的第一次全国教育工作会议提出教育改革的基本方针是"以老解放区教育经验为基础，吸收旧教育有用经验，借鉴苏联经验，建设新民主主义教育"。这一方针使我国基础教育在中华人民共和国成立后相当长一段时期里都是"以俄为师"，教科书的编写也深受苏联影响。在体育课程领域，我国也对旧的体育课程体系进行了全面改造，引进了苏联的体育课程教材体系，并在此基础上确立了高度集中统一的课程管理制度。

（二）体育教科书的编写与出版

1. 编写依据

1950 年 8 月，教育部公布了中华人民共和国的第一个体育课程文件《小学体育课程暂行标准（草案）》，对中华人民共和国小学阶段体育教学的目的、教

① 毛礼瑞，洪灌群. 中国教育通史：第 6 卷［M］. 山东教育出版社，1985：2～3.

材纲要及教学要点做出了具体的规定。同期颁发的《中学暂行教学计划（草案）》也对中学体育课的教材内容做出了规定。这两个文件的具体规定，成了中华人民共和国成立后的相当长一段时间里，我国编译体育教科书的主要政策依据。直至1956年教育部颁发《小学体育教学大纲》和《中学体育教学大纲》，上述两个文件才被取代。

中华人民共和国的教科书编写，从一开始就确立了“国定制”的教科书编写制度。所谓的“国定制”，意味着教科书无论在编写出版，还是在审定上，都是由教育主管部门及其指定的单位负责完成的。但事实上，中华人民共和国成立之初还是经历了短暂的“国定制”与“审定制”并存的时期。1949年4月，随着全国革命即将取得胜利，中国共产党邀请叶圣陶在内的开明书店的编辑们，与解放区的教科书编写者，一道组织成立了华北教科书编审委员会。中华人民共和国成立后，国家出版总署成立，下设编审局，其第一处专门负责全国教科书的编审工作。限于环境、能力等因素，编审局在中华人民共和国成立之初还没有能力编写全套“国定制”教科书的能力，对于一时之间难以编出合适版本的学科，不得不采用民间书店编写的版本。1950年底，人民教育出版社成立，著名教育家叶圣陶出任第一任社长和总编辑。1951年2月，政务院文化教育委员会要求人民教育出版社按照《共同纲领》规定的文化教育方针和1951年教育部在全国中等教育会议上提出的“各科教材必须保持完整的科学性和贯彻爱国主义精神，必须研究中国，参考苏联，以苏联的中学教科书为蓝本，编写完全适合中国需要的新教科书”的编写方针①，重新编写和修订全国通用的中小学教科书。这套教科书的编写和出版，标志着我国正式形成了持续了三十余年的“一纲一本”的教科书“国定制”。但由于种种原因，第一套全国教材中并没有体育教科书。

2. 编写方式

与其他学科在中华人民共和国成立后迅速形成“国定制”的情况不同，体育教科书全国通用教材的出现还经过了一段准备期。因而这一时期体育教科书的

① 课程教材研究所．新中国中小学教材建设史（1949—2000）研究丛书·体育卷［M］．北京：人民教育出版社，2010：44．

组织编写，也经历了一个由多种编写方式共存到全国统编的过渡。中华人民共和国刚刚成立时，为解决各级学校对体育教科书的需求，各省市教育部门、体育教师及中华人民共和国成立前的民间出版机构的教科书编写者如俞子箴等，都参与了体育教科书的编写。沿袭解放区学校体育的特点，这一时期还出现了中国人民解放军第四野战军中南军区司令部、中国人民解放军华东军区第三野战军司令部编写出版的体育教科书。教育部还组织翻译了一批苏联体育教科书，以供全国各地体育教师学习和使用，在苏联体育教科书的影响下，一些地方体育工作者结合自己的经验，编写了一部分体育教材。可见在体育统编教材出现以前，中华人民共和国成立初期的体育教科书编写队伍是相对多元化的。

进入统编教科书时代后，体育教科书的编写在人员组织和编写体例上都发生了巨大的变化。1954 年，教育部体育指导处组建了“中小学和中师体育教学大纲编写组”“编写组由体育指导处主要成员和从全国选调的十多位优秀体育教师共同组成。新选调的人员编入人民教育出版社纳入编辑系列，人民出版社增设了体育编辑室”[①]。编写组的重点工作是制定中小学和师范学校体育教学大纲，并负责编写体育教材。苏竞存先生任编写组总负责人，中学组主要成员有王占春、胡钧昇等人，小学组主要成员有王宝烈、郑蕃等人。编写组共同学习了中央有关文件和方针政策，研究了苏联学校体育教学大纲和教材，并对中国学校体育的实际情况进行了实地考察，同时还参照了中华人民共和国成立以前和解放区有关中小学体育的文献资料，在此基础上同步起草编写了中小学体育教学大纲和体育教科书。

在人民教育出版社统编体育教科书出现以前，体育教科书的编写体例仍然沿袭了国民党时期教科书的编写体例。人民教育出版社编写的《小学体育教学参考书》与《中学体育教学参考书》，均属于教师使用的体育教学指导用书，是对体育教学大纲内容的细化和补充。因而以这两本教学参考书为代表的新一代国家统编体育教科书，在编写体例上也出现了一些新的特征。这两本教科书，分别为小

① 课程教材研究所. 新中国中小学教材建设史（1949—2000）研究丛书·体育卷［M］. 北京：人民教育出版社，2010：45.

学与中学阶段使用，均打破了分年级或分项目单册编写体育教科书的旧例，各本教科书中在教材排列上按项目分类，依次叙述该项目的教学目的、特点及项目的技术要点，并对该项目教材进行内容分析，最后分年级列出教材范例。除主要教材外，这两本教科书还安排了中小学体育教学与管理的相关内容，这些内容对体育教师认识和组织体育教学，及解决体育教学中存在的问题等，均有较好的指导作用。这种不按上课次序安排教材的编写体例，要求教师在教学中必须重新编排教学内容和进度，体育教师在一定程度有了更大的主动权，但也间接提高了其工作难度。

3. 出版概况

1951 年由人民教育出版社编写出版的各科中小学教科书，大多是根据解放区的课本修订出版的，部分是依据国民党时期的旧课本修订的。由于人民教育出版社建立之初，体育编辑室尚未建立，又加之解放区也没有留下可供参照的体育教材，因此这一套全国统编教科书中是没有体育教科书的。直到 1956 年教育部颁发《小学体育教学大纲》《中学体育教学大纲》，同时人民教育出版社编写出版配套的《小学体育教学参考书》《中学体育教学参考书》，体育教科书才真正出现了全国通用的统编教材。

从中华人民共和国成立伊始到统编教科书出现的这段时期里，体育教科书的出版主要有以下两种形式。一种是直接翻译自苏联的体育教科书，这部分教科书主要是由教育部组织翻译，主要译者有仇标、张蓝田、许快雪、廖淑静等人，翻译的教科书有《苏联体育教材》《苏联小学体育教学参考书》《苏联初中体育教学参考书》《苏联高中体育教学参考书》及苏联教育部编订的中学体育团体运动部《游泳》《足球》《田径运动》《排球》等项目的教学大纲等，这部分教科书的出版，主要是受当时学习苏联教育和体育经验的影响，如仇标在其翻译的《苏联体育教材》序言中称："新中国成立以后，苏联先进的知识和经验随着我国人民的要求在各方面都源源地介绍过来，不过体育方面介绍得还不多，尤其是苏联的体育教材。""目前，在中小学校里普遍地缺乏新的体育教材，体育教师和体育积极分子除订阅与体育有关的一些刊物外，只有凭自己的智慧创造新的教材，译者在两位同志的帮助下得到这本《苏联体育教材》的原文，所以大胆地把它介绍了过来，以供中小学体育教师和干部们参考。”① 这大概可以解释苏联体育教材大量译入这一现象。

另一种是受苏联体育教学大纲和教科书影响后，各地出现了一批由当地体育工作者编写出版的体育教科书。在中华人民共和国成立之初，体育教科书经历了一段短暂的短缺期，为了满足各级学校对体育教材的需求，教育部于1951—1953年组织翻译了苏联中小学体育教学大纲，并将其下发给各省市，号召各地组织体育教师学习。各地的体育工作者在学习了苏联的中小学体育教学大纲后，结合自己的情况，创编了一部分体育教科书，如由东北行政委员会教育局编著的5册《小学体育临时教材》，郭效汾主编的《东北区初级中学体育试用教材》《东北区高级中学体育试用教材》，北京市中小学体育教师学习会编写了整套《北京市小学体育教材参考资料》，共分《游戏教材》《球类教材》《机巧教材》《田径教材》《舞蹈教材》及《徒手体操及队列解说教材》等。

（三）教科书内容分析

从中华人民共和国成立初期体育教科书的出版可以看出，这一时期体育教科书的编写主要是以苏联体育教科书为蓝本，因此在教科书内容上，也表现出了较为鲜明的“以俄为师”的特点。从翻译过来的著作中可以看到，苏联的体育教科书多以《准备劳动与保卫祖国》体育综合制度的合格标准为参考来编排教材，各项教材分项目排列在教科书中，每一项目大多按人体活动能力进行分类，如仇标所译的《苏联体育教材》中，田径运动包含了跑、走、跳跃、手榴弹掷远、推铅球五类教材，基本符合按人体活动能力分类原则。在教材排列上，一般按各项目排列教材，强调各年级按由简到繁、循序渐进的原则，逐步提高动作技术的难度和运动量。苏联体育教科书的内容选编上的这些特征，对中华人民共和国成立初期的体育教科书产生了重要的影响，以苏联体育教科书为蓝本所编写的各类体育教科书大多表现出了与其类似的特征。即便是人民教育出版社自编的《小学体育教学参考书》与《中学体育教学参考书》，也同样表现出深受苏联教科书影响的特征。现仅以《中学体育教学参考书》为例，对这一时期的体育教科书内

① 契列普柯夫等．苏联体育教材［M］．仇标，译．上海：北新书局，1952．

容选编做一简要分析。

人民教育出版社于1957年出版的《中学体育教学参考书》，是根据中学体育教学大纲为初、高中体育教师编写的。这一时期体育教科书的编写已进入了“一纲一本”的“国定制”阶段，体育教科书与教学大纲联系非常紧密。“大纲中规定的教材内容纲要，是编写体育教材内容的提纲。当时教育行政部门特别提示，编写教材内容时不经过请示不能随意删去大纲中规定的内容，也不能随意增加内容而‘超纲’。”[①] 大纲中教材纲要包括基本教材和补充教材，它不仅规定了教材的具体内容，而且对各年级、各项教材的授课时数均做出了具体的规定。因而在教科书中，教材内容反而没有如此详尽的规定和说明，体育教师需要结合大纲的规定，来自行安排每堂课的教材内容。

《中学体育教学参考书》在其“编者的话”中指出：“本书在第一、二、三章扼要地阐述了中学体育工作的一般问题，编者试图在第四章着重对中学体育教学大纲里的各类教材加以分析，并力求对各类教材的任务、教学顺序及教学中应注意的事项分别地提出了一些意见。”[②] 其所谓的“中学体育工作的一般问题”包括了中学体育的目的和任务、中学男女学生的解剖和生理特征、中学体育教育的手段和条件、中学体育教育工作的领导、学校卫生监督工作等内容，除此外，还对中学体育教学工作的组织和体育工作的计划和考核等问题也进行了详细的论述。如其中对体育课运动量的测量方法，该书指出“可分为教育观察和医学的生理检查两种”，其中教育观察的方法主要为“运动量比较适当，反映在外表的象征是面色正常，动作准确而有信心，呼吸深入、均匀、频率适度。如果学生注意力和纪律性开始下降，呼吸频率迅速，面色发红，步态不稳，气喘，这是运动量过高的初期表现。如果呼吸急促，大量出汗，面色苍白，手足发抖，面部表现疲乏，姿态失常，注意力和兴趣降低，这是运动量超过了学生的生理负担的象征”[③]。此外还论述了教师根据学生完成身体练习的质量来判断运动量的观察方

① 课程教材研究所. 新中国中小学教材建设史（1949—2000）研究丛书·体育卷［M］. 北京：人民教育出版社，2010：55.

② 王占春等. 中学体育教学参考书［M］. 北京：人民教育出版社，1957.

③ 王占春等. 中学体育教学参考书［M］. 北京：人民教育出版社，1957：29～30.

法，以及根据脉搏次数、呼吸次数、血液成分和体温变化等来判断运动量的医学的生理检查方法。这些方法对提高体育教师的教学能力和教学质量，均有重要的意义。

《中学体育教学参考书》第四章标题为“体操、田径、游戏”，共包含有“队列练习和体操队形练习”“一般发展和准备的练习”“悬垂、支撑、攀登、爬越”“平衡”“技巧练习”“搬运重物”“跳跃”“投掷”“走和跑”及“游戏”十个小节的内容。这一部分是教科书教材内容的主体部分，根据中学体育教学大纲规定，中学体育基本教材应包含体操、田径和游戏三大类的教材，《中学体育教学参考书》在教材选择上正是符合大纲要求的。从《中学体育教学参考书》教材内容来看，该教科书在编写时十分注重教材对发展人体基本活动能力的价值和作用，在叙述各大项目教材时，一般会详细指出该教材在学生能力发展上的功能与价值，所选编的教材范例，其目的也是指向发展学生的基本活动能力。同时，在教材分类上，每一类大项目中的具体教材内容也是按照发展人体基本活动能力来分类的。人民教育出版社编写这套大纲教材时强调要在“以苏联教材为蓝本”的同时，“结合我国实际，编写完全适合于中国的新教科书”①，但事实上，在中华人民共和国成立初期这样一个全面学习苏联的特定历史时期，无论教科书编写者如何努力，终究是无法摆脱“蓝本”的深刻影响的。

通过这本教科书我们还可以看到，这一时期体育教材在内容构成上是略显单一的，中学阶段基本教材仅有体操、田径和游戏三大类。虽然大纲中规定了补充教材，但也只是为适应地区气候不同或各地体育发展不平衡而编定，在《中学体育教学参考书》没有这一方面的教材内容。而球类项目和武术类传统体育项目均没有出现在这一时期的教材中，仅游戏类教材中有部分球类游戏内容。韵律活动及舞蹈等项目在民国时期就已出现在体育教科书中，在这一时期的体育教科书中却都不再出现。

（四）教科书使用情况

中华人民共和国成立后，我国经历了一段一穷二白、百废待兴的困难时期，

① 课程教材研究所. 新中国中小学教材建设史（1949—2000）研究丛书·体育卷［M］. 北京：人民教育出版社，2010：49.

学校体育也经历过短暂的混乱，但在党和国家领导人的关怀下，学校体育很快就获得了较好的发展。如针对中华人民共和国成立初期学生健康状况不良的现象，毛泽东主席两次给教育部长马叙伦写信，提出了“健康第一、学习第二”的方针。后来又作了“发展体育运动，增强人民体质”的题词，鼓励开展全民健身运动，并提出青年学生要争做“身体好、学习好、工作好”的“三好”学生。1954年，随着《劳卫制》在全国推行，各级学校均以《劳卫制》及《劳卫制》预备级为中心，体育课、课外体育活动及学校运动竞赛在全国范围内都得到较好的开展。

中华人民共和国成立初期，我国曾先后颁布了5个小学教学计划、7个中学教学计划、2个小学体育教学大纲（课程标准）、1个中学体育教学大纲。这些教学计划和大纲对体育课程的规定是基本一致的，小学体育课每周大约1到2个课时，中学体育课每周2个课时，其中小学“从体育占总学时的比重看，体育似呈增加趋势，从6%增至8%左右，在开设课程中均列第3位”，中学课时“体育学科占总学时的百分比一直保持在6.2%～7%的范围，体育课程的位次始终在第5～7位”①。这表明中华人民共和国成立初期国家在制度层面对体育课程依然是十分重视的，体育课程在事实上也逐步得到了较好的开展。

在全国体育课程得以有效开展的时期，体育教科书以也各种形式在全国各级学校得到了使用。全国通用大纲和教材出现之前，一部分省市体育工作者受苏联体育教学大纲和教科书影响而自发编写了体育教科书，这一现象则足以说明体育教科书在实际上对各省市的体育教学产生了良好的指导作用。人民教育出版编写的第一套体育教学大纲和教材面世后，“成为我国各地培训中小学体育教师，指导学校体育和体育教学的主要学习和参考资料”“在全国掀起了学习热潮，体育教学开始走向新型化、正规化，体育教师的积极性得到极大的提高，中小学体育课的结构、体育教学效果的检测和评价方法等一些重要研究课题受到教师们的重

① 王华倬．我国近代现中小学体育课程的发展演变及其历史经验［D］．北京体育大学博士学位论文，2003：73.

视。学生积极参加锻炼，增强了体力，提高了积极性，体育教学质量总体有了提高”①。

从这一时期体育教科书的发行量上，也可以看出体育教科书的使用和流通情况。人民教育出版社编写的《中学体育教学参考书》1957年第一次印刷，即达到20000册，由俞子箴编写、湖北人民出版社出版的《小学体育游戏》，1957年第一次印刷则达到了23000本。据统计，1949年，全国共有普通高中1597所，普通初中2448所，普通小学346769所，到1965年，全国共有普通高中4112所，普通初中13990所，普通小学1681939所②。从这一数据中，我们可以看到，相对于这一时期的学校数量，《中学体育教学参考书》的发行量是相当大的。而作为地方教科书，《小学体育游戏》的发行量也不算太低。

（五）小结

中华人民共和国成立初期（1949—1957）的体育教科书，在老解放区教科书编写经验的基础上，以苏联教科书为蓝本，结合中华人民共和国的实际情况，短短几年时间里就编写出了全国通用教材，这一成绩是值得肯定的。在中华人民共和国成立初期相对较为复杂的国际国内环境下，编写出“一纲一本”的教科书，这种成就对于新政权实现其各种目标无疑均是有益的。在“以俄为师”的背景下，体育教科书无论在内容选择、教育理念还是教材编排上，都深深地打上了苏联教科书的烙印。

同时我们也得看到，体育教科书在对待本国教科书的发展经验上，则明显重视不足。“以俄为师”导致了过分依赖苏联教科书编写的经验，由此形成了我国体育课程发展史上第二次较为突出的“拿来主义”现象③。尽管教育部门制定的教科书编写指导方针也强调要结合本国实际情况，我国的第一套统编体育教学大纲和教科书中仍然存在一些机械地移植和复制苏联体育教科书的地方，这使得这

---

① 课程教材研究所．新中国中小学教材建设史（1949—2000）研究丛书·体育卷［M］．北京：人民教育出版社，2010：72~73．

② 教育统计数据库．各级各类学校校数［EB/OL］．（2010-01-21）［2013-10-26］http://www.edu.cn/school_496/20100121/t20100121_442258.shtml．

③ 王华倬．我国近代现中小学体育课程的发展演变及其历史经验［D］．北京体育大学博士学位论文，2003：78．

一时期的体育课程教科书也存有一些不足。但总的来说，在新的意识形态和国家体制下，短期内能形成这样的教科书编写局面，其成绩毕竟是主要的。

二、社会主义建设探索时期的体育教科书

（一）社会背景

中华人民共和国第一套中小学体育教学大纲和教材的颁布，宣告着经历了中华人民共和国成立初期一段时间的准备期后，体育课程及体育教科书的建设已达到了中华人民共和国成立以来的第一个高峰。1958 年开始，受“大跃进”和“反右倾”斗争的影响，再加上随后的自然灾害及中苏关系的恶化，中国社会进入了三年困难时期，体育课程及体育教科书的发展随着社会政治经济和教育、体育事业的变化，也相应进入了一个新的阶段。

中华人民共和国成立初期所取得的巨大成就和“一五”计划的提前完成，极大地激发了全国人民在短时期内改变祖国“一穷二白”面貌的斗志，增强了中共领导人开展经济建设的自信心。在成绩面前，中央和地方不少干部滋长了骄傲自满情绪，夸大了主观意志和主观努力的作用，在没有经过认真调研和试点的基础上，就轻率地发动了“大跃进”和人民公社化运动，一时间全国范围内高指标、高速度、瞎指挥、浮夸风严重泛滥，严重地破坏了国民经济的发展。

经济领域的“大跃进”，也深刻地影响了教育事业的发展。1958 年，“教育革命”中学校出现大搞生产劳动，以劳动代替体育的现象，随后又出现了大搞“四红”（即中学除病残外，100% 的学生分别达到“劳卫制”一级、二级、等级运动员和普通射手的标准）、“双红”（即小学除病残外，100% 的学生分别达到“劳卫制”少年级和少年级运动员的标准）运动，盲目追求高标准，浮夸风盛行，违背了学校体育的规律①。国家在政治、经济上的偏离使学校教育的环境受到了不良影响，1959 年开始的连续三年的自然灾害更是使广大人民物资短缺，生活陷入贫困，学校体育在这一时期陷入了低潮，体育课和课外活动逐步减少，青少年学生体质普遍下降。

---

① 李晋裕，滕子敬，李永亮. 学校体育史［M］. 海口：海南出版社，2000：38 ~ 39.

国民经济等领域出现的严重困难局面，给了中国共产党深刻的教训。中共中央在调研的基础上决定调整政策，纠正错误。1961 年 1 月，中共八届九中全会决定对国民经济实行“调整、巩固、充实、提高”的八字方针，毛泽东在会上号召全党大兴调查研究之风。中共中央还陆续制定了有关工业、商业、教育、科学、文艺等方面的工作条例草案，以总结历史经验，纠正“左”的错误，国民经济由此进入三年调整时期。随着国家各项调整方针政策的贯彻执行，社会主义建设逐步地重新出现欣欣向荣的景象。教育领域也开始纠正“左”的错误，认真执行党的知识分子政策，给予受批判的教师平反，同时，颁布了中小学《学校暂行工作条例》，这些措施有力地调动了广大教师的积极性，学校体育教学与课外体育活动等各项工作又重新开始有序运行，全国范围内面向全体学生的“两课、两操、两活动”蓬勃开展，有关体育教学的学术讨论热烈进行，学校体育在经历了一个曲折发展的过程后，重新进入了一个良好的发展局面。

（二）体育教科书的编写与出版

1. 编写依据

进入社会主义建设探索时期后，体育课程在学校教育中的地位得到了巩固和确认。1957 年 2 月，毛泽东在全国最高国务扩大会议上作《关于正确处理人民内部矛盾的问题》的报告时指出：“我们的教育方针，应该使受教育者在德育、智育、体育几方面都得到发展，成为有社会主义觉悟的有文化的劳动者。”[①] 这一教育方针确立了体育课程的重要地位，极大地鼓舞了广大体育教育工作者的信心，也对其后近十年体育教科书的编写产生了重要的影响。

1958 年 8 月，中共中央下发了《关于教育事业管理权下放问题的规定》，指出今后教育部的任务之一是“组织编写通用的教材、教科书”“各地方根据因地制宜、因校制宜的原则，可以对教育部和教育主管部门颁发的各级各类学校指导性教学计划、教学大纲和通用的教材、教科书，领导学校进行修订补充，也可以自编教材和教科书”[②]，教育部也颁发通知表示今后不再颁发教学用书表。这一

① 毛泽东. 关于正确处理人民内部矛盾的问题［M］. 北京：人民出版社，1975：21.

② 中央教育科学研究所. 中华人民共和国教育大事记［M］. 北京：教育科学出版社，1984.

规定的出台，标志着中华人民共和国历史上第一次下放了中小学教科书的编写权力，各地由此出现了自主编订教学大纲和教科书的事实。然而这一次教科书编写权限下放后，各地编写的教科书很快就出现了内容“政治化”、超纲内容多、系统性差、难教、难学等问题，为此，1959 年 1 月中央决定重新加强对教科书的管理，同年 5 月出台《关于编写普通中小学和师范学校教材意见》，指出中小学教科书应保证全国必要的统一性和应有的水平，并于 6 月布置人民教育出版社重编全国通用教材。这套教材于 1961 年出齐，也标志着中华人民共和国第一次中小学教科书编写权力下放的尝试，在经历短暂的试验后，又复归到全国统编教科书的制度中来。

受教科书编写权力下放试验的影响，体育课程也出现了各地自编的教科书，部分省市甚至出现了在 1956 年体育教学大纲基础上修订的自编教学大纲。如 1958 年，山东省教育厅编写了《小学复式班体育教学大纲（草案）及参考书》，沈阳市小学教学研究室编写了《小学体育试用教学大纲及教学参考资料》，1960 年，北京师范大学体育系普通教育改革小组编写了《九年一贯制试用体育教学参考资料》。辽宁省教师进修学院编订的《中学体育教学大纲（修订草案）》，在“编者的话”中指出：“本大纲是根据 1958 年我省暑期教研会修订的中学体育教学大纲（修订草案）的试行结果，并适当结合 1958 年以来我省体育大跃进后的具体情况修订的，从 1959—1960 学年度开始，在全省普通中学里试行。”① 从各省市自行编订的教学大纲来看，这一时期体育教科书的编写在一定程度上摆脱了“一纲一本”的教科书制度的限制，出现了“多纲多本”的可贵尝试，虽然这轮尝试的结果已如前所述，但这种尝试毕竟打破了“国定制”一统天下的固定格局，为以后教科书的编写提供了许多有益的经验。

2. 编写方式

各地编写的体育教科书暴露出了一系列问题后，教育部门加紧了编写第二套全国通用教科书的步伐（其他学科为第三套全国通用教科书），1959 年，教育部决定由教育部体育处苏竞存、黄蔷英及人民教育出版社王占春、梁炳威、王宝烈

① 辽宁省教师进修学院. 体育教学大纲（修订草案）［M］. 沈阳：辽宁人民出版社，1959.

5位同志共同负责中小学、中师及幼师的体育教材编写工作，并抽调北京师范大学等单位和优秀教师组成编写组，由王占春任中小学体育教材主编。编写过程中，编写组多次邀请全国各地有关专家、教授、中小学体育教师和教育行政部门主管学校体育的同志召开专题座谈会，对编写方案经过了反复讨论和论证，并在全国范围内征求意见，最终才修改定稿①。

人民教育出版社编写的这套中小学体育教科书，事实上是以课程标准的形式下发的。在这部命名为《小学体育教材》与《中学体育教材》的中华人民共和国第二部中小学体育教学大纲中，包括了大纲和教材两部分。这种将体育教学大纲与教材合编在一起的做法，在前一时期各省编写的体育教科书中就已出现，如前文所述的山东省教育厅与沈阳市小学教学研究室编写的体育教学大纲与体育参考教材就是如此。对于将大纲和教材合编在一起的原因，人民教育出版社称第一套中小学体育教科书，“体育教学大纲发行量很少，很多学校只有一本教学大纲，体育教师只有教材没有大纲，上课很不方便，只知道具体的教材不知道各年级的整体情况。经请示上级将体育学科大纲和教材放在一起，前面是说明（相当于体育教学大纲的说明），后面是各年级的体育教学内容的纲要，按年级列出各项教材内容，第三部分是按项目分年级编写具体教材内容，并配以插图和教学法的指导与提示”②。

3 出版概况

社会主义建设探索时期所出版的体育教科书，主要有两大类。一类是在教科书编写权力下放期间，由各省编写的，另一类则是人民教育出版社编写的统编教科书。各省编写教科书的出现，有着其特殊的历史原因，且时间较为短暂，多集中在1958年至1960年间。从现存的体育教科书来看，当时编写了体育教科书的省市有北京、辽宁、山东、上海、河北、福建、陕西等，这些自编的教科书中，有地方教育部门组织编写的，如山东省教育厅、北京市教育局中小学教材编审

① 课程教材研究所. 新中国中小学教材建设史（1949—2000）研究丛书·体育卷［M］. 北京：人民教育出版社，2010：78～79.

② 课程教材研究所. 新中国中小学教材建设史（1949—2000）研究丛书·体育卷［M］. 北京：人民教育出版社，2010：87～88.

处、陕西省教育厅等，也有学校或体育教师自发编写的，如辽宁省教师进修学院、福建教育学院、福建教师进修学院等。由于国家教育部门在一开始表明了其支持地方编写教科书的态度，因而这一时期出现的地方编写的体育教科书中，还有一部分是由地方教育部门或学校编写、中央出版机构负责出版的。如山东省教育厅编写的《小学体育教学参考资料》第 1 ~ 6 册，就是由人民教育出版社出版的；北京师范大学体育系普通教育改革小组编写的《九年一贯制试用体育教学参考资料》，则是“在教育部的领导和支持下，根据《九年一贯制（全日制）体育教学大纲（草案）》编写”①。人民教育出版社 1961 年出版的统编教科书，在 1963 年均出现了 2 版，同时，北京、甘肃、江苏、四川等省市分别重印了这套体育教科书，新疆维吾尔自治区教育厅还将《中学体育教材》翻译成维文出版，表明至此时开始，体育教科书的编写开始关注少数民族体育教科书的建设，此后的多套体育教科书，均有少数民族译著，这一时期开始的这一做法，形成了一个良好的传统。

（三）教科书内容分析

在 1961 年的体育教学大纲颁布以前，体育教科书仍旧以中华人民共和国颁布的第一套体育教学大纲为编写教科书的依据。即便是在 1958—1960 年间各地出现的自编教学大纲和教科书，大多仍是在第一套全国大纲的基础上做些简单修订而已，在教材内容上基本没有大的变化。如 1959 年辽宁省教师进修学院编的《中学体育教学大纲》就指出：“大纲中规定的体操、田径、游戏、滑冰等各类练习及体育常识，是全省普通中学必须贯彻执行的教材；是根据中华人民共和国教育部 1956 年编订的中学体育教学大纲（草案）的基本精神，按照教材的系统性和学生的年龄特征，以及我省中学体育的实际情况修订的。”② 这与 1956 年教育部编订的中学体育教学大纲中所规定的“大纲本文包括基本教材和补充教材两部分”“补充教材是为适应地区气候不同，各地中学体育教育发展不平衡或其他条件而编订的”这一精神是相符合的③。辽宁省所编订的大纲仅是在教育部大纲

---

① 张庆新. 中国体育教材史论［M］. 北京：中国农业大学出版社，2011：103.

② 辽宁省教师进修学院. 中学体育教学大纲［M］. 沈阳：辽宁人民出版社，1959.

③ 中华人民共和国教育部. 中学体育教学大纲［M］. 北京：人民教育出版社，1956.

的基础上，根据地方特色，将补充教材列入进来，其他修订之处，也只是根据本省实际情况，做了一些修订而已，如田径项目初中一年级教材中，教学测试的标准，辽宁省与全国标准略有不同，其余内容均无差异。这一时期其他各省所编订的体育教科书，也大致与辽宁省情况类似，部分省市如北京所编订的《九年一贯制试用体育教学参考资料（全日制）》，其教材内容中包含有武术内容，与教育部1956年大纲内容略有出入，则是因为这部教材是在教育部领导和支持下所进行的改革和尝试，其表现出的改变是理所当然的。其他省份则更难有较大变动，因而在教材内容选编上，仍与第一套教科书时期相仿，在此不再赘述。

1961年人民教育出版社出版的《小学体育教材》与《中学体育教材》，是体育教学大纲与体育教材的合编本。这套教科书在编写上分为三个部分，第一部分为说明，相当于教学大纲的说明部分，第二部分为大纲正文，第三部分为体育教材内容。第一、二部分相当于权威性的体育教学大纲，第三部分则等同于与大纲配套编写的供教师使用的体育教师参考用书。这套教科书被提上编写日程时，第一套体育教科书已在全国范围使用了一段时间，使用中所存在的一些问题陆续反馈到了教科书编写者手中，又加之1958—1960年各省编写教科书的试验，也为第二套体育教科书的编写提供了一些有益的思考。在这些基础上，第二套中小学体育教科书在教材内容上有了一些变化。

一是武术类教材重返教科书中。教材编写组在经过认真调研和讨论后，决定将武术列入教材，同时为回避旧中国武术多与封建会道门联系紧密的问题，这批入选的武术教材打破了武术的门派观念，除一些有定型公认的武术基本功入选外，其他选入的教材多为新编的武术套路，如当时国家体委公布的初级拳、在学校开展较为广泛的青年拳及武术操等。这些经过整理改编的武术项目，吸收了中华武术的基本元素与精神，有较好的锻炼价值，但当时也有少部分人认为，武术操中出现的指节拍法练习借用了西方体育中的办法，民族传统形式的武术内容不应该依靠“洋”体育的方法来发展。不过这种质疑的声音只是少数，大多数人还是较为赞成以此形式进行中小学武术教学的试验。

二是体育基本知识作为主要内容之一被正式列入教科书。体育教科书自清末传入伊始，就包含有阐述体育功能、目的及学校体育工作相关知识的内容，中华人民共和国第一套体育教科书中也列出了专门章节论述学校体育和体育教学管理的有关理论，但在之前的体育教科书中，这部分内容都是作为附属内容附加在教科书中的，或作为“风雨教材”的形式存在。第二套体育教科书编写组认为，体育课“虽然以身体锻炼的实践为主要特征，但课的内容应包括理论知识和活动两个方面”①，主张将体育理论知识作为教材主要内容之一列入教科书。小学阶段的体育基本知识主要可分为思想教育和体育卫生常识两大类，具体内容有“听毛主席的话，好好锻炼身体”“抗日战争时期延安的体育活动”“锻炼身体时要注意什么”及“怎样养成身体的正确知识”等。中学阶段的体育基本知识内容更为丰富，不仅包括对学校体育目的任务及参与体育活动的好处等问题的介绍，还包括锻炼身体的各种手段、科学锻炼身体的方法、运动创伤的急救等内容，对体育基本知识的论述较小学阶段更为深入，有利于中学生对体育的进一步理解和认识。

三是确立了较具操作性的教材选编原则。如何从种类繁多的体育运动项目和多种多样的健身方法和手段中选择适当的内容列入教科书中，这始终是教科书编写中的一个关键技术问题。第二套体育教科书在研究和总结了国内外经验的基础上，提出了以下几条选编体育教材的原则：（1）从增强学生体质出发；（2）根据学生的年龄特征选编教材；（3）从实际出发，力求适合一般学校和学生的情况；（4）教材应具有培养学生的共产主义道德品质的作用；（5）教材与劳卫制、民兵训练相结合。这些原则相较于第一套体育教科书所提出的“全面性原则”“科学性原则”等而言，无疑更具操作性。其中“增强体质”概念的提出，对我国今后很长一段时间里学校体育和体育教科书编写都有重要影响。

1961 年编写的中华人民共和国第二套体育教科书，在教材内容上还出现了如明确提出教材内容应由“基本教材”和“选用教材”两部分组成、高中教材部分不再按男女分开编写、淡化了第一套教材提出的体育教材按发展身体活动能力分类的提法等一些变化。这些教材内容上的变化，表明经过中华人民共和国第

① 课程教材研究所. 新中国中小学教材建设史（1949—2000）研究丛书·体育卷［M］. 北京：人民教育出版社，2010：100.

一套体育教科书的实践与“教育大革命”以来省编教科书的试验后，全国统编教科书总结和吸收了一些有益的经验，表现出了一些令人注目的新特征。

（四）教科书使用情况

各地兴起自编教科书的时期，正是我国经历严重困难、学校体育出现滑坡的时期，这一时期全国各地的体育课都受到了一定程度的影响，各省的参与虽然使得体育教科书在出版发行数量上有所增加，但体育教科书总体使用情况仍然并不理想。

在中央“调整、巩固、充实、提高”方针的指导下，体育课程教学的混乱局面得以扭转，体育课程教学改革呈现出了良好的态势，第二套全国通用体育教科书也在这一时期适时出版，配合全国体育课程的良好态势，这套体育教科书在全国范围内得到了较好的使用。在体育教学中，还出现了一系列关于体育教学的相关讨论，如对体育课的密度与运动量相关问题的讨论、对体育课是以增强体质为主还是以掌握运动技术为主的学术讨论、对体育教学中各项任务之间关系的大讨论等，这些学术研讨活动的出现，表明这一时期的“体育教学改革呈现出建国以来繁荣发展的大好景象”“广大体育教师学习新大纲、教材的热情高涨”①。

（五）小结

社会主义建设探索时期，我国体育教科书在经历了学校体育的低潮和省编教科书的尝试后，形成了第二套全国统编中小学体育教科书。这套体育教科书“建立了以增强学生体质为中心、以运动项目为主要框架的体育教材内容体系，首次纳入体育基础理论教材；首次设置体育选修教材；首次把武术作为体育教材的一部分”“标志着新中国体育课程建设走出原苏联模式，探索本土化体育课程、努力形成自己特色的开端，它确立的以‘增强学生体质’为主要目标的体育课程体系，成为新中国第一代体育课程重要的特征之一”②。尽管如此，这套教科书仍有较多局限，要完成建设有中国特色的体育课程教材体系这一任重而道远的艰

① 李晋裕，滕子敬，李永亮．学校体育史［M］．海口：海南出版社，2000：63.

② 王华倬．我国近代现中小学体育课程的发展演变及其历史经验［D］．北京体育大学博士学位论文，2003：85.

巨任务，还有许多艰难的尝试和探索等待在前方。

三、“文化大革命”时期的体育教科书

（一）社会背景

1966年，“文化大革命”爆发。对于“文化大革命”，1981年6月中共十一届六中全会通过的《关于建国以来党的若干历史问题的决议》指出：“1966年5月至1976年10月的‘文化大革命’，使党、国家和人民遭到建国以来最严重的挫折和损失”；“实践证明，‘文化大革命’不是也不可能是任何意义上的革命或社会进步”。它“是一场由领导者错误发动，被反革命集团利用，给党、国家和各族人民带来严重灾难的内乱”。

在“文化大革命”期间，党和政府的各级机构，长期陷于瘫痪和不正常状态。教育领域成了“重灾区”，从中央教育部到省、市、县的各级教育行政机构及各级学校普遍受到冲击，教育部及所属人民教育出版社等单位甚至被撤销，中华人民共和国成立以来所建立的教学秩序和课程体系基本被破坏，中华人民共和国成立17年来我国教育的成绩基本被否定，我国教育事业陷入了停滞、倒退与混乱的状态。

（二）体育教科书的编写与出版

在全国教育事业遭到严重破坏的情况下，学校体育也未能幸免。“文化大革命”时期学校体育卫生的组织机构、师资队伍和场地设施等，都遭到了严重的冲击和破坏。1966年，在“停课闹革命”的指示下，全国各级学校基本停课，体育课和体育活动均被取消。“文化大革命”之前原有的教科书作为资产阶级修正主义教育路线的产物遭到了彻底的批判和抛弃，全国统一的课程标准和教学大纲被废止，教科书编写进入了一个“无纲”时期。1967年，中共中央要求各级学校师生停止串联，“复课闹革命”，但在课程安排上，体育课完全被取消，各级学校大多“以阶级斗争和路线斗争为主课”，大部分学校仍处于半停课的状态。这一时期，全国各地纷纷成立“革命委员会”，自主设立课程，自由编写教科书，全国教科书进入了一个任意编写的混乱局面。由于体育课完全被取消，这一

段时期里，全国范围内均没有新编写的体育教科书出现。

1969 年 5 月，《人民日报》发表了吉林省梨树县《农村中小学教育大纲（草案）》后，各地中小学纷纷效仿，一般均在课程中开设了军事体育课。各地为开展军体课教学编写出版了一批军事体育教材，但这一时期的教材编写，仍处于各自为政的混乱时期。军体教材的编写，缺乏相应的教学大纲或课程标准的指导，仍以各省自由编写为主。这些军体教科书大多以政治为统帅，强调以阶级斗争和两条路线斗争为纲，内容上军事化色彩十分浓厚。1970 年前后，全国先后有湖南、上海、四川、湖北、北京等二十几个省市编写出版了军体教科书。

“文化大革命”后期，全国中小学逐渐恢复了正常的教学活动。根据周恩来总理的指示，国务院科教组召开了全国教材工作座谈会，并于 1972 年 11 月和 1973 年分别召开了东北、华东、中南、华北、西北和西南六大区教材改革经验交流会，组成协作组编写教材。在这前后，广东、天津、北京、四川、上海、湖南等多个省市陆续编写出版了多套中小学体育教科书。这批教科书的编写，仍然没有全国统一的教学大纲作为其编写依据，不过从教科书内容来看，这些教科书基本摆脱了前一时期军体教科书的影响，虽然大多数教科书中仍然保留了一部分军事训练项目的内容，但从总体上来看，体育项目已成为了主要部分。在教科书指导思想上，又回到了从增强学生体质出发的观点上，表明其对“文化大革命”前 1961 年所颁布的全国体育教材指导思想的继承。

（三）教科书内容分析

“文化大革命”期间编写出版的体育教科书，可分为军事体育教科书与普通体育教科书两种，因其编写的出发点不同，二者在内容上也表现出了一些差异。

军事体育教科书突出政治挂帅，强调体育“要坚持为无产阶级政治服务、为工农兵服务的方向”① 十分关注体育战线上两条路线的斗争，把“不断提高学生的阶级斗争、路线斗争和继续革命的觉悟”② 作为其宗旨，坚持政治第一、技术

① 安徽省中小学教材编写组. 军体：安徽省中小学教师参考资料［M］. 合肥：安徽省革命委员会出版发行局，1971：2.

② 浙江省中小学教材编写组. 军体 体育：浙江省中小学体育试用课本（教师用）［M］. 杭州：浙江人民出版社，1970.

第二的原则，在内容上既要求“大力普及各种形式的军事、体育活动，掌握一些基本的和必要的军事知识、军事技术”，也要求“掌握体育锻炼的基本知识、技能；初步了解一些体育锻炼的卫生常识，逐步提高技术水平，不断增强体质，为参加三大革命运动打下良好的基础”。如浙江省中小学教材编写组编《军体 体育》除前言部分外，全书包含“队列”“射击”“刺杀”“投弹”“游泳”“田径”“体操”“球类”“武术”“游戏”及“体育卫生锻炼常识”共计十一章内容。安徽省中小学教材编写组编写的《军体》，共包含有“毛主席无产阶级体育路线永放光芒”“队列”“三大技术”“人民防空”“野营训练”“游泳”“田径”“体操”“球类”“武术”“军体游戏”及“体育卫生基本常识”十二章内容，基中“三大技术”为“射击”“投弹”“刺杀”。两书在内容上基本相同，且或在各章节之首，或在正文中穿插有大量毛主席语录，可见政治色彩极强。

其后在全国教材工作座谈会影响下编写的普通中小学体育教科书，仍然强调“对学生进行思想和政治路线方面的教育”，但同时强调“使学生掌握基本的体育知识、技能和方法，培养为革命锻炼身体的习惯，促进学生身体的正常发育，增强体质”，并要“使受教育者在德育、智育、体育几方面都得到发展，成为有社会主义觉悟的有文化的劳动者”①。教科书中军事项目内容有所减少，不再有大量的毛主席语录等内容，也不再提两条路线上的斗争，较前一时期的体育教科书而言，逐渐淡化了政治色彩。广东省中小学教材编写组编写的《体育》，包括有“队列”“跳绳、跳橡皮筋、踢毽子”“田径”“体操”“球类”“游泳”“刺杀”“野营训练”及“游戏”九章内容，并附有“体育卫生基本知识”“球类比赛编排方法”等内容。福建省中小学教材编写组编写的《福建省中小学体育教材参考资料》则包含“队列”“田径”“球类”“体操”“游泳”“武术”“刺杀”“野营拉练”“跳绳、跳橡皮筋、踢毽子”及“游戏”等章节。从这两书中可以看出，这一时期的体育教科书内容上大体较为接近，与军事体育教科书相比有了一些变化，但在“文化大革命”这样的时代大背景下，体育教科书仍然不可避

① 广东省中小学教材编写组．体育：广东省中小学试用课本（教师用书）[M]．广州：广东人民出版社，1972.

免地打上了深深的时代烙印。

（四）教科书使用情况

“文化大革命”时期，体育教科书基本处于“无纲无本”的无序状态，无论是军事体育教科书，还是稍后出现的普通中小学体育教科书，大多都是各省自行编写。各省在其所编写的教科书中，一般强调是根据本省实际情况来选编教材的，因此大多指出其所编教科书仅供本省范围内中小学校选用。在编写数量上，除少部分没有自己编写体育教科书的省份外，大部分省份都编写出版了自己的体育教科书，因此这一时期的教科书一般处于各省自行编写使用的状态。

但由于“文化大革命”时期特殊的时代背景，即便是到了“文革”后期，体育课程开设情况仍然并不理想。由于一大批体育教师被批斗或下放改造，培养体育师资的高等院校又停止了招生，体育师资严重不足，体育课堂中甚至出现了由解放军、民兵等担任体育教师的现象。在这样的情况下，体育教科书的使用情况就可想而知了。

（五）小结

“文化大革命”十年期间，我国学校体育课程遭受到了严重的破坏，体育教科书的编写和出版也受到了严重的创伤。中华人民共和国成立以来在教科书编写上所积累的宝贵经验完全被抛弃，过去编写的体育教科书基本被否定。在极“左”思潮的影响下，“文化大革命”时期体育教科书的编写进入了一个有着突出政治挂帅、强调阶级斗争和路线斗争、以军事项目代替体育内容等特征的各省自由编写的混乱状态。体育教科书中表现出的这种“以政代体”“以军代体”的极“左”特征，标志着这一时期体育教科书的编写完全背离了体育课程教材的本质功能，这种违背课程发展规律的做法，给中国体育课程教材建设带来了巨大的损失，体育教科书的发展在这十年中基本处于停滞和倒退的局面。

四、拨乱反正、全面恢复时期的体育教科书

（一）社会背景

1976 年 10 月，“四人帮”反革命集团被粉碎，中国共产党领导全国人民开

展了一场揭批“四人帮”及其派系的斗争，广大人民强烈要求纠正“文化大革命”的错误理论、方针和政策，以彻底扭转十年内乱造成的严重局势，使中国从危难中重新奋起。但受“两个凡是”错误方针的影响，广大人民纠正“文革”错误的要求和愿望阻力重重。1977 年中共十届三中全会恢复了邓小平的职务，为冲破“两个凡是”的束缚，邓小平等领导人支持和领导了全国范围内关于真理标准的大讨论，这场讨论重新确立了实事求是的思想路线，成为拨乱反正和改革开放的思想先导，为纠正“左”倾错误、实现历史性的转折做了思想理论准备。

1978 年 12 月，党的十一届三中全会胜利召开，全会结束了粉碎“四人帮”后党的工作在徘徊中前进的局面，开始了思想、政治、组织等领域的全面拨乱反正，做出了全国把工作重点转移到社会主义现代化建设上来和实行改革开放的战略决策。十一届三中全会成了中华人民共和国成立以来历史上最具深远意义的伟大转折，从此中国进入了改革开放和社会主义现代化建设的新时期。

教育领域也同样进行了一系列拨乱反正、恢复发展的工作，在邓小平等领导人的关怀下，一大批冤假错案被平反，许多教育工作者重返工作岗位，各级学校教育工作逐步恢复正常。中央在落实知识分子政策的基础上，提倡尊师重教，重新确定了全面发展的教育方针，全国高校恢复高考制度，《全日制小学暂行工作条例》《全日制中学暂行工作条例》等各项法规制度得以恢复和确立，各级学校良好的教学秩序和学习风气得以全面恢复。教育部门同时还进行了学制改革，批判了在“文化大革命”时期“学制要缩短”极“左”思潮影响下形成的“五四”学制，1978 年将中小学学制统一改为十年制，又在 1980 年颁发的《关于普及小学教育若干问题的决议》中提出：“中小学学制，准备逐步改为十二年制。今后一时期，小学可以五年制与六年制并存”①，此后我国学制逐步向“六三三”学制回归。在拨乱反正、全面恢复时期，我国教育事业在厘清“文化大革命”造成的混乱局面后，悄悄酝酿和开始了一系列新的改革。

伴随着教育领域全面拨乱反正工作的有效推行，学校体育也得到了逐步恢复。1977 年至 1985 年期间，国家先后颁布了 8 个中小学课程教学计划和 1 个《中小学

① 毛礼瑞，沈灌群. 中国教育通史：第六卷［M］. 济南：山东教育出版社，1985：359.

体育工作暂行规定》，这些文件重新确立了体育课程在学校教育中的地位。1979 年 5 月，教育部、国家体委等部委在扬州联合召开了全国学校体育卫生工作经验交流会，这次会议被称为“新中国成立以来规模最大的一次学校体育卫生工作会议，是‘文化大革命’后，学校体育、卫生工作在思想认识、组织领导、教学研究、实施管理等多方面的一次全面拨乱反正的重要会议，标志着我国学校体育、卫生工作步入了法制化建设和管理的新阶段”①。这次会议的召开，扫清了我国体育课程教材建设发展进程中的障碍，为其进一步发展奠定了思想基础。

（二）体育教科书的编写与出版

1. 编写依据

1977 年 8 月 8 日，邓小平在主持科学和教育工作座谈会时指出：中小学教育工作“关键是教材。教材要反映出现代科学文化的先进水平，同时要符合我国的实际情况”② 随后又指出要抓紧中小学教材建设，编写全国通用教材。教育部据此于 1978 年制定并颁发了《全日制十年制学校小学体育教学大纲（试行草案）》及《全日制十年制学校中学体育教学大纲（试行草案）》，这套大纲确立了体育教学“一个目的、三项基本任务”的总目标，即以培养德智体全面发展的社会主义建设者和保卫者，也即是育人为目的，以“锻炼身体，增强体质；学习体育基础知识和体育基本技术、基本技能；对学生进行思想教育，培育优良品德”为“三项基本任务”。这些目标成了其后人民教育出版社编写全日制十年制全国体育教科书的主要依据。

在教材选编原则上，1978 年大纲确定了五条基本原则，即“坚持无产阶级政治挂帅；以有利于增强学生体质为准则；教材要体现科学性；因地制宜，从实际出发；体现民族的特点”③ 选编原则中仍提出了“坚持无产阶级政治挂帅”，可见在当时刚开始全面拨乱反正的时期，“左”的思潮对教科书编写仍有一定的

① 李晋裕，滕子敬，李永亮. 学校体育史［M］. 海口：海南出版社，2000：105.

② 邓小平. 关于科学和教育工作的几点意见［M］//中共中央文献编辑委员会. 邓小平文选（第 2 卷）. 北京：人民出版社，1983：52.

③ 课程教材研究所. 全日制十年制学校小学体育教学大纲（试行草案）. 20 世纪中国中小学课程标准·教学大纲汇编——体育卷［M］. 北京：人民教育出版社，2001：91.

影响。

2. 编写方式

与中华人民共和国十七年时期全国通用教材的编写方式相同，这套全国通用大纲和教材也是同步编写的。在颁发了《全日制十年制中小学教学计划（草案）》后，教育部即以“全国中小学教材编写工作会议”的形式，从全国抽调优秀中小学教师和编辑，与人民教育出版社原有中小学教科书编辑一同编写全国通用大纲和教科书，体育学科由王占春、石秀茹等人负责编写工作。

这套与大纲同时面世的教科书出版后，包括人民教育出版社在内，河北省教育厅、广东省教育厅及上海教育出版社等几家单位根据1978年颁发的体育教学大纲，自行编写出版了一些体育教科书。在此之前，除1958年“教育大革命”及“文化大革命”时期外，体育教科书的编写基本处于“一纲一本”的编写出版格局，这一时期各地重新出现自编体育教科书，表明经过拨乱反正和全面恢复的努力后，独家编写教科书的格局已不太适应教育发展和改革的要求，教科书编写方式的变革已势在必行。

3. 出版概况

在1978年教育部颁布全日制十年制中小学体育教学大纲的同时，由大纲编写组同步出版了《全日制十年制学校小学体育教材：教师用书》（试用本）、《全日制十年制学校中学体育教材：教师用书》（试用本），后为适应学制调整，人民教育出版社又出版了《小学体育教材：教师用书》《中学体育教材：教师用书》。此外，地方教育部门也编写了一些体育教科书，如河北省教育厅、河北省体委合编的《小学体育教学参考书》，重庆市教育局体育教材编写组编写的《小学体育教学参考资料》，广东省编写的《广东省中学体育教学参考书》等，除此外，这一时期还出现了一部分按单项编写的体育教科书，如富立璋编写的《小足球的教学和训练：中小学体育教师参考书》，宣萍、高鸿武主编的《徒手体操：中小学体育教师参考书》等。

民国以来，我国出版的体育教科书一直都是教师用书，供学生使用的体育课本一直处于缺失的状态。1983年9月，广东省在全省范围内试点使用省编《小学体育试用课本》，1984年，广东省教育厅出版了李德锐等主编的《体育》全套课本，中小学共计24本，每学期一册，以供学生使用。这标志着在缺失了大半个世纪后，供学生使用的体育教科书又重新出现在历史舞台上。同年出现的学生课本还有沈阳市中小学体育课本编写组的《小学体育课本》共计12册，《体育》初中课本6册，高中课本6册。1985年，重庆、浙江、上海等省市纷纷出版了中小学学生体育课本。学生体育课本的出现，打破了中华人民共和国成立以来只出版体育教师用书的格局，也喻示随着改革开放的不断发展，学校体育对体育教科书的需求已悄然发生了变化，体育教科书新的出版格局即将到来。

（三）教科书内容分析

十年制体育教科书，相较于以前的学制缩短了两年，从教科书内容总量上来看，1978年出版的两本十年制体育教科书，内容总量似乎应比中华人民共和国成立初期出版的体育教科书略少一些。但事实上，由于不同学段的体育教材一般只是在难度和要求上有所不同，因此缩短了年限的十年制体育教科书，教材总量上与十二年制教科书并无太大差别。从内容上来看，1978年出版的两本全国通用教科书，首先将教材内容分为基本教材和选用教材两部分，基本教材包括有体育基本知识，跑、跳跃、投掷，队列、基本体操、技巧、支撑跳跃、单杠、双杠，游戏或球类、武术等几大类，其中小学低年级为低单杠，游戏为小学教材，中学改为球类教材。与1961年中小学体育教材相比，总体上基本没有变化。

1978年全国通用体育教科书在教材分类上同样延续了1961年体育教材的分类特点，除体育基本知识外，其他运动实践类教材基本采用了将运动项目与身体活动相结合的综合分类方法。这种分类方法，打破了以运动竞赛为中心来编排教材的模式，这就避免了将学校体育教学仅当成传授体育比赛用得上的运动技术的做法，促使学校纠正了只抓少数运动尖子、而忽视大多数学生的不良风气，充分体现了这套教科书“以有利于增强学生体质为准则”的教材选编原则。

与1961年全国通用体育教材相比，这一时期的体育教科书中各项教材内容比重略有变化。首先是选用教材的比重较1961年教材有所增加，1961年中学体育教材中选用教材比重各年级在10%～16%之间，而1978年选用教材比重已增加至20%～30%之间，各地学校在教材上有了更大的自主性和灵活性。其次，体育基本知识所占比重也略有增长，从4%提高到了6%。再次，由于小学与中学阶段体育教材内容略有差别，小学阶段游戏为基本教材内容，至中学阶段则安排在选用教材部分，因此中学基本教材中，田径和体操类教材内容所占比重均比1961年有所提高。

除全国统编体育教科书外，这一时期还出现了一些地方编写的体育教科书，尤其是出现了供学生使用的体育课本。这些由各地编写的体育教科书，基本上仍以1978年所颁布的中小学体育教学大纲为依据，在教材内容选择上与全国通用教材出入不大。全国统编教材以一本教科书，一般难以满足全国各地的不同要求，各地编写的教科书正好弥补了这一缺陷，因此大多强调与本地实际情况相结合，在教材内容选择上也较具地方特色。

从这一时期开始出现的学生体育课本，虽然均表明其在内容选择上以全国大纲为依据，但1978年所颁布的全国体育教学大纲，秉承的是中华人民共和国成立初期全国统编教科书的理念，而这一时期为适应各地不同需求，由各省自行编写的学生体育课本，在理念上既打破了体育教科书应由全国统编的范式，又突破了体育教科书只编写教师用书的框架，这种变革与突破，相对于全国统编体育教科书而言，是一种巨大的变化。在国家教育部门尚未做好各省编写教科书准备工作的情形下，由各省分别编写的体育教科书缺少国家层面的管理与监控，在全国教科书审定机构成立以前，各省出版的体育课本也大多是编审合一，受此影响，在1986年全国中小学教科书审定委员会成立后，各省仍然存在自行审定体育教科书的现象，这就为下一阶段全国体育教科书全面繁荣时期里，出现了部分质量不佳、缺乏创新的教科书埋下了伏笔。

（四）教科书使用情况

"文化大革命"结束后的几年时间里，学校体育的主要任务是拨乱反正、全面恢复，1978年全国通用体育教科书的编写，也十分强调这一目的。正由于肩负拨乱反正的使命，又加上在"文革"刚刚结束的条件下，教科书编写很难有突破和创新，因此这套教科书大多表现为对1961年全国中小学体育教材的学习和继承。从这一意义上来说，完成了继承的使命，也就意味着"文革"十年所中断的教科书编写传统得到了恢复，1978年所推出的全日制十年制中小学体育教材能否在全国推广和使用，就成了检验拨乱反正、恢复学校体育课程教学工作进度的一个重要标尺。事实表明，虽然这套体育教科书是在“文革”后艰苦的环境下匆匆编写出来的，但其在1978年秋季已在全国各省市中小学得以普遍使用。

在教科书使用过程中，所秉承的1961年教科书中基本教材与选用教材相结合的灵活模式，受到了广大教师的普遍肯定，教科书中打破以竞赛为中心的教材编排体系，也受到了较好的评价。教科书中安排了一些简便易学、具有较好健身价值的教材作为“课课练”的内容，“对克服体育教学的只重技术，忽视健身的实效性起到重要作用，教材在使用中深受欢迎，取得了非常好的教学效果”①。

各省编写出版的教科书面世后，大多在本省范围内使用。在教科书的选用权力基本归教育部门管理的时代，这些省编体育教科书即便表现出了一些改良和进步，也难以在其他省份推广使用。因而这种改进，更多只是引起人们对统编大纲教材的反思，如针对1978年大纲中田径教材比重较大这一现象，有评价称“目前以田径教材为主的教学大纲，已不适应八十年代学生心理要求，田径教材枯燥无味，学生兴趣不大，场地和器材又缺乏，教学效果不理想。而学生更感兴趣的则是球类、武术等。这些教材既不受场地和器材的影响，也深受学生们欢迎”②。体育教科书在使用过程中所存在的问题，是教科书发展过程中必然存在的，随着时代环境的变迁和教育改革的推进，新的教科书将逐步改进，并渐渐取代旧的教科书。

（五）小结

“文化大革命”结束后编写出版的这一批体育教科书，是在拨乱反正的历史使命中诞生的。这批教科书要在短时间内重拾中华人民共和国成立以来体育教科书建设的成绩，必须得充分借鉴和学习十七年中体育教科书编写的宝贵经验。因而1978年出版的体育大纲教材，是对1961年体育教材的继承和学习。全国范围内拨乱反正、全面恢复工作完成后，体育教科书适应体育教学面临的一些新问题，随之做出了一些调整和改变。学生使用体育教科书的出现，是体育学科对学

① 课程教材研究所．新中国中小学教材建设史（1949—2000）研究丛书·体育卷［M］．北京：人民教育出版社，2010：127．

② 袁跃．浅谈学校体育教材的改革［J］．体育教学与训练，1985（2）：23～24．

生身份重新审视的体现，预示着中华人民共和国成立以来以教师为中心的体育课程，即将迎来新的变革，也标志着在外部教育环境不断改变的情况下，体育教科书自身的发展产生了变革的内在需求。在全国教育体制改革的前夕，这些变化作为全面改革的先声和序曲，已悄悄在体育教科书领域奏响。

五、第一代体育课程时期的体育教科书总体评价

1949 年中华人民共和国成立至 1985 年，我国体育课程经历了其发展史上的第一代课程时期，这一代体育课程实行的是国家高度统一的课程管理体制，教科书的编写出版一直以“国定制”为主，体育教科书基本处于“一纲一本”的编写出版状态。根据“以老解放区教育经验为基础，吸收旧教育有用经验，借鉴苏联经验，建设新民主主义教育”的教育方针，在对旧中国教科书全面改造的基础上，中华人民共和国成立初期“以俄为师”，重新建立了中华人民共和国体育教科书编选出版的全新体系和格局。人民教育出版社分别于 1956、1961 及 1978 年根据同期颁布的中小学体育教学大纲，编写出版了三套完整的中小学体育教科书，各地在不同时期也进行了一些教科书编写和出版的有益尝试，为新时期教科书编写出版积累了宝贵的经验。我国第一代体育课程时期教科书的编写和出版，是中华人民共和国成立三十余年来我国体育课程建设所取得巨大成就的充分体现，体育教科书所形成的全国统编通用教材的出版格局，既是当时的社会历史条件下国家意识形态控制的必然要求，也是教科书自身适应社会主义国家政治制度的必然选择。这一代教科书伴随着中华人民共和国经历了曲折的历程，教科书深深地烙上了不同时期的历史印记，但总的来说，我国第一代体育课程时期的体育教科书，是我国体育课程不断取得进步和成绩的基本保障，其发展是与我国不同时期政治、经济、文化的需求相适应的，在我国教育方针的指引下，为培养社会主义建设事业所需要的人才贡献了应有的力量。

全国“大跃进”和“文化大革命”时期，我国出现了由各省编写体育教科书的现象。“大跃进”时期教科书编写权力的下放，是“教育大革命”中受“左”的思想影响后所出现的教科书编写的尝试和试验，随后的事实证明，这种尝试和试验是不成功的。“文化大革命”时期全国各地自编军体教材和体育教科

书的出现，则是教育秩序被破坏后，在课程管理处于无政府状态下体育教科书编写出现的混乱状态。这两个时期我国体育教科书的编写和出版虽然出现了打破“一纲一本”统编格局的现象，但这种突破是缺乏准备或完全混乱的，它们属于中华人民共和国体育教科书发展史上的特殊阶段。

第一代体育课程时期，我国体育教科书虽然取得了巨大的成绩，但同时也存在一些问题。如统编教科书虽然保证了国家在短时期内迅速统一了体育课程内容，但对我国这样一个各地经济、文化、教育、体育未能平衡发展的多民族国家而言，高度统一的统编教科书终难以适应各地实际情况，体育教科书仍存在地方适应性不足的缺陷。又如我国体育教科书在中华人民共和国成立之初受苏联影响，教科书中“拿米土义”色彩鲜明，后来的教科书编写时虽多次强调要与本国实际相结合，但在教材内容选择和编排上仍难摆脱苏联教科书的影响。学习和借鉴国外的优秀经验固然十分必要，但如果受到国外模式的过多影响，有中国民族特色的教材体系则难以形成。再如，第一代体育课程时期的体育教科书多从教师出发，强调系统的体育知识、技术和技能的传授，所编写出版的也全部为教师用书，这样的教科书中则不可避免地形成了以教师视角审视教材的特点。20 世纪 80 年代后，学生体育课本的出现，在某种程度上来说，正是对上述国家统编教科书不足之处的弥补。这种各地编写学生体育教科书的尝试，是中华人民共和国全国统编教科书发展到一定时期后出现的变革与探索，这种新现象的出现，也推动了下一阶段教育领域内新的课程教材管理制度的出现。

第二节　中华人民共和国第二代体育课程时期的体育教科书

一、社会背景

改革开放后，中国社会面貌日新月异。随着中共十二大以后经济体制改革的全面展开，农村经济率先得到了发展，在联产承包责任制的推动下，农民物质生活水平也得以逐步提高，大批富余劳动力逐步从土地上转移出来。同时，我国城市经济结构也发生了改变，逐渐形成了以公有制经济为主体、多种经济成分共同发展的局面。在相继开放了 14 个沿海港口城市和长三角、珠三角等沿海经济开放区后，我国对外开放格局进一步扩大。在全面改革开放的推动下，我国在政治、经济、文化、教育等领域不断产生了一系列新的变革，为适应这些变化，中央在 1985 年前后先后通过了《关于经济体制改革的决定》《关于科学技术体制改革的决定》《关于教育体制改革的决定》及《政治体制改革设想》等决议，这些新政策的出台和实施，有力地推进了我国各个领域的改革进程，我国改革开放和社会主义建设事业进入了高速发展的新时期。

1987 年，中共十三大系统地阐述了社会主义初级阶段的理论，在指出我国正处于社会主义初级阶段这一事实后，提出了中国共产党在该阶段“一个中心，两个基本点”的基本路线，并制定了社会主义现代化建设“三步走”的战略部署。这些相关战略及政策的制定，为中国未来几十年的发展指明了方向。随后，为推动中国特色社会主义事业的继续前行，我国在政治、经济等领域进行了更为深入的改革。1992 年，以邓小平发表南巡讲话和中共十四大为标志，改革开放和现代化建设事业进入了从计划经济体制向社会主义市场经济体制转变的新阶段，中国由此打开了政治、经济、文化发展的崭新局面。

中华人民共和国第二代体育课程所处的时期，是中国社会在政治、经济、文化和社会生活等方面均发生了一系列巨大变化的时期。改革开放除在政治、经济领域引起巨大变革外，还带来了中外文化上的碰撞和融合。这一时期，西方 20 世纪以来政治、经济、哲学、文艺及人文社会科学其他领域的新思想和学说纷纷涌入，在思想和意识形态领域形成了几次重大的思想交锋与文化冲突。近代以来西学东渐的历史经验和教训再次被提起，中国本土文化在坚持固有的民族精神和民族特性的基础上，经过与外来文化的激烈冲突与碰撞，在逐渐理解和对话的过程中进行了有选择地吸纳与融合。这一波文化思潮的涌入，客观上推动了中国社会文化的多元化进程，人民的思想观念和生活方式也发生了极大的变化。

中国的教育事业在这一时期也产生了巨大的变化。1985 年中央公布《关于教育体制改革的决定》，由此拉开了中华人民共和国教育体制改革和课程改革的序幕。1986 年《中华人民共和国义务教育法》颁布，中国开启了基础教育发展的新阶段。为推动义务教育及课程改革的进程，国家在其后还颁发了多个教育法令与法规，20 世纪 90 年代，《教师法》《教育法》及《体育法》相继颁布，这些政策法规均有力地促进了我国教育事业乃至学校体育的发展。同时，受思想文化领域的影响，这一时期教育领域学术思想空前活跃，学校体育领域也出现了关于“体质教育思想”“竞技体育思想”“技能教育思想”“‘快乐体育’思想”“终身体育思想”“主体教育思想”“整体效益论思想”等多种影响体育课程教学的学术思想。在这样的教育背景下，教科书管理制度也发生了深刻的变革，体育教科书的编写和出版呈现出了崭新的格局。

二、体育教科书的编写与出版

（一）编写依据

1983 年，邓小平同志为北京景山学校题词：“教育要面向现代化，面向世界，面向未来。”“三个面向”指明了我国教育改革的方向，成了其后相当长一段时间里课程教材改革的指导思想。随着全面改革开放的推进，为适应社会主义现代化建设带来的新挑战，教育也被赋予了培养适应社会发展需求、在德智体等几方面全面发展的“社会主义事业的建设者和接班人”的新使命。在这一教育使命的指导下，体育教科书的编写坚持“三个面向”的教育方针，以提高中华民族整体素质为己任，继续确立了“一个目的，三项基本任务”的编写指导思想。“一个目的”即“增强学生体质，促进学生身心健康，使学生在德育、智育、体育、美育几方面得到全面的发展，成为祖国社会主义的建设者和保卫者”，（小学为“增强学生体质，促进学生身心健康，使学生在德育、智育、体育、美育等方面得到生动活泼的发展，为提高全民族素质奠定基础”）“三项基本任务”为“全面锻炼学生的身体”“掌握体育基础知识、基本技术和基本技能”及“向学生进行思想品德教育”。“一个目的，三项基本任务”的提法在第二代体育课程时期不同年代的大纲中虽略有改变，但基本沿袭下来，成了这一时期体育教科书编写的基本指导思想。

第二代体育课程时期，体育教科书打破了“一纲一本”的局面，编写出版制度由“国定制”转变为“审定制”。1983 年起，全国部分省市陆续出现了自编体育教科书的现象，1985 年前后，全国超过半数省市出现了自行编写的学生体育课本。同年 10 月，全国 17 个编写了学生体育课本的省市和地区的有关单位和编者，聚集在山西太原，第一次交流、研讨了编写中小学体育课本的有关问题。1986 年 4 月 2 日，国家教委在对郑州市教育局关于编写体育课本、并在中小学试用问题的请示报告的复函中指示：“同意你们组织编写体育课本，并作为你市的教材使用。希望你们在试验过程中认真总结经验，不断改进，逐步完善。”① 这表明各省编写学生体育课本的尝试，至此时已在事实上得到了官方支持。这一变化，对于只出版教师用书，且长期以来实行“一纲一本”的编写出版格局的体育教科书而言，无疑是一个重大的变革。事实上，国家教育主管部门也逐步认识到规范和引导地方编写教科书的重要性，早在 1985 年 1 月，教育部就颁发了《全国中小学教材审定委员会工作条例（试行）》，1986 年 9 月，国家教委召开了全国中小学教材审定委员会成立大会，成立了包括体育在内的各学科全国中小学教材审查委员会，并对《全国中小学教材审定委员会工作条例（试行）》进行了讨论，提出了修改意见，在修改后国家教委于 1987 年颁发了《全国中小学教材审定委员会工作章程》《中小学教材审定标准》及《中小学教材送审办法》三个文件，下发至全国各省执行，以此作为教科书审查的依据。全国中小学教材审定委员会的成立及其相关工作章程的颁布，标志着我国正式确立了编、审分离的教科书制度，教科书的编写出版由“一纲一本”正式进入“一纲多本”的时代。

第二代体育课程时期，国家先后于 1987、1988、1992、1996 年颁布了 4 套中小学体育教学大纲。1987 年颁布的《全日制小学体育教学大纲》（六年制）及《全日制中学体育教学大纲》（六年制），是九年义务教育的过渡性大纲。1988 年，国家教委根据《义务教育法》颁发了九年制义务教育《全日制小学体育教学大纲（初审稿）》和《全日制初级中学体育教学大纲（初审稿）》。这套命名为

① 课程教材研究所. 新中国中小学教材建设史（1949—2000）研究丛书 · 体育卷［M］. 北京：人民教育出版社，2010：133.

“初审稿”的体育教学大纲，1990年经全国中小学教材审定委员会审定通过，在全国进行了两个完整学年的教学试验后，由国家教委于1992年正式颁布，即《九年义务教育全日制小学体育教学大纲（试用）》和《九年义务教育全日制初级中学体育教学大纲（试用）》。1988年和1992年的两套义务教育大纲，均不包含高中体育大纲，1996年，国家教委颁发了与九年义务教育相衔接的《全日制普通高级中学体育教学大纲（供试验用）》，并于1997年秋季开始在天津市和江西、山西两省进行试验。从国家所颁布的大纲来看，第二代体育课程时期的体育教学大纲是以义务教育为核心的教学大纲，各套大纲在教材体系上基本沿用了1987年大纲的有关规定，表现出了一些共同的特征，这些大纲就成了这一时期体育教科书编写的主要依据。

除上述几个在全国中小学普遍使用的体育教学大纲外，为了满足对学生进行健康教育、青春期教育的需要，国家教委开始试验体育与健康教育及青春期保健教育相结合的有效方式，由此开始了建立体育与健康教育相结合的新的体育课程体系的探索。1989年，国家教委在天津市与广东湛江市部分学校进行了体育与健康教育相结合的试验。经过3年的试验后，全国中小学教材审定委员会审查通过了实验大纲，称该大纲将体育与健康教育相结合，“提高了学生锻炼身体的自觉性、积极性”“增强了卫生保健知识和科学锻炼知识”“促进了学生卫生习惯的养成和不良习惯的纠正”“有利于增进学生健康，增强学生体质”“提高了学校领导、班主任、老师、家长和有关部门对体育工作的认识”，“实验大纲符合国家的教育方针，能体现基础教育的培养目标和义务教育的性质”①。1992年11月，国家教委颁发了《九年义务教育体育与健康教育教学大纲（初审稿供实验用）》，根据这一大纲编写的体育与健康教育课本随后由国家教委批准试用。与此同时，1991年国家教委批准上海市和浙江省进行课程教材全面改革试验，体育与健康教育相结合也被列为试验范畴。同年，全国中小学教材审定委员会审查通过了上海制定的九年义务教育《体育与保健学科课程标准》和浙江省制定的义务教育《体育与保健教学指导纲要》。这些省市有关体育与健康教育大纲的试

① 李晋裕. 九年义务教育体育与健康教育教学大纲审查说明［J］. 学科教育，1992（5）：40~41.

验与探索，进一步推动了第二代体育课程时期教科书“一纲多本”的编写格局，体育教科书的编写出版进入了“多纲多本”的时代。

（二）编写方式

全国中小学教材审定委员会的成立，标志着我国教科书编写进入了编审分离的阶段。全国中小学教材审定委员会负责各学科教学大纲和教材的审定，同时规定，“为适应本地区或本学校使用而编写的教材（乡土教材、选修教材、补充教材等），由省、自治区、直辖市教育行政部门审查，报国家教育委员会备案。省、自治区、直辖市教育行政部门根据需要可建立相应的中小学教材审查机构”①。为明确教科书编写审定程序，国家教委还规定，“今后编写中小学教材的单位、集体和个人，首先要将编写计划（包括编写教材的学科、编写指导思想、知识体系、编写人员组成情况等）报省、自治区、直辖市教育委员会、教育厅（局）中小学教材审查委员会或审查机构审查批准，并报我委中小学教材办公室备案。人民教育出版社、重点高等院校、中央级科研单位、全国性学术团体，组织编写中小学教材，直接报全国中小学教材审定委员会办公室备案”②。从上述规定可以看出，这一时期包括体育在内的教科书在编写方式上有了两个重大的变化，一是编撰者范围扩大，任何单位、集体和个人在取得编写资格后，都可以编写教科书，所有教科书编写后均需经相应的审定机构审查通过方可出版；二是同意各省教育行政部门建立教科书审查机构，意味着国家在一定程度上将教科书审核权力下放到了地方各省市。这两个变化为第二代体育课程时期体育教科书在编写出版数量上的全面繁荣奠定了制度基础。

虽然教科书编写已打破了人民教育出版社一家垄断的局面，但沿袭中华人民共和国成立以来的旧例，教学大纲仍由以人民教育出版社为主的专业队伍负责起草。因此在教科书编写上，作为专业出版单位，人民教育出版社体育室仍然是这一时期体育教科书编写最重要的力量。为组成最具权威、最有代表性的编写队伍，人民教育出版社体育室以王占春、王德深、耿培新、陈珂琦等专业编辑为

---

① 国家教委．全国中小学教材审定委员会工作章程［J］．课程·教材·教法，1988（1）：2.

② 国家教委．关于颁发《全国中小学教材审定委员会工作章程》的通知［J］．课程·教材·教法，1988（1）：1.

主，并从全国各高等院校、中小学体育教师中抽调了一大批专门人才参与到这一时期体育教科书的编写阵容中来。第二代体育课程时期，每一套教学大纲颁布后，人民教育出版社均出版了一系列与之配套的体育教科书。但这一时期人民教育出版社编写的体育教科书，仍以教师用书为主。直至1995—1996年前后，人民教育出版社才正式编写出版了与义务教育及高中教学大纲相适应的供学生使用的中学体育教科书。

而从各地编写的教科书来看，学生用书占据了大部分，且大多是从小学至高中成套出版。到了1990年前后，对于小学体育课是否应编写教科书，学校体育界有了一些质疑。国家教委于当年下达了《关于音乐、体育、美术教材送审的通知》，规定“今后小学生不使用体育课本，只编写小学体育教师教学用书，作为教师教学的依据。现已出版、印刷的体育课本，自一九九一年春季开始一律停止使用”①。但禁令出台后，小学体育课本并没有马上消失，部分省份仍编写出版了学生体育课本。直至1997年全国学校体育卫生国防教育工作会议（武汉会议）召开后，各地编写的学生使用的小学体育教科书才渐渐消失。总的来说，第二代体育课程时期，体育教科书是处于学生用书与教师用书共同发展的时期。

（三）出版概况

1986年开始，随着教科书编写出版传统格局的被打破，体育教科书的出版进入了高度繁荣的时期。这一时期出版的体育教科书，是中华人民共和国成立至今出版数量最多的一个时期，也是体育教科书自诞生至今一百余年来出版体育教科书数量最多的时期。体育教科书出版数量的激增，主要是由于教科书出版制度的变革造成的。一方面，由于打破“国定本”格局后，编写出版体育教科书的队伍迅速扩大，除人民教育出版社外，全国几乎所有省份均有单位或个人参与了体育教科书的编写出版，而且由于教科书审定权力的下放，各地编写的体育教科书在数量上迅速超过了人民教育出版社等传统教科书编写机构。另一方面，则是由于教科书出版制定改革后，国家教育管理部门出于对教科书灵活性和多样性的

① 国家教委. 加强教材管理，严格审查制度：国家教委决定今后小学生不使用体育课本［J］. 学校体育，1990（6）：6～7.

考虑，采取了一些措施促进教科书的编写和出版，正由于对教科书多样性的考虑，体育教科书除了出版教师用书外，还出版了大量学生使用的教科书。

国家教育管理部门对教科书多样性的推动，在“八套半”教科书的出版上就可以得以充分体现。1988 年，国家教委制定了《九年义务教育教材编写规划方案》，提出要根据各地经济发展水平和不同学制特点编写出具有不同特色的中小学教材。根据这一精神，国家教委委托人民教育出版社编写面向“六三学制”和“五四学制”的两套教科书；北京师范大学编写一套适应“五四学制”的教科书；广东省编写一套面向沿海地区的教科书；四川省编写一套面向内地和西部地区的教科书；八家师范院校联合编写一套要求较高的“六三学制”教科书（这套教科书因种种原因未能完成）；上海编写一套面向发达城市地区的“六三学制”教科书；浙江省编写一套面向发达农村地区的“六三学制”教科书；河北省编写一套面向农村小学复式班的教科书，因该套教科书没有中学部分，因此被称为半套；上述的这些教科书被合称为“八套半”义务教育教科书。这批义务教育教科书的出版，是国家教委引导和计划的产物，表明了教科书编写实行“一纲多本”政策后，国家对教科书多样化的追求和努力，这批教科书也成了国家推行义务教育以来，在“一纲多本”格局下教科书出版的代表性成果。“八套半”教材中，河北编写的复式教科书中没有体育教科书，北京师范大学只编写了初中体育教科书，上海和浙江所编写的体育教科书均由本省教材审定机构审查后试用。

1990 年后，体育教科书的出版仍持续保持较高的出版数量，1990—1996 年期间，经全国中小学教材审定委员会审查通过，并被列为国家教委推荐书目的体育教科书有下列 6 套，即彭杰主编的江苏省初中体育课本；王宗义主编的天津市初中体育课本；滕子敬主编的五四制初中体育课本；席炤主编的初中体育课本；王占春主编的初中体育课本；李晋裕主编的小学、初中体育与健康教育课本①。由全国中小学教材审定委员会审查通过的体育教科书，是可以供全国选用的。但

① 深化学校体育教学改革研究课题组．深化学校体育教学改革的研究［M］．北京：人民教育出版社，1999：10～12.

事实上，各省教育管理部门负责审查了一大批本省相关单位和个人编写的体育教科书，通过审查后同意其在全省或某一地级市范围内使用。因此从数量上来看，这一时期出版的体育教科书，大部分是由各省中小学教材审定机构负责审定的。

三、教科书内容分析

第二代体育课程时期，体育教科书的编写主要是在九年义务教育体育教学大纲的指导下编写的。在九年义务教育体育教学大纲颁发之前，国家教委于1987年颁发了过渡性大纲，1988年国家教委颁发了九年义务教育体育教学大纲的初审稿，1992年在初审稿基础上修订后以《九年义务教育全日制小学体育教学大纲（试用)》《九年义务教育全日制初级中学体育教学大纲（试用)》为名颁布，这一套教学大纲相当于九年义务教育的正式颁布大纲。由于1988年的初审稿和1992年修订后的正式稿均只包含义务教育学段的体育教学大纲，因此国家教委在1996年又颁发《全日制普通高级中学体育教学大纲（供试验用)》，与九年义务教育大纲相衔接，在这一大纲颁布前，高中体育教科书均是以1987年大纲为依据编写的。

从这一时期所颁布的几个体育教学大纲来看，其所规定的体育教材的内容大部分仍分为基本教材与选用教材两大部分，每个大纲中所规定的中小学选用教材的比例与第一代体育课程时期相比略有变化。如1987年大纲规定选用教材时数小学为22%～33%，初中为26%～40%，高中为38%～50%，1988年和1992年大纲则规定选用教材时数为20%～30%左右。选用教材内容主要包括游泳及各地具有地方特色、民族民间特色的一些体育项目，或是对各种基本教材内容的补充和延伸等。在编写上选用教材大多与基本教材融合在一起，也有部分教科书中特别对选用教材内容进行了标注，如1999年浙江教育出版社所出版的义务教育初级中学课本《体育与保健》。大纲中所规定的基本教材则一般分为体育卫生保健基础知识部分与实践部分两大块，这一时期体育教科书中大多按上述两部分分开编写，有的教科书将前者称为理论部分，或安排为室内体育教材内容。小学体育教科书则大多按课时编排教材，其中部分课时的教材为体育基础知识内容，但其在编排上一般不再将教材内容分为理论与实践两部分。

实践部分一般包括人体基本运动教材、田径教材、游戏教材、体操教材、球类教材、民族传统体育教材、韵律体操与舞蹈教材等内容。从内容结构上来看，这些内容大体上与第一代体育课程时期相同，但在各项目的具体内容上有一些变化。在体育教科书中，初高中阶段一般按照上述分类排列教材，小学阶段由于其内容大多以人体基本运动、游戏及体操等内容为主，内容总量相对较少，因此在教材排列上也较少分类，各类教材大多是分散打乱排列在教科书中。本文在此按大纲中对各类教材内容的分类方法，对这一时期体育教科书中的主要内容做一简要分析。

（一）体育卫生保健基本理论知识

在第二代体育课程时期，体育卫生保健基本理论知识的重要性得以进一步提高，主要体现在下列两个方面：其一是体育教学大纲中将其作为理论部分，与实践部分教材并列编排，这样就大幅提升了体育卫生保健基本理论知识在整个教材体系中的地位。其二是体育卫生保健基本理论知识在整个教材体系中所占的比重也逐步提升，如 1992 的大纲中，该部分教材小学占 5% ~8%，中学占 12% ~14%，这与 1961 年的 4% 及 1978 年 6% 相比，提升幅度十分明显。这表明经过第一代体育课程时期关于体育基本知识在体育课程中地位的讨论后，这一时期对于体育基本知识应成为体育课程内容体系的重要组成部分这一问题，已基本上达成了共识。

体育卫生保健基本理论知识在内容上也较第一代体育课程时期有所增加，除继承了前一时期所包含的体育目的任务、锻炼身体的内容手段与方法、人体生长发育的规律和特点等内容外，这一时期还逐步增加了有关营养卫生习惯与安全防护、青春期卫生与体育、体育与健康教育、体育运动文化及娱乐体育知识等内容。这些内容一般根据学段特点编写，小学阶段大多给学生讲述一些简明的道理，或用一些充满趣味的故事提高学生的体育参与兴趣。中学阶段则根据学生接受能力较为系统地阐述有关理论问题，如对于“什么是体育”，则从体育与运动及娱乐的区别、体育的范畴及体育的起源和发展三个方面详细论述，内容较为系统。在内容排列上，我们也能清楚地看到体育教科书中表现出的一些变化。如 1987 年人民教育出版社出版的《小学体育教材》及《中学体育教材》两书，仍采用不分年级合编一册的编写方式，体育卫生保健基本理论知识在编写上也是不分具体年级各种内容均编排在一起的。同时期地方编写的学生体育课本中，体育卫生与保健基本理论知识则大多分散在各学年中，但在各学年的体育教科书中，仍将体育卫生保健基本知识单列出来，大多置于第一章或最后一章位置。而人民教育出版社1996年出版的《全日制普通高级中学教科书（必修）体育与健康》一书中，虽然也列有“体育、保健基本理论知识部分”，但该书中有关体育文化知识的内容，包括有“名人论体育”“体育的基本概念”“新的体育信息”“我国运动员对世界体育运动的贡献”“中国传统养生知识”“体育的历史故事”等大量内容，这些体育知识内容不再是系统地集中排列在专门章节中，而是主要通过增设辅栏的形式散编在教科书中，这种变革就打破了集中编排体育卫生保健基本理论知识的呆板形式，其灵活的形式即有利于串编内容，又能很好地吸引学生的阅读兴趣。

20世纪70年代以后，健康教育在西方国家逐渐开始受到重视，健康教育课程逐步出现在中小学课程体系中。受此影响，至20世纪80年代中后期，我国中小学也开始重视对学生进行健康教育。当时开展健康教育的方式主要有三种形式，一是把健康教育作为一门课程单独设置，并结合校内广播等其他形式开展健康教育工作；二是整合式、渗透式的健康教育，即将健康教育的内容整合进思想品德与社会课、科学课或体育课等课程之中；三是以上两种方式的结合模式①。在推行健康教育的过程中，体育课程也受此影响，开始探索体育与健康教育相结合的模式。同时，这一时期理论界开始对以增强体质为主要目的的学校体育生物体育观产生了质疑，认为应从生物、心理、社会等新的高度和视野来综合考察和认识学校体育的功能。这些外部环境的变化，更进一步促进了体育与健康教育的融合。这种融合，在这一时期所编写出版的体育教科书得到了充分体现。具体表现在以下两个方面，一是在教科书体育基础知识部分普遍增加了与健康教育相关的内容，这在上一段已有论述；二是国家教委开始在浙江广东上海等省市开展了

① 钱朴，方东欣．中英健康教育教材比较研究［M］//谢利民，钱朴．中小学教材比较研究．北京：中国人民大学出版社，2009：178.

体育与健康教育课程的试点，并编写出版了《体育与健康》《体育与保健》等相关教科书。

作为国家教委体育与健康教育课程试验的产物，这批教科书主要是在理论部分增强了健康保健教育等内容，实践部分的教材与普通教科书相比基本没有变化。如浙江省义务教育初级中学课本《体育与保健》内容分为理论知识部分与实践部分，其中理论知识部分主要为体育与保健基本知识，如其第三册中包含有“《全民健身计划纲要》简介”“小型体育比赛活动的组织”“健康与智慧”“人体运动时生理功能的变化规律”“运动损伤的急救（一）（二）”“怎样观赏比赛”“体力劳动不能代替体育锻炼”等内容[①]。从这本教科书的内容体系来看，即便是理论知识的内容，与普通中学体育教科书中体育基本知识部分内容也没有太大差别。而其实践部分内容则基本与普通中学体育教科书中内容相同。由此可见，受这一时期中小学推行健康教育课程的影响，大部分体育课程中事实上已基本增强了与健康教育相关的内容。因此要探索体育与健康教育相结合的有效模式，如何在传统的体育课程内容体系中更为合理有效地加入健康教育的内容，则成了课程试验的关键问题。

（二）人体基本运动教材

第二代体育课程时期的体育教科书，在教材内容排列上基本改变了前一时期将运动方式与运动项目相结合的综合分类方法，调整为理论与实践结合、并以按运动项目分类为主的分类方法。从本节所论述的人体基本运动教材开始，包括以下将要叙述的田径、游戏、体操等教材，均属于实践教材的范畴。但在实践教材中，小学低年级的教科书一般以人体基本运动、游戏、韵律活动与舞蹈等内容为主，其中人体基本运动教材占据首位。这种分类则基本回到了中华人民共和国成立初期按人体基本运动能力分类的划分方法，到小学中高年级开始，才将这些内容重新划归到各个运动项目中去。

所谓人体基本运动教材，是指按照身体基本活动能力综合分类的方法，将

① 董玉泉．浙江省义务教育初级中学课本：体育与保健（三年级）［M］．杭州：浙江教育出版社，1999.

走、跑、跳、投、攀爬、平衡、队列、徒手操、技巧等发展学生身体基本运动能力的教材内容统合在一起，称之为人体基本运动教材，大纲中一般称为“基本运动”。这部分教材内容在前一时期部分教科书中被称为“基本动作”，因考虑该项内容事实也包括一些成套内容的项目，如广播体操等，因此将其更名为“基本运动”。人体基本运动教材，多是从发展身体基本活动能力的角度而言的，教科书中所安排的教材内容，一般只强调促进儿童身体的全面发展，以自然的运动形式发展儿童的身体素质，较少注重教材所归属项目的运动技术与运动文化价值。因此这部分教材也多安排在小学低年级，到小学中高年级及中学阶段，教科书中所呈现的教材则重新以运动项目的形式表现出来，教材除强调发展学生身体素质外，更为注重运动技术和技能的提高。这种分类，则基本考虑到了不同学段学生的身心特点和认识发展的规律，是体育教科书内容编排形式上的进步。

在教师用书中，编写者基本按照走、跑、跳、投等人体基本运动相对集中安排教材内容，教材内容也具有一定的系统性。在学生课本里，这些内容则是相对零散地分布的。且由于低年级学生识字水平及认识规律等原因，学生课本中的人体基本运动教材大多以图画的形式来表达。如安徽省小学试用课本《体育》第 2 册中，关于“走”的内容有“前脚掌走”“右（左）转弯走”“有节奏的走”“走成圆形队”4 个课时的内容，每课时内容除该标题外，仅只有一幅描述该运动的图画，如“前脚掌走”所配的图画为六七个小学生或双手侧平举，或双手交叉置于脑后，或双手叉腰，用前脚掌点地沿所画出的路线行走；“有节奏的走”则为两列小学生一边击掌一边前进，旁边有一教师击掌打出节奏①。从这些图画来看，所描绘的内容大多较为浅近易懂，也较形象地表达了该项运动的基本内容，符合小学生的心理特征。而在安徽省小学试用课本《体育》第 3 册，也安排有“快速走”“走的综合练习”两课时内容，与第 2 册不同的是，第 3 册中每课内容除标题和图画外，还配有几句说明，如“快速走”所配的是“快速走，要走快，两臂有力前后摆，姿势正确动作对，加大步子向前迈”；“走的综合练

① 安徽省小学体育课本编写组. 安徽省小学试用课本：体育（第 2 册）[M]. 合肥：安徽教育出版社，1987：4，20.

习”则配有“听信号，看标志，各种走法练几次。走一段，换一换，变换走法要及时”①。这些说明文字句势较为工整，各句基本押韵，部分生字还标有拼音，适合小学生诵读。以这套教科书为例来看，随着年级的逐步提高，教科书课文中文字说明逐渐增多，所配的图画也由表达动作意义逐渐变化为动作示意图。这种变化，是完全遵照小学生认识发展规律和心理特征的，表明这些教科书的编排体例和内容体系在科学性和合理性上有了突出的进步。

（三）游戏教材

游戏教材同样是小学低年级教科书中的主要内容，在各大纲中，其所占比例略低于基本运动教材。由于基本运动教材是田径、体操等项目教材的集合，因此游戏教材事实上仍是小学低年级各项运动中比重最高的项目，这一特征自体育教科书萌生以来一直未变。至小学中高年级，游戏教材比重则逐步减少，中学阶段的教材中基本不再单独安排游戏教材。

第二代体育课程时期，游戏教材在不同时期的教科书中的内容和比重均有一些变化。从体育教学大纲的有关规定来看，1987 年大纲中的小学游戏教材基本沿用了 1978 年大纲的游戏内容，游戏教材比重也变化不大，仅由于学制不同，在六年制大纲里对小学中高年级游戏教材的安排相对分散，较五年制大纲里同年级而言比重略有下降。到 1988 年义务教育大纲中，除低年级外，小学中高年级游戏教材学时比重已明显降低，但游戏种类有所增加，增加了“即兴游戏”“攀爬与平衡”和“集中注意力与放松”三类游戏，大纲中所规定的游戏数量达 42 个。

游戏教材因其本身具有调动学生参与积极性、易于安排等特点，一直是近百年来教科书中重要的教材内容。因此从游戏教材本身的发展来看，它也存在一个继承与发展的问题。我国不同时期体育教科书中所公认的一些经典体育游戏教材，仍然出现在这一时期的教科书中，如“两人三足”“老鹰抓小鸡”等，在我国体育教科书中均已有近百年的历史。同时，一些具有民族特征的游戏也占有一

① 安徽省小学体育课本编写组. 安徽省小学试用课本：体育（第 3 册）[M]. 合肥：安徽教育出版社，1990：3，7.

定的比重，这些游戏或以“长江”“黄河”等体现民族特征的名称来表达民族特色，或从民族传统体育运动中取材，以传递民族气息。以游戏名称来传递民族情结，在体育教科书游戏教材中由来已久，在中华人民共和国成立前中华民族身处内忧外患的时代更是屡见不鲜。这一时期游戏教材对传统的继承及其所表达的民族特征，在一定程度是体育教科书探寻有中国特色体育课程教材的体现，是受西方文化冲击后民族文化觉醒在体育课程教材领域中的表现。

在继承的基础上，这一时期的游戏教材也面临着创新与发展的问题，体育教科书中不断出现的新编游戏教材即是一个明证。但受创编体育游戏传统思维的影响，新的游戏教材一般很难突破传统游戏的结构框架，游戏教材无论是情境还是基本动作，都须由编写者事先规定清楚。即兴游戏的出现，则是游戏教材改革和发展中的一个新的尝试，将这类教材以“即兴”命名，则是强调这一类游戏教材在活动方式、动作规格、情境创设及规则要求等方面的可变化性。利用这一类教材，学生可通过一系列即时、即情、即景而作的象征性接力游戏，进行主动地创造性思维。因而从这一方面来看，即兴游戏的出现，是体育教材创编中的一种突破性变革，体育课程也可以通过这一类教材更好地达成促进学生智力发展、提高学生创造性思维能力的目的。即兴游戏的出现，是体育课程教育功能逐步扩大的体现，表明在从生物体育观向生物心理社会三维体育观转变程中，体育教材内容选择也主动地承担起了这一使命与责任。

继承与发展二者如何平衡，一直是课程发展的重要议题，游戏教材的选编也同样出现了这一问题。如唱歌游戏，自清末以来较长一段时间里，一直都是体育教科书中游戏教材的内容之一。中华人民共和国成立后较长一段时间里，唱游教材不再出现在体育课程中。在 1987 年过渡性体育教学大纲中，唱游重新被列入小学低年级体育教材，且占有较大的比重。但到了义务教育大纲中，唱游教材却再次被删除。在体育教学中将唱歌和游戏结合起来，不仅符合儿童爱唱歌爱游戏的心理特点，更可以通过音乐节奏更好地促进儿童基本运动能力的发展，应该说这是一个具有较好的身心锻炼价值的教材，但唱歌游戏却未能在这一时期的体育教科书中占有一席之地，可以说是一种遗憾。从教材继承和发展的视角来看，对于传统的体育教材如何取舍，始终是有中国特色的体育课程教材建设中的一个重要课题。

虽然游戏教材一般以小学低年级为主，随着年级增高游戏教材比重逐渐减少，但事实上，即便是在中学阶段，游戏教材依然有着重要的价值。小学低年级以游戏教材为主，是因为从体育教学目的来看，低年级教学目的重在对学生身体的养护，主要是通过游戏教材达成促成其活动身体、舒展筋骨的目的，因此小学低年级所选编的教材一般就直接以游戏教材的形式存在。到了中高年级及中学阶段，体育教学中增强体质、传授技能等其他目标日显重要，游戏教材被其他运动项目取代，但在各运动技术项目的学习中，事实上仍然安排有大量的游戏内容，以作为各项目的辅助性练习。可见，中学阶段不是没有游戏内容，只是没有直接以游戏教材的形式呈现而已。从各学段游戏教材的特点来看，小学低年级游戏教材大多富有趣味性，一些游戏还设计有引人入胜的故事情节，但随着年级的提高，有情节的游戏慢慢减少，而具有对抗性、竞争性的游戏教材逐渐增加，有的游戏虽仍保留有较好的故事情节，但游戏的情节结构更为复杂，游戏过程中增加了变化。小学低年级游戏大多为人体自然的基本活动，到了中高年级，技术因素则逐渐成为游戏竞争制胜的关键因素。这些特征与不同学段游戏教材内容的安排原则是基本一致的。

（四）田径教材

田径运动被人们称之为各项运动之母，其所包含的走、跑、跳、投等内容，是人体最基本的运动形式。在这一时期的体育教科书中，小学低年级的田径教材一般呈现为发展学生身体活动能力的基本运动，从小学三年级开始，体育教科书中田径教材开始较为系统地介绍各个田径运动项目。按走、跑、跳、投来分类，小学中高年级以上学段的田径教材中，关于走的教材已较为少见，主要是“培养走的正确姿势和发展走的能力的练习”；关于跑的教材有“培养跑的正确姿势和发展跑的能力的练习”“快速跑”“耐久跑”“接力跑”“障碍跑”等内容；关于跳的内容有发展跳跃能力的练习、跳高、跳远和三级跳远等；关于投的内容有发展力量和投掷能力的练习、投手榴弹、掷实心球、推铅球、垒球掷远等。标枪等项目作为选用教材出现在部分教科书中。

由于田径教材具有较好的锻炼价值，因此许多教材内容都会在不同学段重复出现。以耐久跑为例，教科书中可以有“1000 米或 1500 米走跑交替”“4～6 分钟定时跑”“800～1600 米变速跑”“1200～1800 米越野跑或自然地形跑”“300～500 米重复跑”“25 米往返跑”“10 秒 25 米往返跑”等多种耐久跑的内容，这些内容如何排列，是教科书内容编排上的一个难以绕过的课题。一般来说，这些重复排列的教材大多会根据学生的年龄和生理特点，做到在教材内容上由易到难，由浅入深，逐渐提高量化指标和技术动作的要求。但不可否认的是，无论如何精细安排，这些相同内容教材的反复出现，总会使这些教材显得单调和枯燥，难以吸引学生的学习兴趣。

更重要的是，对于重复出现在教科书中的相同内容的体育教材，如何根据学段控制好技术动作的难度和要求，以确保每一次出现都是科学合理的，这难以有统一的标准。这一问题事实上不仅是田径教材编排的问题，几乎所有按螺旋式排列的教材都会有同样的问题。下面以不同版本的教科书中，对于同一项目——侧向滑步推铅球这一教材在动作技术要领描述上的差别为例，对这一问题作一简要分析。

江会生主编的九年义务教育初中试用课本《体育：二年级》① 中的描述是：“1. 侧向滑步：蹬摆配合，擦地滑进，上体留后，左脚快落”“2. 最后用力：积极蹬转，左撑右挺，整体用力，快速推拨”，并配有两幅动作示范图。董玉泉主编的浙江省义务教育初级中学课本（试用）《体育与保健：三年级》中则如此描述②：“侧向滑步推铅球从侧向原地姿势开始（以右手持球为例）。左腿向左预摆一二次后，大腿带动小腿左摆，同时右腿蹬地，使髋部向左移动。右腿在蹬伸后迅速收小腿，脚擦地面滑进，左腿迅速下压，同时，立即蹬地，转体推出球”，也配有动作示意图一幅。安徽省编的安徽省高级中学试用课本《体育：第 3 册》中，关于侧向滑步推铅球专列有六小节详细描述动作要领及练习方法，第一节中即指出：“侧向滑步推铅球是一个完整、连贯的技术动作，从技术上可分为握法和持球、预备姿势、滑步、最后用力、维持身体平衡等五部分。”接下来详细说

① 江会生. 九年义务教育初中试用课本：体育（二年级）［M］. 武汉：武汉出版社，1994：66～67.

② 董玉泉. 浙江省义务教育初级中学课本：体育与保健（三年级）［M］. 杭州：浙江教育出版社，1999：51.

明了“预备姿势”“圈内原地推铅球”的动作要领，第二节为摆动腿的摆动练习、徒手踏步练习两项诱导性练习；第三节描述了持球滑步的动作要领；第四节以右手推球为例，详细描述了侧向滑步推铅球的技术要领[①]：左侧对投掷方向，做好预备姿势，滑步前左腿 1～2 次预摆，开始滑步时，右腿以大腿带动小腿向投掷方向摆出，同时，右腿用力蹬伸，使身体重心向投掷方向移动，右腿迅速收小腿，左脚快速着地，当左脚着地一刹那开始最后用力，右腿积极蹬伸，并向投掷方向转动右膝和右髋，接着将右髋送出，使髋轴和肩轴继续成扭紧状态。这时上体随之抬起，身体重心由右逐渐向左移动，随着右腿继续蹬伸和向前上方送髋，当上体开始向投掷方向转动时，球离开颈部，这时抬头、挺胸、转肩、推臂，使用全力将球推出。

同时该书中还列有第五、六节，补充了有关滑步练习方法和铅球投掷圈画法等有关技术细节。从三个不同版本教科书中关于侧向滑步推铅球的描述来看，各版本中对这一项目技术动作的描绘在动作细节和要求上有较大的差别，虽然前两个版本中也基本描述了该技术运动的核心要领，但与第三个版本相比，其在技术动作上的要求明显更低一些。如果站在学生的视角来看，仅依据前两个版本教科书中的相关描述，是很难完全领悟到技术动作的全部精髓的，使用前两个版本教科书，必须依靠教师的讲授和示范，而第三个版本的教科书中关于动作细节的描述则较为精准到位，学生基本可以通过教科书了解该动作全部技术要领，并可以在教科书的指导下进行练习。前两个版本为初中学段的教材内容，后一个版本为高中学段的教材内容，从学段递进的角度来看，侧向滑步推铅球的教材在教科书中的重复排列，注意到了教材的系统性和连续性，但在初中阶段的教科书中，该教材犹如蜻蜓点水，教师和学生都难以根据教科书来指导动作的学习。将侧向滑步推铅球这样的教材以如此形式重复排列在体育教科书中，在编排上是否科学合理，这是值得推敲和思考的问题。

（五）体操教材

作为体育教科书中最基础的教材内容之一，体操教材的内容在这一时期的体

① 安徽省高级中学体育课本编写组．安徽省高级中学试用课本：体育（第 3 册）［M］．合肥：安徽教育出版社，1990：51～56.

育课程教材体系中并没有发生太大的变化。在这一时期的体育教科书中，体操教材的分类一般按是否使用器具来分类，与第一代体育课程时期多按提高身体素质来分类的方法略有区别。因此这一时期的体操教材可分为基本体操、技巧与器械体操两大类。基本体操一般包括队列和体操队形、徒手操、持轻器械的体操、跳绳、攀登爬越、搬运、角力等，器械体操一般包含有支撑跳跃及单杠双杠等，由于器械体操中部分内容难度较大，因此一般被安排为选用教材。

从体操教材占全部教材的比重来看，以1992年体育教学大纲为例，小学阶段为16%～17%，中学阶段为14%～16%，这一比重仅次于田径，位居第二。与田径项目一样，在小学低年级教科书中，体操教材事实上占据了很大比重，只是由于教学大纲的安排，我们常将其归入基本运动这一类教材中。低年级教科书中所包含的体操教材有队列和体操队形、徒手操和轻器械操、攀登、爬越、平衡、技巧等内容，这些内容与小学中高年级的体操教材内容体系基本相同，这使得从低年级到中高年级的教材在纵向结构上有较好的延续性和系统性。但在体操教材的横向排列上，出于对学生身心特点和不同项目健身价值的考虑，体育教科书中常将不同类别的体操教材穿插组合在一起，这就使得仅从同一学段来看，体操教材大多为一套体操基本动作配以几项基本体操教材，形式上往往显得有些散乱。

在这一时期的体育教科书中，中学阶段尤其是高中阶段的体操教材一般按男女分开编写，以符合男女生不同身心特点。这些教材或专门列出男生教材与女生教材，按不同章节编写；或在同一章节中，特别指出某一教材适应于男生或女生。此外，由于体操动作的特殊性，这一时期的体育教科书中，十分强调对具有一定危险性的动作进行保护，并在教科书中专门列有“保护与帮助”等栏目，将保护动作的基本要求列为教材内容之一。

（六）球类教材

在中华人民共和国第一代体育课程时期，球类教材一开始一直未能作为一个独立的部分出现在体育教材体系中，直到1978年十年制教学大纲颁布后，球类教材才正式成为基本教材内容之一。到第二代体育课程时期，球类教材的地位虽有所提高，但其所占比重仍相对较小。如在1987年的体育教学大纲中，基本教材中只列入了篮球教材，足球和排球仅作为选用教材出现。直到1992年体育教学大纲中，足球和排球才正式在中小学教材中作为基本教材出现。但在这一时期的体育教科书中，乒乓球等有着较好群众基础的球类项目一直以选用教材的形式出现。

这一时期的球类教材中，出现了适应学生身心特点的“小篮球”“小足球”等小球类教材。这一类教材主要是为了适应小学中高年级学段学生的特点，在球的规格、场地的尺寸上进行了一些修改。这种修改，一方面更为适合小学阶段学生的身体特点，另一方面，场地尺寸的修改也能促使一部分条件不足的学校因地制宜更好地开展体育教学。在基本技战术和比赛规则上，“小篮球”“小足球”与普通的篮球和足球是基本相同的，小足类教材也更为注重球性的熟悉、基本技术的练习等基本功训练。到中学阶段后，小球类教材一般都由普通球类教材取代。这种小球类教材的尝试，并非是这一时期的首创，早在中华人民共和国成立前的体育教科书中，就已有了这一方面的尝试和试验。不过由于学校器材条件上的限制，小球类教材在实施中往往难以真正施行，这不能不说是一种遗憾。

在体育教科书中，编写者不仅只是关注球类教材的基本技战术的阐述，也注重对相关项目运动文化的介绍。如在篮球教材中，会加上一些篮球运动的历史、篮球明星的故事、篮球规则的演变等知识，在足球教材中，则会加上一些足球比赛中的合理冲撞、足球运动员踢出的球速度有多快等知识。这些与运动文化有关的知识性介绍，既丰富了教材的内容，增强了教材的可读性，又可以借此提高学生对运动项目的兴趣，为教师课堂教学增加素材。

（七）民族传统体育教材

在1987年的过渡性体育教学大纲中，民族传统体育还是以武术的形式出现，到1988年义务教育大纲中，则改成民族传统体育的提法。这一改变，“是以武术为基础的加强与拓展，改变了武术作为民族传统体育内容的局限性，体现了体育教材弘扬民族传统文化的社会主义中国特色”①。在内容上，义务教育大纲也突破了过渡性大纲中仅以武术基本功和武术套路作为主要内容的模式，五禽戏、八段锦等传统养生健身功法进入了体育教材体系，这种突破也使得单纯的武术一词

① 课程教材研究所. 新中国中小学教材建设史（1949—2000）研究丛书·体育卷［M］. 北京：人民教育出版社，2010：175.

已涵盖不了这一类教材内容，因此，将这类教材更名为民族传统体育是名副其实的。

从体育教科书中所包含的民族传统体育内容来看，这一时期教科书中除五禽戏、八段锦等传统养生健身功法外，主要还有武术基本步法、手法，“压腿”“踢腿”“腰功”等武术基本功，少年拳、青年拳、初级拳、五步拳、自卫拳、健身拳等武术套路，以及棍术、剑术等。各民族传统体育项目一般根据学生特点安排教材顺序，如武术基本功、五禽戏及少年拳等大多安排在小学阶段，棍术、剑术、武术对练套路及青年拳等则安排在中学阶段。从内容容量上来看，民族传统体育教材的内容是比较芜杂的，这仍然与中国武术门派繁多这一事实相符，因而在民族传统体育的学习上，学生仍会有教材内容偏难、偏多的感受。

除上述主要内容外，这一时期的体育教科书中还有大量的极具地方特色的民间体育和乡土体育内容。这些内容大多作为选用教材出现在体育教科书中，在编写上一般也较为简略，以介绍这一体育项目所蕴含的运动文化为主。如董玉泉主编的《体育与保健：三年级》中，列出了叠罗汉及举石担、石锁两项民间传统体育内容，对其叙述均很简单。书中对举石担、石锁的描述为①：举石担、石锁是我国民族传统体育活动之一，历史悠久，流传广泛。石担的制作是将两块石块制成重量相等的圆形扁石，中间穿孔，固定在一根竹杠两端。举法有单手或双手抓举、推举、挺举等，并可在腰、背、头、颈等部位舞动。石锁制法是把石块凿成古铜锁形状，中间留有把手处。重量、大小不等。举法有抓举和摆举，还可用正掷、反掷、胯掷、背掷等掷法和各种花式的单、双人抛接方法。内容丰富，有一定的健身和实用价值，目前尚有不少农村和集镇设有石担、石锁，供爱好者练习和进行各种方式的竞赛。

民族传统体育教材的出现，不仅在于可以让学生从小了解我国博大精深的民族传统体育文化，从而增强民族自豪感，同时也是我国体育课程彰显民族特色、探索有中国特色的体育课程教材建设的需要。从这一角度来说，体育教科书中民

① 董玉泉．浙江省义务教育初级中学课本：体育与保健（三年级）［M］．杭州：浙江教育出版社，1999：129～130.

族传统体育教材是具有深远价值的。

（八）韵律体操与舞蹈教材

韵律体操与舞蹈教材在中华人民共和国成立前就是体育课程的基本教材之一，中华人民共和国成立后，这一类教材未能进入体育课程教材体系，第二代体育课程时期，韵律体操与舞蹈教材又重新回到了体育教科书中。韵律体操与舞蹈教材的回归，是体育课程重视学生韵律感培养和美感教育的体现，这一类教材的出现，使体育教材内容体系更为生动活泼和丰富多样，对提高学生参与体育锻炼的兴趣有较大的帮助。

韵律体操和舞蹈教材在1987年过渡性大纲中出现时，其主要内容以舞蹈的基本动作为主，大多为徒手练习，也有一些如纱巾操、球操和藤圈操等带轻器械的韵律体操。1988年及1992年的义务教育大纲颁发后，韵律体操和舞蹈教材的内容基本趋于稳定，小学主要以韵律体操的基本动作和舞蹈的基本步伐及集体舞为主，中学则以健身韵律操、纱巾操、绳操、球操、棍棒操及双人舞、华尔兹舞等为主。小学阶段主要是通过这些基本动作和集体舞的学习，以“培养儿童正确、优美的身体姿态，发展身体的协调性和韵律感，培养和发展儿童的想象力、表现力和创造力，陶冶美的情操，培养文明行为”①。到中学阶段，则主要是通过韵律体操“发展体力、耐力、协调性和美感，陶冶美的情操，培养活泼乐观的性格和团结、友爱、合作等良好品质”②。

韵律体操和舞蹈大多在音乐的伴奏下进行，内容丰富多彩，能给人以美的享受，对青少年学生有强烈的吸引力，而且该项目不受场地、器材、年龄、性别、气候等外在因素的限制，因此在体育课堂上较受师生欢迎。1996年人民教育出版社出版的《全日制普通高级中学体育课本》，编写组在编写前对广大教师和学生进行了深入调查，并确立了“面向全体学生”“尽力使全体学生都能接受和喜欢”等新的教科书编写指导思想，在教科书中，从启发学生兴趣的角度出发，设

① 课程教材研究所. 新中国中小学教材建设史（1949—2000）研究丛书·体育卷［M］. 北京：人民教育出版社，2010：176.

② 李翅鹏等. 浙江省高级中学试用课本：体育（二年级）［M］. 杭州：浙江教育出版社，1992：91.

计了一些韵律体操与舞蹈的基本理论知识，并按从基本动作到组合动作、成套动作递进的思路安排教材内容，在理论与实践结合的基础上引导学生深入领会教材内容。在这一套教科书中，韵律体操这一称呼已逐渐向健美操转化，并出现了一些新创编的健美操内容，这一变化预示了下一阶段韵律体操在中小学体育课程教材体系中的发展方向。

（九）体育教科书内容主要特点

通过对我国第二代体育课程时期教科书内容的全面分析，我们可以看到，这一时期体育教科书在教材内容选编与排列上主要具有以下几个特征：

一是理论知识与实践教材相结合，以实践教材为主线。这一时期体育教科书中理论知识与实践教材相结合，首先体现在教科书中将体育基础理论知识与包含其他所有运动项目内容的实践教材放置于并列位置，与前一时期相比，理论知识在体育教材体系中的地位相对提高了。其次还体现在编写实践教材的过程中，不仅注重运动项目的技术要领和锻炼方法的说明，而且还注重使学生掌握与运动项目有关的运动文化知识、身体锻炼的原理和方法等，做到理论与实践互不偏废。在此基础上，体育教科书的编写还能始终坚持以促进学生生长发育、增强学生体质为主要目标，做到以实践教材为教科书的内容主线，实践教材在体育教科书中仍然占据绝大部分比重。

二是以学生为主体，突出学生视角。第二代体育课程时期，体育教科书的编写处于学生用书与教师用书齐头并进、同步发展的状况，学生用书的大规模出版，在客观上推动了教科书编写者转变叙述视角，从学生的视角出发认识和理解教材。这一时期的教科书，尤其是学生用书，均较为注意适应学生阅读心理，如小学阶段的教科书大多以插图为主、以文字叙述为辅。更为重要的是，在学生课本中，编写者一般能站在学生的视角去思考和理解教材内容，并设计了“思考与作业”“比一比”“说一说”“练一练”“动动脑筋”等小栏目，引导学生主动理解教材内容，这种尝试，对发挥学生的学习主动性、提高学生的学习兴趣具有良好的促进作用。

三是编写方式灵活，内容排列方法有所创新。传统的体育教科书大多强调教材内容体系的系统性，所有教材内容均按顺序依次编排在一起。这一时期的体育教科书在继承传统的基础上，逐渐出现了一些新的变化，在内容编排上，编写者通过《知识园地》等栏目，将一些知识点分散穿插在教科书中，使得教科书在编写方式上更加灵活。人民教育出版社1996年出版的《全日制普通高级中学体育教本》，在教科书中设立主辅栏，将一些体育运动文化知识增添在辅栏中，这一设计既丰富了教材内容，增加了学生阅读兴趣，又使得编写方式更显活泼，方便编排教材内容。

四是版式设计美观，装帧印刷日益精美。这一时期的体育教科书随着年代递进，在版式和装帧设计上更为讲究。在1990年前后，教科书中已逐渐出现彩色封面和插图，1995年后，随着经济的发展和现代印刷技术的进步，教科书在版式设计和装帧印刷上更为精美。教科书中大多文图配合，插图多为彩色图片，文中字体随着内容和栏目而变化，形式多样而活泼，教科书排版设计的整体视觉效果大大提高。

四、教科书使用情况

第二代体育课程时期，是我国全面推行教育体制改革、贯彻实施义务教育的时期。我国基础教育为适应改革需求，在课程管理制度和教材管理制度等方面均进行了一系列的变革。随着全国中小学教材审定委员会的成立，教科书管理制度进入了一个新的历史时期，其编写出版权力的下放，有力地促进了全国范围内教科书编写出版的全面繁荣。体育课程教材的建设在这一时期也取得了突出的成绩，体育教科书迎来了发展历程中的编写出版高峰。仅从数量上来看，这一时期出版的体育教科书不仅有由人民教育出版社及部分高等院校编写的供全国范围选用的版本，还有大量的由各省市结合地方实际情况而编写的版本，这些教科书种类多样，从数量上是完全能够满足全国范围内各级学校的需求的。

从理论上来说，实行教科书审定制度后，还必须要有相应的完善的教科书选用制度，以确保通过审定的教科书能依照合理的程序在全国范围内选用。根据《全国中小学教材审定委员会工作章程》的规定，任何单位、集体和个人所编写的教科书经审定后，均可供自由选用。但这一时期我国尚未形成完善的教科书选用制度，究竟由谁来选用教科书，事实上仍然没有相应的制度来予以明确。在这一情况下，各级学校在体育教科书的选择上，虽然从教科书种类上来说已有了相对较大的选择空间，但由于种种原因，各地体育教科书的选用在事实上仍然基本上由地方教育管理部门负责。这一状况对我国教科书（包括体育教科书在内）的使用产生了重要的影响，经全国教材审定委员会审定通过的体育教科书，相对而言具有较高的编写水平，也具有更大的普适性，而各地所编写的体育教科书，一般具有更适合地方实际情况、更具地方特色等优点，但在全国各省市大量编写出版的教科书中，也存在一些地方特色不够鲜明、内容上创新程度不大的教科书，由于种种原因，这些由地方编写出版的质量不高的体育教科书仍然在本地区得以审定通过和使用，这也是地方编写的教科书在事实上仍占据较大比重的重要原因之一。

但从总体上来说，这一时期体育教科书的编写水平已有了长足的进步，一大批优秀的体育教科书纷纷涌现，在使用中获得了较高的评价。如彭杰等编写的被列入国家教委推荐目录的6套体育教科书，被评价为其共同优点是“指导思想明确，教学内容全面、系统，基本符合九年义务教育体育教学大纲的精神”“课本的体系结构向符合学生用书要求方面做了有益的探索”“内容及其深广度注意了不同年龄阶段学生接受能力”等[①]。李晋裕在评价人民教育出版社1996年编写出版的《全日制普通高级中学体育教科书》时，称该书与以往教材相比，有“由编写教师用书向编写学生用书转变”“教育观念上由过去的体质教育、知识技能教育向素质教育转变”“编写方式上从注重自身的经验、传统的理论和方法向注重调查研究、以科研为依据转变”“从比较注重技能向紧扣教学目标、实现教学多功能方向转变”“从比较单一的版式设计向新颖、综合的设计转变”五大进展[②]。杨贵仁评价该套教科书有三方面的优点，分别是“很好地体现了大纲的要求，对大纲的目标、内容，在教科书中进行了较好地反映”“集体育知识、文化、科学为一体，在可读性、科学性方面是很好的，考虑了科学的锻炼方法、养

① 深化学校体育教学改革研究课题组. 深化学校体育教学改革的研究［M］. 北京：人民教育出版社，1999：10～11.

② 课程教材研究所. 新中国中小学教材建设史（1949—2000）研究丛书·体育卷［M］. 北京：人民教育出版社，2010：237～238.

生知识等，把健康与体育两方面很好地结合了起来”“版式设计新颖，有时代特点，不死板，看完前边想看后边，确实倾注了编者大量的心血”[①]。这套教科书也被中国教育学会体育研究会评为“全国中小学体育教学改革优秀成果”一等奖，评审专家称其为“新中国成立以来编写得最好的一套体育教科书”。从当代人对这一套体育教科书的评价来看，第二代体育教科书经历了变革后的不断探索和改进后，到人民教育出版社编写出版该套教科书时，全国体育教科书在编写水平上已有了显著的进步。以这些优秀的教科书为代表，在我国第二代体育课程时期，体育教科书在全国范围内均获得了较好的评价。

五、总体评价

第二代体育课程时期，是我国体育教科书发展历程中最为关键的时期。在这一阶段，体育教科书伴随着基础教育改革的步伐，在教科书管理制度变革的催化下，呈现出了许多新的气象，取得了一系列重大的突破和成绩。

在社会历史变革和教育自身发展规律的双重需求下，这一时期体育教科书改变了中华人民共和国成立以来国家统编全国通用教材的“国定制”局面，开始正式实行编审分离的教科书“审定制”，实现了体育教科书从“一纲一本”到“一纲多本”，甚至是“多纲多本”的历史性突破。这种变革既考虑了各地教育水平的地区差别，又兼顾了体育课程受天气影响的特点，是一种有益的尝试和显著的进步。体育教科书编审分离制度的实行，也为适应各地不同风格和特色的体育教科书的编写和出版，及这一时期体育教科书编写出版的全面繁荣，奠定了坚实的基础。与此同时，从地方到中央开始陆续出现了编写学生用书的尝试，这种尝试对提高体育学科的地位及探索体育教科书的功能等，均有重要的现实意义。学生体育课本的出现，既是体育课程理念转向关注学生、形成以学生为本的教育理念的体现，事实上也进一步促使了体育课程对课程教材发展方向的深入思考，为形成适应时代需求、具有中国特色的体育课程教材体系提供了理论和实践上的经验。

---

① 课程教材研究所. 新中国中小学教材建设史（1949—2000）研究丛书·体育卷［M］. 北京：人民教育出版社，2010：238.

在教材内容结构上，这一时期的体育教科书也进行了一些调整和改变，以武术为主、兼纳中国传统保健养生等内容的民族传统体育教材在体育教材体系中重新占据了重要位置，同时，为适应时代发展需求，韵律体操及舞蹈等时代特色较强的项目也进入了体育教科书中。这表明这一时期的体育教科书在继承传统的基础上，还较为注重创新与发展。体育教科书内容体系的调整，更进一步优化了体育课程教材内容体系，为下一阶段更为出色的教科书的出现，做出了基础性准备。

第二代体育课程时期，是我国社会急剧变革的时期，教育为适应社会发展，也进行了一系列变革。体育教科书作为社会和教育变革的一个小小窗口，也展示了这一激流涌动的历史时期的一些变化。体育教科书在继承中华人民共和国成立以来教科书编写出版的优良传统的基础上，适应时代发展和教育自身需求，调整了教材内容体系，在教科书的编写和出版上取得了突出的成绩和巨大的进步。体育教科书编写水平的不断提高和持续进步，为建设有中国特色的体育课程教材体系打下了初步基础。

当然，这一时期的体育教科书也存在一些不足，在教材内容选择、教材排列组织、教材结构关系等诸多方面还存有很多需要研究和探讨的问题。同时，由于全国各地体育教科书的大量出版，也有部分教科书出现了内容重复、地方特色不鲜明等现象。这些都是体育教科书发展进程中不可避免的问题，随着体育课程教材的进一步变革，这些问题必将在新一轮的课程教材改革中得以逐步解决。

第三节　中华人民共和国第三代体育课程时期的体育教科书

一、社会背景

冷战结束后，两极分化的世界局势被打破，新的世界秩序在各种政治和经济实体的冲突与合作中逐步形成。进入 21 世纪后，伴随着全球化趋势的进一步加速，世界格局发生了深刻的变化。我国于 21 世纪初加入了世界贸易组织，以更为开放的姿态进入了全球市场，受日趋激烈的国际竞争环境的影响，我国社会在政治、经济和文化等领域均发生了一系列变革。一方面，改革开放和经济体制改革的深入推进，使我国的经济实力和国际地位得以逐步提高；另一方面，在经历了改革开放后一段时期的高速发展后，我国在各个领域均出现了一些亟待改革和转型的问题。如何适应新世纪知识经济时代的全球竞争，如何顺利完成社会转型期我国社会结构和功能的改进，如何尽快达成我国提出的全面建设小康社会的奋斗目标，以实现中华民族伟大复兴的宏伟愿景，成了我国新世纪一代人的梦想和努力方向。

在社会政治、经济与文化环境发生深刻变革的大环境下，我国教育事业也面临了一场深刻的变革和挑战。为适应时代发展的需求，1999 年，我国召开了改革开放以来第三次全国教育工作会议，通过了《中共中央国务院关于深化教育改革全面推进素质教育的决定》，明确提出了全面推行以提高民族素质和创新能力为重心的素质教育，由此拉开了世纪之交新一轮课程改革的序幕。在新一轮课程改革的推动下，体育课程相继经历了制定新的课程标准、进行全国试点实验、修改课程标准几个阶段，这一轮课程改革“其时间之长，争论之大，参与者之广都是中国课程改革史无前例的”“虽然我们非常习惯在课程改革中使用革命字眼，但真正有革命性意义的课程改革只有 2 次，一次是 1949—1952 年，把我们沿用多年的欧美教育模式全盘否定，全面推行苏联教育模式。原来使用的‘课程标准’改为‘教学大纲’。另一次是 1999 年启动，2001 年 9 月开始试验的‘体育与健康课程标准’。该次改革比较多的采用欧美后现代建构主义思想，把沿用半个世纪的‘教学大纲’改为‘课程标准’”[①]。体育课程在改革进程中出现的这一系列变化，标志着我国体育课程从此进入了第三代课程时期。

这一时期，体育在社会生活中的重要性日益突显。2008 年北京奥运会的成功申办和举行，更是在全社会产生了巨大的影响。2005 年，全国青少年学生体

① 杨文轩. 关于“体育与健康课程标准”修订的思考［J］. 体育学刊，2011，18（5）：1.

质测试报告显示，我国青少年学生体质持续二十年下滑，这一报告结果引起了全社会对学校体育工作和青少年体质健康的广泛关注。2007 年，中共中央国务院颁布了《关于加强青少年体育增强青少年体质的意见》，并启动了全国中小学阳光体育运动，以进一步推动学校体育工作，促进全国青少年学生积极参与体育锻炼。2012 年，教育部颁布了《关于进一步加强学校体育工作若干意见》，推行学校体育工作“三年行动计划”。我国体育事业的发展与学校体育面临的困境，不可避免地改变了新一轮体育课程改革的外部环境，也必然对体育课程改革及教材建设产生重要的影响。

二、体育教科书的编写与出版

（一）编写依据

《中共中央国务院关于深化教育改革全面推进素质教育的决定》指出，“健康体魄是青少年为祖国和人民服务的基本前提，学校教育要树立健康第一的指导思想，切实加强体育工作，使学生掌握基本的运动技能，养成坚持锻炼身体的良好习惯”，这一决定确立了即将启动的新课程改革以“素质教育”和“健康第一”作为学校教育指导思想的改革方向，针对第二代课程时期应试教育背景下，中小学教育盲目追求升学率、忽视学生身心健康的问题，指出了新课程改革背景下在学校教育中应充分重视学生身心健康，切实加强学校体育工作。作为学校教育的组成部分，学校体育是最能直接体现和贯彻促进学生身心健康这一指导思想的，由此学校体育工作自觉树立了“健康第一”的指导思想，“健康第一”也就成了新世纪体育教科书编写的最重要的指导思想。

根据世界卫生组织提出的标准，健康不仅是指没有疾病，还指应达到生理的、心理的健康和社会适应的良好状态。以“健康第一”为指导思想的学校体育和体育课程，除在课程名称上将体育与健康结合起来外，还在课程设计上，使学校体育课程教学从单纯追求身体发展，变成了在新的健康观的指导下，使中小学生在身体、心理与社会适应能力方面均能协调地共同发展。2000 年教育部所颁发的新课程改革的过渡性大纲《九年义务教育全日制小学体育与健康教学大纲（试用修订版）》《九年义务教育全日制初级中学体育与健康教学大纲（试用修订版)》及《全日制普通高级中学体育与健康教学大纲（试验修订版)》，均明确提出了以“健康第一”为指导思想，促进学生身心全面发展。

2001 年，教育部颁发了《全日制义务教育、普通高级中学体育（1 ~ 6 年级）. 体育与健康（7 ~ 12 年级）课程标准（实验稿)》，并开始在全国部分省市试验，2003 年，试验规模进一步扩大，到 2005 年秋，这一套课程标准已基本取代了 2000 年所颁发的过渡性大纲。这一套课程标准在课程编制模式上发生了较大的变化，采用的是目标编制模式，即课程标准将中小学体育课程学习划分为 6 级水平，并在运动参与、运动技能、身体健康、心理健康、社会适应 5 个学习领域提出了相应的学习目标，同时确定了依据课程目标选择教材内容的原则，课程标准中不再规定具体的体育教材内容，充分体现了新课标“目标引领内容”的思想。这一变革，使一直以来对大纲教材有着较高依赖程度的体育教师，被赋予了参与课程内容选择和设计的新使命。然而由于历史的原因，我国体育教师长期以来课程意识淡薄，在独立进行课程设计和教材内容选择上还显得有些力不从心。在这种情形下，根据新的课程标准要求，编写和出版符合课程标准要求的体育教科书，就有了更重要的价值。但对体育教科书编写者而言，从体育教学大纲时代过渡到课程标准时期，如何科学合理地选择体育教材内容，同样成了他们在教科书编写中所面临的新课题和新挑战。课程标准中规定，“教材编写要依据五个学习领域的内容标准，精选与学生身心健康紧密相关的教材内容”，并对教科书的编写做出了一些建议，如对于学生课本的编写，指出“课本的版式设计要美观，图文并茂，生动活泼。内容要贴近学生的生活经验，与学生的切身利益紧密相连，激发学生阅读体育与健康教材的兴趣，从而使学生了解和掌握体育与健康的有关知识”，并对学生课本“课题”“学习提示”“学习内容与方法”“练习与自我测评”等编写体例上的问题提出了相应的建议①。这些规定和建议，成了这一时期体育教科书编写的重要依据。

2007 年，教育部正式开始对《全日制义务教育、普通高级中学体育（1 ~ 6

① 中华人民共和国教育部. 全日制义务教育、普通高级中学体育（1 ~ 6 年级）. 体育与健康（7 ~ 12 年级）课程标准（实验稿）[M] //朱万银. 全日制义务教育、普通高级中学体育（1 ~ 6 年级）. 体育与健康（7 ~ 12 年级）课程标准教师读本. 武汉：华中师范大学出版社，2003.

年级）．体育与健康（7～12 年级）课程标准（实验稿）》进行修订，并于 2011 年颁布了修订后的《义务教育体育与健康课程标准（2011 版）》，修订后的课程标准中把心理健康、社会适应二者合并，将体育课程目标修订为运动参与、运动技能、身体健康、心理健康与社会适应四个学习方面，并分别提出了各水平段四个学习方面的具体目标。修订后的课程标准明确指出在实施该课程标准的过程中，各地、各学校应根据要求分别制定地方体育与健康课程实施方案和学校体育与健康课程实施计划，以确保课程目标的细化与实现。在教科书编写问题上，课程标准提出了教科书编写应注意“教育性”“科学性”“实用性”“可读性”“发展性”“差异性”等问题，这些建议必将成为当前和今后体育教科书编写的重要依据。

在教科书审查上，这一时期体育教科书的审定依然以 1996 年修订的《全国教材审定委员会工作章程》为主要依据，实行教科书审定制度。2001 年颁发的《国务院关于基础教育改革和发展的决定》进一步指出，“教材编写核准、教材审查实行国务院教育行政部门和省级教育行政部门两级管理”，国家和地方教育行政部门分别审核国家课程教材和地方课程教材，并规定“经国家教育行政部门授权，省级教育行政部门可审定部分国家课程教材”，这就进一步明确了各级教育行政部门教科书审定的权限。同时，为实现真正意义上的编审分离，2006 年重新修订的《义务教育法》规定，“国家机关工作人员和教科书审查人员，不得参与或者变相参与教科书的编写工作”。在上述政策法规的规范下，教科书管理制度进一步规范，这为这一时期编写出质量上乘的体育教科书做好了制度性铺垫。

（二）编写方式

进入新世纪后，体育教科书编写队伍力量进一步壮大。在对教科书编写者资格的审查上，这一时期建立了相对更为完善的核准制度，要求教科书编写者应通过资格审定后，方可编写教科书。同时，教育管理部门定期向学校和社会公布经审定通过的中小学教科书，并赋予学校选择教科书的权力，以规范教科书供应市场，并逐步创建由教育行政管理部门统筹协调的教科书供应制度。这些新的变化，均为体育教科书编写创设了良好的外部环境。

在教师用书和学生课本的问题上，这一时期所颁布的课程标准均对该问题进行了限定。如2001年课程标准规定，“1～6年级不编写学生课本，7～9年级和高中阶段各编写一册学生课本，但各学段均需编写教师用书”，2011年课程标准也指出，“水平一至水平四均要编写体育与健康教师教学用书；水平一至水平三不编写教科书，水平四可编写1册教科书”①，这两个课程标准均明确了小学阶段不再编写体育教科书，从此后，除部分省市外，国家教育管理部门不再审定通过小学体育课本。

2000年体育教学大纲作为新课程改革的过渡性大纲，在继承前一时期体育教学大纲传统的基础上，仍然规定了具体的教材内容，因此依照这一大纲编写的体育教科书，与前一时期相比，在编写体例上没有太大变化。2001年新课程标准实验稿颁布后，依据这一课程标准编写的体育教科书，相比较前一时期教科书基本按照理论教材与实践教材相结合的编写体例而言，大多出现了一些新的变化。大部分教科书中均增加了体育与心理健康及体育与社会适应的相关内容，部分教科书按照课程标准五个学习领域的框架，来安排教科书的基本体例。如人民教育出版社2001年版的《义务教育课程标准实验教科书体育与健康七～九年全一册》，全书共11章，前4章分别为“你的身体健康”“积极自觉地参与身体锻炼”“体育与心理健康”“体育与社会适应”，后7章分别为“田径”“体操”“球类”“武术”“健美操和舞蹈”“游戏”“野外活动”，仅从编排体例上来看，后7章基本可归入运动技能学习这一类，与前4章一同组成了新课程标准所提出的五个学习领域。稍后时期由教育科学出版社出版的《义务教育课程标准实验教科书体育与健康》，虽然没有完全按照上述五个学习领域来安排教材，但在体育理论部分与运动实践部分之外，还安排了专门的心理拓展训练部分。由此可见，在新课程标准的指导下，这一时期体育教科书的编写体例与前一时期相比，已发生了较为明显的变化。

（三）出版概况

教育部2000年颁发了新课程改革的过渡性教学大纲后，各地依据该大纲编

① 中华人民共和国教育部. 义务教育体育与健康课程标准（2011版）[S]. 北京：北京师范大学出版社，2011.

写出版了一批教科书，其中较有代表性的如人民教育出版社出版的《九年义务教育六年制小学体育与健康教师教学用书》1～6册，《九年义务教育三年制初级中学教科书体育与健康》1～3册和《九年义务教育三年制初级中学体育与健康教师用书》1～3册，《全日制普通高级中学教科书体育与健康》1～3册和《全日制普通高级中学体育与健康教师用书》1～3册。从这一套教科书上可以看出这一时期体育教科书出版的一些基本特点，一是教科书是成套出版的，每个年级一册，也有一个学段出版一册的，如初中三年合为一册，或每一学期出版一册，但总的来说，各出版单位所出版的教科书，基本上是成体系的。二是这一时期所出版的体育教科书大多为教师用书与学生用书配套出版，其后的新课程标准中明确规定了小学阶段不出版学生用书，小学体育则只有教师用书。

新课程标准实验稿颁布后，国家教育主管部门逐步加大了对教科书编写出版的管理力度，体育教科书的编写出版在经历了20世纪末的出版高峰后，逐步趋于理性。人民教育出版社等单位成了这一时期体育教科书出版的主要力量，各省市编写出版的体育教科书与20世纪末相比，数量上明显减少，部分省份不再出版体育教科书。除人民教育出版社外，这一时期体育教科书的出版单位主要有地质出版社、华东师范大学出版社、华中师范大学出版社、广东教育出版社、河北教育出版社、广西师范大学出版社、教育科学出版社等。这些出版单位出版的体育教科书，经全国教材审定委员会审定通过后，大多被列为国家教育部推荐书目，较常见的初高中基础教育新课程标准实验用书主要有以下六套，初中的为耿培新、赖天德、王健、季浏、刘建国、毛振明主编的《体育与健康》学生及教师用书，高中的有耿培新、邓树勋、高嵘、季浏、李艳群、毛振明主编的《体育与健康》学生及教师用书。这些教科书在新课程标准实验稿颁布后的十年中，基本占据了我国体育教科书的主要市场。2011年课程标准修订版颁行后，上述编写者和出版单位第一时间即编写出版了修订后的体育教科书。小学体育教师用书则主要由人民教育出版社、未来出版社和21世纪出版社、华东出版社以及河北出版社几家出版单位出版。其中由孙杰、许世岩编写，未来出版社和21世纪出版社出版的体育与健康教师用书，不仅被国家教育部列为小学教师用书推荐书目，同时也被列为中学教师用书推荐书目。

各省市在这一时期也出版了一些体育教科书，但与第二代体育课程时期相比，出版总量已减少近一半左右。出版体育教科书数量相对较多的主要有以下一些出版单位，如江苏少年儿童出版社、天津教育出版社、晨光出版社、山东教育出版社、上海教育出版社、四川教育出版社、湖南教育出版社、江西教育出版社、北京出版社及北京教育出版社、新疆教育出版社、北京体育大学出版社等。这些地方省市出版的体育教科书，大多由各地教育行政部门教材研究机构负责编写，或由各省市有关高校体育教学研究工作者或中小学体育教研员牵头编写。

三、教科书内容分析

第三代体育课程时期，受课程改革的影响，体育教科书的内容表现出了鲜明的变革性。这种变革以2001年新课程标准的颁布为界，其前后两个时期的体育教科书在内容体系上有着明显的不同。根据2000年过渡性大纲编写的体育教科书，虽然继承了第二代课程时期体育课程实验的成果，已将课程名称改为体育与健康课程，但在教科书内容上与第二代体育课程时期的教科书相比，仍然没有本质上的变化。如人民教育出版社2000年所出版的教科书，基本上是对1997年高中体育教学大纲课程内容体育的继承，在体育课程必修和选修教材的比重上有一些变化，普遍将必修内容压缩，增加了选修教材的比重。如小学必修教材占60%，初中占50%，高中占40%，其余部分则为选修教材比重。这些变化，虽然也在一定程度上改变了教科书内容的结构，但相对于新课程标准颁布后的体育教科书而言，其变化仍然是微不足道的。

2001年新颁布的课程标准使依据其编写的体育教科书内容体系发生了本质上的变化。这种变化的根本原因是新课程标准建立了“目标引领内容”的教材选择范式，作为体育教科书编写主要依据的课程标准，对于体育教材并没有具体的规定，教科书编写者只能根据课程标准所提出的“五个领域、三个层次”的课程目标体系，自主选择体育教材内容。但受新课程标准目标体系所包括的运动参与、运动技能、身体健康、心理健康、社会适应五个学习领域的影响，这一时期体育教科书在内容结构上大多按照上述五个方面安排教材内容，从而使这一时期的体育教科书在教材内容结构上体现出了鲜明的趋同性。在这一时期较具代表性的体育教科书中，几乎都表现出了上述特点。前文所列举的人民教育出版社2001年版《义务教育课程标准实验教科书体育与健康：七～九年级 全一册》，教育科学出版社出版的《义务教育课程标准实验教科书体育与健康》等即是很好的例证。

体育与健康课程的目标体系包括运动参与、运动技能、身体健康、心理健康、社会适应五个方面，其中心理健康和社会适应在体育课程体系中属于两个新的领域。从教科书编写的角度来看，在体育教科书中强调这两个领域的内容，即是对体育与健康课程倡导的身体、心理与社会的三维健康观的认同。而运动参与、运动技能与身体健康等内容，在第一、二代体育课程时期的体育教科书中，就已经成了教科书的主要内容之一，只是在教科书中所呈现的方式略有区别而已。因而这一时期的体育教科书中，仍有部分教科书安排有“身体健康”或“体育理论知识”章节，以安排与课程标准所包括的运动参与及身体健康等方面的教材内容。而对于运动技能这一领域，部分教科书则将运动项目教材相对集中地安排在一起，以实现课程标准所提出的提高学生运动技能这一领域的目标。如人民教育出版社2001版的《义务教育课程标准实验教科书体育与健康：七～九年级 全一册》则在后7章安排了“田径”“体操”“球类”“武术”“健美操和舞蹈”“游戏”“野外活动”等章节，以集中运动技能学习。而人民教育出版社2004版的《普通高中课程标准实验教科书体育与健康：必修 全一册》中，则安排了“提高田径运动技能”和“选项学习的指导与提示”两个章节，后一章节包含有球类、体操、武术、游戏、新兴运动项目等内容，均为具体的运动技能学习内容。而教育科学出版社出版的《义务教育课程标准实验教科书体育与健康》，其正文共分“体育理论部分”“运动实践部分”“心理拓展训练部分”“作业实践部分”四部分。其中运动实践部分则安排为运动技能的学习，具体教材有足球、篮球、排球、乒乓球、武术、舞蹈、短拍网球、滑冰、游戏、体操、羽毛球、台球、保龄球、飞镖、游泳、跳跃练习、投掷练习、提高速度素质练习、提高力量素质练习、提高耐力素质练习等内容。

依据2001年新课程标准编写的体育教科书，对心理健康和社会适应两个领域均十分重视，一般都安排有专门章节阐述这两个领域的内容。如人民教育出版社2001年出版的《义务教育课程标准实验教科书体育与健康：七～九年级 全一册》，在“体育与心理健康”这一章中，则安排有“心理健康与身体健康的关系”“青春期心理健康”“调节你的情绪”及“培养你的意志品质”4个小节的内容，在“体育与社会适应”这一章中，安排有“体育锻炼和社会适应”“获取体育与健康知识的基本途径与方法”“崇尚公平竞争的体育精神”3个小节的内容。而在人民教育出版2004年版的《普通高中课程标准实验教科书体育与健康：必修 全一册》中，第三章为“促进心理健康”，包括有“体育学习目标的设置”“体育与自尊自信的培养”“体育与情绪的调控”“体育与意志品质的培养”“保持性心理健康”共5小节内容。第四章为“培养社会适应能力”，包括有“体育活动中的人际交往”“体育活动的权利与义务”“体育道德”3个小节内容。而同时期由教育科学出版社出版的《义务教育课程标准实验教科书体育与健康》，则安排了一些心理拓展游戏内容，如“泰坦尼克号”“传递”“众志成城”“盲人方阵”“雷阵”“电网”等，以期达到促进学生心理健康、提高社会适应能力的目标。虽然在不同版本的体育教科书中，有关心理健康与社会适应两个领域的内容，在内容选择和学习目标实现方式上均有较大的差别，但这一时期的教科书中均安排了专门章节阐述这两个领域的内容。2011年修订的体育与健康课程标准颁布后，心理健康与社会适应两个学习领域已合并为一个方面，在新出版的体育教科书中，心理健康与社会适应相关内容的呈现方式也发生了改变。如人民教育出版社2012年版的《义务教育教科书体育与健康：七年级全一册》，全书共9章，分别为“体育与健康理论知识”“田径”“足球”“篮球”“排球”“乒乓球”“体操”“武术”及“游泳”，在第一章“体育与健康理论知识”中，其第5节为“勇敢面对挫折与困难”。2013年版的《义务教育教科书体育与健康：八年级全一册》，全书共11章，在七年级教科书的基础上增加了“健美操”“民族民间体育”两个章节，其余章节内容与七年级全部相同，第一章“体育与健康理论知识”中，第3节为“学会与他人交往”，共包含有“青春期心理发展的特点”“正确的人际交往及与异性交往的原则”“如何预防性侵犯”3部分的内容。从体育教科书中心理健康和社会适应两个领域教材内容及编写体例上的变化来看，新一轮课程改革中，对于体育与健康课程中“体育”与“健康”二者关系的认识，同一时期的不同编写者以及同一编写者在不同时期，其认识上均有所差异。如何认识体育与心理健康及社会适应的关系，以及心理健康与社会适应二者之间的关系，这些问题仍将在体育教科书的编写中继续存在。协调教科书中体育运动技能与心理健康及社会适应之间的关系，寻找彼此之间合理有效的结合方式，是今后体育教科书编写者要努力解决的问题。

这一时期的体育教科书在版式设计、语言表达等方面有了更大的进步，几乎所有教科书都均做到了版式设计新颖活泼、美观精致，语言表达上通俗易懂，努力做到迎合学生阅读心理。最重要的是，这一时期的体育教科书真正做到了以学生为中心，从学生的视角出发，去设计和选择教材。如新课程标准实验稿在提及教科书编写时指出，课本内容的呈现要“从问题出发，指导学生通过运动实践和观察、思考，自己去获得知识和结论。要给学生留下自主学习的空间，使学生的学习方式有所突破，逐步学会学习”。在这一时期的体育教科书中，这一特征也表现得十分鲜明。无论是对心理健康及社会适应等领域内容的表述，还是在介绍运动技能时，教科书编写者均精心设计了一些小问题，或安排了“知识窗”“试一试”“想一想”“练一练”“做一做”“比一比”“名人名言”“规则简介”“小常识”等辅栏，通过辅栏内容实现对正文内容的补充，以达到引导学生主动思考、自主获取知识的目的。大部分教科书中还在每一项教材内容前专门设计了“学习目标”栏目，通过学习目标引导学生主动学习，并通过“自我评价”等栏目，让学生学会检测学习目标完成情况，以达到提高学生学习能力的目的。

四、教科书使用情况

新课程改革启动以来，体育教科书在全国范围内的选用是与课程改革实验的进程密切相关的。在 2001 年新课程标准实验稿颁布以前，全国各级中小学体育教科书的选用，仍以之前的体育教学大纲及依据大纲编写的教科书为主。新课程标准实验教科书出版后，这部分教科书一开始只在经批准为实验地区的少数省市使用，其余地区仍然使用之前的体育教科书。2003 年后，新课程标准实验地区进一步扩大，实验教科书使用范围也随之扩大。2005 年秋，新课程标准实验区在全国范围大规模推广，几乎所有省市均开始使用实验教科书。2001 年之前依据体育教学大纲所编写的体育教科书，虽然仍然在部分学校使用，但随着实验教科书所占比重的不断扩大，其使用范围则相应缩小。2011 年版义务教育课程标准颁布后，宣告着新课程改革历时十年的一轮实验结束，体育与健康课程实验教科书及之前的大纲教科书基本完成了它们的历史使命，新出版的义务教育教科书正式取代了上述两种教科书，成了义务教育各级学校的体育课本。

这一时期的体育教科书总体水平有了显著的提高，在使用中也获得了一些好评。如人民教育出版社 2000 年出版义务教育小学、初中体育与健康教科书和普通高中体育与健康教科书，“这套教材在全国广大中小学生和体育教师中产生了深远的影响，受到师生和社会的好评。至今，在全国许多地区进行教师教学基本功和教学技能大赛中，仍把这套教材作为基本的参考依据，就是最有力的证明”①。白志勇在调查山西太原市 2007 年秋季初中学生使用华东版《体育与健康》实验教科书使用情况时得出结论称：“教科书在使用过程中得到了广大初中学生的认可和喜爱。在培养初中生对体育和健康知识的学习兴趣，了解和掌握体育与健康知识、提高体育技能和健康水平等方面都发挥了体育教科书的功能和作用。”② 人民教育出版社编写的《义务教育课程标准实验教科书体育与健康(七~九年级 全一册)》，在送至全国教材审定委员会审定时，审查专家称该教科书“编写指导思想明确，体现了健康第一和以学生发展为本的精神”“教材的体例上能从学生的生理、心理特点出发，比较注意趣味性和可读性、语言较生动流畅”“教材的表现形式较活跃，图文并茂，具有较强的直观性，图的形象生动，质量较高”③。

在体育教科书的选用上，这一时期出现了一些新的特征。2001 年《基础教育课程改革纲要（试行)》指出，“加强对教材使用的管理。教育行政部门定期向学校和社会公开经审查通过的中小学教材目录，并逐渐建立教材评价制度和在

① 课程教材研究所. 新中国中小学教材建设史（1949—2000）研究丛书·体育卷［M］. 北京：人民教育出版社，2010：280.

② 白志勇. 太原市初中学生使用体育教科书现状的研究［D］. 山西大学硕士学位论文，2008：47.

③ 耿培新. 义务教育课程标准实验教材体育与健康教科书七~九年级（全一册）介绍［EB/OL］(2010-09-29)　(2013-11-28). http://www.pep.com.cn/peixun/xkpx/peixun_13/1s_9/jcjs/201009/t20100929_920955.htm.

教育行政部门和专家指导下的教材选用制度。改革用行政手段指定教材的做法，严禁以不正当竞争手段推销教材”。根据这一精神，各地级市逐步成立了教材选用委员会，负责教科书的选用工作，在教材选用委员会的努力下，大部分学校有了自主选择体育教科书的权利。但我们要看到的是，由于教科书选用制度仍处于不断完善的进程中，学校在选用教科书时还不可能真正达到由学校领导、教师代表及家长代表共同参加、民主决定教科书选用的高度。由于种种原因，体育教科书在选用过程中还受政策局限、经济利益等方面因素的影响，这种影响在一定时期还不可能完全消除，但这些问题的存在必将是暂时的，也是正常的，随着教科书选用制度的不断完善，这些问题必将逐步得以解决。

从这一时期开始，人们对体育教科书的使用情况不仅仅局限于体育课程中有没有教科书，还开始关注体育教科书在教师和学生中该如何使用，即关注体育教科书的功能和用途问题。从体育教科书的发展历程来看，出现这一转变是情理之中的，是对体育教科书使用情况关注度提高的表现。如毛振明先生即提出了体育教科书应具有“作为技能讲解媒体的功能”“作为课后复习材料的功能”“作为课中和课后体育作业辅导书的功能”“学生课外阅读的功能”“学生在课中和课下进行相互和自我评价的功能”，并提出了体育教科书的3种用法：“课中辅助教学，课下指导复习”“课中辅助教学，课下拓展学习”“课中辅助教学，课中或课后进行评价”①。在此之后，又陆续出现了一些关于如何有效发挥体育教科书的使用价值、拓展体育教科书功能的研究，这些研究的出现，表明体育教科书，尤其是学生体育课本的出现，已引起了人们对体育教科书使用途径的关注和思考。2008年，国家教育主管部门开始在包括体育在内的部分学科推行免费教科书的循环使用制度，这对于体育教科书的使用无疑又将带来一些新的变化。

五、总体评价

我国第三代体育课程时期，课程教材的建设是在“素质教育”及“健康第一”的指导思想下进行的，遵循三维健康观的新理念，新课程标准采用“目标

① 毛振明. 体育教科书的功能与用途［J］. 体育学刊，2004，11（1）：96～98.

引领内容”的方式，打破了过去由教学大纲规定课程教材内容的做法，这一变革使新世纪体育课程教材呈现出了许多新的面貌。依据新课程标准所编写的体育教科书，受课程标准所提出的运动参与、运动技能、身体健康、心理健康及社会适应五个学习领域的影响，在编写体例上突破了20世纪末按必修教材与选用教材及理论教材与实践教材相结合的教材组织模式，大部分教科书基本按照课程标准所提出的五个学习领域的结构模式编写教材。在内容构成上，改变了以动作技术为教材重点的构成方式，强调以体育运动实践活动为载体，在教科书中实现生理的、心理的健康和社会适应的多元目标要求。在教科书叙述视角上，打破了过去偏重教师视角的方式，注重以学生的眼光审视教材，力争做到以学生为主体编写教材，教科书的可读性与总体质量有了较大程度的提高。

新课程标准在全国范围内实验时，其内容设计中“目标引领内容”的理念和特征也受到了一些批评，部分教师认为将课程标准中最重要的内容设计全部交给教师来完成，没有考虑到我国当前体育教师课程设计和教材组合能力尚不足以胜任这一使命的历史现状，造成了课程实施过程中出现了一些弊病，还有人认为新课程标准引导下的体育课程教学存在“教学目标虚化”“教学内容泛化”“教学过程形式化”及“教学评价和气化”等问题①。对于与课程标准配套出版的体育教科书，也有评价称这些教科书存在所选编教材内容不足以达成课程标准所提出的目标，教科书内容组织不够完善等问题。人们对新课程标准及其配套体育教科书所存在的争议和评价，对于新一轮课程改革来说，是必然出现的，正是这些质疑和争议，促使着课程改革不断修正自己的改革理念和课程体系，从而逐步走向成熟与完善。

第三代体育课程时期的体育教科书，是根据国家课程改革纲要精神和课程标准要求，经过充分地调查和研究，吸收了我国体育课程教材建设五十年来乃至我国教科书百余年来的经验和教训，并主动学习了国外先进的教材编写理念，在此基础上编写和出版的。这一时期的体育教科书比任何时期的教科书都更具有改革

① 王家宏，蒋国旻．基础教育体育课程改革之审视［J］．东南大学学报（哲学社会科学版），2010，12（1）：108～111．

和创新的精神，其以学生为本、以促进学生身心全面发展为目标的理念，既是时代发展赋予体育教科书的合理选择，也是百余年来体育教科书历史变迁经验的有效总结。这一时期的体育教科书，其总体水平和编写质量上的进步是十分显著的，它的成就代表了百余年来体育教科书发展的最高水平，虽然也存在一些问题和不足，但这些问题必将在课程改革的持续深入发展中不断得以克服和解决。

第五章　历史经验与展望

第一节　体育教科书发展变迁的历史规律与经验

英国十九世纪著名散文家和历史学家托马斯·卡莱尔曾说过：“过去一切时代的精华尽在书中。”书籍作为人类精神财富的宝贵源泉，记载了许多人类社会历史的珍贵记忆，而作为书籍大家族中的一个特殊存在，教科书无疑也具备这一特征。同时，作为教育领域中的重要要素之一，教科书本身就是为着传承人类文化知识的神圣使命而诞生的，教科书所承载的知识总是经过精心挑选和审查的，它所记载的往往是在当时被认为是最有价值和最有必要传递给学生的知识，因此教科书总是会自觉或是不自觉地记录下一个又一个时代的种种记忆，成为一个时代的历史缩影。

我国近现代体育教科书发展变迁的历史进程，同样也是百余年来中国社会历史变迁的缩影，在体育教科书发展变迁的轨迹中，凝聚了不同时期政治、经济、文化及教育、体育等种种因素的影响，我们透过这些因素对这一进程进行梳理与研究，不仅可以印证和拾起遗落在教科书中的有关社会历史变迁的种种固有规律，还应该可以总结出百余年来体育教科书发展变迁中值得我们继承学习或是引以为戒的历史经验和教训，以便更有效地丰富和发展当今体育教科书建设事业的有关理论和实践。

一、体育教科书发展变迁的外部因素

无论教科书编写者如何保持客观与中立，教科书总是会或多或少地体现教育决策者和主要教育专家的思想和意图，而在任何时代的教育领域中，这些主流的思想和意图都不可能脱离其所处时代国家和社会的需求。雷蒙德·威廉姆斯认为："教育制度的一个特征就是：它们声称自己传播的'知识'和'文化'具有绝对的和普遍的意义。尽管如此，知识和文化的内容总是有选择的，而且随着时代、国别和教育制度的不同而呈现出差异性。很明显，在有选择的教育内容和现实中占主导的社会关系之间，存在着基本的、必然的联系。"① 正如这一观点所陈述的那样，任何被官方裁定为面向所有人的知识，都不可避免地会受到意识形态的影响，从这一层面来说，任何时期的教科书都是国家意志的体现，任何时期的教科书，都是其所处时代社会政治、经济和文化等要素共同作用的结果。

（一）体育教科书是国家意志的体现

纵观我国近现代以来教科书的发展变迁历史，可以发现其同样受社会政治、经济和文化变迁的深刻影响，并表现出了鲜明的时代特征。当每一次社会变革时，我们总是能看到教科书中表现出来的鲜明的政治意识。如民国初年，教育界就表现出了对民国政府教育新政的热烈回应，刊发在1912年《中华教育界》创刊号附录栏内的《中华书局宣言书》慷慨激昂地写道："民国成立，即在目前非有适宜之教科书，则革命最后之胜利仍不可得。"将教科书之编写出版与国民革命成功与否联系在一起，可见教育界对教科书应主动承担社会责任的共识，正因为教科书的这一特性，从另一个角度来看，社会政治变迁对教科书的影响就不言而喻了。事实上民国初期各种版本的教科书中，几乎无一例外都响应了民国新颁布的各项教育政策，表现出了社会政治变革对教科书发展的强烈影响。中华人民

① Raymond Williams. The Sociology of Culture［M］//阿普尔. 教科书政治学. 华东师范大学出版社，2005：134.

共和国成立后，教科书编写斩断了与旧中国的联系，以解放区教科书编写经验和苏联教科书为蓝本，决心编写出符合人民大众需求的教科书，也正是社会政治变迁与意识形态改变对教科书影响的体现。

体育教科书的发展变迁同样受到了社会政治变革的深刻影响，每一次社会变革，在体育教科书中均有着鲜明的体现。如民国成立初期，体育教科书中出现了大量的以“共和”“民主”为主题的体育游戏教材，这就反映了当时的教育者利用体育教科书传递民主共和政治思想的意图。中华人民共和国成立后，体育教科书选择以苏联教科书为蓝本编写，并主动学习苏联的“劳卫制”，其实也正是当时我国在政治上向坚持马列主义路线的社会主义国家学习的体现。无论在何种社会体制下，体育教科书的编写总是以这一时期的社会政治要求为指导思想来编写的。尽管体育教科书是以传递人类身体教育的相关知识技能为主，这些知识和技能本身并没有意识形态之分，但就整个教育发展来说，教育领域从来就是政治教化的重要阵地，尤其在社会变革动荡的时期，教育更是自觉地充当了抢占思想教育阵地的重要工具，因此即便是从体育教科书的变迁中，我们也能看到社会政治变革的深刻影响。

（二）经济发展是体育教科书变革与进步的基础

经济发展对近现代以来体育教科书发展变迁的影响也是显而易见的。作为教育的一个重要要素，教科书本就是与社会经济发展水平相适应的。包括教科书在内的一切教育要素，都是以社会生产力为目标和基础的。从体育教科书一百余年来编写出版的情况来看，无论是哪一个时期的体育教科书，都会强调在满足社会需求的过程中对人才培养的价值和作用，只是强调方式在不同时期的表现形式略有差异而已。同时，无论是哪一个时期的体育教科书，它的繁荣发展总是要以经济的稳定发展为基础的，如20世纪30年代和80年代中后期体育教科书编写出版的繁荣，正是这两个时代社会环境相对稳定、经济发展水平取得了一定程度进步的结果。而反观中华人民共和国成立初期三年自然灾害时期，受经济领域困难的影响，学校体育和体育教科书的发展都受到了影响和制约。

经济发展对体育教科书的影响，还体现在科学技术进步对教科书出版的影响上。作为经济发展的重要推动力量，科学技术的每一次进步都会带来经济发展上的巨大前进，因而科学技术的进步就成了经济发展的重要表征。科学技术的进步对体育教科书的影响，不仅体现在对体育教材内容的更新上，更为鲜明的是，我国近代以来印刷、装帧等领域技术水平的进步，对体育教科书文本形式的影响是十分明显的。

（三）文化变迁对体育教科书的规制

社会文化变迁同样对体育教科书有着深刻的影响。从教科书的属性来看，体育教科书本身就承载着传递人类体育文化的重要使命，体育教科书的发展变迁也是社会文化变迁的一个组成部分。从更大的范畴来看，体育教科书在近现代以来的社会文化变迁历程中，表现出了明显的时代性。体育教科书的诞生就是近代以来西学东渐的产物，在西方文化传入中国的过程中，中国传统的身体文化观受到了巨大的冲击，以体操为主要内容的近代体育教科书，事实上就是中西方体育文化交融碰撞后的产物。民国时期的新文化运动也对体育教科书的发展有着重要的影响，如新文化运动中大力推行白话文，就促使了体育教科书由文言文撰写向白话文撰写的转变。新文化运动提倡科学与民主，当时的国粹派借提倡“新武术”以宣扬封建复古思想，就受到了鲁迅先生等人的批判，由此引发的对待民族传统体育的争论，一直持续到了 20 世纪 30 年代的“土洋体育之争”，在很长一段时间里，这场争论都直接影响到了体育教科书对教材内容的选择，20 世纪 30 年代国术教材均采用单独编写教科书的形式，就是一个很好的例证。中华人民共和国历史上，社会文化变迁同样影响到了体育教科书的编写，如 20 世纪 80 年代中期，我国掀起了近代以来第二波大规模向西方学习的文化思潮，许多西方近现代以来的社会文化教育思想纷纷涌入我国，受此影响体育教育领域也引入了多种教育思想，这些教育思想对体育教科书的编写无不产生了重要的影响。由此可见，自近代以来，我国历史上每一次大规模的社会文化变迁，都会无一例外地对当时的体育教科书发展产生重大的影响，社会文化变迁对体育教科书发展的规范和制约作用是毋庸置疑的。

（四）教育及体育思想变迁对体育教科书的影响

教育是文化的一个重要组成部分，我们强调社会文化变迁对体育教科书的影响，也包括教育因素的影响。但需要指出的是，作为教育领域的一个重要要素，教科书的发展本就是与教育的发展息息相关的，甚至可以说，教科书的发展就是教育发展的一种体现。如果把体育教科书作为一个独立的存在，我们也可以看到，近现代以来不同时期体育教科书的发展，总是受其所处时代教育思想，以及体育思想的影响。这种影响，不仅仅是指各个历史时期教育政策以及体育政策对体育教科书的直接规范，还包括各时期主要教育思想和体育思想对体育教科书的间接影响和制约。如清末民初在军国民教育思想影响下，体育教科书较为注重对强国强种目标的追求；1923 年课程改革时，在实用主义教育思想影响下，体育教科书转而选择了更多适应儿童生理心理特点的教材内容，表现出了对以儿童为中心的教育理念的认同和选择；中华人民共和国历史上，全面发展、体质教育、技能教育、终身体育、素质教育及健康第一等多种教育体育思想，均在很大程度上影响了不同时期体育教科书的发展。

体育教科书作为传承体育运动文化、承载体育课程内容的客观存在，它的诞生和发展，是社会政治、经济、文化、教育及体育等多种因素交互影响和制约的结果，体育教科书发展演进的历史，就是上述多种外部因素综合影响体育教科书生成演变的历史，这些因素作为体育教科书演变发展的外部动力，不仅制约着过去一百多年来体育教科书的演进历程，而且还将在体育教科书未来的发展中继续推动并制约着其发展。

二、体育教科书发展变迁的内部动因

（一）体育教科书发展演进的相对独立性

教育和课程与社会政治经济之间的关系，是对立统一的关系。作为社会意识形态的重要内容之一，它们既依存于一定的社会政治经济，又有其自身的相对独立性。作为课程的重要要素，教科书的发展同样既受到社会政治经济及意识形态的制约，表现出要为社会政治经济服务的特征，又表现出了其自身发展的相对独立性。在教科书生成的过程中，编写者除了要根据国家教育方针及教学计划、教学大纲等政策文件要求以体现国家意志外，还要遵守教科书自身发展过程中所总结和积累的一些经验与规律，这就决定了教科书的生成有不受社会政治经济的制约、独立于意识形态之外的一些因素存在，在不同历史时期、不同意识形态下，教科书编写者都无法回避这些因素。因此我们说，体育教科书既是各种社会外部因素共同作用的结果，也是教科书自身发展演变的内在规律导致的必然结果。

体育教科书编写过程中逐步形成的这些内部规律和原则，是推动其向前发展的关键要素。在编写体育教科书的过程中，对这些基本规律和原则的遵守和把握情况，直接决定了体育教科书质量的高低，可以说这些内部规律和原则成了体育教科书发展演变的内在动因。从我国近现代一百多年来体育教科书发展变迁的历程来看，一些有代表性的经典教科书，总是较好地体现或遵循了这些编写规律与原则；而与此相反，违背这些规律和原则的体育教科书，则一般来说总会存在一些问题。这些内部规律和原则主要包括：体育教科书编写应适应儿童生理和心理发展及未来生活的需要；体育教科书内容选择应从实际出发，适应学生全面发展的需要；体育教科书编写应坚持理论与实践相结合、继承与发展相结合、统一性与灵活性相结合的教材选用原则；体育教科书编写应做到学习国外先进文化与坚持民族特色相结合等。这些规律与原则，是在体育教科书发展过程中逐步总结形成的，当教科书编写者越来越重视这些规律和原则，并表现出对它们的遵照与认同时，这些规律与原则就逐渐成了规范体育教科书发展的首要准则，甚至在社会政治、经济与文化等外部条件发生变化时，这些准则也会引导着体育教科书朝着自己固有的方向前进，从而使体育教科书的编写和发展也表现出了自身的相对独立性。

（二）体育教科书“内在逻辑性”的形成及对自身发展的促进

体育教科书发展变迁过程中所体现出来的相对独立性，与体育课程发展运行的规律是一致的。作为体育课程的中心环节，体育教科书的发展变迁与体育课程的演进历程是紧密相连的。正如体育课程在发展演变的过程中，会由于自身演进过程中积累的经验，从而形成内在的运动和发展规则，“这种内在逻辑性的形成，使得体育课程在一定的历史阶段与外界其他影响因素保持相对的独立，按照自身的运动逻辑发展和演进”①。体育教科书的发展也同样积累了这些经验，形成了自己的“内在逻辑性”。这种相似性并非是偶然的，体育课程发展变革的过程，就是体育教学大纲和教科书变革的过程，体育课程发展演进中积累和形成的运动和发展规则，同样会迁移到体育教科书上来。由此我们也可以说，我国近现代中小学体育教科书的发展历史经验与体育课程的发展经验有着十分显著的相似性。

体育教科书发展历程中所形成的这种“内在逻辑性”，会随着时间的推移和所积累经验的日渐丰富，在体育教科书的编写过程中表现出更大的影响力，甚至使体育教科书的编写表现出了逐渐远离社会政治、经济和文化的影响，而按照自身的规律和特征生成教科书文本的特征。如体育教科书自清末诞生以来，一直表现出强烈的政治色彩，但随着编写过程中越来越重视教科书编写的内部准则，体育教科书逐步从关注人的工具价值转向了关注人本身的发展，教科书中的政治色彩也越来越淡化。这种转变正是体育教科书发展过程中既依存一定的社会政治经济基础，又具有自身相对独立性的体现。今天我们客观地审视体育教科书发展历程中的这一现象时，依然无法否认社会政治、经济和文化变迁对体育教科书的影响，但我们需要认识到并予以强化的理念是，体育教科书应形成并尊重自身发展的“内在逻辑性”，按照发展历程中总结形成的客观经验，遵照自身发展的特有规律，以实现体育教科书编写出版的科学化和现代化。

三、体育教科书内容的历史变迁

（一）世界性与民族性

诞生于清末的体育教科书，是西学东渐的产物。近代体育的传入和近代教育体制的建立，是体育教科书萌生的重要条件。这些外部因素直接决定了我国早期的体育教科书，从内容到形式都是以当时世界最为先进的体育文化为依托的。无论是向日本学习，还是以德国瑞典体操为师，我国早期的体育教科书基本都是直接翻译国外最为著名的体育教科书著作，甚至在其后较长一段时期里，我国自编

① 王华倬．论我国近现代体育课程的发展演变及其历史经验［D］．北京体育大学博士学位论文，2003：121.

的体育教科书仍然无法摆脱国外教科书的影响。近代体育和教科书在我国近代社会均是新生事物，体育教科书从无到有，无法在纵向上借鉴本国传统，选择从横向上向同时代先进国家学习，自然是合情合理的。在之后的一百余年里，体育课程及教科书的发展经历了无数次学习国外先进体育课程发展经验和教科书编写经验的历程，体育教科书在编写上也经历了从最初的学习日本、德国，到20世纪二三十年代学习美国，再到中华人民共和国成立后直接以苏联教科书为蓝本编写，再到80年代以来全面学习日本、美国等各个国家的先进经验的过程。从教育改革和发展的角度来看，面向世界，主动学习不同国家的先进经验，对于体育教科书的发展和进步是有着重要的推动意义的。

以西方体育为主要内容的早期体育教科书，也面临着如何吸纳民族传统体育内容的问题。虽然体育教科书的出现，是当时相对落后的清末封建教育学习国外先进体育文化的结果，我国近代以前也没有可供借鉴的体育教科书文本，但即便如此，体育教科书在模仿和借鉴西方课程教材时，仍会受到本国民族传统体育的影响。这种影响，一方面体现在民族传统体育内容争取进入体育课程教材体系的努力上，如从民国初期开始就陆续出现了提倡武术进入学校体育课程和教科书内容体系的呼声，另一方面，是民族传统体育面对进入我国的整个西方体育文化系统，从未放弃过对其本土化和民族化的努力。从我国近代体育教科书的发展历程来看，北洋政府时期国粹派新武术运动中编写的武术教科书，国民党时期土洋体育之争和国术统一运动中编写的大量国术教材等，都是中西体育文化冲突中争取民族传统体育地位和努力实现体育课程教材本土化及民族化的体现。中华人民共和国成立后，体育教科书全盘“苏化”的过程中，武术等民族传统体育内容在教科书中一度消失，之后才逐步回归。第二代体育课程以来，我国加快了努力探索有中国特色的体育课程教材体系的进程，如何处理体育教科书内容选择的民族性问题，更是成了这一进程中的一个重要课题。

回顾我国近现代以来中小学体育教科书的发展变迁历程，我们可以非常清晰地看到教科书内容在世界性与民族性之间的博弈与徘徊。体育教科书内容选择的世界性，一方面是由于体育教科书中教材内容选择始终受到外国体育课程和教科书的强烈影响，从而表现出对世界先进体育文化的被动借鉴与学习，另一方面也是由于我国体育教科书自身始终存在创新和进步的内在需求，从而表现出了主动走向国际化的努力。体育教科书内容选择的民族性，则是由于体育教科书的发展不仅有着探索具有民族特色体育课程教材体系的追求，同时对于外来的体育文化还始终存有使之本土化的努力。因此我国近现代以来体育教科书在内容选择上，一直表现出既具有世界性，又具有民族性的特点，这二者之间虽然冲突不断，但在促成更具有现代意义的体育教科书文本生成的过程中，它们又是长期共存的。体育教科书的内容世界性与民族性的追求，在不同的历史时期有着不同的侧重，从整体上来看表现出了由向国外学习的“拿来主义”逐步过渡到“本土化探索”，再到进一步追求“国际化发展”的大致发展轮廓，在我国近现代史上，均有过一轮这样的发展历程，在一定程度上呈现出了重演式的特征。

（二）统一性与灵活性

体育教科书内容选择上所体现出来的统一性，首先是与我国近现代以来体育课程管理制度紧密相关的。从课程管理的角度来看，无论哪种社会形态，国家出于政治、经济、文化等多方面的考虑，均会对课程内容提出相对统一的要求，国家教育管理部门所颁发的各类教学计划以及课程标准和教学大纲等，都可以看作是国家追求课程统一性的体现。我国近现代以来的体育课程，在课程管理上一直实行的是相对集中的国家统一管理模式，这种模式更有利于国家实现统一体育课程的目的。而从体育课程自身的发展来看，虽然在不同历史时期它承载了不同的历史使命，但它一直较为强调课程目标的社会价值。就这一点而言，依据课程标准或教学大纲编写的体育教科书，其在内容选择上一般均会强调国家教育目的和社会需求的统一要求。

体育教科书内容上所体现出来的统一性，还由于无论处于何种历史时期，不同的编写者依据体育教科书自身运行的内在逻辑选择教材内容时，总会表现出一定程度的趋同性。这是由于在选择教科书内容时，对最有价值的体育教材的判断，在总体上来说呈现出了同一性大于差别性的特征。尽管这更可能是由于课程标准或教学大纲对体育教科书的制约造成的，但我们可以看到的是，在课程标准和教学大纲并没有对教学内容做出明确限定的时期，体育教科书内容上仍然呈现出了这一特点。

虽然我国近现代以来体育教科书内容更多体现出统一性的特征，但由于我国各地在气候、办学条件等方面存在的差别，再加之不同教育条件下学生身心发展表现出来的差异性等因素，体育教科书在内容选择上也具有灵活性和多样性的需求。从教科书编写的角度出发，要满足不同条件下教学活动的正常开展，并照顾学生的个体差异性，体育教科书在内容选择上就必须灵活多样，以适应不同的要求。教科书内容选择上的灵活性，更多地照顾到了具有差异性的不同群体学生的特殊需求，以弥补教学内容统一性只注重多数而忽略个别性的不足。如果说各地气候、办学条件等外部因素的差异是被动地影响体育教科书的内容选择的话，那么体育教科书自身也会出于对社会需求多样性的满足，而存在主动追求灵活性与多样性的要求。我国自近代体育教科书出现以来，就一直表现出了对体育教科书灵活性和多样性的追求，如国民党统治时期，体育教科书中就专门设置了一些选修内容，中华人民共和国成立后，我国体育教科书从 20 世纪 60 年代开始，逐步增设了选修教材的内容，到 20 世纪 80 年代中后期，选修教材内容比重一度高达 50%，进入第三代体育课程时期后，教科书更为注重教材内容的灵活性，在新课程标准指导下编写的体育教科书，依据课程标准所提出的目标自由选择教材内容，这就使得这一时期的教科书从整体上来看，进一步加大了教材内容的灵活性。

在课程演变的过程中，统一性与灵活性（多样性）之间的关系常常是互为消长、相互更替的。吕达先生称课程演变的这一现象为“钟摆现象”，王华倬先生在论及我国近现代体育课程演进过程时也指出，“这种‘钟摆现象’同样表现在体育课程的发展过程中”①。事实上，在整个教育领域，许多方面都表现出了这一规律。体育教科书内容选择的统一性与灵活性问题，正是这种“钟摆现象”的体现。统一性与灵活性的关系既是对立的，又是统一的。这种对立统一的关系，是我国近现代以来体育课程教材发展的一个基本经验，对体育教科书的建设而言，既应该注重内容选择的统一性，也应该重视教材内容的灵活性，只有处理

① 王华倬. 论我国近现代体育课程的发展演变及其历史经验［D］. 北京体育大学博士学位论文，2003：123.

好了统一性与灵活性的关系，才能更好地促进体育教科书的发展。

（三）“教材”与“学材”

“教材”与“学材”的概念只是相对而言的，体育教科书中的运动素材，对于教师而言是“教材”，对于学生而言则是“学材”。由此可见，所谓的“教材”与“学材”，本就是指同一事物而言。但在体育教科书的编写中，对教科书秉持“教材”的理念还是“学材”的理念，则体现了不同时期教科书编写价值的差别，在我国近现代中小学体育教科书的变革中，的确存在从“教材”理念到“学材”理念的逐步变化。

体育教科书诞生之初，教科书中所选编的内容，大多以阐明某一项运动技能为主，较为强调运动项目知识内容的系统性与完整性，这一时期的教科书，尚不具备近代教科书的完整特征，还只能称之为初步形态的“教材”。民国以后，体育教科书逐步注重教学方法，按学年分册编写的体育教科书也逐渐增加，但从整体上来看，在这一时期的体育教科书中，基本是从教师的视角去理解和审视体育教材的，编写教科书的目的也是为了更好地促进体育教师的教学工作，因而此时的体育教科书尚处于用“教材”理念审视体育教科书的时期。当然，这一时期的体育教科书也表现出了对一些对学生身心发展规律和学习兴趣的关注，从这一层面来说，它开始出现了“学材”理念的萌芽，但这种对学生的关注，仍然还是从教师视角出发的，因而真正意义上的“学材”理念尚未形成。中华人民共和国成立后，体育教科书以传授“三基”为目标，强调知识和技能的系统性，较长一段时间里只编写出版教师用书，学生用书长期处于缺失状态，这一时期的体育教科书仍只是教师视角下的“教材”，“学材”理念在教科书中没有进展。20 世纪 80 年代初，广东等各省编写出版了中华人民共和国第一批学生体育课本，由此开始了体育教科书真正意义上对学生的平等关注。在其后的发展中，体育教科书的编写体例和呈现方式越来越注重为学生自主学习提供方便，教科书中引导学生自学的学习提示、吸引学生阅读兴趣的彩色插图、规范学生自学自练的学习目标设置和练习内容的安排等，越来越多地出现在各种版本的体育教科书中。如果说之前的体育教科书是以教师为中心编写的话，那么这一时期体育教科书的编写真正转向了以学生为本、以促进学生身心全面发展为目标。这种转变，正是体育教科书由“教材”理念到“学材”理念的转变。

体育教科书由“教材”理念到“学材”理念的转变，也是体育课程从关心体育的社会价值转变到日益重视学生个体价值的体现。在过去很长的一段时间里，体育教科书的编写更为注重体现国家意志，重视体育教学的社会价值和工具价值，体育教科书在内容选编和目标指向上都是围绕着各时期的社会需要，对学生身体健康的追求，其出发点是为了满足国家和社会对个人发展的具体要求。因而在体育教科书的编写上，是从代表国家意志的教师视角出发的，更为关注“教材”本身。20 世纪 90 年代以来，体育教科书逐渐强调促进学生身心的全面发展，新一轮课程改革后，基于建构主义理论的课程模式，更是强调学生在体育课程中的主体地位，体育教科书的编写表现出了向关注学生个体发展、关注作为独立个体的人本身的转变。在这种情况下，体育教科书自然表现出了从“教材”到“学材”理念的转变。

四、体育教科书审查制度的历史变迁

世界各国的教科书审查制度，大致可分为“国定制”“审定制”和“自由选定制”三种类型。不同的审查制度的差别，主要在于国家对教科书编审的控制程度，上述三种教科书审查制度中，“国定制”是管理最为严格的，“自由选定制”则相对较为宽松，“审定制”约居于二者之间。我国近现代以来教科书审查制度（含体育教科书）以“国定制”和“审定制”为主，整体上呈现出由“审定制”到“国定制”，再到“审定制”这样一个变化过程。

我国近代最早的体育教科书，是由民间机构和学者编译的，癸卯学制颁行后，体育教科书仍由学部从民间编译的各版本中挑选，清政府学部官编体育教科书的编写和出版，在较长一段时期里基本无法满足各级学校的需求，民间编写出版的教科书一直是各级学堂中教科书的主要来源。为加强对民间编写的体育教科书的管理，清政府学部在体育教科书审查制度上采用了“审定制”，规定民间所编课本须经学务大臣审定后方可使用。尽管事实上清末的教科书审查制度一直实行的是“审定制”，但清政府从未放弃过统编教科书的努力，学部也陆续出版了部分官编体育教科书，只是随着封建王朝及其教育体制的坍塌，清末体育教科书官编的努力一直未能实现。民国建立后，体育教科书审查制度上沿袭了清末的“审定制”，体育教科书仍由商务印书馆、中华书局等出版机构组织专业人才编写，北洋政府教育部负责对民间编写的体育教科书进行审定。国民党统治时期，出于党化教育的需要，教育部门一直在进行教科书“国定制”的努力。但无论国民党教育管理部门采用何种措施，体育教科书始终处于统编教科书与民间编写教科书共存的状态，在教科书审查制度上，仍然采用的是“审定制”。回顾近代以来我国体育教科书审查制度的变迁历程，“如果从表象而言，这是一段政府和社会在‘审定制’与‘国定制’之间博弈、抉择的历史，当然如果我们更深入其实质的话，可以发现它的内涵其实是中国近代国家追求政府控制教科书内容编撰的一段历史”①。清末和民国时期政府追求教科书“国定制”的失败，事实上是国家无力控制教育发展的体现。

中华人民共和国成立后，明确提出了建立教科书“国定制”的管理制度，决定由中央统一管理教科书的编写、审查、出版与发行等事务。随后成立的人民教育出版社，担负起了编写出版中小学教科书的历史使命，1956 年人民教育出版社出版了中华人民共和国第一本全国统编体育教科书后，在随后的很长一段时期里，体育教科书一直由国家统一编写出版。“国定制”的推行为新诞生的人民共和国在短期内迅速实现对封建旧教育体制的改造，促进思想统一等作出了积极贡献。但“一纲一本”的教科书制度也存在诸多不适应教育发展的地方，改革开放后，随着中华人民共和国教育体制改革的推进和社会环境的变化，“国定制”所存在的弊端也日渐突显。1986 年全国中小学教材审定委员会的成立，标志着我国在全国范围内实现了教科书“审定制”。在国家层面，以人民教育出版社为代表的出版单位，仍然是体育教科书编写出版的主要力量，但教科书审查制度的改革，使体育教科书出版格局发生了较大的变化，随后一段时期，全国各地编写出版了大量的体育教科书。从体育教科书审查制度变迁历程来看，中华人民共和国成立之初政府力推教科书“国定制”，用了短短几年的时间，完成了清末

① 刁含勇. 新中国中小学教科书制度的形成及其影响（1949—1954）［D］. 华东师范大学博士学位论文. 2011：164.

民国半个世纪以来未能完成的任务，实现了政府对教科书编写的完全控制。这种变革，从国家基础教育管理的角度来说，是一种巨大的历史进步。但教育事业的发展，自有其内在的逻辑性与规律性，当国家与社会对人才培养的要求发生改变后，教育管理制度自然会做出相应的调整。改革开放后，我国基础教育发展的社会大环境发生了相应的变化，教育体制改革全面推行，在审视了“国定制”存在的弊病和不足后，教科书审查制度又重新回到了“审定制”。这次回归，既是国家在取得对教育足够支配权力后适应教育改革需要的适时调整，也是教科书适应自身发展规律的必然选择。

教科书审查制度的变迁基本决定了教科书编写出版的格局，但教科书编写、选用等方式的改变也会对其发展产生一定程度的影响。从体育教科书的发展历程来看，在“国定制”与“审定制”两种审查制度之下，体育教科书的编写出版格局也存在一定的交叉和重合。在清末民国时期，虽然体育教科书事实上实行的是“审定制”，但国家一直存有统编教科书的努力；中华人民共和国成立后，体育教科书实行“一纲一本”，大部分时期由国家统一编写，但在某些特殊时期，如中华人民共和国成立初期、“大跃进”时期以及“文革”时期等，也存在多种形式的教科书编写方式；进入第二代体育课程时期以来，体育教科书重新回归“审定制”，但与清末民国时期相比，虽然这一时期体育教科书编写力量迅速壮大，但占据主导地位的仍是人民教育出版社等几家主要出版机构。无论审查制度如何改变，我国近现代以来不同时期的教育管理部门，都进行过国家统一编写体育教科书的努力，这一点是始终不变的。从一百多年来的发展历程来看，国家编写的体育教科书基本呈现出逐步占据主导地位的趋势，虽然由于特殊时期的历史需要，在中华人民共和国成立后较长一段时期曾一度完全垄断教科书市场，但随着教育的进步和时代的发展，体育教科书编写出版又重新回归到这一趋势。

在不同的教科书审查制度下，体育教科书自身也呈现出了不同的特点。“国定制”时期，体育教科书大多统一性有余，而灵活性不足；“审定制”时期，体育教科书则更具有多样性，但同时也存在鱼龙混杂，部分教科书之间内容重复，教科书整体质量不高等特点。从我国近现代中小学体育教科书发展的经验来看，国家对教科书编写权限的“收”与“放”，事关教科书的质量和生命，我们只有以历史为鉴，尊重教科书发展的规律，把握好教科书审查的度，才能更好地推进体育教科书的编写和发展。

第二节　结论与展望

一、研究结论

（1）我国近代体育教科书，是伴随着近代体育课程的萌芽与兴起而出现在历史舞台的。在癸卯学制与近代体育课程长达半个世纪的孕育过程中，体育教科书伴随着西学东渐与变法图强的脚步，率先出现在教会学校及洋务派和维新派所创办的学堂中。近代体育教科书的出现，既是近代体育课程的产物，也是西方体育文化传入我国的表现和载体。

（2）我国近代体育教科书从清末到民国时期，内容上经历了从体操到体育的飞跃。1922 新学制颁布前，体育教科书受军国民主义体育思想影响，强调体育的“强国强种”目的，内容上以普通体操和兵式体操为主；新学制和课程标准颁布以后，体育教科书受实用主义教育思想影响，转而注重适应儿童身心特点，内容上转变为以田径、球类、体操、游戏及武术等西方近代体育内容和中国传统体育项目相结合。国民党统治时期，体育教科书的编写和出版出现了近代以来的第一次高峰，出版数量和质量均达到了体育教科书出现以来的最高水平。

（3）中华人民共和国成立以后，我国体育教科书的发展历程与体育课程发展演变的阶段性高度吻合：1949 年中华人民共和国成立至 1985 年为第一代体育课程时期的全国统编体育教科书时代；1986 年至 1999 年为第二代体育课程，这一阶段体育教科书进入高速发展时期，由“一纲一本”的“国定制”时代转变为“一纲多本”，甚至是“多纲多本”的“审定制”时代；1999 年《中共中央国务院关于深化教育改革全面推进素质教育的决定》颁布后，体育教科书伴随着新一轮课程改革的全面推进，进入了第三代体育课程时期的深化改革阶段。

（4）我国近现代体育教科书的发展演变，是社会政治、经济、文化、教育和体育等多种因素交互影响和制约的结果，任何时期的体育教科书都是国家意志的体现。同时，体育教科书作为一个独立存在的文本，它的发展又有其自身的相对独立性，会受到教科书自身发展过程中所总结和积累的经验和规律等“内在逻辑性”的影响。体育教科书既是各种社会外部因素共同作用的结果，也是其自身发展演变的内在规律的必然产物。

（5）我国近现代体育教科书发展演变的过程，是吸收国外先进经验和发掘民族传统特色相统一的过程，也是继承历史优良传统与改革发展创新相结合的过程。体育教科书在名称上经历了从“体操”到“体育”，再到“体育与健康”的演变；在发展模式上经历了从“拿来主义”到“本土化探索”，再到“国际化发展”的三阶段模式；在内容选择上经历了努力追求统一性，到高度统一后逐步加大灵活性和多样性的过程；在审查制度上经历了由“审定制”到“国定制”，再回归“审定制”的过程；在学习对象上经历了“以日为师”到“以欧美为师”，再到“以俄为师”，最后进入到以日本、美国等多个国家先进经验为学习对象的过程。体育教科书发展演变过程中的一些现象还表现出了“钟摆”摆动式或重演式的演变特征。

（6）我国近现代中小学体育教科书经过一百多年来的发展，在教科书的编写和管理上积累了一些宝贵的经验，也存在一些深刻的历史教训。从整体上来看，我国体育教科书总体水平随着时代发展取得了不断进步，表现出了由关注体育教材的社会价值到关心个人发展、由“教材”到“学材”、由“以教师为中心”到“以学生为本、以促进学生身心全面发展为目标”的转变。体育教科书的发展是我国近现代以来社会不断发展进步的具体体现，体育教科书一百余年来取得的成绩是主要的，在当前和今后的课程改革中，建设有中国特色的体育课程教材体系是广大体育教育工作者的历史使命。

二、体育教科书研究展望

我国近现代以来中小学体育教科书发展变迁的历史过程，是一个值得不断深入研究下去的课题，由于本人能力所限，对这一领域的研究还远远不够，致使该研究还存在不少疏漏，尚有待于后续研究进一步完善。

囿于资料收集的难度，本书在研究国民党统治时期的体育教科书时，仅对国统区的体育教科书发展情况进行了梳理与分析，沦陷区、解放区与革命根据地的体育教科书发展情况均尚未能进行研究。中华人民共和国成立后，港澳台的体育教科书发展变迁情况也未能涉及，这些均有待于后续研究进一步补充完善。我国近现代以来的体育教科书，一直受到国外先进经验的影响，由于本人能力和研究时间、精力的局限，本研究未能将体育教科书的发展与同时期国外体育教科书版本进行对比分析，这不能不说是一种遗憾。

体育教科书中所包含的田径、球类、体操、武术等各具体项目的发展演变情况，是十分值得深入研究的课题，本书对部分时期体育教科书中上述内容进行了浮光掠影式的描述，以期获得体育教科书发展变迁中的整体印象，但如果要深入细致地探究某一项目在中小学体育教科书中发展变迁的历史过程，则非要有一贯到底的纵向研究不可，因此，在后续研究中，对这些具体项目发展脉络的深入研究，也是很有必要的。

参考文献

[1] 刘立德. 陆费逵与中国近代教科书主权意识觉醒 [N]. 中华读书报, 2013-11-20.

[2] 石鸥. 最不该忽视的研究——关于教科书研究的几点思考 [J]. 湖南师范大学教育科学学报, 2007, 6 (5): 6.

[3] 姚蕾. 当代中国学校体育发展的热点问题解析 [J]. 南京体育学院学报, 2010, 24 (3): 20.

[4] 王家宏, 蒋国旻. 基础教育体育课程教学改革之审视 [J]. 东南大学学报 (哲学社会科学版), 2010, 12 (1): 108~111.

[5] 王华倬. 论我国近现代中小学体育课程的发展演变及其历史经验 [D]. 北京体育大学博士学位论文, 2003.

[6] 曾天山. 教材论 [M]. 南昌: 江西教育出版社, 1997.

[7] 钟启泉. 现代课程论 (新版) [M]. 上海: 上海教育出版社, 2006.

[8] 毕苑. 中国近代教科书研究 [D]. 北京师范大学博士学位论文, 2004.

[9] 李祖祥. 控制与教化——小学思品教科书研究 [D]. 湖南师范大学博士学位论文, 2007.

[10] 钟启泉. 现代课程论 [M]. 上海: 上海教育出版社, 1989.

[11] 本书编委会. 汉语大词典 [M]. 上海: 上海辞书出版社, 1990.

[12] 中国社科院语言所词典编辑室. 现代汉语词典 [M]. 上海: 商务印书

馆，2002.
[13] 中国大百科全书出版社编辑部. 中国大百科全书. 教育卷 [M]. 上海：东方出版中心，1998.
[14] 成都体育学院体育史研究室. 中国近代体育史简编 [M]. 北京：人民体育出版社，1981.
[15] 成都体育学院体育史研究所. 中国近代体育史资料 [M]. 成都：四川教育出版社，1988.
[16] 颜绍泸，周西宽. 体育运动史 [M]. 北京：人民体育出版社，1990.
[17] 何启君，胡晓风. 中国近代体育史 [M]. 北京：北京体育学院出版社，1989.
[18] 伍绍祖. 中华人民共和国体育史（1949—1998）综合卷 [M]. 北京：中国书籍出版社，1999：58.
[19] 谷世权. 中国体育史 [M]. 北京：北京体育大学出版社，2003.
[20] 崔乐泉. 中国体育通史 [M]. 北京：人民体育出版社，2008.
[21] 罗时铭，赵华. 中国体育通史：第四卷 [M]. 北京：人民体育出版社，2008：241.
[22] 苏竞存. 中国近代学校体育史 [M]. 北京：人民教育出版社，1994.
[23] 李晋裕，滕子敬，李永亮. 学校体育史 [M]. 海口：海南出版社，2000.
[24] 课程教材研究所. 新中国中小学教材建设史（1949—2000）研究丛书：体育卷 [M]. 北京：人民教育出版社，2010.
[25] 王占春. 新中国中小学体育教材建设五十年（上） [J]. 中国学校体育，1999（5）：4～6.
[26] 王占春. 新中国中小学体育教材建设五十年（下） [J]. 中国学校体育，1999（6）：8～11.
[27] 王占春. 新中国中小学体育教材史论纲（一） [J]. 中国学校体育，2009（5）：6～10.
[28] 王占春. 新中国中小学体育教材史论纲（二） [J]. 中国学校体育，2009（6）：6～10.

［29］王占春．新中国中小学体育教材史论纲（三）［J］．中国学校体育，2009（7）：6～9.

［30］张庆新．中国近现代体育教材史的研究［D］．北京师范大学博士学位论文，2008.

［31］张庆新，毛振明．中国近现代体育教材发展的回顾与展望［J］．体育学刊，2009（6）：69～71.

［32］张庆新，毛振明．近现代我国体育教材内容的嬗变与展望［J］．北京教育学院学报（自然科学版），2009，4（2）：32～36.

［33］刘斌．从体操到体育——清末民国中小学体育教科书研究［D］．湖南师范大学博士学位论文，2011.

［34］郑志林．对我国中小学体育教材建设的历史回顾与展望［J］．浙江体育科学，1994（5）：42～51.

［35］庄弼．我国中小学体育教材建设发展初探［J］．体育教学．2008（12）：10～13.

［36］张天白．我国近代出版体育教科书的早期概况［J］．体育文史．1990（1）：51～52.

［37］焦友吉等．新中国中小学体育教学大纲与教材建设的回顾［J］．北京体育大学学报，2002（25）5：672～674.

［38］张路遥，潘绍伟，王春燕．80 年代以来我国中小学体育教科书的演变［J］．浙江体育科学，2005（4）：66～67.

［39］肖威，我国中小学体育教材发展回顾与思考［J］．运动，2012（49）：104～105.

［40］余纯璐．上海市中小学体育教材建设与发展［J］．体育科研，2009（30）5：100～103.

［41］郑志林，俞爱玲．洗刷“东亚病夫”耻辱的号角——读《国民体育学》［J］．浙江体育科学，2001，23（2）：46～47.

［42］崔鲁祥，刘斌．我国近代第一套通用中小学体育教科书《体育教授细目》［J］．湖南师范大学教育科学学报，2012，12（3）：39～43.

[43]《广东省中小学体育试用课本》编写小组.《中小学体育试用课本》的编写及使用说明 [J]. 体育教学与训练，1984 (3)：47 ~ 48.

[44] 李翅鹏. 关于体育课本的发展研究 [J]. 学校体育，1987 (1)：21 ~ 22.

[45] 余新田，柯文楹，关怀东. 突出地方特色　提高体育教材生命力 [J]. 体育科技，1989 (3)：53 ~ 57.

[46] 杜伟，姚品荣. 体育教材"三特"刍议——关于江苏体育教材体现"中国特色、地方特点和时代特征"的初步探索 [J]. 体育与科学，1992 (6)：41 ~ 44.

[47] 陈晴. 清末民初新式体育的传入与嬗变 [M]. 武汉：华中师范大学出版社，2007.

[48] 潘志琛，罗映清. 中国近现代学校体育思想发展演变的初步研究 [J]. 北京体育学院学报，1991 (2)：47 ~ 55.

[49] 苏竞存. 我国学校体育思想四十年的曲折发展 [J]. 体育文史，1989 (8)：2 ~ 5.

[50] 赖天德，于述平. 中国学校体育指导思想百年演进给我们的启示 [J]. 中国学校体育，2003 (3)：59 ~ 60.

[51] 武恩莲. 近百年来引进外国学校体育的反思 [J]. 体育文化导刊，1990 (3)：2 ~ 8.

[52] 张庆新，朱俊全，衣扬. 近现代我国学校体育思想教材观考察 [J]. 体育文化导刊，2009 (7)：135 ~ 139.

[53] 王前红，李承涛. 麦克乐对我国近代学校体育发展的影响 [J]. 体育文化导刊，2009 (5)：99 ~ 100.

[54] 王建台. 麦克乐对中国近代体育的影响 [J]. 体育文史，1994 (5)：49 ~ 53.

[55] 罗晖，刘云朝，苏苗. 麦克乐的民主主义体育思想探析 [J]. 吉林体育学院学报，2007 (1)：3 ~ 4.

[56] 吴小鸥. 清末民初教科书的启蒙诉求 [D]. 长沙：湖南师范大学博士论文，2009.

[57] 刘斌. 清末中小学体育教科书的启蒙价值 [J]. 湖南师范大学教育科学学报，2012，11 (6)：53 ~ 57.

[58] 刘旻航. 我国现代体育课程改革的文化审视 [D]. 南京师范大学博士学位论文，2008.

[59] 罗茂华. 中小学体育课本在深化改革中不断改进——第三次全国《体育课本》编写研讨会侧记 [J]. 体育教学与训练，1987 (6)：29 ~ 30.

[60] 王占春. 关于编写体育课本的必要性与可行性研究 [J]. 课程·教材·教法 1999 (8)：36 ~ 39.

[61] 耿培新. 体育学科编写课本的必要性和可行性论证会综述 [J]. 课程·教材·教法，1999 (8)：40 ~ 42.

[62] 毛振明. 体育教科书的功能与用途 [J]. 体育学刊，2004，11 (1)：96 ~ 98.

[63] 真名. 从"为什么要教滑步推铅球"谈起 [J]. 中国学校体育，1994 (2)：64 ~ 65.

[64] 卢元镇. 中小学体育教材改革自议——再与真名先生商榷 [J]. 中国学校体育，1995 (2)：63 ~ 65.

[65] 真名. 对体育教材"选优程序"的构思 [J]. 中国学校体育，1995 (3)：60 ~ 61.

[66] 张洪潭. 体育教学内容增删择取 [J]. 上海体育学院学报，1996 (1)：1 ~ 6.

[67] 张洪潭. 编制中学体育教材纲要的理论构思 [J]. 上海体育学院学报，1996 (2)：1 ~ 5.

[68] 耿培新. 对选择体育教材的几点认识 [J]. 中国学校体育，1996 (4)：57 ~ 58.

[69] 毛振明. 论体育教材的选编 [J]. 天津体育学院学报，2002 (4)：34 ~ 36.

[70] 吕晓昌，季浏，赵美鲁. 对我国中小学体育课程改革的若干思考 [J]. 聊城大学学报 (自然科学版)，2009 (6)：63 ~ 65.

[71] 陈珂琦. 试析体育教材的特性 [J]. 中国学校体育，1996 (4)：61 ~ 62.

[72] 王占春. 要客观评价中小学体育课程的统编教材 [J]. 体育教学，2006 (1)：14～16.

[73] 毛振明. 对建立有中国特色体育课程和体育教材体系的探讨 [J]. 广州体育学院学报，2002 (3)：86～92.

[74] 毛振明. 体育教学内容的分类方法 [J]. 体育学刊，2002 (11)：8～11.

[75] 毛振明. 体育教材排列理论与方法研究 [J]. 天津体育学院学报，2003 (4)：44～46.

[76] 王占春，耿培新. 构建九年义务教育体育与健康教材的思考 [J]. 课程·教材·教法，2001 (4)：31～34.

[77] 滕子敬. 体育课本建设刍议 [J]. 中国学校体育，1996 (4)：60～61.

[78] 耿培新. 中国特色的中小学体育课程教材建设 [J]. 体育教学，2009 (10)：46～49.

[79] 贺亚平. 我国中小学体育教材建设的历史经验及未来展望 [J]. 体育科研，2008 (2)：87～89.

[80] 林向阳. 体育课程教材研究的经验、问题与展望 [J]. 体育文化导刊，2005 (2)：52～54.

[81] 毛振明，赖天德. 体育为健康，运动技术学习也为健康——兼评“新的课程教学改革是技术与健康之争”的观点 [J]. 中国学校体育，2007 (1)：27～29.

[82] 毛振明，赖天德，师俭. 体育课一定要让学生学好有用的运动技术——兼对“运动技术教学不需要强调正规性、完整性、层次性和系统性”说法的质疑 [J]. 中国学校体育，2007 (3)：24～26.

[83] 毛振明.《话说好课、解读要求》系列文章之三：好的体育课的核心是好教材 [J]. 体育教学，2007 (3)：49～51.

[84] 毛振明，赖天德. 试析体育教学的主轴线—兼对“课的主轴线是目标而不是教材”等说法的质疑 [J]. 中国学校体育，2007 (4)：17～19.

[85] 毛振明，赖天德. 再谈体育教学内容的开发问题——对提倡“扁担南瓜进课堂”主要观点的辨析 [J]. 中国学校体育，2007 (5)：18～20.

［86］毛振明，赖天德．体育课程教学要通过发展身体素质来促进学生身体健康——兼对“学生跑得快慢与身体健康无关”的说法的质疑［J］．中国学校体育，2007（7）：22～25.
［87］毛振明，赖天德．体育学习与评价要有一个统一标准——兼对否定体育学习与评价“统一标准”的质疑［J］．中国学校体育，2007（8）：20～23.
［88］熊月之．西学东渐与晚清社会［M］．中国人民大学出版社，2011.
［89］陈景磐．中国近代教育史［M］．北京：人民教育出版社，1979.
［90］庆丕，翟汝舟．幼学操身［M］．墨海书局，1890.
［91］杨恒．《陆操新义》探析［J］．军事历史研究，1988（12）：175～178.
［92］（清）湖北武备学堂．体操法［M］．瑞乃尔，译．湖北官学处，1900.
［93］（清）湖北武备学堂．普通体操摘要［M］．王肇鋐，译．湖北官学处，1900.
［94］教科书之发刊概况［M］//李桂林，戚名琇，钱曼倩．中国近代教育史资料汇编．普通教育．上海：上海教育出版社，1995.
［95］毕苑．从蒙学教科书到最新教科书——中国近代教科书的诞生［J］．山西师大学报，2006，33（2）：94～98.
［96］（日）坪井玄道，田中盛业．蒙学体操教科书［M］．丁锦，译．上海：文明书局，1903.
［97］毛礼瑞，钱灌群．中国教育通史．第4卷［M］．济南：山东教育出版社，1988：211.
［98］奏定学堂章程［M］//舒新城．中国近代教育史教学参考资料·上册．北京：人民教育出版社，1981.
［99］学部奏请宣示教育宗旨折［M］//陈学恂．中国近代教育史教学参考资料·上册．北京：人民教育出版社，1986.
［100］刁含勇．新中国中小学教科书制度的形成及其影响（1949—1954）［D］．华东师范大学博士学位论文，2011.
［101］张百熙，荣庆，张之洞．学务纲要［M］//陈学恂．中国近代教育史教学参考资料·上册．北京：人民教育出版社，1986.
［102］罗振玉．日本教育大旨［M］//璩鑫圭，唐良炎．中国近代教育史资料汇

编·学制演变. 上海：上海教育出版社，1991.
[103] 李泽彰. 三十五年来中国之出版业 [M] //张静庐. 中国现代出版史料. 北京：中华书局，1959.
[104] (日) 西川政宪. 国民体育学 [M]. 杨寿桐，译. 文明编译书局，1902.
[105] 图书课. 幼学体操法 [M]. 学务排印局.
[106] (清) 嵩灵. 绘图蒙学体操实在易 [M]. 上海：彪蒙学室，1905.
[107] (清) 高等小学游戏法教科书 [M]. 董瑞椿，译. 上海：文明书局，1903.
[108] (清) 学部. 初等小学体操教授书 [M]. 学部图书局，1909.
[109] (清) 范迪吉. 瑞典式体操教科书 [M]. 上海：时中书局，1906.
[110] (日) 川濑元九郎，手岛仪太郎. 初等小学体操教科书 [M]. 黄元吉，译. 上海：商务印书馆，1907.
[111] 陆费逵. 论中国教科书史 [M] //李桂林，戚名琇，钱曼倩. 中国近代教育史资料汇编·普通教育. 上海：上海教育出版社，1995.
[112] 学校系统改革案 [M] //陈元晖. 中国近代教育史资料汇编·学制演变，上海教育出版社，1991.
[113] 舒新城. 中国近代教育史资料：上册 [M]. 北京：人民教育出版社，1961.
[114] 教育部订定小学校教则及课程表 [M] //陈元晖. 中国近代教育史资料汇编·学制演变. 上海：上海教育出版社，1991.
[115] 教育部公布中学校令施行规则 [M] //陈元晖，中国近代教育史资料汇编·学制演变. 上海：上海教育出版社，1991.
[116] 教育部颁布审定教科图书暂行章程 [M] //李桂林，戚名琇，钱曼倩. 中国近代教育史资料汇编. 上海：上海教育出版社，1995.
[117] 教育部整理教育方案草案 [M] //陈元晖. 中国近代教育史资料汇编·学制演变. 上海：上海教育出版社，1991.
[118] 教育部召集之学制会议及其决议案 [M] //陈元晖. 中国近代教育史资料汇编·学制演变. 上海：上海教育出版社，1991.

［119］教育部公布小学校令［M］//陈元晖．中国近代教育史资料汇编·学制演变．上海：上海教育出版社，1991．

［120］大总统申令：国民学校令［M］//陈元晖．中国近代教育史资料汇编·学制演变．上海：上海教育出版社，1991．

［121］教育部：电各省颁发普通教育暂行办法［M］//陈元晖．中国近代教育史资料汇编·学制演变．上海：上海教育出版社，1991．

［122］商务印书馆新编共和国教科书说明［M］//陈学恂．中国近代教育史教学参考资料·中册．北京：人民教育出版社，1987．

［123］王余光，吴永贵．中国出版通史：民国卷［M］．北京：中国书籍出版社．2008．

［124］张庆新．中国体育教材史论［M］．北京：中国农业大学出版社．2011．

［125］范源濂．今日世界大战中之我国教育［M］//陈学恂．中国近代教育史教学参考资料·中册．北京：人民教育出版社．1987．

［126］金冲及．蔡锷的历史评价［M］//苏竞存．中国近代学校体育史．北京：人民教育出版社．1993．

［127］徐傅霖．共和国教科书普通体操［M］．上海：商务印书馆，1912．

［128］吴圣明．初中柔软体操教材［M］．中国健学社，1926．

［129］沈镜清，奚萃光．体操游戏（第 10 版）［M］．上海：商务印书馆，1922．

［130］王小峰．圈球游戏［M］．上海：商务印书馆，1920．

［131］鲁迅．拳术与拳匪［J］．新青年，1919，6（2）．

［132］新制体操教本［M］．上海：中华书局，1917．

［133］徐傅霖．共和国教科书普通体操［M］．上海：商务印书馆，1912．

［134］庄俞．三十五年来之商务印书馆［M］//陈学恂．中国近代教育史教学参考资料·中册．北京：人民教育出版社，1987．

［135］李华兴．民国教育史［M］．上海：上海教育出版社，1997．

［136］课程教材研究所．20 世纪中国中小学课程标准·教学大纲汇编——体育卷［M］．北京：人民教育出版社，2001．

［137］谢振声．奥运举办之日，就是我中华腾飞之时——体育丛书、勤奋书局和

张伯苓先生［J］. 出版史料，2008（1）.
［138］岳虹妍. 上海《勤奋体育月报》研究［D］. 吉林大学硕士学位论文，2011.
［139］教育部. 初中男生体育教授细目：第二学年用［M］. 上海：商务印书馆，1936.
［140］教育部. 初中女生体育教授细目：第一学年用［M］. 上海：商务印书馆，1936.
［141］王复旦. 复兴初级中学体育教本：第一册［M］. 上海：商务印书馆，1934.
［142］王复旦. 复兴初级中学体育教本：第二册［M］. 上海：商务印书馆，1934.
［143］麦克乐，沈重威. 新学制体育教材［M］. 上海：商务印书馆，1928.
［144］教育部. 初中男生体育教授细目：第一学年用［M］. 上海：商务印书馆，1936.
［145］束云逵，蔡雁宾. 复兴体育教本初小第二册［M］. 上海：商务印书馆，1933.
［146］尹洪兰. 民国期间的国术统一运动［J］. 体育文化导刊，2013，20（3）：117～118.
［147］温敬铭. 短兵术［M］. 南京：正中书局：1948.
［148］王怀琪. 八段锦［M］. 上海：国光书店，1947.
［149］邱丕相. 全球文化背景下民族传统体育发展的思考［J］. 体育科学，2006，26（8）：63～65＋79.
［150］束云逵，蔡雁宾. 复兴体育教本：初小1—4册［M］. 上海：商务印书馆，1933.
［151］蔡雁宾，束云逵. 复兴体育教本：高小1—2册［M］. 上海：商务印书馆，1933.
［152］高棪. 小学韵律活动［M］. 南京：正中书局，1949.
［153］胡绍之等. 初级小学体育教本：第一册［M］. 1930.

[154] 姚家栋. 小学体育教育实施法 [M]. 南京：正中书局，1937.
[155] 王毅诚. 复兴高级中学体育教本：第一册 [M]. 上海：商务印书馆，1934.
[156] 程登科，王复旦. 战时体育补充教材 [M]. 教育部国民体育委员会，1941.
[157] 凌陈英梅. 小学初中分级体育活动教材 [M]. 中华基督教女青年会全国协会，1934.
[158] 胡绍之. 初级小学体育教本：第一册 [M]. 太原：并州新报社，1930.
[159] 邹法鲁. 小学体育教材 [M]. 上海：新夏图书公司，1947.
[160] 王振东. 旧中国体育见闻 [M]. 北京：人民体育出版社，1987.
[161] 俞子箴. 发展我国小学体育之我见 [J]. 勤奋体育月报，1934，1 (4)：6~7.
[162] 白月桥. 素质教育课程构建研究 [M]. 北京：教育科学出版社，2001.
[163] 毛礼瑞，洪灌群. 中国教育通史：第6卷 [M]. 济南：山东教育出版社，1985.
[164] 契列普柯夫等. 苏联体育教材 [M]，仇标，译. 上海：北新书局，1952.
[165] 王占春等. 中学体育教学参考书 [M]. 北京：人民教育出版社，1957.
[166] 教育统计数据库. 各级各类学校校数 [EB/OL]. (2010-01-21) (2013-10-26) http://www.edu.cn/school_496/20100121/t20100121_442258.shtml.
[167] 毛泽东. 关于正确处理人民内部矛盾的问题 [M]. 北京：人民出版社，1975.
[168] 中央教育科学研究所. 中华人民共和国教育大事记 [M]. 北京：教育科学出版社，1984.
[169] 辽宁省教师进修学院. 体育教学大纲（修订草案）[M]. 沈阳：辽宁人民出版社，1959.
[170] 辽宁省教师进修学院. 中学体育教学大纲 [M]. 沈阳：辽宁人民出版社，1959.

[171] 中华人民共和国教育部．中学体育教学大纲［M］．北京：人民教育出版社，1956．
[172] 安徽省中小学教材编写组．军体：安徽省中小学教师参考资料［M］．合肥：安徽省革命委员会出版发行局，1971．
[173] 浙江省中小学教材编写组．军体 体育：浙江省中小学体育试用课本（教师用）［M］．杭州：浙江人民出版社，1970．
[174] 广东省中小学教材编写组．体育：广东省中小学试用课本（教师用书）［M］．广州：广东人民出版社，1972．
[175] 邓小平．关于科学和教育工作的几点意见［M］//中共中央文献编辑委员会．邓小平文选（第2卷）．北京：人民出版社，1983．
[176] 袁跃．浅谈学校体育教材的改革［J］．体育教学与训练，1985（2）：23～24．
[177] 李晋裕．九年义务教育体育与健康教育教学大纲审查说明［J］．学科教育，1992（5）：40～41．
[178] 全国中小学教材审定委员会工作章程［J］．课程・教材・教法，1988（1）：2．
[179] 国家教委关于颁发《全国中小学教材审定委员会工作章程》的通知［J］．课程・教材・教法，1988（1）：1．
[180] 加强教材管理，严格审查制度：国家教委决定今后小学生不使用体育课本［J］．学校体育，1990（6）：6～7．
[181] 深化学校体育教学改革研究课题组．深化学校体育教学改革的研究［M］．北京：人民教育出版社，1999：10～12．
[182] 钱朴，方东欣．中英健康教育教材比较研究［M］//谢利民，钱朴．中小学教材比较研究．北京：中国人民大学出版社，2009．
[183] 董玉泉．浙江省义务教育初级中学课本：体育与保健（三年级）［M］．杭州：浙江教育出版社，1999．
[184] 安徽省小学体育课本编写组．安徽省小学试用课本：体育（第2册）［M］．合肥：安徽教育出版社，1987．
[185] 安徽省小学体育课本编写组．安徽省小学试用课本：体育（第3册）

[M]. 合肥：安徽教育出版社，1990.

[186] 江会生. 九年义务教育初中试用课本：体育（二年级）[M]. 武汉：武汉出版社，1994.

[187] 安徽省高级中学体育课本编写组. 安徽省高级中学试用课本：体育（第3册）[M]. 合肥：安徽教育出版社，1990.

[188] 李翅鹏等. 浙江省高级中学试用课本：体育（二年级）[M]. 杭州：浙江教育出版社，1992.

[189] 杨文轩. 关于“体育与健康课程标准”修订的思考 [J]. 体育学刊，2011，18（5）：1～3.

[190] 中华人民共和国教育部. 全日制义务教育、普通高级中学体育（1—6年级）. 体育与健康（7—12年级）课程标准（实验稿）[M] //朱万银. 全日制义务教育、普通高级中学体育（1—6年级）. 体育与健康（7—12年级）课程标准教师读本. 武汉：华中师范大学出版社，2003.

[191] 中华人民共和国教育部. 义务教育体育与健康课程标准（2011版）[S]. 北京：北京师范大学出版社，2011.

[192] 白志勇. 太原市初中学生使用体育教科书现状的研究 [D]. 山西大学硕士学位论文，2008.

[193] 耿培新. 义务教育课程标准实验教材体育与健康教科书七～九年级（全一册）介绍 [EB/OL].（2010-09-29）（2013-11-28）http：//www. pep. com. cn/peixun/xkpx/peixun_ 13/1s_ 9/jcjs/201009/t20100929_ 920955. htm.

[194] 王家宏，蒋国旻. 基础教育体育课程改革之审视 [J]. 东南大学学报（哲学社会科学版），2010，12（1）：108-111.

[195] Raymond Williams. The Sociology of Culture [M] //阿普尔. 教科书政治学. 上海：华东师范大学出版社，2005.

附　录

中国近现代中小学体育教科书编写出版基本信息

说明：本书研究中国近现代体育教科书发展变迁的历史，是从整理一百余年来体育教科书文本入手的。对我国近现代以来体育教科书书目的整理，已有较长一段时间的历史。目前系统收录中小学体育教科书的书目有：《民国时期总目录中小学教材卷》《师范学校及中小学教科书书目（清末至1949年）》《中国近代中小学教科书总目》《人民教育出版社书目（1950—1999）教材卷》等，张庆新、刘斌等人的博士论文也对体育教科书出版情况进行了整理。但由于教科书目录整理工作十分琐细繁杂，又加之不同编目者确定主书名的方式一般有所差别，因此收藏同一本教科书的几家不同的图书馆，可能在编目时会有不同的书名出现，这样就给统编总书目带来了一些困难。现有的各书目中，也难有较为齐全的体育教科书目录。目录整理工作，一般应包括对书名、编写者、出版者、出版年代、收藏情况及每本书的大致内容等信息的收集，本书对我国近现代以来中小学体育教科书的整理，尚不能称之为严格意义上的书目整理工作，仅按年代对体育教科书出版发行信息进行基本整理，以求将一百多年来以各种途径出版发行的体育教科书的基本信息集中于此，以展现其发展概况，因而称之为“中国近现代中小学体育教科书编写出版基本信息”，应是较为妥当的。

表1　中国近现代体育教科书编写出版基本信息（小学）

序号	书　名	编写者	出版者	出版时间
1	幼学操身	（英）庆丕，翟汝舟编著	上海广学会	1890
2	幼学操身图说	（英）庆丕，翟汝舟编著	北洋官书局	1896
3	简易体操法	（日）涩江保编纂	蒙学报本	缺
4	体学图说	缺	上海广学会	缺
5	湖北武学·体操法	（德）瑞乃尔口译，萧译芬笔述	湖北官学处	1900
6	湖北武学·日本普通体操学	王肇鋐译	湖北官学处	1900
7	体操法	（德）瑞乃尔口译，萧译芬笔述	六艺书局	1900
8	日本普通体操学	王肇鋐译	六艺书局	1900
9	国民新体操	（日）嘉纳治五郎编，钟观光译	科学仪器馆	缺
10	蒙学体操教科书	（日）坪井玄道，田中盛业著，丁锦译著	文明书局	1903
11	高等小学游戏法教科书	（日）山本武著，董瑞椿译	文明书局	1903
12	普通体操学教科书	王肇鋐译	文明书局	1904
13	初等小学体操教科书	郑宪成	上海希记新民书局	1904
14	体育图说	缺	上海广学会	1904
15	绘图蒙学体操实在易	嵩灵著	彪蒙学室	1905
16	最新体操图：兵士徒手体操	上海商务印书馆编辑	商务印书馆	1906
17	最新体操图：器械体操（第1册）	上海商务印书馆编辑	商务印书馆	1906
18	最新体操图：器械体操（第2册）	上海商务印书馆编辑	商务印书馆	1906
19	最新体操图：器械体操（第3册）	上海商务印书馆编辑	商务印书馆	1906

序号	书　名	编写者	出版者	出版时间
20	最新体操图：器械体操应用	上海商务印书馆编辑	商务印书馆	1906
21	最新体操图：普通基本体操寻常科	上海商务印书馆编辑	商务印书馆	1906
22	最新体操图：普通基本体操（高等科第1册）	上海商务印书馆编辑	商务印书馆	1906
23	最新体操图：普通基本体操（高等科第2册）	上海商务印书馆编辑	商务印书馆	1906
24	最新体操图：普通徒手体操连续运动	上海商务印书馆编辑	商务印书馆	1906
25	最新体操图：哑铃体操	上海商务印书馆编辑	商务印书馆	1906
26	最新体操图：球竿体操（第1册）	上海商务印书馆编辑	商务印书馆	1906
27	最新体操图：球竿体操（第2册）	上海商务印书馆编辑	商务印书馆	1906
28	新撰初等小学体操教科书	（日）川濑元九郎，手岛仪太郎编著，蔡云译	文明书局	1906
29	新撰高等小学体操教科书	（日）川濑元九郎，手岛仪太郎编著，蔡云译	文明书局	1906
30	新撰小学校体操法	（日）川濑元九郎，手岛仪太郎编著，李春醲补译	昌明公司	1906
31	瑞典式体操初步（初小用）	李春醲译	新学会	约1906
32	两等小学体操教科书	张水声编辑	会文学社	1906
33	最新普通体操学教科书	武备学堂译	上海益智社	1906
34	瑞典式体操教科书	范迪吉译	时中书局	1906
35	初等小学体操教科书	（日）川濑元九郎，手岛仪太郎编著，黄元吉译	商务印书馆	1907
36	舞蹈游戏	王季梁，孙掞编	商务印书馆	1907
37	表情体操法；又名唱歌游戏	徐昭曾，孙掞编纂	商务印书馆	1907
38	女子体操教科书	缺	科学书局	约1907
39	初等小学体操教科书：第1册	学部编译图书局编纂	编者刊	1907
40	初等小学体操教科书：第2册	学部编译图书局编纂	编者刊	1907

序号	书　名	编写者	出版者	出版时间
41	小学体操范本：上编	徐傅霖编	中国图书公司	1907
42	小学体操范本：下编	徐傅霖编	中国图书公司	1907
43	课堂运动法	徐筑岩译补	文明书局	1907
44	音乐体操	缺	江苏苏属学务处	1907
45	女子小学体操范本：上编	徐傅霖编	中国图书公司	1908
46	女子小学体操范本：下编	徐傅霖编	中国图书公司	1908
47	儿童游戏	王伍编	商务印书馆	1908
48	双人潭腿图说	王怀琪编	中华图书馆	1909
49	初等小学体操教授书：第一册	清学部编纂	学部图书局	1907
50	初等小学体操教授书：第二册	清学部编纂	学部图书局	1909
51	初等小学体操教授书：第三册	清学部编纂	学部图书局	1909
52	初等小学体操教授书：第四册	清学部编纂	学部图书局	1909
53	初等小学体操教授书：第五册	清学部编纂	学部图书局	1909
54	初等小学体操教授书：第六册	清学部编纂	学部图书局	1909
55	初等小学体操教授书：第七册	清学部编纂	学部图书局	1909
56	初等小学体操教授书：第八册	清学部编纂	学部图书局	1909
57	幼学体操法：一卷	图书课编纂	学务排印局	清末
58	幼学体操法：二卷	学部编译处编	天津官报局	清末
59	单级杂录：体操	缺	缺	清末
60	女学体操	云南女医士	上海广学会	缺
61	最新普通体操教科书	罗世杰编著	缺	民初

序号	书　名	编写者	出版者	出版时间
62	体操游戏	沈镜清，奚萃光编撰	商务印书馆	1911
63	课外简易体操	（日）可儿德原著，中华书局编译所译述	中华书局	1912
64	中华初等小学体操教授书	徐傅霖编	中华书局	1912
65	新制中华体操教授书	徐傅霖编	中华书局	1913
66	中华高等小学体操教授书	徐傅霖编	中华书局	1913
67	高等小学新体操教授书	徐傅霖编	中国图书公司	1913
68	共和国教科书新体操	徐傅霖编	商务印书馆	1913
69	体操讲义	徐傅霖编	商务印书馆	民初
70	拳术教科书	徐愚忻编	中华图书馆	1913
71	初高等小学新体操参考书	徐傅霖编辑	中国图书公司	1913
72	初等小学新体操教授书	徐傅霖编辑	中国图书公司	1913
73	共和国教科书普通体操	徐傅霖编	商务印书馆	1914
74	八段锦体操	王怀琪编	教育杂志刊登	1915
75	实用体操讲义	徐傅霖著	中华书局	1915
76	小学游技	谭竞公编	商务印书馆	1916
77	拳术	向逵编	中华书局	1916
78	实验拟战游技：第 1 集	王怀琪编	澄衷中学校	1916
79	西洋拳术	陈霆锐编	中华书局	1917
80	体操教材	赵光绍编	商务印书馆	1917
81	体操教授细目：甲编	赵光绍编	商务印书馆	1917
82	体操教授细目：乙编	赵光绍编	商务印书馆	1917

序号	书 名	编写者	出版者	出版时间
83	体操教授细目：丙编	赵光绍编	商务印书馆	1917
84	行进游技法	汪应钧编	商务印书馆	1917
85	体操游戏	沈镜清，奚萃光编著	商务印书馆	1918
86	三民主义小学体操教本	杨彬如编	世界书局	1918
87	圈球游戏	王小峯编	商务印书馆	1920
88	正反游戏法	王怀琪编	商务印书馆	约 1920
89	作战游戏法	孙掞编	商务印书馆	约 1920
90	中国游戏	金兆钧	缺	约 1920
91	踢毽术	潘蜇虹	缺	约 1920
92	柔软体操	麦克乐	浙江省教育会	1921
93	国旗体操	王怀琪	商务印书馆	1921
94	设计的儿童游戏	杨彬如编	商务印书馆	1922
95	踢毽术	洪涛编	商务印书馆	1922
96	体操教授新论	王秋如编	商务印书馆	1922
97	八段锦	王怀琪编	商务印书馆	1922
98	游戏教材	朱士方译	上海东南公学	1922
99	最新游戏教材	朱士方译	上海东南公学	1922
100	初级体育教练法	钱江春编	中华书局	1923
101	走步体操游戏三段教材	王怀琪编纂	中华书局	1923
102	三段教材正编	王怀琪编	中国健学社	1923
103	三段教材补编	王怀琪编	中国健学社	1925

序号	书　名	编写者	出版者	出版时间
104	走步体操游戏三段教材	王怀琪编纂	中华书局	1925
105	小学体育教学法	王小峰著	商务印书馆	1925
106	德国室内体操	吴钦泰编译	商务印书馆	1925
107	游戏新教材	陈志超编	中华书局	1926
108	不用器具的游戏教材	杨彬如编	商务印书馆	1926
109	唱歌游戏	王季梁，胡君復编	商务印书馆	1926
110	柔软操教学法 *	朱士方编	能强小学社	1926
111	优美体操	袁莹编纂	商务印书馆	1926
112	新学制体育教材	麦克乐，沈重威合著	商务印书馆	1928
113	新学制小学优美体操	袁莹编	商务印书馆	约 1928
114	民间游戏	嵇宇经编	商务印书馆	1928
115	游戏教学书	殷子固编	中华平民教育促进会总会	1928
116	分级游戏	黄斌生编辑	商务印书馆	1929 前
117	歌舞游戏	朱士方编辑	公共体育场 南京中大实校寄售	1929 前
118	Perl and Brown – Health By Stunts	缺	缺	1929 前
119	游戏大全	缺	上海全国青年协会书报部	1929 前
120	新学制最新游戏法	黄斌生译	商务印书馆	1929
121	鞭打游戏	王怀琪、邹法鲁编	中国健学社	1929
122	三民主义体操教本	杨彬如	世界书局	1929
123	体操教材续编	赵光绍编纂	商务印书馆	1930
124	体操教授细目	赵光绍编纂	商务印书馆	约 1930

序号	书 名	编写者	出版者	出版时间
125	初级小学体育教本：第一册	胡绍之，张武成，崔作山	并州新报社	1930
126	初级小学体育教本：第二册	胡绍之，张武成，崔作山	并州新报社	1930
127	初级小学体育教本：第三册	胡绍之，张武成，崔作山	并州新报社	1930
128	初级小学体育教本：第四册	胡绍之，张武成，崔作山	并州新报社	1930
129	初级小学体育教本：第五册	胡绍之，张武成，崔作山	并州新报社	1930
130	初级小学体育教本：第六册	胡绍之，张武成，崔作山	并州新报社	1930
131	初级小学体育教本：第七册	胡绍之，张武成，崔作山	并州新报社	1930
132	初级小学体育教本：第八册	胡绍之，张武成，崔作山	并州新报社	1930
133	高级小学体育教本：第一册	胡绍之，张武成，崔作山	并州新报社	1930
134	高级小学体育教本：第二册	胡绍之，张武成，崔作山	并州新报社	1930
135	高级小学体育教本：第三册	胡绍之，张武成，崔作山	并州新报社	1930
136	高级小学体育教本：第四册	胡绍之，张武成，崔作山	并州新报社	1930
137	小学体育教授细目：第 1 册	教育部	勤奋书局	1931
138	小学体育教授细目：第 2 册	教育部	勤奋书局	1931
139	小学体育教授细目：第 3 册	教育部	勤奋书局	1931
140	小学体育教授细目：第 4 册	教育部	勤奋书局	1931
141	小学早操教材	虞继邃编	鄞县教育部	1931
142	初级腿法	中央国术馆编，教育部审定	大东书局	1931
143	学校舞蹈教材	高少是编译	中华书局	1931
144	国术体操图说	金一明	上海百新书店	1931
145	早操与课间操	陈奎生，金兆均著	勤奋书局	1932

序号	书　名	编写者	出版者	出版时间
146	率角法	金子铮编译	大东书局	1932
147	体操教本	杨彬如	世界书局	1932
148	田径运动	步起，吴蕴瑞	勤奋书局	1932
149	小学各科抗日教材：体育	鄞县教育局编	鄞县教育局	1932
150	三段教材三编	王怀琪编	中国健学社	1932
151	袖珍八段锦图	王怀琪编	中国健学社	1933
152	徒手游戏三百种	王怀琪编	中国健学社	1933
153	小学游戏科教学法	王怀琪编	商务印书馆	1933
154	复兴体育教本：初小第 1 册	束云逵，蔡雁宾编著	商务印书馆	1933
155	复兴体育教本：初小第 2 册	束云逵，蔡雁宾编著	商务印书馆	1933
156	复兴体育教本：初小第 3 册	束云逵，蔡雁宾编著	商务印书馆	1933
157	复兴体育教本：初小第 4 册	束云逵，蔡雁宾编著	商务印书馆	1933
158	复兴体育教本：高小第 1 册	蔡雁宾，束云逵编	商务印书馆	1933
159	复兴体育教本：高小第 2 册	蔡雁宾，束云逵编	商务印书馆	1933
160	体育教材：上册	杭州市政府教育科编	编者刊	1933
161	体育教材：下册	杭州市政府教育科编	编者刊	1933
162	儿童游戏	湘赣省儿童局翻印	湘赣省儿童局印	1933
163	儿童游戏和运动法	蔡雁宾编	新中国书局	1933
164	体育游戏教材	王庚编	中华书局	1933
165	学校舞蹈教材	高少是编译	中华书局	1933
166	唱歌游戏（甲编）：低年级	潘伯英编著	勤奋书局	1933

序号	书　名	编写者	出版者	出版时间
167	唱歌游戏（乙编）：低年级	胡敬熙编著	勤奋书局	1933
168	故事游戏：低年级	项翔高编著	勤奋书局	1933
169	摹仿游戏：低年级	王庚编著	勤奋书局	1933
170	追逃游戏：低中年级	王庚编著	勤奋书局	1933
171	摹拟游戏：中年级	王庚编著	勤奋书局	1933
172	竞争游戏：高中年级	王庚编著	勤奋书局	1933
173	竞技游戏：低高中年级	王庚编著	勤奋书局	1933
174	乡土游戏：低高中年级	王庚编著	勤奋书局	1933
175	听琴动作：低年级	胡敬熙编著	勤奋书局	1933
176	小学歌舞：中年级	杜宇飞，郁兹地编著	勤奋书局	1933
177	小学歌舞：高年级	杜宇飞，郁兹地编著	勤奋书局	1933
178	小学土风舞：低中年级	杜宇飞编著	勤奋书局	1933
179	小学土风舞：高年级	杜宇飞编著	勤奋书局	1933
180	模仿运动	邵汝干编著	勤奋书局	1933
181	小学机巧运动	邹吟庐编著	勤奋书局	1933
182	小足球：第 1 册	邹吟庐编著	勤奋书局	1933
183	小足球：第 2 册	邹吟庐编著	勤奋书局	1933
184	小学田径运动	阮蔚村，孙和宾编著	勤奋书局	1933
185	小学远足登山	阮蔚村，邵汝干合编	勤奋书局	1933
186	小学器械运动：第 1 册	陈奎生编著	勤奋书局	1933
187	小学器械运动：第 2 册	陈奎生编著	勤奋书局	1933

序号	书 名	编写者	出版者	出版时间
188	小学器械运动：第 3 册	陈奎生编著	勤奋书局	1933
189	小学器械运动：第 4 册	陈奎生编著	勤奋书局	1933
190	小学游泳：第 1 册	阮蔚村，俞斌祺编著	勤奋书局	1933
191	小学游泳：第 2 册	阮蔚村，俞斌祺编著	勤奋书局	1933
192	小学篮球	阮蔚村，陆礼华编著	勤奋书局	1933
193	小学排球	阮蔚村，秦醒世编著	勤奋书局	1933
194	小学准备操	邵 汝干编著	勤奋书局	1933
195	小学姿势训练	项翔高编	勤奋书局	1933
196	舞蹈新教本	蒋佩英，陈慕兰合编	勤奋书局	1933
197	小学游戏	阮蔚村著	勤奋书局	1933
198	小足球	陈奎生编著	勤奋书局	1933
199	小学器械运动	陈奎生编著	勤奋书局	1933
200	晨操新教材 *	徐一新编	儿童书局	1933
201	徒手游戏三百种	王怀琪编	中国健学社	1933
202	游戏教材	朱士方编译	体育书店	1933
203	乡土游戏	天津市东区小学教学研究会编	天津市教育局	1933
204	小小游艺会	沈耀楣编	广益书局	1933
205	儿童设计仿效体操	蔡雁宾编	新中国书局	1933
206	德国复兴早操	（德）阿托尔霍治著；斐熙元，陆翔千编译	勤奋书局	1933
207	晨操教材	彭礼南编	勤奋书局	1933
208	晨操新教材	徐一行著	儿童书局	1933

序号	书　名	编写者	出版者	出版时间
209	儿童活动	上海市市立万竹小学编	编者刊	1933
210	小学体育教学法	屠镇川编著	世界书局	1933
211	德国新体操	金兆钧，葛汉乐	勤奋书局	缺
212	单练、对打潭腿、六路硬拳图解汇编	王怀琪编	缺	缺
213	初小体育教本：第 1 册	张天百编辑	世界书局	1933
214	初小体育教本：第 2 册	张天百编辑	世界书局	1934
215	初小体育教本：第 3 册	张天百编辑	世界书局	1934
216	初小体育教本：第 4 册	张天百编辑	世界书局	1934
217	初小体育教本：第 5 册	张天百编辑	世界书局	1934
218	初小体育教本：第 6 册	张天百编辑	世界书局	1934
219	初小体育教本：第 7 册	张天百编辑	世界书局	1934
220	初小体育教本：第 8 册	张天百编辑	世界书局	1934
221	小学体育新教材	张能潜编著	儿童书局	1933
222	不用器械的小学体育新教材	张能潜编著	儿童书局	1934
223	小学初中分级体育活动教材	凌陈英梅编	上海女青年协会	1934
224	儿童游戏与竞技	萧百新编	商务印书馆	1934
225	体育教材	蔡雁宾编辑	大东书局	1934
226	体育教材：唱歌游戏	蔡雁宾编辑	大东书局	1934
227	少队游戏	中央总队部总训练部编	少队中央总队部	1934
228	儿童游戏与竞技	萧百新编	商务印书馆	1934
229	早操教本	朱士方编	体育书店	1934

序号	书　名	编写者	出版者	出版时间
230	国防做学教	松江女中实验小学全体教职员编	松江女中实验小学	1934
231	小学歌舞：第 1 册	杜宇飞，郁兹地合编	勤奋书局	1934
232	小学歌舞：第 2 册	杜宇飞，郁兹地合编	勤奋书局	1934
233	小学体育教授细目：第 1 册	教育部	大东书局	1934
234	小学体育教授细目：第 2 册	教育部	大东书局	1934－6
235	小学体育教授细目：第 3 册	教育部	大东书局	1934－6
236	小学体育教授细目：第 4 册	教育部	大东书局	1934－6
237	小学体育教授细目：第 5 册	教育部	大东书局	1934－6
238	小学体育教授细目：第 6 册	教育部	大东书局	1936
239	球类运动概说	骆骥才编	中华书局	1935
240	童子军简说	络骥才编	中华书局	1935
241	田径运动概说	陈鸿仪编	中华书局	1935
242	中国游戏	梅夔儒编	中华书局	1935
243	徒手体操教材	张伯清编	天津百城书局	1935
244	小学适用的民间游戏教材	俞子箴著	著者刊	1935
245	新轻器体操教材示范	吴　编	体育季刊 1 卷 3 期	1935
246	体育教本（第一册）	王复旦编	商务印书馆	约 1935
247	体育教本（第二册）	王复旦编	商务印书馆	1935
248	短期小学课间操教材	国立编译馆编纂	商务印书馆	1935
249	小学乡土游戏与机巧运动	蔡雁宾编	勤奋书局	1935
250	徒手体操：第 1 册（三段教材分订本）	王怀琪编	中国健学社	1935

序号	书 名	编写者	出版者	出版时间
251	参观运动会	潘淡明编，陈江风绘	中华书局	1935
252	小运动会	梅羹儒编	中华书局	1935
253	小学体育实施法	郑法编	商务印书馆	1935
254	国防训练的小学游戏教材	姚家栋编	商务印书馆	1936
255	我们的运动器具	梅羹儒编	中华书局	1936
256	基本体操	金陵女子文理学院	勤奋书局	1936
257	课外运动（球类）	方万邦编	中华书局	1936
258	课外运动（田径）	方万邦编	中华书局	1936
259	大家来游戏	高少是编，刘开申绘	中华书局	1936
260	谁学得像	高少是编，刘开申绘	中华书局	1936
261	小学体育	俞子箴编著	康健书局	1937
262	复兴体操	胡子霖编	康健书局	1937
263	小学体育教材及教法	杨彬如编	新亚书店	1937
264	小学体育教授细目：第 1 册	教育部编	勤奋书局	1937
265	小学体育教授细目：第 2 册	教育部编	勤奋书局	1937
266	小学体育教授细目：第 3 册	教育部编	勤奋书局	1936
267	小学体育教育实施法	姚家栋	正中书局	1937
268	德国国民体育教范	吴光杰译	中华书局	1937
269	游戏教材	张铁珊编	潞河乡村服务部	1938
270	国防游戏	邢舜田著	亚东图书馆	1938
271	室内体操	王应麟编	商务印书馆	1939

序号	书　名	编写者	出版者	出版时间
272	徒手体操教材	江西省立体育场暨附毅高中体育师范科合编	缺	1939
273	小学体育科教材和教法	束云逵编	商务印书馆	1940
274	叠罗汉教材	余永祚主编	江西力学书店	1940
275	徒手体操教材	余永祚主编	江西力学书店	1940
276	游戏与教育	王国元编	中华书局	1940
277	体育教材大全：上册	崔玉玢、阎华棠编	燕山大学体育系	1940
278	体育：第 1 册	方万邦编	商务印书馆	1940
279	体育：第 2 册	方万邦编	商务印书馆	1940
280	体育：第 3 册	方万邦编	商务印书馆	1940
281	体育：第 4 册	方万邦编	商务印书馆	1940
282	徒手体操教材教法：上册	俞晋祥，葛卫康	教育部国民体育委员会	1942
283	徒手体操教材教法：下册	俞晋祥，葛卫康	教育部国民体育委员会	1942
284	小学垫上运动与叠罗汉	周鹤鸣，吴澂合编	教育部	1943
285	小学韵律活动	高掞编著	正中书局	1943
286	儿童航空游戏	钱立英著	大陆书局	1943
287	战时团体游戏	友松编	真实书店	1943
288	分级体育活动教材	凌陈英梅著	中华基督教女青年会全国协会	1943
289	小学体育	高梓编著	正中书局	1943
290	小学整队与走步教材	陈韵兰，赵汝功编著	正中书局	1944
291	高小滑翔补充教材	余祥麟，白启荣编著	正中书局	1944
292	唱游	际韵兰编	正中书局	1945

序号	书　名	编写者	出版者	出版时间
293	小学竞技运动教材与教法	王复旦编著	正中书局	1945
294	小学韵律活动补充教材	彭泽芬编著	正中书局	1945
295	小学徒手操	吴溦，王子鹤编著	正中书局	1945
296	体育教材	何能夏编著	沙县教育图书出版社	1945
297	小学体育教材选辑	吴邦伟编	编者刊	1945
298	小学生唱游集	韬奋书店编	韬奋书店	1945
299	早操	周鹤鸣编	教育部特设体育师资训练所	1945
300	游戏拾零	苏中军区直属政治部编	编者刊	1945
301	球类活动教材	吴文忠编著	商务印书馆	1946
302	体育教学法及图解	周学旦编著	教育图书出版社	1946
303	几种机巧运动	王庚编著	商务印书馆	1947
304	几种球类运动	王庚编著	商务印书馆	1947
305	我们的田径运动	赵学光编著	商务印书馆	1947
306	户内户外游戏	阮良编著	商务印书馆	1947
307	我们的竞争游戏	张赛樨编著	商务印书馆	1947
308	小学体育教本：第 1 册	沈寿金编著	正中书局	1947
309	小学体育教本：第 2 册	沈寿金编著	正中书局	1947
310	小学体育教本：第 3 册	沈寿金编著	正中书局	1947
311	小学体育教本：第 4 册	沈寿金编著	正中书局	1947
312	小学体育教本：第 5 册	沈寿金编著	正中书局	1947
313	小学体育教本：第 6 册	沈寿金编著	正中书局	1947

序号	书　名	编写者	出版者	出版时间
314	体育教材及教法	温北宗编著	东方出版社	1947
315	怎样游戏：二	叶绍钧，吴研因，王志瑞编	中华书局	1947
316	唱游教材及教学法	邓铸成编	晨光书局	1947
317	小学游戏	冯公智编著	正中书局	1948
318	小学体育教材：上	邹法鲁编	新夏图书公司	1948
319	小学体育教材：下	邹法鲁编	新夏图书公司	1948
320	最新实验小学游戏教材	米瑟尼著，王毅诚译	世界书局	1948
321	小学韵律活动补充教材	彭泽芬编著，教育部国民体育委员会主编	正中书局	1948
322	小学竞技运动教材与教法	王复旦编著，教育部国民体育委员会主编，冯公智校订	正中书局	1948
323	小学垫上运动与叠罗汉	周鹤鸣编著，教育部国民体育委员会主编，吴澄校订	正中书局	1948
324	造房子（幼稚园及低中年级补充教材）	陆静山编	永年书局	1948
325	小学体育科教材和教法	束云逵编	商务印书馆	1948
326	课外运动（跳绳、跑冰、划船、步行）	鲍维湘编	中华书局	1948
327	唱游	教育部国民体育委员会主编，陈韵兰编著，高梓校订	正中书局	1948
328	表演教材	黄德一编著	大可书店	1948
329	唱游教材	顾绥卿编	晨光书局	1948
330	小学体育教材教法	邹法鲁编著	世界书局	1948
331	小学体育教材教法：2 册	邹法鲁著	新夏图书公司	1948
332	体操教材与教法	周鹤鸣编	国立中央大学体育系	1948
333	小学唱游教师手册	潘伯英编	中华书局	1949
334	小学体育教师手册	张觉非，俞子箴编	中华书局	1949

序号	书　名	编写者	出版者	出版时间
335	小学韵律活动	高掞编著	正中书局	1949
336	几种乡土游戏	张宝樨编	商务印书馆	1949
337	实用户外游戏教材	吴耀麟编	商务印书馆	1949
338	小学团体操教材及教法	俞海林编著	中国儿童图书出版公司	1949
339	小学体操详解	沈廷浩编	商务印书馆	新中国成立前
340	体操教程	徐筑岩编	中国图书公司	新中国成立前
341	最新体操教科书	陆杶译	共和书社	缺
342	初等小学体操教科书	缺	新民书局	缺
343	瑞典初等小学体操教科书	钱葆珍译	缺	缺
344	教育体操法提要	李春醴辑	缺	缺
345	幼学体操法	缺	缺	缺
346	体育教材	哈尔滨市人民政府教育局	东北新华书店	1950
347	我们能劳动：唱游教材	吴邦伟编	青年出版社	1951
348	新体操教材	刘惠编	北新书局	1951
349	新小学体育	吕廷立编撰	益昌书局	1951
350	辽西省中小学用临时体育教材	辽西省教材编写组	缺	1951
351	沈阳市中小学临时体育教材	沈阳市教材编写组	缺	1951
352	游戏教材	北京市中小学体育教师学习会编	大众书店	1951
353	球类教材	北京市中小学体育教师学习会编	大众书店	1951
354	机巧教材	北京市中小学体育教师学习会编	大众书店	1951
355	田径教材	北京市中小学体育教师学习会编	大众书店	1951

序号	书　名	编写者	出版者	出版时间
356	舞蹈教材	北京市中小学体育教师学习会编	大众书店	1952
357	徒手操及队列解说教材	北京市中小学体育教师学习会编	大众书店	1953
358	体育教学讲座	北京市中小学教职员学习委员会编	大众书店	1951
359	小学体操教材	杨熙曾，朱宝达合编	文化出版社	1952
360	小学游戏教材	马伟良编	文化出版社	1952
361	新体操教材（3 版）	张觉非编	勤奋书局	1952
362	集体运动竞争游戏教材	俞子箴编撰	勤奋书局	1952
363	集体运动追逃游戏教材	俞子箴编撰	勤奋书局	1952
364	苏联体育教材	（苏）契列甫柯夫等著；仇标译	北新书局	1952
365	小学新体育教材教法	（苏）罗奇克等著；仇标译	北新书局	1953
366	苏联学校体育教材	（苏）维·波利加尔波夫等著，张仲诚等译，	中国青年	1953
367	小学基本体操	杨希曾编	北新书局	1953
368	小学体育临时教材：一年级用	东北行政委员会教育局	东北人民出版社	1953
369	小学体育临时教材：二年级用	东北行政委员会教育局	东北人民出版社	1953
370	小学体育临时教材：三年级用	东北行政委员会教育局	东北人民出版社	1953
371	小学体育临时教材：四年级用	东北行政委员会教育局	东北人民出版社	1953
372	小学体育临时教材：五年级用	东北行政委员会教育局	东北人民出版社	1953
373	小学体育参考教材：第一辑	赵树青撰	河北人民出版社	1953
374	小学体育科教学参考资料	孙曾述，程濯秀合编	江苏人民出版社	1953
375	小学体育科教学参考资料	赵竹光编	春明书店	1953
376	新游戏教材	朱炳煦编	新北书局	1953

序号	书　名	编写者	出版者	出版时间
377	新小学军事体育游戏教材	俞子箴编著	康健书局	1953
378	小学游戏：第 1 册	俞子箴编写	华光书局	1953
379	小学游戏：第 2 册	俞子箴编写	华光书局	1953
380	小学游戏：第 3 册	俞子箴编写	华光书局	1954
381	小学游戏：第 4 册	俞子箴编写	华光书局	1954
382	小学体育教学参考资料	徐耀明编	大陆书局	1954
383	北京市小学体育试用教材	北京市小学体育教师业务研究组编	大众书店	1955
384	学校体操教材选集	（苏）维·维·契尔内土著，许快雪译	人民体育出版社	1954
385	苏联小学体育教学参考书	（苏）鲁吉克等著；仇标译	人民体育出版社	1954
386	小学唱歌 图画 体操和游戏课	（苏）麦尔尼科夫著；奚建瀛译	人民教育出版社	1955
387	苏联七年制学校体操教学参考书	（苏）A. M. 费尔特等著，张蓝田译	人民教育出版社	1956
388	小学体育教学参考书	王宝烈等编	人民教育出版社	1956
389	小学体操、游戏、舞蹈教材	杭州市教育局编辑	浙江人民出版社	1956
390	小学体育教材参考资料：儿童游戏	赵树青著	河北人民出版社	1956
391	小学体育教学大纲（草案）	中华人民共和国教育部编订	人民教育出版社	1956
392	小学体育游戏（一）（二）（三）	俞子箴	湖北人民出版社	1957
393	小学游戏	（苏）雅柯甫列夫著；张蓝田等译	人民教育出版社	1957
394	苏联小学体育课教学法	（苏）H. A. 鲁潘捷娜、B. Г. 雅库柏夫期卡娅编，刘治贤译	人民教育出版社	1957
395	高级小学体育教学参考材料	河北省教育厅	河北人民出版社	1958
396	小学复式班体育教学大纲（草案）及参考书	山东省教育厅编	山东人民出版社	1958
397	小学体育教学参考书：一年级用	山东省教育厅编	山东人民出版社	1958

序号	书　名	编写者	出版者	出版时间
398	小学体育教学参考书：二年级用	山东省教育厅编	山东人民出版社	1958
399	小学体育教学参考书：三年级用	山东省教育厅编	山东人民出版社	1958
400	小学体育教学参考书：四年级用	山东省教育厅编	山东人民出版社	1958
401402	小学体育教学参考书：五年级用	山东省教育厅编	山东人民出版社	1958
403	小学体育教学参考书：六年级用	山东省教育厅编	山东人民出版社	1958
404	小学体育试用教学大纲及教学参考材料	沈阳市小学教学研究室编	辽宁人民出版社	1958
405	小学室内体育参考教材	郑如赐编著	人民体育出版社	1958
406	课外体育活动	（苏）B. H. 科罗诺夫斯基著，林尚志译	人民教育出版社	1958
407	小学体操动作图解	山东教育厅编	山东人民出版社	1958
408	北京市小学体育教学参考资料：全一册	北京市教育局中小学教材编审处	北京出版社	1959
409	北京市小学体育教学参考资料：一、三年级复式班用	北京市教育局中小学教材编审处	北京出版社	1959
410	北京市小学体育教学参考资料：二、四年级复式班用	北京市教育局中小学教材编审处	北京出版社	1959
411	小学体育教学参考资料	福建人民教育出版社	福建人民教育出版社	1959
412	小学体育教学参考书：一年级用，五年级用，六年级用	山东省教育厅编	山东人民出版社	1959
413	陕西省小学体育教学参考资料	陕西省教育厅	陕西人民出版社	1960
414	小学体育教学参考资料：第 1 册	山东省教育厅编	人民教育出版社	1960
415	小学体育教学参考资料：第 2 册	山东省教育厅编	人民教育出版社	1960
416	小学体育教学参考资料：第 3 册	山东省教育厅编	人民教育出版社	1960
417	小学体育教学参考资料：第 4 册	山东省教育厅编	人民教育出版社	1960
418	小学体育教学参考资料：第 5 册	山东省教育厅编	人民教育出版社	1960
419	小学体育教学参考资料：第 6 册	山东省教育厅编	人民教育出版社	1960

序号	书　名	编写者	出版者	出版时间
420	小学体育教材：教师用书	人民教育出版社编辑	人民教育出版社	1961
421	小学体育教材：教师用书	人民教育出版社编辑	北京出版社重印	1962
422	小学体育教材：教师用书（蒙文本）	人民教育出版社编	内蒙古教育出版社翻译、出版	1962
423	小学活动性游戏	江苏省体育运动委员会群众体育处编	江苏人民出版社出版	1965
424	小学体育教材：第2册（教师用书）（维吾尔文）	缺	新疆人民出版社出版	1965
425	辽宁省小学试用教材：体育（教师参考用书）	辽宁省中小学教材编写组	辽宁人民出版社	1972
426	天津市小学试用课本：军体（教师用书）	天津市中小学教材编写组	天津市新华书店	1972
427	体育：教师用书	天津市中小学教材编写组	天津市新华书店	1973
428	北京市小学试用教材：体育（供教师用）	北京市教育局教材编写组	北京人民出版社	1973
429	体育：教师用书	四川省教育局教材处编	四川人民出版社	1974
430	体育：教师用书	上海市中小学教材编写组	上海人民出版社	1974
431	辽宁省小学试用教材：体育（教师参考用书）	辽宁省中小学教材编写组	辽宁人民出版社	1976
432	体育：教师用书（上册）	湖南省教材教学研究室编	湖南省长沙市教学辅导站、湖南省岳阳地区教学辅导站印	1976
433	体育：教师用书（下册）	湖南省教材教学研究室编	湖南省长沙市教学辅导站、湖南省岳阳地区教学辅导站印	1976
434	全日制十年制学校小学课本（试用本）：小学体育教材（全一册）（教师用书）	中小学通用教材体育编写组编	人民教育出版社	1978
435	全日制十年制学校小学课本（试用本）：小学体育教材（全一册）（教师用书）（第2版）	中小学通用教材体育编写组编	人民教育出版社	1979

序号	书　名	编写者	出版者	出版时间
436	小学体育教学参考书	河北省教育局，河北省体委合编	河北人民出版社	1980
437	小足球的教学和训练：中小学体育教师参考书	富立璋	人民体育出版社	1981
438	全日制十年制学校小学体育教材（试用本）（蒙古文课本）	中小学通用教材体育编写组编	内蒙古教育出版社	1981
439	全日制十年制学校小学体育教材（试用本）（维吾尔文课本）	中小学通用教材体育编写组编	新疆教育出版社	1981
440	全日制十年制学校小学体育教材（试用本）（哈萨克文课本）	中小学通用教材体育编写组编	新疆教育出版社	1981
441	小学体育游戏百种（小学教师文库）	张阳编	江苏人民出版社	1982
442	体育教学法（小学教学法丛书）	李德锐等主编	广东人民出版社	1982
443	全日制十年制学校小学体育教材（试用本）	中小学通用教材体育编写组编	人民教育出版社	1982
444	小学舞蹈教学参考书	陆奂奂，石秀茹编	人民教育出版社	1983
445	小学体育游戏 150 例	钟利友编	浙江人民出版社	1983
446	体育：小学一年级	李德锐等主编	广东省教育厅	1984
447	体育：小学二年级	李德锐等主编	广东省教育厅	1984
448	体育：小学三年级	李德锐等主编	广东省教育厅	1984
449	体育：小学四年级	李德锐等主编	广东省教育厅	1984
450	体育：小学五年级	李德锐等主编	广东省教育厅	1984
451	体育：小学六年级	李德锐等主编	广东省教育厅	1984
452	徒手体操：中小学体育教师参考书	宣萍，高鸿武主编	人民体育出版社	1984
453	小学体育教材：教师用书	人民教育出版社体育室编	人民教育出版社	1984
454	小学体育教师手册	朱翅鹏，马燕南，葛根法等编著	浙江教育出版社	1984
455	中小学体育卫生	梁焕国，王桂莲编著	北京师范大学出版社	1984
456	小学体育课本：第 1 册	沈阳市中小学体育课本编写组	缺	1984

序号	书　名	编写者	出版者	出版时间
457	小学体育课本：第 2 册	沈阳市中小学体育课本编写组	缺	1984
458	小学体育课本：第 3 册	沈阳市中小学体育课本编写组	缺	1984
459	小学体育课本：第 4 册	沈阳市中小学体育课本编写组	缺	1984
460	小学体育课本：第 5 册	沈阳市中小学体育课本编写组	缺	1984
461	小学体育课本：第 6 册	沈阳市中小学体育课本编写组	缺	1984
462	小学体育课本：第 7 册	沈阳市中小学体育课本编写组	缺	1984
463	小学体育课本：第 8 册	沈阳市中小学体育课本编写组	缺	1984
464	小学体育课本：第 9 册	沈阳市中小学体育课本编写组	缺	1984
465	小学体育课本：第 10 册	沈阳市中小学体育课本编写组	缺	1984
466	小学体育课本：第 11 册	沈阳市中小学体育课本编写组	缺	1984
467	小学体育课本：第 12 册	沈阳市中小学体育课本编写组	缺	1984
468	小学体育游戏教学挂图（1）（低中年级适用）	刘慰民等编，毛用坤等画	上海教育出版社	1984
469	山西省小学试用课本：体育（第一册）	山西省教育科学研究所编	山西人民出版社	1984
470	山西省小学试用课本：体育（第二册）	山西省教育科学研究所编	山西人民出版社	1984
471	全日制六年制小学课本：体育（第二册）（试用本）	上海市中小学教材编写组编	上海教育出版社	1984
472	全日制六年制小学课本：体育（第一册）（试行本）	上海市中小学教材编写组审定	上海教育出版社	1985
473	全日制六年制小学课本：体育（第三册）（试行本）	上海市中小学教材编写组审定	上海教育出版社	1985
474	全日制六年制小学课本：体育（第四册）（试行本）	上海市中小学教材编写组审定	上海教育出版社	1985
475	全日制六年制小学课本：体育（第五册）（试行本）	上海市中小学教材编写组审定	上海教育出版社	1985
476	全日制六年制小学课本：体育（第六册）（试行本）	上海市中小学教材编写组审定	上海教育出版社	1985
477	体育	上海市中小学教材编写组	上海教育出版社	1985

序号	书　名	编写者	出版者	出版时间
478	体育：第1册（全日制六年制小学试用课本）	重庆市教育局体育教材编写组编	重庆出版社	1985
479	体育：第2册（全日制六年制小学试用课本）	重庆市教育局体育教材编写组编	重庆出版社	1985
480	体育：第3册（全日制六年制小学试用课本）	重庆市教育局体育教材编写组编	重庆出版社	1985
481	体育：第4册（全日制六年制小学试用课本）	重庆市教育局体育教材编写组编	重庆出版社	1985
482	体育：第5册（全日制六年制小学试用课本）	重庆市教育局体育教材编写组编	重庆出版社	1985
483	体育：第6册（全日制六年制小学试用课本）	重庆市教育局体育教材编写组编	重庆出版社	1985
484	体育活动：低年级（小学第二课堂用书）	陈一鹏主编；王宗宏等编写	江苏少年儿童出版社	1985
485	体育活动：高年级（小学第二课堂用书）	陈一鹏主编；王宗宏等编写	江苏少年儿童出版社	1985
486	体育活动：中年级（小学第二课堂用书）	陈一鹏主编；王宗宏等编写	江苏少年儿童出版社	1985
487	体育教学法	［苏］B. M. 卡恰什金著，陈庆树译	教育科学出版社	1985
488	小学体育教学参考资料	重庆市教育局体育教材编写组编	重庆出版社	1985
489	中小学室内体育课教学参考	刘兴国等编	包头市教育局	1985
490	小学体育教材教法	鲁魁，杜凤林编写	山东教育出版社	1985
491	小学体育游戏教学挂图	刘慰民，江宏才选编，丁纯一，王多画	上海教育出版社	1985
492	小学室外体育游戏100例	湖北省教学研究室编	湖北教育出版社	1985
493	怎样编写小学体育课教案	《学校体育丛书》编委会编	上海教育出版社	1985
494	体育：第3册（山西省小学试用课本）	山西省教育科学研究所编	山西人民出版社	1985
495	体育：第4册（山西省小学试用课本）	山西省教育科学研究所编	山西人民出版社	1985
496	体育：三年级下册（辽宁省小学试用课本）	辽宁省小学体育课本编写组编	辽宁教育出版社	1985
497	体育：四年级上册（辽宁省小学试用课本）	姚林祥主编	辽宁教育出版社	1985
498	体育：四年级下册（辽宁省小学试用课本）	辽宁省小学体育课本编写组编	辽宁教育出版社	1985

序号	书 名	编写者	出版者	出版时间
499	体育：五年级上册（辽宁省小学试用课本）	姚林祥主编	辽宁教育出版社	1985
500	体育：五年级下册（辽宁省小学试用课本）	辽宁省小学体育课本编写组编	辽宁教育出版社	1985
501	体育：六年级上册（辽宁省小学试用课本）	姚林祥主编	辽宁教育出版社	1985
502	体育：六年级下册（辽宁省小学试用课本）	辽宁省小学体育课本编写组编	辽宁教育出版社	1985
503	小学生运动生理和运动心理（小学教师丛书）	邓树勋，金报国编	上海教育出版社	1986
504	小学体育课考核标准	上海市教育局体育卫生处编	华东师范大学出版社	1986
505	小学体育课音伴与舞蹈（学校体育丛书）	《学校体育丛书》编委会编	上海教育出版社	1986
506	小学体育游戏二百例（小学教师丛书）	闻寿松等编写	浙江教育出版社	1986
507	小学体育游戏教学挂图（中高年级适用）	刘慰民，江宏才编；毛用坤，毛小榆画	上海教育出版社	1986
508	小学班主任体育卫生工作手册	吕连义等编	吉林教育出版社	1986
509	体育故事（小学教师丛书）	黄汉英编	福建教育出版社	1986
510	体育常识（小学教师丛书）	《体育常识》编写组编	山东教育出版社	1986
511	体育第二、四、六册使用说明（全日制六年制小学课本）	上海市中小学教材编写组编	上海教育出版社	1986
512	怎样上好小学体育课（小学教师丛书）	沈祖炎编	江苏教育出版社	1986
513	体育：第一册（天津市小学试用课本）	天津市教育局体育课本编写组编	天津教育出版社	1986
514	体育：第二册（天津市小学试用课本）	天津市教育局体育课本编写组编	天津教育出版社	1986
515	体育：第三册（天津市小学试用课本）	天津市教育局体育课本编写组编	天津教育出版社	1986
516	体育：第四册（天津市小学试用课本）	天津市教育局体育课本编写组编	天津教育出版社	1986
517	体育：第五册（天津市小学试用课本）	天津市教育局体育课本编写组编	天津教育出版社	1986
518	体育：第六册（天津市小学试用课本）	天津市教育局体育课本编写组编	天津教育出版社	1986
519	全日制六年制小学课本：体育（第七册）（试行本）	上海市中小学教材编写组审定	上海教育出版社	1986

序号	书　名	编写者	出版者	出版时间
520	全日制六年制小学课本：体育（第八册）（试行本）	上海市中小学教材编写组审定	上海教育出版社	1986
521	全日制六年制小学课本：体育（第九册）（试行本）	上海市中小学教材编写组审定	上海教育出版社	1986
522	全日制六年制小学课本：体育（第十册）（试行本）	上海市中小学教材编写组审定	上海教育出版社	1986
523	全日制六年制小学课本：体育（第十一册）（试行本）	上海市中小学教材编写组审定	上海教育出版社	1986
524	全日制六年制小学课本：体育（第十二册）（试行本）	上海市中小学教材编写组审定	上海教育出版社	1986
525	体育：第二册（广西壮族自治区小学试用课本）	广西壮族自治区教育厅体育卫生处编	广西人民出版社	1986
526	体育：第六册（广西壮族自治区小学试用课本）	广西壮族自治区教育厅体育卫生处编	广西人民出版社	1986
527	体育：第八册（广西壮族自治区小学试用课本）	广西壮族自治区教育厅体育卫生处编	广西人民出版社	1986
528	体育：第十册（广西壮族自治区小学试用课本）	广西壮族自治区教育厅体育卫生处编	广西人民出版社	1986
529	体育：一年级上册	浙江省小学体育课本编写组编	浙江教育出版社	1987
530	体育：一年级下册	浙江省小学体育课本编写组编	浙江教育出版社	1987
531	体育：二年级上册	浙江省小学体育课本编写组编	浙江教育出版社	1987
532	体育：二年级下册	浙江省小学体育课本编写组编	浙江教育出版社	1987
533	体育：三年级上册（浙江省小学课本）	浙江省中小学体育课本编写组编	浙江教育出版社	1986
534	体育：三年级下册（浙江省小学课本）	浙江省中小学体育课本编写组编	浙江教育出版社	1986
535	体育：四年级上册（浙江省小学课本）	浙江省中小学体育课本编写组编	浙江教育出版社	1986
536	体育：四年级下册（浙江省小学课本）	浙江省中小学体育课本编写组编	浙江教育出版社	1986
537	体育：五年级上册（浙江省小学课本）	浙江省中小学体育课本编写组编	浙江教育出版社	1986
538	体育：五年级下册（浙江省小学课本）	浙江省中小学体育课本编写组编	浙江教育出版社	1986
539	体育：六年级上册（浙江省小学课本）	浙江省中小学体育课本编写组编	浙江教育出版社	1986
540	体育：六年级下册（浙江省小学课本）	浙江省中小学体育课本编写组编	浙江教育出版社	1986

序号	书　名	编写者	出版者	出版时间
541	小学体育课音伴与舞蹈	学校体育丛书编委会	上海教育出版社	1986
542	体育：第一册（成都市小学试用课本）	成都市教育局中学教研室《小学体育试用课本》编写组编	四川教育出版社	1986
543	体育：第二册（成都市小学试用课本）	成都市教育局中学教研室《小学体育试用课本》编写组编	四川教育出版社	1986
544	体育：第三册（成都市小学试用课本）	成都市教育局中学教研室《小学体育试用课本》编写组编	四川教育出版社	1986
545	体育：第四册（成都市小学试用课本）	成都市教育局中学教研室《小学体育试用课本》编写组编	四川教育出版社	1986
546	体育：第五册（成都市小学试用课本）	成都市教育局中学教研室《小学体育试用课本》编写组编	四川教育出版社	1986
547	体育：第七册（成都市小学试用课本）	成都市教育局中学教研室《小学体育试用课本》编写组编	四川教育出版社	1986
548	体育：第八册（成都市小学试用课本）	成都市教育局中学教研室《小学体育试用课本》编写组编	四川教育出版社	1986
549	体育：第九册（成都市小学试用课本）	成都市教育局中学教研室《小学体育试用课本》编写组编	四川教育出版社	1986
550	体育：第十册（成都市小学试用课本）	成都市教育局中学教研室《小学体育试用课本》编写组编	四川教育出版社	1986
551	体育：第十一册（成都市小学试用课本）	成都市教育局中学教研室《小学体育试用课本》编写组编	四川教育出版社	1986
552	体育：第十二册（成都市小学试用课本）	成都市教育局中学教研室《小学体育试用课本》编写组编	四川教育出版社	1986
553	体育：第二册（西安市小学试用课本）	西安市教育局教研室编	陕西人民教育出版社	1986
554	体育：第四册（西安市小学试用课本）	西安市教育局教研室编	陕西人民教育出版社	1986
555	体育：第六册（西安市小学试用课本）	西安市教育局教研室编	陕西人民教育出版社	1986
556	体育：第八册（西安市小学试用课本）	西安市教育局教研室编	陕西人民教育出版社	1986
557	体育：第十册（西安市小学试用课本）	西安市教育局教研室编	陕西人民教育出版社	1986
558	体育：第十二册（西安市小学试用课本）	西安市教育局教研室编	陕西人民教育出版社	1986
559	体育：第一册（全日制六年制小学试用课本）2版	重庆市教育局体育教材编写组编	重庆出版社	1986
560	体育：第二册（全日制六年制小学试用课本）2版	重庆市教育局体育教材编写组编	重庆出版社	1986
561	体育：第四册（全日制六年制小学试用课本）2版	重庆市教育局体育教材编写组编	重庆出版社	1986

序号	书　名	编写者	出版者	出版时间
562	小学体育教材（维吾尔文课本）	缺	新疆教育出版社	1986
563	小学体育教材（哈萨克文课本）（教师用书）	缺	新疆教育出版社	1986
564	小学生游戏	栾玉龙，荣懋钧编著	黑龙江教育出版社	1987
565	小学生游戏	胡连弟编著	黑龙江科学技术出版社	1987
566	小学冬季体育课教学参考书	吉林省教育学院编	吉林教育出版社	1987
567	小学体育卫生百题	寿云霞，李翅鹏编	江西教育出版社	1987
568	小学体育优秀教案选评	陈成祖等选评	广东教育出版社	1987
569	小学体育备课手册	程濯秀，钱爱玫主编	江苏教育出版社	1987
570	小学体育教学参考书：介绍日本小学体育教材	邱森，张全时编译	黑龙江教育出版社	1987
571	小学体育教学疑难解析	吉林省教育学院编	吉林教育出版社	1987
572	全日制小学体育教学大纲	中华人民共和国国家教育委员会制订	人民教育出版社	1987
573	全日制六年制小学课本体育第八、十、十二册使用说明	上海市中小学教材编写组编	上海教育出版社	1987
574	黑龙江省六年制小学试用课本体育教学参考书：三年级上学期	黑龙江省教育学院编	黑龙江教育出版社	1987
575	黑龙江省六年制小学试用课本体育教学参考书：五年级上学期	黑龙江省教育学院编	黑龙江教育出版社	1987
576	游戏舞五十例	张炳堃编	人民教育出版社	1987
577	1987 年天津市小学暑假体育（供小学二年级学生使用）	天津市教育局《暑假体育》编写组编	天津教育出版社	1987
578	1987 年天津市小学暑假体育（供小学三年级学生使用）	天津市教育局《暑假体育》编写组编	天津教育出版社	1987
579	1987 年天津市小学暑假体育（供小学四年级学生使用）	天津市教育局《暑假体育》编写组编	天津教育出版社	1987
580	1987 年天津市小学暑假体育（供小学五年级学生使用）	天津市教育局《暑假体育》编写组编	天津教育出版社	1987
581	体育：三年级上册（六年制小学试用课本）	黑龙江省教育学院编	黑龙江教育出版社	1987
582	体育：四年级上册（六年制小学试用课本）	黑龙江省教育学院编	黑龙江教育出版社	1987

序号	书 名	编写者	出版者	出版时间
583	体育：五年级上册（六年制小学试用课本）	黑龙江省教育学院编	黑龙江教育出版社	1987
584	体育：六年级上册（六年制小学试用课本）	黑龙江省教育学院编	黑龙江教育出版社	1987
585	体育：一年级上册（浙江省小学课本）	浙江省中小学体育课本编写组编	浙江教育出版社	1987
586	体育：一年级下册（浙江省小学课本）	浙江省中小学体育课本编写组编	浙江教育出版社	1987
587	体育：二年级上册（浙江省小学课本）	浙江省中小学体育课本编写组编	浙江教育出版社	1987
588	体育：二年级下册（浙江省小学课本）	浙江省中小学体育课本编写组编	浙江教育出版社	1987
589	体育：第五册（安徽省小学试用课本）	安徽省小学试用课本《体育》编写组编	安徽教育出版社	1987
590	体育：第七册（安徽省小学试用课本）	安徽省小学试用课本《体育》编写组编	安徽教育出版社	1987
591	体育：第九册（安徽省小学试用课本）	安徽省小学试用课本《体育》编写组编	安徽教育出版社	1987
592	体育：第十一册（安徽省小学试用课本）	安徽省小学试用课本《体育》编写组编	安徽教育出版社	1987
593	体育：第一册（山东省小学试用课本）	山东省教学研究室编	山东教育出版社	1987
594	体育：第三册（山东省五年制小学试用课本）	山东省教学研究室编	山东教育出版社	1987
595	体育：第四册（山东省五年制小学试用课本）	山东省教学研究室编	山东教育出版社	1987
596	体育：第五册（山东省五年制小学试用课本）	山东省教学研究室编	山东教育出版社	1987
597	体育：第七册（山东省五年制小学试用课本）	山东省教学研究室编	山东教育出版社	1987
598	体育：第八册（山东省五年制小学试用课本）	山东省教学研究室编	山东教育出版社	1987
599	体育：第十册（山东省五年制小学试用课本）	山东省教学研究室编	山东教育出版社	1987
600	体育：一年级（广东省小学试用课本）	广东省小学体育课本编写组编	广东教育出版社	1987
601	体育：二年级（广东省小学试用课本）	广东省小学体育课本编写组编	广东教育出版社	1987
602	体育：三年级（广东省小学试用课本）	广东省小学体育课本编写组编	广东教育出版社	1987
603	体育：五年级（广东省小学试用课本）	广东省小学体育课本编写组编	广东教育出版社	1987

序号	书　名	编写者	出版者	出版时间
604	体育：六年级（广东省小学试用课本）	广东省小学体育课本编写组编	广东教育出版社	1987
605	体育：三年级上册（陕西省小学试用课本）	陕西省教育厅编	陕西师范大学出版社	1987
606	体育：四年级上册（陕西省小学试用课本）	陕西省教育厅编	陕西师范大学出版社	1987
607	体育：五年级上册（陕西省小学试用课本）	陕西省教育厅编	陕西师范大学出版社	1987
608	体育：第一册（西安市小学试用课本）	西安市教委教研室编	陕西人民教育出版社	1987
609	体育：第三册（西安市小学试用课本）	西安市教委教研室编	陕西人民教育出版社	1987
610	体育：第五册（西安市小学试用课本）	西安市教委教研室编	陕西人民教育出版社	1987
611	体育：第九册（西安市小学试用课本）	西安市教委教研室编	陕西人民教育出版社	1987
612	体育：第十一册（西安市小学试用课本）	西安市教委教研室编	陕西人民教育出版社	1987
613	体育：第 1 册	湖南省教委军训体卫处，湖南省教育科学研究所编	湖南教育出版社	1988
614	体育：第二册（湖南省小学教学用书试行本．教师用书）	湖南省教委体卫军训处，湖南省教育科学研究所编	湖南教育出版社	1988
615	体育：第 3 册	湖南省教委军训体卫处，湖南省教育科学研究所编	湖南教育出版社	1988
616	体育：第四册（湖南省小学教学用书试行本．教师用书）	湖南省教委体卫军训处，湖南省教育科学研究所编	湖南教育出版社	1988
617	体育：第 5 册	湖南省教委军训体卫处，湖南省教育科学研究所编	湖南教育出版社	1988
618	体育：第六册（湖南省小学教学用书试行本．教师用书）	湖南省教委体卫军训处，湖南省教育科学研究所编	湖南教育出版社	1988
619	体育：第 7 册	湖南省教委军训体卫处，湖南省教育科学研究所编	湖南教育出版社	1988
620	体育：第八册（湖南省小学教学用书试行本．教师用书）	湖南省教委体卫军训处，湖南省教育科学研究所编	湖南教育出版社	1988
621	体育：第 9 册	湖南省教委军训体卫处，湖南省教育科学研究所编	湖南教育出版社	1988
622	体育：第十册（湖南省小学教学用书试行本．教师用书）	湖南省教委体卫军训处，湖南省教育科学研究所编	湖南教育出版社	1988
623	体育：第 11 册	湖南省教委军训体卫处，湖南省教育科学研究所编	湖南教育出版社	1988
624	体育：第十二册（湖南省小学教学用书试行本．教师用书）	湖南省教委体卫军训处，湖南省教育科学研究所编	湖南教育出版社	1988

序号	书　名	编写者	出版者	出版时间
625	体育：第 1 册	江西小学体育课本编写组	缺	1988
626	体育：第 2 册	江西小学体育课本编写组	缺	1988
627	体育：第 3 册	江西小学体育课本编写组	缺	1988
628	体育：第 4 册	江西小学体育课本编写组	缺	1988
629	体育：第 5 册	江西小学体育课本编写组	缺	1988
630	体育：第 6 册	江西小学体育课本编写组	缺	1988
631	小学体育教学指导书：人教版	李晋裕等主编	人民教育出版社	1988
632	小学体育教师参考	辽宁省小学体育教学参考书编写组编	辽宁教育出版社	1988
633	小学体育教学参考书	吉林省教育学院编	吉林教育出版社	1988
634	全日制六年制小学课本体育第一、三、五册使用说明	上海市中小学教材编写组编	上海教育出版社	1988
635	全日制六年制小学课本体育第七、九、十一册使用说明	上海市中小学教材编写组编	上海教育出版社	1988
636	体育：上册（河南省试用课本小学六年级用）	河南省中小学体育课本编辑委员会编	河南科学技术出版社	1988
637	体育：第一册（云南省小学试用课本．教师用书）	云南省教育厅教研室编	云南少年儿童出版社	1988
638	体育：第二册（云南省小学试用课本．教师用书）	云南省教育厅教研室编	云南少年儿童出版社	1988
639	体育：第三册（云南省小学试用课本．教师用书）	云南省教育厅教研室编	云南少年儿童出版社	1988
640	体育：第四册（云南省小学试用课本．教师用书）	云南省教育厅教研室编	云南少年儿童出版社	1988
641	体育：第五、七、九、十一册（云南省小学试用课本．教师用书）	云南省教育厅教研室编	云南少年儿童出版社	1988
642	体育：第六、八、十、十二册（云南省小学试用课本．教师用书）	云南省教育厅教研室编	云南少年儿童出版社	1988
643	陕西省小学体育课本教学参考	陕西省教育科学研究所编	陕西人民教育出版社	1988
644	黑龙江省六年制小学试用课本体育教学参考书：四年级下学期	邱森主编	北京体育学院出版社	1988
645	黑龙江省六年制小学试用课本体育教学参考书：五年级下学期	邱森主编	北京体育学院出版社	1988

序号	书　名	编写者	出版者	出版时间
646	黑龙江省六年制小学试用课本体育教学参考书：六年级下学期	邱森主编	北京体育学院出版社	1988
647	寒假体育锻炼：小学一年级（五年制、六年制通用）	《寒假体育锻炼》编写组编	山东教育出版社	1988
648	寒假体育锻炼：小学二年级（五年制、六年制通用）	《寒假体育锻炼》编写组编	山东教育出版社	1988
649	寒假体育锻炼：小学三年级（五年制、六年制通用）	《寒假体育锻炼》编写组编	山东教育出版社	1988
650	寒假体育锻炼：小学四年级（五年制、六年制通用）	《寒假体育锻炼》编写组编	山东教育出版社	1988
651	寒假体育锻炼：小学五年级（五年制、六年制通用）	《寒假体育锻炼》编写组编	山东教育出版社	1988
652	寒假体育锻炼：小学六年级（五年制、六年制通用）	《寒假体育锻炼》编写组编	山东教育出版社	1988
653	小游戏（小学生俱乐部）	中国儿童少年活动中心研究部编	北京少年儿童出版社	1988
654	两跳一踢：中小学生健身活动	陈运伍编	河南教育出版社	1988
655	室内游戏	杨书荣编著	人民体育出版社	1988
656	体育：1－2 年级（小学试用课本）	王香久，刘清黎主编	吉林教育出版社	1988
657	体育：3－4 年级（小学试用课本）	吉林省教育学院编	吉林教育出版社	1988
658	体育：5－6 年级（小学试用课本）	吉林省教育学院编	吉林教育出版社	1988
659	体育：三年级上册（浙江省小学课本）2 版	浙江省中小学体育课本编写组编	浙江教育出版社	1988
660	体育：三年级下册（浙江省小学课本）2 版	浙江省中小学体育课本编写组编	浙江教育出版社	1988
661	体育：四年级上册（浙江省小学课本）2 版	浙江省中小学体育课本编写组编	浙江教育出版社	1988
662	体育：四年级下册（浙江省小学课本）2 版	浙江省中小学体育课本编写组编	浙江教育出版社	1988
663	体育：三年级上学期（江西省小学课本：试用本）	江西省教委教学教材研究室编	江西教育出版社	1988
664	体育：四年级下学期（江西省小学课本：试用本）	江西省教委教学教材研究室编	江西教育出版社	1988
665	体育：五年级下学期（江西省小学课本：试用本）	江西省教委教学教材研究室编	江西教育出版社	1988
666	体育：小学一年级上册（河南省试用课本）	河南省中小学体育课本编辑委员会编	河南科学技术出版社	1988

序号	书　名	编写者	出版者	出版时间
667	体育：小学一年级下册（河南省试用课本）	河南省中小学体育课本编写组编	河南科学技术出版社	1988
668	体育：小学二年级上册（河南省试用课本）	河南省中小学体育课本编辑委员会编	河南科学技术出版社	1988
669	体育：小学二年级下册（河南省试用课本）	河南省中小学体育课本编写组编	河南科学技术出版社	1988
670	体育：小学三年级上册（河南省试用课本）	河南省中小学体育课本编辑委员会编	河南科学技术出版社	1988
671	体育：小学三年级下册（河南省试用课本）	河南省中小学体育课本编写组编	河南科学技术出版社	1988
672	体育：小学四年级上册（河南省试用课本）	河南省中小学体育课本编辑委员会编	河南科学技术出版社	1988
673	体育：小学四年级下册（河南省试用课本）	河南省中小学体育课本编写组编	河南科学技术出版社	1988
674	体育：小学五年级上册（河南省试用课本）	河南省中小学体育课本编辑委员会编	河南科学技术出版社	1988
675	体育：小学五年级下册（河南省试用课本）	河南省中小学体育课本编写组编	河南科学技术出版社	1988
676	体育：小学六年级上册（河南省试用课本）	河南省中小学体育课本编辑委员会编	河南科学技术出版社	1988
677	体育：小学六年级下册（河南省试用课本）	河南省中小学体育课本编写组编	河南科学技术出版社	1988
678	体育：第一册（全日制六年制小学小学试用课本）	武汉市教学研究室体育科编	武汉出版社	1988
679	体育：第二册（全日制六年制小学小学试用课本）	武汉市教学研究室体育科编	武汉出版社	1988
680	体育：第三册（全日制六年制小学小学试用课本）	武汉市教学研究室体育科编	武汉出版社	1988
681	体育：第四册（全日制六年制小学小学试用课本）	武汉市教学研究室体育科编	武汉出版社	1988
682	体育：第五册（全日制六年制小学小学试用课本）	武汉市教学研究室体育科编	武汉出版社	1988
683	体育：第六册（全日制六年制小学小学试用课本）	武汉市教学研究室体育科编	武汉出版社	1988
684	体育：第七册（全日制六年制小学小学试用课本）	武汉市教学研究室体育科编	武汉出版社	1988
685	体育：第八册（全日制六年制小学小学试用课本）	武汉市教学研究室体育科编	武汉出版社	1988
686	体育：第九册（全日制六年制小学小学试用课本）	武汉市教学研究室体育科编	武汉出版社	1988
687	体育：第十册（全日制六年制小学小学试用课本）	武汉市教学研究室体育科编	武汉出版社	1988

序号	书　名	编写者	出版者	出版时间
688	体育：第十一册（全日制六年制小学小学试用课本）	武汉市教学研究室体育科编	武汉出版社	1988
689	体育：第十二册（全日制六年制小学小学试用课本）	武汉市教学研究室体育科编	武汉出版社	1988
690	体育：第一册（广西壮族自治区小学试用课本）	广西壮族自治区教育厅体育卫生处编	广西教育出版社	1988
691	体育：第三册（广西壮族自治区小学试用课本）	罗家璋，余新田主编	广西教育出版社	1988
692	体育：第五册（广西壮族自治区小学试用课本）	罗家璋，余新田主编	广西教育出版社	1988
693	体育：第七册（广西壮族自治区小学试用课本）	罗家璋，余新田主编	广西教育出版社	1988
694	体育：第九册（广西壮族自治区小学试用课本）	罗家璋，余新田主编	广西教育出版社	1988
695	体育：第十一册（广西壮族自治区小学试用课本）	广西壮族自治区教育厅体育卫生处编	广西教育出版社	1988
696	体育：第五册（云南省小学试用课本）	云南省教育厅教研室编	云南少年儿童出版社	1988
697	体育：第八册（云南省小学试用课本）	云南省教育厅教研室编	云南少年儿童出版社	1988
698	体育：第九册（云南省小学试用课本）	云南省教育厅教研室编	云南少年儿童出版社	1988
699	体育：第十册（云南省小学试用课本）	云南省教育厅教研室编	云南少年儿童出版社	1988
700	体育：第十一册（云南省小学试用课本）	云南省教育厅教研室编	云南少年儿童出版社	1988
701	体育：第十二册（云南省小学试用课本）	云南省教育厅教研室编	云南少年儿童出版社	1988
702	体育：第一册（西安市小学试用课本）	西安市教委研究室编	陕西人民教育出版社	1988
703	体育：第五册（西安市小学试用课本）	西安市教委研究室编	陕西人民教育出版社	1988
704	体育：第七册（西安市小学试用课本）	西安市教委研究室编	陕西人民教育出版社	1988
705	体育：第十一册（西安市小学试用课本）	西安市教委研究室编	陕西人民教育出版社	1988
706	体育：三年级下册（陕西省小学试用课本）	陕西省教育厅编	陕西师范大学出版社	1988
707	体育：四年级下册（陕西省小学试用课本）	陕西省教育厅编	陕西师范大学出版社	1988
708	体育：五年级下册（陕西省小学试用课本）	陕西省教育厅编	陕西师范大学出版社	1988

序号	书　名	编写者	出版者	出版时间
709	体育：第 1 册	上海市中小学教材编写组	上海教育出版社	1989
710	体育：第 2 册	上海市中小学教材编写组	上海教育出版社	约 1989
711	体育：第 3 册	上海市中小学教材编写组	上海教育出版社	约 1989
712	体育：第 4 册	上海市中小学教材编写组	上海教育出版社	约 1989
713	体育：第 5 册	上海市中小学教材编写组	上海教育出版社	约 1989
714	体育：第 6 册	上海市中小学教材编写组	上海教育出版社	约 1989
715	体育：1－2 年级	吉林省教育学院编	吉林教育出版社	1989
716	体育：3－4 年级（小学试用课本）	吉林省教育学院编	吉林教育出版社	1989
717	体育：5－6 年级（小学试用课本）	吉林省教育学院编	吉林教育出版社	1989
718	小学体育课教学参考书	吉林省教育学院编	吉林教育出版社	1989
719	小学体育卫生常识	北京市海淀区小学体育教研组编	测绘出版社	1989
720	小学体育教学参考资料	范鑫元主编	武汉出版社	1989
721	体育：第二册（山东省小学试用课本．一年级下学期用）2 版	山东省教学研究室编	山东教育出版社	1989
722	体育：第四册（山东省小学试用课本．二年级下学期用）2 版	山东省教学研究室编	山东教育出版社	1989
723	体育：第六册（山东省小学试用课本．三年级下学期用）2 版	山东省教学研究室编	山东教育出版社	1989
724	体育：第八册（山东省小学试用课本）2 版	山东省教学研究室编	山东教育出版社	1989
725	体育：第十二册（山东省小学试用课本．六年级下学期用）2 版	山东省教学研究室编	山东教育出版社	1989
726	体育：小学第一册	广西壮族自治区教育委员会体育卫生处编	广西师范大学出版社	1989
727	体育：小学第三册	广西壮族自治区教育委员会体育卫生处编	广西师范大学出版社	1989
728	体育：小学第五册	广西壮族自治区教育委员会体育卫生处编	广西师范大学出版社	1989
729	体育：小学第七册	广西壮族自治区教育委员会体育卫生处编	广西师范大学出版社	1989

序号	书　名	编写者	出版者	出版时间
730	体育：小学第九册	广西壮族自治区教育委员会体育卫生处编	广西师范大学出版社	1989
731	体育：小学第十一册	广西壮族自治区教育委员会体育卫生处编	广西师范大学出版社	1989
732	体育：第二册（西安市小学试用课本）	西安市教委教研室编	陕西人民教育出版社	1989
733	体育：第四册（西安市小学试用课本）	西安市教委教研室编	陕西人民教育出版社	1989
734	体育：第八册（西安市小学试用课本）	西安市小学体育课本编写组编	陕西人民教育出版社	1989
735	体育：第十册（西安市小学试用课本）	西安市教委教研室编	陕西人民教育出版社	1989
736	体育：第二册（西安市小学试用课本）	西安市教委教研室编	陕西人民教育出版社	1989
737	体育：第九册（小学试用课本）2 版	成都市教育科学研究所编	四川教育出版社	1989
738	体育：一年级上学期（江西省小学试用课本）	江西省教育学院体育系编	江西教育出版社	1989
739	体育：一年级下学期（江西省小学课本：试用）	江西省教育学院体育系编	江西教育出版社	1989
740	体育：二年级上学期（江西省小学课本：试用）	江西省教育学院体育系编	江西教育出版社	1989
741	体育：二年级下学期（江西省小学课本：试用）	江西省教育学院体育系编	江西教育出版社	1989
742	体育：第三册（沈阳市小学课本：试用）	肖云鹏主编	辽宁少年儿童出版社	1989
743	体育：第九册（沈阳市小学课本：试用）	沈阳市小学体育教材编写组编	辽宁少年儿童出版社	1989
744	体育：第十一册（沈阳市小学课本：试用）	沈阳市（铁岭市）小学体育教材编写组编	辽宁少年儿童出版社	1989
745	体育：四年级上册（小学课本：试用）	彭杰主编	江苏少年童出版社	1989
746	体育实验课本：小学一年级	长春市教育委员会教育研室，长春教育学院教研部编写	吉林大学出版社	1989
747	体育实验课本：小学二年级	长春市教育委员会教育研室，长春教育学院教研部编写	吉林大学出版社	1989
748	体育实验课本：小学三年级	长春市教育委员会教育研室，长春教育学院教研部编写	吉林大学出版社	1989
749	体育实验课本：小学四年级	长春市教育委员会教育研室，长春教育学院教研部编写	吉林大学出版社	1989
750	体育实验课本：小学五年级	长春市教育委员会教育研室，长春教育学院教研部编写	吉林大学出版社	1989

序号	书 名	编写者	出版者	出版时间
751	体育实验课本：小学六年级	长春市教育委员会教育研室，长春教育学院教研部编写	吉林大学出版社	1989
752	体育教师用书：部分初稿	人民教育出版社体育室编	人民教育出版社	1990
753	体育：一年级（广东省小学体育教师教学用书）	广东省小学体育教师教学用书编写组编	广东教育出版社	1991
754	体育：二年级（广东省小学体育教师教学用书）	广东省小学体育教师教学用书编写组编	广东教育出版社	1991
755	体育：三年级（广东省小学体育教师教学用书）	广东省小学体育教师教学用书编写组编	广东教育出版社	1991
756	体育：四年级（广东省小学体育教师教学用书）	广东省小学体育教师教学用书编写组编	广东教育出版社	1991
757	体育：五年级（广东省小学体育教师教学用书）	广东省小学体育教师教学用书编写组编	广东教育出版社	1991
758	体育：六年级（广东省小学体育教师教学用书）	广东省小学体育教师教学用书编写组编	广东教育出版社	1991
759	山东省小学课本体育教学参考书	山东省教学研究室编	山东教育出版社	1991
760	中学体育教学问答	周志俊，沈流编著	安徽教育出版社	1991
761	体育与保健：一二年级用（义务教育六年制小学教师教学用书试用）	浙江义务教育教材编委会编	浙江教育出版社	1991
762	新编小学生体育游戏	单凤彩，陈义强编著	安徽教育出版社	1991
763	新编体育游戏	四川省教育科学研究所，四川省教育学会体育研究会主编	四川人民出版社	1991
764	体育：第一册	沈阳市小学体育教材编写组编	沈阳出版社	1991
765	体育：第三册	沈阳市小学体育教材编写组编	沈阳出版社	1991
766	体育与保健：三年级（九年制义务教育课本：试用本）	上海市中小学课程教材改革委员会编	上海教育出版社	1991
767	体育与保健：六年级（九年制义务教育课本：试用本）	上海市中小学课程教材改革委员会编	上海教育出版社	1991
768	体育与健康教育：小学三年级（九年义务教育试验课本）	李晋裕主编	天津教育出版社	1991
769	小学体育教学	陆希曾等编	教育科学出版社	1992
770	小学体育教学参考书	湖北省教学研究室编	湖北教育出版社	1992
771	体育：一年级上册	浙江义务教育教材编委会	浙江教育出版社	约 1992

序号	书　名	编写者	出版者	出版时间
772	体育：一年级下册	浙江义务教育教材编委会	浙江教育出版社	约1992
773	体育：二年级上册	浙江义务教育教材编委会	浙江教育出版社	约1992
774	体育：二年级下册	浙江义务教育教材编委会	浙江教育出版社	约1992
775	体育：三年级上册	浙江义务教育教材编委会	浙江教育出版社	1992
776	体育：三年级下册	浙江义务教育教材编委会	浙江教育出版社	约1992
777	体育：四年级上册	浙江义务教育教材编委会	浙江教育出版社	约1992
778	体育：四年级下册	浙江义务教育教材编委会	浙江教育出版社	约1992
779	体育：五年级上册	浙江义务教育教材编委会	浙江教育出版社	约1992
780	体育：五年级下册	浙江义务教育教材编委会	浙江教育出版社	约1992
781	体育：六年级上册	浙江义务教育教材编委会	浙江教育出版社	约1992
782	体育：六年级下册	浙江义务教育教材编委会	浙江教育出版社	约1992
783	小学体育教学	张良瑞主编	四川教育出版社	1992
784	农村小学体育教案	山西省、甘肃省《农村小学体育教案》编委会编写	山西科学技术出版社	1992
785	体育与保健：一二年级（义务教育小学教师教学用书：试用）	浙江省义务教育教材编委会编	浙江教育出版社	1992
786	少儿体育游戏165法	（日）朝他努等著，孙柏枫译	东北师范大学出版社	1992
787	农村小学体育手册	山西省、甘肃省《农村小学体育手册》编委会编写	山西科学技术出版社	1992
788	体育与保健：上册（义务教育小学试用课本）	浙江省义务教育教材编委会编	浙江教育出版社	1992
789	体育与保健：三年级下册（义务教育小学试用课本）	浙江省义务教育教材编委会编	浙江教育出版社	1992
790	体育与保健：四年级（九年制义务教育课本：试用本）	上海中小学课程教材改革委员会编	上海教育出版社	1992
791	九年制义务教育课本体育与保健1－5年级教学参考资料	上海中小学课程教材改革委员会编	上海教育出版社	1993
792	义务教育五年制、六年制小学复式教材艺体（体育部分）（实验本）全一册教师教学用书	小学复式教材编写委员会编	河北教育出版社	1993

序号	书　名	编写者	出版者	出版时间
793	小学体育教学挂图	中国学校体育杂志社编；毛振明，刘长春绘	北京体育学院出版社	1993
794	少年儿童形体教育	杨兰生，郭层城编著	甘肃科学技术出版社	1993
795	体育选项教学课本	朱福序主编	东北师范大学出版社	1993
796	校园体育游戏集锦	关槐秀编著	辽宁少年儿童出版社	1993
797	湖南省小学教师教学用书（试行本）体育与卫生：一年级	湖南省教育科学研究所，湖南省教委军训体卫处编	湖南教育出版社	1993
798	湖南省小学教师教学用书（试行本）体育与卫生：二年级	湖南省教育科学研究所，湖南省教委军训体卫处编	湖南教育出版社	1993
799	湖南省小学教师教学用书（试行本）体育与卫生：三年级	湖南省教育科学研究所，湖南省教委军训体卫处编	湖南教育出版社	1993
800	湖南省小学教师教学用书（试行本）体育与卫生：四年级	湖南省教育科学研究所，湖南省教委军训体卫处编	湖南教育出版社	1993
801	湖南省小学教师教学用书（试行本）体育与卫生：五年级	湖南省教育科学研究所，湖南省教委军训体卫处编	湖南教育出版社	1993
802	湖南省小学教师教学用书（试行本）体育与卫生：六年级	湖南省教育科学研究所，湖南省教委军训体卫处编	湖南教育出版社	1993
803	体育：第一册（九年义务教育山西省小学课本：试用）	山西省教育委员会编	山西科学技术出版社	1993
804	体育：第二册（九年义务教育山西省小学课本：试用）	山西省教育委员会编	山西科学技术出版社	1993
805	体育：第二册（沈阳市小学课本：试用）	沈阳市小学体育教材编写组编	沈阳出版社	1993
806	体育：第四册（沈阳市小学课本：试用）	沈阳市小学体育教材编写组编	沈阳出版社	1993
807	体育：第六册（沈阳市小学课本：试用）	沈阳市小学体育教材编写组编	沈阳出版社	1993
808	体育：第八册（沈阳市小学课本：试用）	沈阳市小学体育教材编写组编	沈阳出版社	1993
809	体育：第十册（沈阳市小学课本：试用）	沈阳市小学体育教材编写组编	沈阳出版社	1993
810	体育：第十二册（沈阳市小学课本：试用）	沈阳市小学体育教材编写组编	沈阳出版社	1993
811	体育：四年级下册（河北省小学课本：试用本）	张芩等编写	河北教育出版社	1993
812	体育：五年级上册（河北省小学课本：试用本）	张芩等编写	河北教育出版社	1993
813	体育：五年级下册（河北省小学课本：试用本）	张芩等编写	河北教育出版社	1993

序号	书　名	编写者	出版者	出版时间
814	体育：六年级下册（河北省小学课本：试用本）	张芩等编写	河北教育出版社	1993
815	体育：第二册（广西壮族自治区九年义务教育小学试用课本）	陈先乐，余新田主编	广西师范大学出版社	1993
816	体育：第四册（广西壮族自治区九年义务教育小学试用课本）	陈先乐，余新田主编	广西师范大学出版社	1993
817	体育：第六册（广西壮族自治区九年义务教育小学试用课本）	陈先乐，余新田主编	广西师范大学出版社	1993
818	体育：第八册（广西壮族自治区九年义务教育小学试用课本）	陈先乐，余新田主编	广西师范大学出版社	1993
819	体育：第二册（九年义务教育小学试用课本）	范鑫元主编；武汉市教学研究室体育科编	武汉出版社	1993
820	体育：第四册（九年义务教育小学试用课本）	范鑫元主编；武汉市教学研究室体育科编	武汉出版社	1993
821	体育：第六册（九年义务教育小学试用课本）	范鑫元主编；武汉市教学研究室体育科编	武汉出版社	1993
822	体育：第八册（九年义务教育小学试用课本）	范鑫元主编；武汉市教学研究室体育科编	武汉出版社	1993
823	体育：第十册（九年义务教育小学试用课本）	范鑫元主编；武汉市教学研究室体育科编	武汉出版社	1993
824	体育：第十二册（九年义务教育小学试用课本）	范鑫元主编；武汉市教学研究室体育科编	武汉出版社	1993
825	体育与保健：五年级（九年制义务教育课本：试用本）	上海中小学课程教材改革委员会编	上海教育出版社	1993
826	体育与保健：四年级上册（义务教育小学课本：试用）	浙江省义务教育教材编委会编	浙江教育出版社	1993
827	体育与健康：一年级用书（义务教育小学课本）	朝鲜族小学体育教材编写组编	东北朝鲜民族教育出版社	1993
828	体育教学指导与参考：第1册	人民教育出版社体育室编	人民教育出版社	1992
829	体育教学指导与参考：第2册	人民教育出版社体育室编	人民教育出版社	1993
830	体育教师用书：第1册	人民教育出版社体育室编	人民教育出版社	1992
831	体育教师用书：第2册	人民教育出版社体育室编	人民教育出版社	1993
832	体育教师用书：第3册	人民教育出版社体育室编	人民教育出版社	1994
833	体育教师用书：第4册	人民教育出版社体育室编	人民教育出版社	1995
834	体育教师用书：第5册	人民教育出版社体育室编	人民教育出版社	1996

序号	书　名	编写者	出版者	出版时间
835	体育教学参考书：第 1 册	人民教育出版社体育室编	人民教育出版社	1995
836	体育教学参考书：第 2 册	人民教育出版社体育室编	人民教育出版社	1995
837	体育教学参考书：第 3 册	人民教育出版社体育室编	人民教育出版社	1995
838	体育教学参考书：第 4 册	人民教育出版社体育室编	人民教育出版社	1995
839	体育教学参考书：第 5 册	人民教育出版社体育室编	人民教育出版社	1996
840	体育教学指导与参考：第 1 册（六年制）	人民教育出版社体育室编	人民教育出版社	1992
841	体育教学指导与参考：第 2 册（六年制）	人民教育出版社体育室编	人民教育出版社	1993
842	体育教师教学用书：第 1 册	人民教育出版社体育室编	人民教育出版社	1992
843	体育教师教学用书：第 2 册	人民教育出版社体育室编	人民教育出版社	1993
844	体育教师教学用书：第 3 册	人民教育出版社体育室编	人民教育出版社	1994
845	体育教师教学用书：第 4 册	人民教育出版社体育室编	人民教育出版社	1995
846	体育教师教学用书：第 5 册	人民教育出版社体育室编	人民教育出版社	1996
847	体育教师教学用书：第 6 册	人民教育出版社体育室编	人民教育出版社	1997
848	体育教学参考书：第 1 册	人民教育出版社体育室编	人民教育出版社	1995
849	体育教学参考书：第 2 册	人民教育出版社体育室编	人民教育出版社	1995
850	体育教学参考书：第 3 册	人民教育出版社体育室编	人民教育出版社	1995
851	体育教学参考书：第 4 册	人民教育出版社体育室编	人民教育出版社	1995
852	体育教学参考书：第 5 册	人民教育出版社体育室编	人民教育出版社	1996
853	体育教学参考书：第 6 册	人民教育出版社体育室编	人民教育出版社	1997
854	体育与健康教育：小学三年级	李晋裕主编	天津教育出版社	1994
855	体育与健康教育：小学四年级	李晋裕主编	天津教育出版社	1994

序号	书　名	编写者	出版者	出版时间
856	体育与健康教育：小学五年级	李晋裕主编	天津教育出版社	1994
857	体育与健康教育：小学六年级	李晋裕主编	天津教育出版社	1994
858	小学体育教学指南：教学理论分册	谈政生，黄超文主编	湖南教育出版社	1994
859	小学体育教学指南：低年级分册	谈政生，黄超文主编	湖南教育出版社	1994
860	小学体育教学指南：中年级分册	谈政生，黄超文主编	湖南教育出版社	1994
861	小学体育教学指南：高年级分册	谈政生，黄超文主编	湖南教育出版社	1994
862	体育：五、六年级（广东省小学体育教学指导书）	广东省教育厅编	广东教育出版社	1994
863	体育：小学三、四年级（广东省小学教师教学用书）	广东省教育厅编	广东教育出版社	1994
864	体育：小学一、二年级（广东省小学教师教学用书）	广东省教育厅编	广东教育出版社	1994
865	义务教育五、六年制山东省小学体育教学参考书	山东省教学研究所编	山东教育出版社	1994
866	义务教育五、六年制小学复式教材艺体（体育部分）实验本全一册教师教学用书－2 版	小学复式教材编写委员会编著	河北教育出版社	1994
867	体育：第八册 实验本 2 版	黑龙江省中小学体育学科组编	北京体育大学出版社	1994
868	体育：第二册（义务教育黑龙江省学生课本：试用本）2 版	黑龙江省中小学体育学科组编	北京体育大学出版社	1994
869	体育：第九册 实验本 2 版	黑龙江省中小学体育学科组编	北京体育大学出版社	1994
870	体育：第六册 实验本 2 版	黑龙江省中小学体育学科组编	北京体育大学出版社	1994
871	体育：第七册（义务教育黑龙江省学生课本：试用本）2 版	黑龙江省中小学体育学科组编	北京体育大学出版社	1994
872	体育：第三册（义务教育黑龙江省学生课本：试用本）2 版	黑龙江省中小学体育学科组编	北京体育大学出版社	1994
873	体育：第四册（义务教育黑龙江省学生课本：试用本）2 版	黑龙江省中小学体育学科组编	北京体育大学出版社	1994
874	体育：第五册（义务教育黑龙江省学生课本：试用本）2 版	黑龙江省中小学体育学科组编	北京体育大学出版社	1994
875	体育：第一册 实验本 2 版	黑龙江省中小学体育学科组编	北京体育大学出版社	1994
876	体育：第三册（九年义务教育山西省小学课本：试用）	山西省教育委员会编	山西科学技术出版社	1994

序号	书 名	编写者	出版者	出版时间
877	体育：第四册（九年义务教育山西省小学课本：试用）	山西省教育委员会编	山西科学技术出版社	1994
878	体育：第五册（九年义务教育山西省小学课本：试用）	山西省教育委员会编	山西科学技术出版社	1994
879	体育：第六册（九年义务教育山西省小学课本：试用）	山西省教育委员会编	山西科学技术出版社	1994
880	体育：六年级下册（河北省小学课本：试用本）2 版	张芩等编写	河北教育出版社	1994
881	体育与保健：五年级下册	李翅鹏主编；陈雪良等编写	浙江教育出版社	1994
882	我爱乒乓球（供小学一、二年级阅读）	天津市教育局《我爱乒乓球》编写组编	天津教育出版社	1994
883	我爱乒乓球（供小学三、四年级阅读）	天津市教育局《我爱乒乓球》编写组编	天津教育出版社	1994
884	小学生文体知识读本	方汝楫等编	新疆科技卫生出版社	1994
885	体育与卫生：一年级	湖南省教育科学研究所，湖南省教委军训体卫处编	湖南教育出版社	约 1993
886	体育与卫生：二年级	湖南省教育科学研究所，湖南省教委军训体卫处编	湖南教育出版社	1993
887	体育与卫生：三年级	湖南省教育科学研究所，湖南省教委军训体卫处编	湖南教育出版社	约 1993
888	体育与卫生：四年级	湖南省教育科学研究所，湖南省教委军训体卫处编	湖南教育出版社	约 1993
889	体育与卫生：五年级	湖南省教育科学研究所，湖南省教委军训体卫处编	湖南教育出版社	约 1993
890	体育与卫生：六年级	湖南省教育科学研究所，湖南省教委军训体卫处编	湖南教育出版社	约 1993
891	体育与卫生：三年二期用（湖南省九年义务教育六年制小学教科书：实验本）	《体育与卫生》编写组编	湖南师范大学出版社	1994
892	体育与卫生：四年一期用（湖南省九年义务教育六年制小学教科书：实验本）	《体育与卫生》编写组编	湖南师范大学出版社	1995
893	体育与卫生：五年一期用（湖南省九年义务教育六年制小学教科书：实验本）	《体育与卫生》编写组编	湖南师范大学出版社	1994
894	九年义务教育五年制小学体育教学参考书：第一册（一年级用）	人民教育出版社体育室编著	人民教育出版社	1995
895	九年义务教育五年制小学体育教学参考书：第二册（二年级用）	人民教育出版社体育室编著	人民教育出版社	1995
896	九年义务教育五年制小学体育教学参考书：第三册（三年级用）	王占春主编；人民教育出版社体育室编著	人民教育出版社	1995
897	九年义务教育五年制小学体育教学参考书：第四册（四年级用）	王占春主编；人民教育出版社体育室编著	人民教育出版社	1995

序号	书　名	编写者	出版者	出版时间
898	九年义务教育六年制小学体育教学参考书：第一册（一年级用）	王占春主编；人民教育出版社体育室编著	人民教育出版社	1995
899	九年义务教育六年制小学体育教学参考书：第二册（二年级用）	王占春主编；人民教育出版社体育室编著	人民教育出版社	1995
900	九年义务教育六年制小学体育教学参考书：第三册（三年级用）	王占春主编；人民教育出版社体育室编著	人民教育出版社	1995
901	九年义务教育六年制小学体育教学参考书：第四册（四年级用）	王占春主编；人民教育出版社体育室编著	人民教育出版社	1995
902	体育锻炼（小学活动课指导用书）	陈昌清，陈民众主编；《小学活动课指导用书》编写组编写	湖南教育出版社	1995
903	体育活动（小学活动课指导用书）	陈昌清，陈民众主编；《小学活动课指导用书》编写组编写	湖南教育出版社	1995
904	体育新游戏	范鑫元主编	武汉出版社	1995
905	义务教育小学体育与保健五、六年级教学参考书	浙江省义务教育教材编委会编	浙江教育出版社	1995
906	体育与保健：六年级上册（义务教育小学课本：试用）	李翅鹏主编；浙江省义务教育教材编委会编	浙江教育出版社	1995
907	九年义务教育云南省小学乡土教材体育教师用书：一年级	云南省教委教研室编写	晨光出版社	1996
908	小学体育游戏 200 例	王伯泉编	未来出版社	1996
909	黑龙江省中小学体育教育课程纲要：试用	黑龙江省中小学体育教育课程组编制	黑龙江教育出版社	1996
910	体育：第五册（九年义务教育云南省小学乡土教材）	云南省教委教研室编写	晨光出版社	1996
911	体育：第七册（九年义务教育云南省初级小学乡土教材）	云南省教委教研室编写	晨光出版社	1996
912	体育：第八册（九年义务教育云南省小学试用课本）	云南省教委教研室编写	晨光出版社	1996
913	九年义务教育六年制小学体育第六册教学参考书：六年级用	人民教育出版社体育室编著	人民教育出版社	1997
914	全民健身计划：小学体育（二）（吉林省中小学教材）	王强主编	时代文艺出版社	1997
915	全民健身计划：小学体育（三）	王香久主编	时代文艺出版社	1997
916	全民健身计划：小学体育（四）	王强主编	时代文艺出版社	1997
917	全民健身计划：小学体育（五）	王香久主编	时代文艺出版社	1997
918	全民健身计划：小学体育（六）	王强主编	时代文艺出版社	1997

序号	书　名	编写者	出版者	出版时间
919	全民健身计划：小学体育（七）	王香久主编	时代文艺出版社	1997
920	全民健身计划：小学体育（八）	王强主编	时代文艺出版社	1997
921	全民健身计划：小学体育（九）	王香久主编	时代文艺出版社	1997
922	全民健身计划：小学体育（十）（吉林省中小学教材）	王强主编	时代文艺出版社	1997
923	全民健身计划：小学体育（十一）	王香久主编	时代文艺出版社	1997
924	全民健身计划：小学体育（十二）	王强主编	时代文艺出版社	1997
925	体育：第九册（九年义务教育云南省小学乡土教材）	云南省教委教研室编	晨光出版社	1997
926	体育：第十册（九年义务教育云南省小学乡土教材）	云南省教委教研室编	晨光出版社	1997
927	体育：第一册（广西壮族自治区九年义务教育小学试用课本）2 版	陈先乐主编；黄小鹏等编写	广西师范大学出版社	1997
928	体育：小学第二册（广西壮族自治区九年义务教育小学试用课本）2 版	陈先乐主编	广西师范大学出版社	1997
929	体育：第三册（广西壮族自治区九年义务教育小学试用课本）2 版	陈先乐主编；黄小鹏等编写	广西师范大学出版社	1997
930	体育：小学第四册（广西壮族自治区九年义务教育小学试用课本）2 版	陈先乐主编	广西师范大学出版社	1997
931	体育：第五册（广西壮族自治区九年义务教育小学试用课本）2 版	陈先乐主编；黄小鹏等编写	广西师范大学出版社	1997
932	体育：小学第六册（广西壮族自治区九年义务教育小学试用课本）2 版	陈先乐主编	广西师范大学出版社	1997
933	体育：第七册（广西壮族自治区九年义务教育小学试用课本）2 版	陈先乐主编；黄小鹏等编写	广西师范大学出版社	1997
934	体育：小学第八册（广西壮族自治区九年义务教育小学试用课本）2 版	陈先乐主编	广西师范大学出版社	1997
935	体育：第九册（广西壮族自治区九年义务教育小学试用课本）2 版	陈先乐主编；黄小鹏等编写	广西师范大学出版社	1997
936	体育：小学第十册（广西壮族自治区九年义务教育小学试用课本）2 版	陈先乐，余新田主编	广西师范大学出版社	1997
937	体育：第十一册（广西壮族自治区九年义务教育小学试用课本）2 版	陈先乐主编；黄小鹏等编写	广西师范大学出版社	1997
938	体育：小学第十二册（广西壮族自治区九年义务教育小学试用课本）2 版	陈先乐，余新田主编	广西师范大学出版社	1997
939	体育：上册（九年义务教育全日制试用课本小学三年级用）2 版	河南省中小学体育课本编辑委员会编	河南科学技术出版社	1997

序号	书　名	编写者	出版者	出版时间
940	体育：上册（九年义务教育全日制试用课本小学四年级用）2 版	河南省中小学体育课本编辑委员会编	河南科学技术出版社	1997
941	体育：上册（九年义务教育全日制试用课本小学六年级用）2 版	河南省中小学体育课本编辑委员会编	河南科学技术出版社	1997
942	体育：下册（九年义务教育全日制试用课本小学六年级用）2 版	河南省中小学体育课本编辑委员会编	河南科学技术出版社	1997
943	体育：四年级上册（河北省小学课本）2 版	韩清林主编	河北教育出版社	1997
944	体育：六年级下册（河北省小学课本：试用本）3 版	韩清林主编	河北教育出版社	1997
945	小学生体育考试与达标	毛振明，杜俊娟主编	人民体育出版社	1997
946	小学体育：第二册（九年义务教育小学课本）	《小学体育》编写组编	江苏少年儿童出版社	1997
947	小学体育：第四册（九年义务教育小学课本）	《小学体育》编写组编	江苏少年儿童出版社	1997
948	小学体育：第六册（九年义务教育小学课本）	《小学体育》编写组编	江苏少年儿童出版社	1997
949	九年义务教育云南省小学乡土教材体育教师用书：第五、七、九、十一册合订本	云南省教委教研室编写	晨光出版社	1998
950	小学课间操教学	郭玉学著	北京教育出版社	1998
951	中小学生幼儿系列广播体操教学参考书：幼儿园、小学	中华人民共和国教育部体育卫生与艺术教育司编	人民教育出版社	1998
952	中小学生幼儿系列广播体操教学参考书：幼儿园、小学	中华人民共和国教育部体育卫生与艺术教育司编	人民教育出版社	1998
953	课间 10 分钟游戏	谷玉编	湖南少年出版社	1998
954	六年制小学五年级暑假健身活动	鲍泽惠主编	明天出版社	1998
955	体育：第十一册（九年义务教育云南省小学乡土教材）	云南省教育科学研究院编写	晨光出版社	1998
956	体育：第十二册（九年义务教育云南省小学乡土教材）	云南省教育科学研究院编写	晨光出版社	1998
957	体育技巧入门	张博生等编著	长征出版社	1998
958	五年制小学三年级、六年制小学三年级暑假健身活动	鲍泽惠主编	明天出版社	1998
959	五年制小学四年级、六年制小学四年级暑假健身活动	鲍泽惠主编	明天出版社	1998

序号	书 名	编写者	出版者	出版时间
960	小学生广播体操（二）	中华人民共和国教育部制作	人民教育出版社	1998
961	体育教师教科书：第1册	人民教育出版社体育室编，内蒙古教育出版社译	内蒙古教育出版社	1995
962	体育教师教科书：第2册	人民教育出版社体育室编，内蒙古教育出版社译	内蒙古教育出版社	1996
963	体育教师教科书：第3册	人民教育出版社体育室编，内蒙古教育出版社译	内蒙古教育出版社	1997
964	体育教师教科书：第4册	人民教育出版社体育室编，内蒙古教育出版社译	内蒙古教育出版社	1998
965	体育教师教科书：第5册	人民教育出版社体育室编，内蒙古教育出版社译	内蒙古教育出版社	1999
966	九年义务教育全日制小学体育教学目标：一年级	张良瑞，卜永达主编	四川科学技术出版社	1999
967	九年义务教育全日制小学体育教学目标：二年级	张良瑞，卜永达主编	四川科学技术出版社	1999
968	九年义务教育全日制小学体育教学目标：三年级	张良瑞，卜永达主编	四川科学技术出版社	1999
969	九年义务教育全日制小学体育教学目标：四年级	张良瑞，卜永达主编	四川科学技术出版社	1999
970	九年义务教育全日制小学体育教学目标：五年级	张良瑞，卜永达主编	四川科学技术出版社	1999
971	九年义务教育全日制小学体育教学目标：六年级	张良瑞，卜永达主编	四川科学技术出版社	1999
972	体育教育与素质教育	徐嘉海主编	中华工商联合出版社	1999
973	体育与健康教育	黄超文等主编	湖南师范大学出版社	1999
974	湖南省九年义务教育小学课本体育与健康教育：四年一期	湖南省教育委员会小学《体育与健康教育》教材编写组编	湖南师范大学出版社	1999
975	湖南省九年义务教育小学课本体育与健康教育：四年二期	湖南省教育委员会小学《体育与健康教育》教材编写组编	湖南师范大学出版社	1999
976	湖南省九年义务教育小学课本体育与健康教育：五年一期	湖南省教育委员会小学《体育与健康教育》教材编写组编	湖南师范大学出版社	1999
977	湖南省九年义务教育小学课本体育与健康教育：六年二期	湖南省教育委员会小学《体育与健康教育》教材编写组编	湖南师范大学出版社	1999
978	九年义务教育小学体育课本：第九册	彭杰等主编	江苏少年儿童出版社	1999
979	体育：第10册（九年义务教育小学课本）	彭杰等主编	江苏少年儿童出版社	1999
980	九年义务教育小学体育课本：第十一册	彭杰等主编	江苏少年儿童出版社	1999

序号	书　名	编写者	出版者	出版时间
981	体育：第12册（九年义务教育小学课本）	彭杰等主编	江苏少年儿童出版社	1999
982	体育活动：第一册（供小学一、二年级用）	傅希臣，李禄田主编	泰山出版社	1999
983	体育活动：第二册（供小学三、四年级用）	傅希臣，李禄田主编	泰山出版社	1999
984	体育活动：第三册（供小学五、六年级用）	傅希臣，李禄田主编	泰山出版社	1999
985	小学生体育（保健）知识读本	方汝楫，藻世明编	新疆科技卫生出版社	1999
986	儿童少年田径选材与训练	王新坤编著	辽宁民族出版社	1999
987	体育教学教程：一年级	解一峰，黄金凤主编	西安出版社	2000
988	体育教学教程：二年级	解一峰，黄金凤主编	西安出版社	2000
989	体育教学教程：三年级	解一峰，黄金凤主编	西安出版社	2000
990	体育与健康：上册	黄超文等主编	湖南师范大学出版社	2001
991	体育与健康：下册	黄超文等主编	湖南师范大学出版社	2001
992	体育教育用书：一～二年级	课程教材研究所编著	人民教育出版社	2001
993	体育教育用书：三～四年级	课程教材研究所编著	人民教育出版社	2001
994	体育教育用书：五～六年级	课程教材研究所编著	人民教育出版社	2001
995	九年义务教育云南省小学课本体育与健康教师用书：一年级第2册	云南省教科院编写	晨光出版社	2001
996	九年义务教育云南省小学课本体育与健康教师用书：二年级	云南省教科院编写	晨光出版社	2001
997	九年义务教育云南省小学课本体育与健康教师用书：二年级第4册	云南省教科院编写	晨光出版社	2001
998	体育（一至二年级教师用书）	季浏主编	华东师范大学出版社	2001
999	体育教师教学用书：全一册（全日制小学体育与健康）	张秉祥主编	河北教育出版社	2001
1000	体育与健康教师用书：一－二年级全1册2版	天津市九年义务教育体育教材编写组编	天津教育出版社	2001
1001	体育与健康教师用书：五年级全1册	天津市九年义务教育体育教材编写组编	天津教育出版社	2001

序号	书　名	编写者	出版者	出版时间
1002	体育与健康教师用书：六年级全 1 册 2 版	天津市九年义务教育体育教材编写组编	天津教育出版社	2001
1003	小学体育与健康教学参考书：一年级	江苏省中小学教学研究室编著	江苏少年儿童出版社	2001
1004	小学体育与健康教学参考书：二年级	江苏省中小学教学研究室编著	江苏少年儿童出版社	2001
1005	小学体育与健康教学参考书：三年级	江苏省中小学教学研究室编著	江苏少年儿童出版社	2001
1006	小学体育与健康教学参考书：四年级	江苏省中小学教学研究室编著	江苏少年儿童出版社	2001
1007	小学体育与健康教学参考书：五年级	江苏省中小学教学研究室编著	江苏少年儿童出版社	2001
1008	小学体育与健康教学参考书：六年级	江苏省中小学教学研究室编著	江苏少年儿童出版社	2001
1009	新编学校体育游戏 127	湖北省教研室编	湖北科学技术出版社	2001
1010	义务教育小学体育教师教学用书：三、四年级用	延边教育出版社编	延边教育出版社	2001
1011	体育竞技场（小学生实践能力培养丛书）	张蜀璇，杨新海主编	中国大地出版社	2001
1012	体育与保健：六年级下（九年级小学课本：试用）	李翅鹏等主编	浙江教育出版社	2001
1013	体育与健康：第 5 册（九年义务教育云南省小学乡土教材）2 版	云南省教育科学研究院编写	晨光出版社	2001
1014	体育与健康：第 7 册（九年义务教育云南省小学乡土教材）2 版	云南省教育科学研究院编写	晨光出版社	2001
1015	体育与健康：第 11 册（九年义务教育云南省小学乡土教材）2 版	云南省教育科学研究院编写	晨光出版社	2001
1016	体育与健康：小学三年级全 1 册	《体育与健康》编写组编	天津教育出版社	2001
1017	体育与健康：小学四年级全 1 册	《体育与健康》编写组编	天津教育出版社	2001
1018	体育与健康：小学五年级全 1 册	《体育与健康》编写组编	天津教育出版社	2001
1019	体育与健身：六年级	《体育与健身》编写组编	上海教育出版社	2001
1020	体育与健身：一年级	上海中小学课程教材改革委员会编	少年儿童出版社	2001
1021	江苏省小学体育与健康三年教学挂图	江苏省中小学教学研究室编著	江苏少年儿童出版社	2001
1022	江苏省小学体育与健康四年教学挂图	江苏省中小学教学研究室编著	江苏少年儿童出版社	2001

序号	书　名	编写者	出版者	出版时间
1023	江苏省小学体育与健康五年教学挂图	江苏省中小学教学研究室编著	江苏少年儿童出版社	2001
1024	江苏省小学体育与健康六年教学挂图	江苏省中小学教学研究室编著	江苏少年儿童出版社	2001
1025	九年义务教育云南省小学课本体育与健康教师用书：三年级第6册	云南省教育科学研究院编	晨光出版社	2002
1026	九年义务教育云南省小学课本体育与健康教师用书：8、10、12合订本3版	云南省教育科学研究院编	晨光出版社	2002
1027	体育：教师用书（水平二：三至四年级）	季浏主编	华东师范大学出版社	2002
1028	体育与健康：二年级第4册	云南省教育科学研究院编	晨光出版社	2002
1029	体育与健康教师用书：三－五年级全一册	《体育与健康》编写组编	天津教育出版社	2002
1030	体育与健康教师用书：五年级全一册　2版	天津市九年义务教育体育教材编写组编	天津教育出版社	2002
1031	小学生健身活动：教师指导用书	小学生健身研究课题组编	高等教育出版社	2002
1032	小学生体育学习：第5册	《小学生体育学习》编写组编	江苏少年儿童出版社	2002
1033	小学生体育学习：第7册	《小学生体育学习》编写组编	江苏少年儿童出版社	2002
1034	小学生体育学习：第9册	《小学生体育学习》编写组编	江苏少年儿童出版社	2002
1035	小学生体育学习：第11册	《小学生体育学习》编写组编	江苏少年儿童出版社	2002
1036	九年义务教育小学试用教材体育与健康：五、六年制小学一年级上册	肖勇，刘洁主编	中国环境科学出版社	2002
1037	九年义务教育小学试用教材体育与健康：五、六年制小学二年级上册	肖勇，刘洁主编	中国环境科学出版社	2002
1038	九年义务教育小学试用教材体育与健康：五、六年制小学三年级上册	肖勇主编	中国环境科学出版社	2002
1039	九年义务教育小学试用教材体育与健康：五、六年制小学四年级上册	曾凡文主编	中国环境科学出版社	2002
1040	九年义务教育小学试用教材体育与健康：五、六年制小学五年级上册	肖斌主编	中国环境科学出版社	2002
1041	九年义务教育小学试用教材体育与健康：五、六年制小学六年级上册	刘洁，肖勇主编	中国环境科学出版社	2002
1042	体育：三年级	刘秉德编著	地震出版社	2002
1043	体育与健康：二年级下	缺	北京出版社、北京教育出版社联合出版	2003

序号	书　名	编写者	出版者	出版时间
1044	体育与健康：五年级下	缺	北京出版社、北京教育出版社联合出版	2003
1045	体育与健康：六年级下	缺	北京出版社、北京教育出版社联合出版	2003
1046	体育与健康教师教学用书：第 1 册	人民教育出版社体育室编	内蒙古教育出版社	2004
1047	体育与健康教师教学用书：第 2 册	人民教育出版社体育室编	内蒙古教育出版社	2004
1048	体育与健康教师教学用书：第 3 册	人民教育出版社体育室编	内蒙古教育出版社	2004
1049	体育与健康教师教学用书：第 4 册	人民教育出版社体育室编	内蒙古教育出版社	2004
1050	体育与健康教师教学用书：第 5 册	人民教育出版社体育室编	内蒙古教育出版社	2004
1051	体育教育用书：一～二年级	课程教材研究所编著	人民教育出版社	2004
1052	体育教育用书：三～四年级	课程教材研究所编著	人民教育出版社	2004
1053	体育教育用书：五～六年级	课程教材研究所编著	人民教育出版社	2004
1054	农村小学体育课程设计：教师用书（水平一分册：一、二年级）	曲宗湖主编；王春雷等编著	高等教育出版社	2004
1055	农村小学体育课程设计：教师用书（水平二分册：三、四年级）	曲宗湖主编；王春雷等编著	高等教育出版社	2004
1056	农村小学体育课程设计：教师用书（水平三分册：五、六年级）	曲宗湖主编	高等教育出版社	2004
1057	体育教学指导用书：第 1 册	北京教育科学研究院、北京出版社编写组	北京出版社、北京教育出版社联合出版	2004
1058	体育教学指导用书：第 2 册	北京教育科学研究院、北京出版社编写组	缺	2004
1059	体育教学指导用书：第 3 册	北京教育科学研究院、北京出版社编写组	缺	2004
1060	体育教学指导用书：第 4 册	北京教育科学研究院、北京出版社编写组	缺	2004
1061	体育教学指导用书：第 5 册	北京教育科学研究院、北京出版社编写组	缺	2004
1062	体育教学指导用书：第 6 册	北京教育科学研究院、北京出版社编写组	缺	2004
1063	体育与健康教学参考书：四年级第 4 册（北京义务教育课程改革实验教材）	北京教育科学研究院，北京出版社合编	北京出版社、北京教育出版社联合出版	2004
1064	体育：一二年级（义务教育标准实验教师用书）	课程教材研究所、体育课程教材研究开发中心编著	内蒙古教育出版社	2004

序号	书　名	编写者	出版者	出版时间
1065	体育1：水平一．1－2年级（义务教育课程标准实验教师用书）	许世岩主编；张广林等编	未来出版社	2004
1066	体育2：水平二．3－4年级（义务教育课程标准实验教师用书）	许世岩主编；张广林等编	未来出版社	2004
1067	体育与健康教师用书：1－2年级全1册（九年义务教育：试用）5版	天津市九年义务教育体育教材编写组编	天津教育出版社	2004
1068	体育与健康教师用书：3－4年级全1册（九年义务教育：试用）3版	天津市九年义务教育体育教材编写组编	天津教育出版社	2004
1069	体育与健康教师用书：5－6年级全1册（九年义务教育：试用）5版	天津市九年义务教育体育教材编写组编	天津教育出版社	2004
1070	体育：四年级2册（全日制义务教育课程标准小学生指导用书）	赵永忠主编；新疆维吾尔自治区教学研究室，新疆维吾尔自治区教育学会体育专业委员会编	新疆青少年出版社	2004
1071	体育：五年级2册（全日制义务教育课程标准小学生指导用书）	赵永忠主编；新疆维吾尔自治区教学研究室，新疆维吾尔自治区教育学会体育专业委员会编	新疆青少年出版社	2004
1072	体育与分健康教师手册（小学上册）	广西课程教材发展中小组织编写	广西师范大学出版社	2004
1073	体育与分健康教师手册（小学下册）	广西课程教材发展中小组织编写	广西师范大学出版社	2005
1074	体育：水平一．1－2年级（九年义务教育课程标准实验教师用书）	许世岩主编	二十一世纪出版社、百花洲文艺出版社	2005
1075	体育：水平二．3－4年级（九年义务教育课程标准实验教师用书）	许世岩主编	二十一世纪出版社、百花洲文艺出版社	2005
1076	体育与健康：小学一年级	《体育与健康》编写组编	岭南美术出版社	2005
1077	体育与健康：小学二年级	《体育与健康》编写组编	岭南美术出版社	2005
1078	体育与健康：小学三年级	《体育与健康》编写组编	岭南美术出版社	2005
1079	体育与健康：小学四年级	《体育与健康》编写组编	岭南美术出版社	2005
1080	体育与健康：小学五年级	《体育与健康》编写组编	岭南美术出版社	2005
1081	体育与健康：小学六年级	《体育与健康》编写组编	岭南美术出版社	2005
1082	全民健身小学体育：一年级下册	王强主编	北方妇女儿童出版社	2005
1083	全民健身小学体育：二年级下册	王强主编	北方妇女儿童出版社	2005

序号	书　名	编写者	出版者	出版时间
1084	全民健身小学体育：三年级下册	王强主编	北方妇女儿童出版社	2005
1085	全民健身小学体育：四年级下册	王强主编	北方妇女儿童出版社	2005
1086	全民健身小学体育：五年级下册	王强主编	北方妇女儿童出版社	2005
1087	全民健身小学体育：六年级下册	王强主编	北方妇女儿童出版社	2005
1088	体育教师教学用书：朝鲜文．三年级（义务教育课程标准实验教科书）	朝鲜族中小学体育教材编写组编著	延边教育出版社	2005
1089	体育教师教学用书：朝鲜文．四年级（义务教育课程标准实验教科书）	朝鲜族中小学体育教材编写组编著	延边教育出版社	2005
1090	小学体育教材教法	黄瑞国，戴维红主编	吉林大学出版社	2005
1091	体育：蒙古文．三、四年级（义务教育课程标准实验教师用书）	课程教材研究所等编写	内蒙古教育出版社	2005
1092	体育与健康：拼音版．一年级上册	赵志明主编	北京体育大学出版社	2005
1093	体育与健康：拼音版．二年级上册	时永进主编	北京体育大学出版社	2005
1094	体育与健康：三年级上册	田茂林主编	北京体育大学出版社	2005
1095	体育与健康：四年级上册	陈励主编	北京体育大学出版社	2005
1096	体育与健康：五年级上册	袁运平主编	北京体育大学出版社	2005
1097	体育与健康：六年级上册	唐岳年主编	北京体育大学出版社	2005
1098	体育与健康：试验本．五年级（九年义务教育课本）	少年儿童出版社编	少年儿童出版社	2005
1099	小学体育教学评价	潘林主编	东北师范大学出版社	2005
1100	体育教学拓展游戏	孟文砚，吴纪安主编	广东高等教育出版社	2005
1101	北京市义务教育课程改革实验教材体育教学指导用书：第5册（五年级用）	北京教育科学研究院，北京出版社编	北京出版社、北京教育出版社	2005
1102	体育：一年级全1册（义务教育课程标准实验教师用书）2版	山东省教学研究室编	山东教育出版社	2006
1103	体育与健康：小学三年级	孟宪平主编；《体育与健康》编委会编	河南科学技术出版社	2006
1104	体育与健康：小学四年级	罗光远主编；《体育与健康》编委会编	河南科学技术出版社	2006

序号	书　名	编写者	出版者	出版时间
1105	体育与健康：小学五年级	孙培山，冯勇主编；《体育与健康》编委会编	河南科学技术出版社	2006
1106	体育：一－二年级	耿培新主编	人民教育出版社	2006
1107	全国中小学体育与健康课优秀单元教学计划选编：水平一	全国中小学体育教学指导委员分组编	人民教育出版社	2006
1108	全国中小学体育与健康课优秀单元教学计划选编：水平二	全国中小学体育教学指导委员分组编	人民教育出版社	2006
1109	全国中小学体育与健康课优秀单元教学计划选编：水平三	全国中小学体育教学指导委员分组编	人民教育出版社	2006
1110	体育：试用本（中小学双语教学实验教材．小学）	黄兰宁主编；颜玉琴，刘芸编著	华东师范大学出版社	2006
1111	体育：一年级全一册（义务教育课程标准实验教师用书）2 版	王绍谦等改编	山东教育出版社	2006
1112	体育：蒙古文．五－六年级（义务教育课程标准实验教师用书）	课程教材研究所，体育课程教材研究开发中心编著	内蒙古教育出版社	2006
1113	小学体育教学指南：教学分册	黄超文主编；湖南省教育科学研究院编	湖南教育出版社	2006
1114	小学体育教学指南：理论分册	黄超文主编；湖南省教育科学研究院编	湖南教育出版社	2006
1115	小学新课程体育优秀教学设计与案例	吴惟奥主编；广东省教育厅教研室编	广东高等教育出版社	2006
1116	九年义务教育课本体育与健康教学参考书：三年级（试用本）	上海市中小学（幼儿园）课程改革委员会编	上海教育出版社	2006
1117	体育（双语教学实验教材试用本）	杨四根主编	华东师范大学出版社	2007
1118	体育与健身：试用本六年级（九年义务教育课本）3 版	上海市中小学（幼儿园）课程改革委员会编	上海教育出版社	2007
1119	体育与健身教学参考资料：试用本．四年级	上海市中小学（幼儿园）课程改革委员会编	上海教育出版社	2007
1120	小学体育教学中的问题与对策	嵇明海主编	东北师范大学出版社	2007
1121	体育教师用书：一年级上册．水平一（义务教育课程标准实验．云南省地方乡土实验教材）	高勇主编；云南省教育科学研究院编写	晨光出版社	2007
1122	体育教师用书：二年级上册．水平一（义务教育课程标准实验．云南省地方乡土实验教材）	高勇主编；云南省教育科学研究院编写	晨光出版社	2007
1123	体育教师用书：三年级上册．水平二（义务教育课程标准实验．云南省地方乡土实验教材）	高勇主编；云南省教育科学研究院编写	晨光出版社	2007

序号	书　名	编写者	出版者	出版时间
1124	体育教师用书：四年级上册. 水平二（义务教育课程标准实验. 云南省地方乡土实验教材）	高勇主编；云南省教育科学研究院编写	晨光出版社	2007
1125	体育：一年级上	赵永忠主编	新疆青少年出版社	2008
1126	体育：二年级上	赵永忠主编	新疆青少年出版社	2008
1127	体育：三年级上	赵永忠主编	新疆青少年出版社	2008
1128	体育	李仲汉主编	人民教育出版社	2008
1129	体育：教师用书	季浏主编	华东师范大学出版社	2008
1130	体育与健康：五年级下	沐清主编	中国大地出版社	2008
1131	体育与健康：六年级全1册	王绍谦等改编	山东教育出版社	2008
1132	体育与健身：五年级试用本	李伟民主编	少年儿童出版社	2008
1133	体育与健康	季浏主编	华东师范大学出版社	2004
1134	体育与健康：三年级下学期	江西省教育厅教学教材研究室编	江西教育出版社	2008
1135	体育与健身：试用本	上海市中小学（幼儿园）课程改革委员会编	少年儿童出版社	2009
1136	体育与健身：试用本	上海市中小学（幼儿园）课程改革委员会编	少年儿童出版社	2009
1137	体育与健身：试用本	上海市中小学（幼儿园）课程改革委员会编	少年儿童出版社	2009
1138	体育	新疆维吾尔自治区教学研究室，新疆维吾尔自治区教育学会体育专业委员会编	新疆青少年出版社	2009
1139	体育与健身教学参考资料：试用本	上海市中小学（幼儿园）课程改革委员会编	少年儿童出版社	2009
1140	体育与健身教学参考资料：试用本	上海市中小学（幼儿园）课程改革委员会编	少年儿童出版社	2009
1141	体育教师用书：水平三. 五年级	云南省教育科学研究院编写	晨光出版社	2009
1142	体育教师用书：水平三. 六年级	云南省教育科学研究院编写	晨光出版社	2009
1143	小学体育教学教师用书：水平1一年级（九年义务教育小学体育教学教师用书）	全国中小学体育教学指导委员会编	科学出版社	2010

序号	书　名	编写者	出版者	出版时间
1144	小学体育教学教师用书：水平 1 二年级（九年义务教育小学体育教学教师用书）	全国中小学体育教学指导委员会编	科学出版社	2010
1145	小学体育教学教师用书：水平 1 二年级（九年义务教育小学体育教学教师用书）	全国中小学体育教学指导委员会编	科学出版社	2010
1146	小学体育教学教师用书：水平 1 二年级（九年义务教育小学体育教学教师用书）	全国中小学体育教学指导委员会编	科学出版社	2010
1147	小学体育教学教师用书：水平 1 二年级（九年义务教育小学体育教学教师用书）	全国中小学体育教学指导委员会编	科学出版社	2010
1148	小学体育教学教师用书：水平 1 二年级（九年义务教育小学体育教学教师用书）	全国中小学体育教学指导委员会编	科学出版社	2010
1149	体育与健康：1－2 年级全一册（义务教育教师用书）	耿培新	人民教育出版	2012
1150	体育与健康：一至二年级（义务教育教师教学用书）	季浏	华东师范大学出版社	2012
1151	体育与健康：三至四年级（义务教育教师教学用书）	季浏	华东师范大学出版社	2013

表 2　中国近现代体育教科书编写出版基本信息（中学）

序号	书　名	著　者	出版者	出版时间
1	国民体育学	（日）西川政宪著，杨寿桐译	文明书局	1902
2	普通体操法	作新社译	作新社藏版	1904
3	中学体操教科书：兵式体操	（日）小野清一著；黄元吉译	缺	1906
4	瑞典式体操教科书	范迪吉译	时中书局	1906
5	新体操讲义	孙掞编著	商务印书馆	1908
6	体操教科书兵式教练	徐傅霖编	中国图书公司	1908
7	体操教科书	（英）冈白斯德，（英）克埃著；刘光照译述；沈步洲，（英）惠恩普审订	麦美伦图书公司	1913
8	共和国教科书兵式教练	徐傅霖编	商务印书馆	1913
9	共和国教科书普通体操	徐傅霖编	商务印书馆	1914
10	中学兵式体操教科书	黄元吉编译	商务印书馆	1914

序号	书名	著者	出版者	出版时间
11	新制体操教本	徐傅霖编	中华书局	1917
12	中华新武术：摔跤（上编）	马良编	商务印书馆	1918
13	中华新武术：拳脚（上编）	马良编	商务印书馆	1918
14	中华新武术：棍术（上编）	马良编	商务印书馆	1918
15	中华新武术：剑术（上编）	马良编	商务印书馆	1918
16	新体操讲义	孙掞编纂	商务印书馆	1918
17	体操教授新论	王秋如编	商务印书馆	1923
18	国耻纪念体操	王怀琪编	中国健学社	1929
19	初中柔软体操教材	吴圣明编，王怀琪校	中国健学社	1926
20	体育教学法	孙和宾编辑，董守义等校阅	东亚体育专科学校	1932
21	新体育教学法	方万邦著	商务印书馆	1933
22	复兴初级中学体育教本：第1册	王复旦编著	商务印书馆	1934
23	复兴初级中学体育教本：第2册	王复旦编著	商务印书馆	1934
24	复兴初级中学体育教本：第3册	王复旦编著	商务印书馆	1934
25	复兴高级中学体育教本：第1册	王毅诚编著	商务印书馆	1934
26	复兴高级中学体育教本：第2册	王毅诚编著	商务印书馆	1934
27	复兴高级中学体育教本：第3册	王毅诚编著	商务印书馆	1934
28	中学机巧运动	邹吟卢编	勤奋书局	1934
29	初中男生体育教授细目：第1册	教育部编	勤奋书局	1934
30	初中男生体育教授细目：第2册	教育部编	勤奋书局	1934
31	初中男生体育教授细目：第3册	教育部编	勤奋书局	1934

序号	书　名	著　者	出版者	出版时间
32	初中女生体育教授细目：第 1 册	教育部编	商务印书馆	1936
33	初中女生体育教授细目：第 2 册	教育部编	商务印书馆	1936
34	初中女生体育教授细目：第 3 册	教育部编	商务印书馆	1936
35	高中男生体育教材教授细目：第 1 册	教育部编	商务印书馆	1936
36	高中男生体育教材教授细目：第 2 册	教育部编	商务印书馆	1936
37	高中男生体育教材教授细目：第 3 册	教育部编	商务印书馆	1936
38	高中男生体育教材教授细目：第 4 册	教育部编	商务印书馆	1936
39	高中男生体育教材教授细目：第 5 册	教育部编	商务印书馆	1936
40	高中男生体育教材教授细目：第 6 册	教育部编	商务印书馆	1936
41	高中女生体育教材教授细目：第 1 册	教育部编	商务印书馆	1934
42	高中女生体育教材教授细目：第 2 册	教育部编	商务印书馆	1934－6
43	高中女生体育教材教授细目：第 3 册	教育部编	商务印书馆	1934－6
44	高中女生体育教材教授细目：第 4 册	教育部编	商务印书馆	1934－6
45	高中女生体育教材教授细目：第 5 册	教育部编	商务印书馆	1934－6
46	高中女生体育教材教授细目：第 6 册	教育部编	商务印书馆	1936
47	江苏省中等学校器械运动教材	缺	体育研究与通讯 3 卷 3 期	1936
48	初中男生体育教授细目：第 1 册	教育部编	商务印书馆	1936
49	初中男生体育教授细目：第 2 册	教育部编	商务印书馆	1936
50	初中男生体育教授细目：第 3 册	教育部编	商务印书馆	1936
51	体育科战时补充教材	黄金鳌编	商务印书馆	1940
52	国民健身操	吴澂，王子鹤合编	重庆国民体育季刊社	1942

序号	书 名	著 者	出版者	出版时间
53	徒手体操教材教法	俞晋祥，葛衢康	体育与健康教育研究社	1942
54	家庭健身操	麦克乐编；陈韵兰译	教育部	1943
55	垒球	宋君复	教育部	1943
56	体育教材	何能夏编	福建改进出版社	1943
57	从体育中培养品格	江良规	教育部	1944
58	擒拿	邓德达	教育部	1944
59	战时体育补充教材	程登科，王复旦编	教育部	1944
60	初中器械运动	周鹤鸣著	正中书局	1945
61	短兵术	温敬铭编著	正中书局	1945
62	中学舞蹈：上册	高梓	正中书局	1945
63	中学舞蹈：下册	高梓	正中书局	1945
64	室内游戏	黄蔷英	商务印书馆	1945
65	摔角	张文广	教育部	1945
66	体育原理	江良规	教育部	1945
67	军警体育	程登科	教育部	1945
68	体育教材	陈炯桢	永春力行中学	1945
69	球类运动教材	吴文忠编著	商务印书馆	1946
70	田径赛补助运动	吴文忠	重庆教育部国民体育会	1948
71	实用体育教材	冯和光编	新华书店东北总分店	1950
72	东北区初级中学体育试用教材	东北行政委员会体育运动委员会编	东北人民出版社	1954
73	东北区高级中学体育试用教材	东北行政委员会体育运动委员会编	东北人民出版社	1954

序号	书　名	著　者	出版者	出版时间
74	中学体育游戏	俞子箴编撰	新鲁书店	1954
75	学校体操教材选集	（苏）契尔内士著；许快雪译	人民体育出版社	1954
76	北京市中学体育教学参考资料	北京市中学体育教材参考资料编委会编	人民体育出版社	1955
77	苏联初中体育教学参考书	（苏）罗企克著；张蓝田译	人民体育出版社	1955
78	苏联高中体育教学参考书	（苏）切列夫科夫著，张蓝田译	人民体育出版社	1955
79	苏联中学体育团体运动部游泳教学大纲	俄罗斯苏维埃联邦社会主义共和国教育部编订，廖淑静译	人民教育出版社	1956
80	苏联中学体育团体运动部足球教学大纲	俄罗斯苏维埃联邦社会主义共和国教育部编订，廖淑静译	人民教育出版社	1956
81	苏联中学体育团体运动部田径运动教学大纲	俄罗斯苏维埃联邦社会主义共和国教育部编订，廖淑静译	人民教育出版社	1956
82	苏联中学体育团体运动部排球教学大纲	俄罗斯苏维埃联邦社会主义共和国教育部编订，廖淑静译	人民教育出版社	1956
83	足球（苏联体育团体运动部教学大纲）	（苏）С. А. 萨文等编，张仁德译	人民体育出版社	1956
84	篮球（苏联体育团体运动部教学大纲）	（苏）Б. И. 利沃娃等合编，高光斗译	人民体育出版社	1956
85	排球（苏联体育团体运动部教学大纲）	（苏）А. Г. 阿依里扬兹、В. М. 戈洛玛佐夫合编，万起、白玉禄译	人民体育出版社	1956
86	田径运动（苏联体育团体运动部教学大纲）	（苏）Э. С. 格拉玛德斯基等编，鲍宇伦译	人民体育出版社	1956
87	举重（苏联体育团体运动部教学大纲）	（苏）Б. П. 阿达莫维奇，Н. И. 卢奇金合编，赵竹光、周杰译	人民体育出版社	1956
88	游泳（苏联体育团体运动部教学大纲）	（苏）И. В. 弗尔日期涅夫斯基著，戴炯、蒋锡淮译	人民体育出版社	1956
89	自行车运动（苏联体育团体运动部教学大纲）	（苏）Д. П. 波利亚科夫、К. А. 皮古列夫斯基合编，石华章译	人民体育出版社	1956
90	中学体育教学大纲（草案）	中华人民共和国教育部编订	人民教育出版社	1956
91	中学体育课室内教材	湖北省教育厅体保科编	湖北省教育厅体保科	1957

序号	书 名	著 者	出版者	出版时间
92	中学体育教学参考书	王占春	人民教育出版社	1957
93	上海市中等学校体育协会田径、体操、游泳运动部教学参考资料	上海市教育局教学研究室编	新知识出版社	1957
94	上海市中等学校体育协会篮球、排球、足球运动部教学参考资料	上海市教育局教学研究室编	新知识出版社	1957
95	苏联中学体育课教学法	（苏）H. A. 鲁潘捷娜，B. Г. 雅库柏夫斯卡娅著，张蓝田、陈有信译	人民教育出版社	1957
96	初中游戏	（苏）弗. 格. 雅柯甫列夫著；廖淑静译	人民教育出版社	1957
97	高中游戏	（苏）弗. 格. 雅柯甫列夫著；张蓝田译	人民教育出版社	1958
98	军体	北京市教育局革命领导小组中小学教材编写组编	编者刊	1958
99	上海市中学体育教学参考资料	上海市教育局体育教研组编辑	编者刊	1958
100	中学室内体育教学参考资料	上海市教育局教学研究室	新知识出版社	1958
101	中学体育教学参考资料	辽宁省教师进修学院编	辽宁人民出版社	1958
102	学校排球教材	（苏）克列绍夫，（苏）契霍夫著；黎明译	人民体育出版社	1958
103	学校田径教材	（苏）捷列兹尼科夫著；张玉增译	人民体育出版社	1958
104	学校足球教材	（苏）卡舒洛主编；阎三义译	人民体育出版社	1959
105	初中体育教学参考资料	福建教育学院编	福建人民教育出版社	1959
106	高中体育教学参考资料	福建教育学院编	福建人民教育出版社	1959
107	中等学校雨天体育教学参考资料	福建教师进修学院	福建人民出版社	1959
108	中等学校常识：风雨天室内讲授资料	人民教育出版社改编	人民教育出版社	1959
109	中学俄器械体操教学法	伍人编	人民教育出版社	1959
110	九年一贯制试用体育教学参考资料	北京师范大学体育系普通教育改革小组编	人民教育出版社	1960
111	陕西省中学体育教学参考资料	陕西省教育厅	陕西人民出版社	1960
112	中学体育教材：教师用书	人民教育出版社编辑	人民教育出版社	1961

序号	书　名	著　者	出版者	出版时间
113	中学体育教材：1 教材纲要部分（试用本）【维语】（教师用书）	新疆维吾尔自治区教育厅，新疆维吾尔自治区体委组织的体育课程编写组编译	新疆人民出版社	1963
114	中学体育教材：2 基本教材部分（试用本）【维语】（教师用书）	新疆维吾尔自治区教育厅，新疆维吾尔自治区体委组织的体育课程编写组编译	新疆人民出版社	1964
115	中学体育教材：3 选用教材部分（试用本）【维语】（教师用书）	新疆维吾尔自治区教育厅，新疆维吾尔自治区体委组织的体育课程编写组编译	新疆人民出版社	1964
116	中学体育教材：4 体育基本知识部分（试用本）【维语】（教师用书）	新疆维吾尔自治区教育厅，新疆维吾尔自治区体委组织的体育课程编写组编译	新疆人民出版社	1964
117	中小学武术教材	北京体育学院武术教研室编	非正式出版物	1966
118	军体：试用本（湖南省中小学教师用书）	湖南省中小学教材编写组编	湖南省中小学教材编写组出版	1969
119	上海市中小学课本：军事体育（供教员参考）	上海市中小学教材编写组	上海市中小学教材编写组出版	1969
120	军事体育	四川省革命委员会中小学教材编写组编	四川人民出版社	1970
121	湖北省中小学试用课本：军事体育（供教师用）	湖北省中学体育中心教研组编	湖北人民出版社	1970
122	军事体育	北京市教育局革命领导小组教材编写组	编者刊	1970
123	辽宁省中小学试用教材：军事体育（教师参考用书）	辽宁省中小学教材编写组编	辽宁省中小学教材编写组出版	1970
124	浙江省中小学试用课本：军事体育（教师用）	浙江省中小学教材编写组编	浙江人民出版社	1970
125	军事体育：第 1 册	甘肃省中学教材编写组编	甘肃人民出版社	1970
126	军事体育：第 2 册	甘肃省中学教材编写组编	甘肃人民出版社	1970
127	河北省中小学试用教材：军体（教师用书）	河北省中小学教材编写组编	河北人民出版社	1970
128	军体	山西省中小学教材编写组编	山西人民出版社	1970
129	军体：教师参考资料	安徽省中小学教材编写组编	缺	1970
130	河南省中学试用课本：军体（教师用）	河南省革委会文教卫生局中小学教材编辑室编	河南人民出版社	1970
131	吉林省中小学试用课本：军体（教师用书）	吉林省中小学教材编写组编	吉林人民出版社	1970
132	青海省中小学教师参考用书：军体	青海省中小学教材编写组编	青海人民出版社	1970
133	陕西省中学试用课本：军体（供教师用）	陕西省中小学教材编辑组编	陕西省新华书店发行	1970

序号	书 名	著 者	出版者	出版时间
134	山东省中小学试用教材：军体（供教师参考）	山东省中小学教材编选组编	山东省中小学教材编选组出版	1970
135	福建省中小学试用课本：军体教材（教师用书）	福建省中小学教材编写组编	福建省新华书店出版	1970
136	西安市中小学军体课教材（试用本）	西安市教材编写组编	缺	1970
137	新疆维吾尔自治区四年制中学试用课本：军体（维吾尔文）	新疆维吾尔自治区中学教材编写组编	新疆人民出版社出版	1970
138	新疆维吾尔自治区四年制中学试用课本：军体（哈萨克文）	新疆维吾尔自治区中学教材编写组编	新疆人民出版社出版	1970
139	新疆维吾尔自治区四年制中学试用课本：军体（托忒蒙古文）	新疆维吾尔自治区中学教材编写组编	新疆人民出版社出版	1970
140	安徽省中小学教师参考资料：军体	安徽省中小学教材编写组编	安徽省革命委员会出版发行局	1971
141	军体	湖南省中小学教材编写组编	湖南人民出版社	1971
142	内蒙古自治区中小学试用课本：军体（中小学教师用书）	内蒙古自治区中小学教材编写组编	内蒙古新华书店	1971
143	贵州省中小学试用课本：军体（教师参考用）	贵州省中小学教材编写组编	贵州人民出版社	1971
144	吉林省中小学试用课本：军体（教师用书）2版	吉林省中小学教材编写组编	吉林人民出版社	1971
145	江西省中小学试用课本：军体（教师用书）	江西省中小学教材编写组编	江西省中小学教材编写组出版	1971
146	山西省中小学试用课本：学军（教师用书）	山西省中小学教材编写组编	山西人民出版社	1971
147	广西壮族自治区中学试用课本：军体（供教师使用）	广西壮族自治区革命委员会中小学教材编写组编	广西人民出版社	1971
148	四川省中小学试用课本：军事体育（教师用书）	四川省革命委员会中小学教材编写组编	四川人民出版社出版	1971
149	广西壮族自治区中小学体育教学参考书	广西壮族自治区中小学教材编写组编	广西人民出版社	1972
150	上海市中小学课本：军事体育	上海市中学体育中心教研组编	缺	1972
151	天津市中学试用课本：军体（教师用书）	天津市中小学教材编写组编	天津市新华书店	1972
152	广东省中小学试用课本：体育（教师用书）	广东省中小学教材编写组编	广东人民出版社	1972
153	辽宁省中学试用教材：体育（教师参考用书）	辽宁省中小学教材编写组	辽宁人民出版社	1972
154	吉林省中、小学试用课本：军体	吉林省中小学教材编写组编	吉林人民出版社	1972

序号	书　名	著　者	出版者	出版时间
155	浙江省中小学试用课本：军事体育（教师用）	浙江省中小学教材编写组编	浙江人民出版社	1972
156	安徽省中小学教师参考资料：军体	安徽省中小学教材编写组编	安徽省革命委员会出版发行局出版	1972
157	军体（湖南省中小学教师用书）	湖南省中小学教材编写组编	湖南人民出版社	1972
158	贵州省中小学试用教材：军体（教师参考用）	贵州省中小学教材编写组编	贵州人民出版社	1972
159	北京市中学试用教材：体育（供教师用）	北京市教育局教材编写组编	北京人民出版社	1973
160	福建省中小学体育教学参考资料	福建省中小学教材编写组编	福建人民出版社	1973
161	山西省中小学试用教材：体育（教师用书）	山西省中小学教材编写组编	山西人民出版社	1973
162	陕西省中学试用课本：体育（教师用书）	陕西省中小学教材编写组编	陕西人民出版社	1973
163	天津市中小学试用课本：体育（教师用书）（选用教材）	天津市中小学教材编写组编	天津市新华书店	1973
164	天津市中小学试用课本：体育（教师用书）	同上	同上	1973
165	云南省中学试用教材：体育（教师用书）	云南省教育局教材编写组编	云南人民出版社	1973
166	安徽省中小学教师参考资料：体育（第2版修订本）	安徽省中小学教材编写组编	安徽人民出版社	1973
167	广东省中小学试用课本：体育（补充教材）（教师用书）	广东省中小学教材编写组编	广东人民出版社	1973
168	体育	湖北省中小学教材编写组编	缺	约1973
169	中小学体育游戏	陈清璜编写	湖南人民出版社	1973
170	江西省中小学体育教学参考资料	江西省中小学教材编写组编	江西人民出版社	1973
171	体育：教师用书	上海市中学体育中心教研组编	上海人民出版社	1974
172	吉林省中学教学参考资料：体育（上册）	吉林省教育司编	缺	1975
173	吉林省中学教学参考资料：体育（下册）	吉林省教育司编	缺	约1975
174	河北省中小学试用教材：体育（供教师用）	河北省中小学教材编写组	河北人民出版社	1975
175	四川省中小学试用课本：体育（教师用书）	四川省教育局教材处编	四川人民出版社	1975

序号	书 名	著 者	出版者	出版时间
176	体育	广东省中小学教材编写组	广东人民出版社	1975
177	广东省中小学试用教材：体育（教师用书）	广东省中小学教材编写组	广东人民出版社	1976
178	辽宁省中学试用教材：体育（教师参考用书）	沈阳市教育局教材编写组编	辽宁人民出版社	1976
179	上海市中小学课本：体育（教师用书）（1）	上海市中学体育中心教研组编	上海人民出版社	约1976
180	上海市中小学课本：体育（教师用书）（2）	上海市中学体育中心教研组编	上海人民出版社	1976
181	上海市中小学课本：体育（教师用书）（3）	上海市中学体育中心教研组编	上海人民出版社	1976
182	上海市中小学课本：体育（教师用书）（4）	上海市中学体育中心教研组编	上海人民出版社	1976
183	上海市中小学课本：体育（教师用书）（5）	上海市中学体育中心教研组编	上海人民出版社	1976
184	上海市中小学课本：体育（教师用书）（6）	上海市中学体育中心教研组编	上海人民出版社	1977
185	江西省中小学体育教学参考书	江西师范学院体育系编	江西人民出版社	1977
186	河南省中小学试用教材：体育（教师用书）	河南省革委会教育局中小学教材编写组编	河南人民出版社	1977
187	全日制十年制学校高中课本(试用本)：中学体育教材(全一册)(教师用书)	中小学通用教材体育编写组编	人民教育出版社	1978
188	全日制十年制学校体育教学参考资料之一（供长沙地区试用）	长沙市中学体育教学研究会编	非正式出版物	1978
189	生理卫生：中小学体育教师参考资料	河北师范大学体育系编	人民体育出版社	1978
190	军事体育参考资料	吉林省中小学教材编写组编	吉林人民出版社	1979
191	全日制十年制学校高中课本（试用本）：中学体育教材（全一册）（教师用书）（第2版）	中小学通用教材体育编写组编	人民教育出版社	1979
192	体操中的跳跃练习：中小学体育教师参考书	王晓玉	人民体育出版社	1980
193	怎样备课：中小学体育教师参考书	张长江编著	人民体育出版社	1980
194	中学体育教师基本知识问答：中小学体育教师参考书	沈阳体育学院体育理论教研室编	人民体育出版社	1980
195	广东省中学体育教学参考书	《广东省中学体育教学参考书》编写组编	广东人民出版社	1980
196	全日制十年制学校中学体育教学参考资料	北京教育学院	北京教育学院	1980

序号	书　名	著　者	出版者	出版时间
197	中学体育课教案（教师参考用书）	郑州市教育局教研室编	非正式出版物	1980
198	体育：初中一年级（1）	长沙市中学体育教学研究会编	长沙市中学体育教研会印	1981
199	体育：初中一年级（2）	长沙市中学体育教学研究会编	缺	约 1981
200	体育教材：试用本	王占春	人民教育出版社	1981
201	室内体育教学：中小学体育教师参考书	李习友，张耀辉合编	人民体育出版社	1981
202	全日制十年制学校中学体育教材（试用本）（蒙古文课本）	中小学通用教材体育编写组编	内蒙古教育出版社	1981
203	全日制十年制学校中学体育教材（试用本）（维吾尔文课本）	中小学通用教材体育编写组编	新疆教育出版社	1981
204	队列队形练习：中小学体育教师参考书	罗庆逵编	人民体育出版社	1982
205	循环练习法：中小学体育教师参考书	曲宗湖，宋荣芬合编	人民体育出版社	1982
206	运动生理基本知识：中小学体育教师参考书	邓树勋编著	人民体育出版社	1982
207	初中体育教材教法	上海市中学体育中心教研组编	华东师范大学出版社	1982
208	初中一年级试用课本：体育（第1册）	长沙市教育科学研究所，长沙市中学体育教研会编	长沙市中学体育教研会	1982
209	全日制中学初二试用课本：体育（第四册）	长沙市教育科学研究所，长沙市中学体育教研会编	长沙市中学体育教研会	1982
210	体育教学参考资料	吉林省教育学院编	吉林人民出版社	1982
211	体育教学参考资料	徐州师范体育系编印	非正式出版物	1982
212	中学体育教学参考书	（日）竹之下休藏，松田岩男主编，曲世奎译	吉林省体育科学研究所	1982
213	中学体育课教学	王寿生等编著	教育科学出版社	1982
214	中小学生体质测定与评价：中小学体育教师参考书	邢文华等编	人民体育出版社	1983
215	高中体育教材教法	上海市中学体育中心教研组编	华东师范大学出版社	1983
216	中小学体育手册	鲁健编	山东教育出版社	1983
217	全日制中学初三试用课本：体育（第六册）	长沙市教育科学研究所，长沙市中学体育教研会编	长沙市中学体育教研会	1983

序号	书　名	著　者	出版者	出版时间
218	中学体育教材：教师用书（全一册）	人民教育出版社体育室编	人民教育出版社	1984
219	上海市初中课本：体育（第二册）（试用本）	上海市中小学教材编写组编	上海教育出版社	1984
220	体育：初中一年级（第1册）	李德锐等主编	广东省教育厅	约1984
221	体育：初中一年级（第2册）	李德锐等主编	广东省教育厅	约1984
222	体育：初中二年级（第1册）	李德锐等主编	广东省教育厅	1984
223	体育：初中二年级（第2册）	李德锐等主编	广东省教育厅	1984
224	体育：初中三年级（第1册）	李德锐等主编	广东省教育厅	1984
225	体育：初中三年级（第2册）	李德锐等主编	广东省教育厅	1984
226	体育：高中一年级（第1册）	李德锐等主编	广东省教育厅	约1984
227	体育：高中一年级（第2册）	李德锐等主编	广东省教育厅	约1984
228	体育：高中二年级（第1册）	李德锐等主编	广东省教育厅	1984
229	体育：高中二年级（第2册）	李德锐等主编	广东省教育厅	1984
230	体育：高中三年级（第1册）	李德锐等主编	广东省教育厅	1984
231	体育：高中三年级（第2册）	李德锐等主编	广东省教育厅	1984
232	体育：初中第1册	沈阳市中小学体育课本编写组	缺	1984
233	体育：初中第2册	沈阳市中小学体育课本编写组	缺	1984
234	体育：初中第3册	沈阳市中小学体育课本编写组	缺	1984
235	体育：初中第4册	沈阳市中小学体育课本编写组	缺	1984
236	体育：初中第5册	沈阳市中小学体育课本编写组	缺	1984
237	体育：初中第6册	沈阳市中小学体育课本编写组	缺	1984
238	体育：高中第1册	沈阳市中小学体育课本编写组	缺	1984

序号	书　名	著　者	出版者	出版时间
239	体育：高中第2册	沈阳市中小学体育课本编写组	缺	1984
240	体育：高中第3册	沈阳市中小学体育课本编写组	缺	1984
241	体育：高中第4册	沈阳市中小学体育课本编写组	缺	1984
242	体育：高中第5册	沈阳市中小学体育课本编写组	缺	1984
243	体育：高中第6册	沈阳市中小学体育课本编写组	缺	1984
244	中小学体育卫生	梁焕国、王桂莲编	北京师范大学出版社	1984
245	自制体育教材：中小学体育教师参考书	广东省吴川县教育局编	人民体育出版社	1984
246	体育高考指南	丁元忠主编	广西人民出版社	1984
247	徒手体操：中小学体育教师参考书	宣萍、高鸿武编著	人民体育出版社	1984
248	山西省中学试用课本：体育（第一册）	山西省教育科学研究所编	山西人民出版社	1984
249	中学体育教材	延边教育出版社教育图书编辑室编译	延边教育出版社	1984
250	全日制十年制学校中学体育教材（教师用书）（试用本）（藏文课本）（上册）	中小学通用教材体育编写组编，陈宝军等译	青海民族出版社	1984
251	全日制十年制学校中学体育教材（教师用书）（试用本）（藏文课本）（下册）	中小学通用教材体育编写组编，陈宝军等译	青海民族出版社	1984
252	女生体育教学：中小学体育教师参考书	邓树勋，童英可	人民体育出版社	1985
253	中小学体育教学参考资料	马俊伦，陕西教育厅教学研究室编	陕西人民出版社	1985
254	中学体育基本动作教学	北京教育学院编	北京师范大学出版社	1985
255	上海市初中课本体育	上海市中小学教材编写组	缺	1985
256	中小学生田径运动训练	郑凯编著	黑龙江科学技术出版社	1985
257	课外体育活动（学校体育丛书）	《学校体育丛书》编委会编	上海教育出版社	1985
258	体育：第一册（山西省中学试用课本）	山西省教育科学研究所编	山西人民出版社	1985
259	体育：第三册（山西省中学试用课本）	山西省教育科学研究所编	山西人民出版社	1985

序号	书　名	著　者	出版者	出版时间
260	体育：初中一年级（上册）	浙江省中小学教育课本编写组	浙江教育出版社	1985
261	体育：初中二年级（上册）	浙江省中小学教育课本编写组	浙江教育出版社	1985
262	体育：初中三年级（上册）	浙江省中小学教育课本编写组	浙江教育出版社	1985
263	体育：高中一年级（上册）	浙江省中小学教育课本编写组	浙江教育出版社	1985
264	体育：高中二年级（上册）	浙江省中小学教育课本编写组	浙江教育出版社	1985
265	体育：高中三年级（上册）	浙江省中小学教育课本编写组	浙江教育出版社	1985
266	体育：第 1 册（试用本）（上海市初中课本）	上海市中小学教材编写组编	上海教育出版社	1985
267	体育：第 2 册（试用本）	上海市中小学教材编写组编	上海教育出版社	1985
268	体育：第 3 册（试用本）（上海市初中课本）	上海市中小学教材编写组编	上海教育出版社	1985
269	体育：第 4 册（试用本）（上海市初中课本）	上海市中小学教材编写组编	上海教育出版社	1985
270	体育：第 5 册（试用本）（上海市初中课本）	上海市中小学教材编写组编	上海教育出版社	1986
271	体育：第 6 册（试用本）	上海市中小学教材编写组编	上海教育出版社	1985
272	上海市初中课本体育第二册使用说明（试用本）	上海市中小学教材编写组编	上海教育出版社	1986
273	上海市初中课本体育第四册使用说明（试用本）	上海市中小学教材编写组编	上海教育出版社	1986
274	中小学生健身育智指南	黄建民主编	江苏科学技术出版社	1986
275	中学体育游戏	方子才，杜诗源编著	河南教育出版社	1986
276	队列队形练习（中学体育教学丛书）	缺	四川教育出版社	1986
277	初中体育课考核标准	上海市教育局体育卫生处编	华东师范大学出版社	1986
278	武术（中学体育教学丛书）	张选惠等编著	四川教育出版社	1986
279	高中体育课考核标准	上海市教育局体育卫生处编	华东师范大学出版社	1986
280	准备活动（中学体育教学丛书）	谢显慰著	四川教育出版社	1986

序号	书　名	著　者	出版者	出版时间
281	体育：初中一年级（新编版）	李德锐等主编	广东省教育厅	约1986
282	体育：初中二年级（新编版）	李德锐等主编	广东省教育厅	1986
283	体育：初中三年级（新编版）	李德锐等主编	广东省教育厅	1986
284	体育：高中一年级（新编版）	李德锐等主编	广东省教育厅	约1986
285	体育：高中二年级（新编版）	李德锐等主编	广东省教育厅	1986
286	体育：高中三年级（新编版）	李德锐等主编	广东省教育厅	1986
287	体育与健康：七年级（全一册）	天津市九年义务教育体育教材编写组	天津教育出版社	约1986
288	体育与健康：八年级（全一册）	天津市九年义务教育体育教材编写组	天津教育出版社	约1986
289	体育与健康：九年级（全一册）	天津市九年义务教育体育教材编写组	天津教育出版社	1986
290	体育：初中第1册（浙江省初级中学试用课本）	浙江省中小学教育课本编写组	浙江教育出版社	1986
291	体育：初中第2册（浙江省初级中学试用课本）	浙江省中小学教育课本编写组	浙江教育出版社	1986
292	体育：初中第3册（浙江省初级中学试用课本）	浙江省中小学教育课本编写组	浙江教育出版社	1986
293	体育：初中第4册（浙江省初级中学试用课本）	浙江省中小学教育课本编写组	浙江教育出版社	1986
294	体育：初中第5册（浙江省初级中学试用课本）	浙江省中小学教育课本编写组	浙江教育出版社	1986
295	体育：初中第6册（浙江省初级中学试用课本）	浙江省中小学教育课本编写组	浙江教育出版社	1986
296	体育：高中第1册（浙江省高级中学试用课本）	浙江省中小学教育课本编写组	浙江教育出版社	1986
297	体育：高中第2册（浙江省高级中学试用课本）	浙江省中小学教育课本编写组	浙江教育出版社	1986
298	体育：高中第3册（浙江省高级中学试用课本）	浙江省中小学教育课本编写组	浙江教育出版社	1986
299	体育：高中第4册（浙江省高级中学试用课本）	浙江省中小学教育课本编写组	浙江教育出版社	1986
300	体育：高中第5册（浙江省高级中学试用课本）	浙江省中小学教育课本编写组	浙江教育出版社	1986
301	体育：高中第6册（浙江省高级中学试用课本）	浙江省中小学教育课本编写组	浙江教育出版社	1986

序号	书 名	著 者	出版者	出版时间
302	体育：初中第1册（天津市初级中学试用课本）	天津市教育局《体育》课本编写组	天津教育出版社	1986
303	体育：初中第2册（天津市初级中学试用课本）	天津市教育局《体育》课本编写组	天津教育出版社	1986
304	体育：初中第3册（天津市初级中学试用课本）	天津市教育局《体育》课本编写组	天津教育出版社	1986
305	体育：第二册（山西省中学试用课本）	山西省教育科学研究所编	山西人民出版社	1986
306	体育：第三册（山西省中学试用课本）	山西省教育科学研究所编	山西人民出版社	1986
307	体育：一年级上学期（江西省初级中学课本）	江西省教育厅教学教材研究室编	江西教育出版社	1986
308	体育：一年级下学期（江西省初级中学课本）	江西省教委教学教材研究室编	江西教育出版社	1986
309	体育：二年级上学期（江西省初级中学课本）	江西省教育厅教学教材研究室编	江西教育出版社	1986
310	体育：二年级下学期（江西省初级中学课本）	江西省教育厅教学教材研究室编	江西教育出版社	1986
311	体育：三年级上学期（江西省初级中学课本）	江西省教育厅教学教材研究室编	江西教育出版社	1986
312	体育：三年级下学期（江西省初级中学课本）	江西省教委教学教材研究室编	江西教育出版社	1986
313	体育：第二册（广西壮族自治区中学试用课本）	广西壮族自治区教育厅体育卫生处编	广西人民出版社	1986
314	体育：第四册（广西壮族自治区中学试用课本）	广西壮族自治区教育厅体育卫生处编	广西人民出版社	1986
315	体育：第六册（广西壮族自治区中学试用课本）	广西壮族自治区教育厅体育卫生处编	广西人民出版社	1986
316	体育：第八册（广西壮族自治区中学试用课本）	广西壮族自治区教育厅体育卫生处编	广西人民出版社	1986
317	体育：第十册（广西壮族自治区中学试用课本）	广西壮族自治区教育厅体育卫生处编	广西人民出版社	1986
318	体育：第十二册（广西壮族自治区中学试用课本）	广西壮族自治区教育厅体育卫生处编	广西人民出版社	1986
319	体育：初中一年级（成都市中学试用课本）	缺	四川教育出版社	1986
320	体育：初中二年级（成都市中学试用课本）	缺	四川教育出版社	1986
321	体育：初中三年级（成都市中学试用课本）	缺	四川教育出版社	1986
322	体育：高中二年级（成都市中学试用课本）	缺	四川教育出版社	1986

序号	书　名	著　者	出版者	出版时间
323	体育：高中三年级（成都市中学试用课本）	缺	四川教育出版社	1986
324	体育：第二册（西安市初中试用课本）	西安市教育局教研室编	陕西人民教育出版社	1986
325	体育：第四册（西安市初中试用课本）	西安市教育局教研室编	陕西人民教育出版社	1986
326	体育：第六册（西安市初中试用课本）	西安市教育局教研室编	陕西人民教育出版社	1986
327	体育：第二册（西安市高中试用课本）	西安市教育局教研室编	陕西人民教育出版社	1986
328	体育：第四册（西安市高中试用课本）	西安市教育局教研室编	陕西人民教育出版社	1986
329	初中体育教学参考资料	重庆市教育局体育教材编写组	重庆出版社	1987
330	体育：初中第 1 册	山东省教学研究室编	山东教育出版社	约 1987
331	体育：初中第 2 册	山东省教学研究室编	山东教育出版社	约 1987
332	体育：初中第 3 册	山东省教学研究室编	山东教育出版社	1987
333	体育	马欣熙主编	高等教育出版社	1987
334	中学体育参考教材	竹之下休藏等主编；曲世奎译	人民教育出版社	1987
335	中学体育教学	王世伟，王定坤，朱谷林	光明日报出版社	1987
336	中小学体育教学手册	北京教育学院编	北京教育出版社	1987
337	中学冬季体育课教学参考书	吉林省教育学院编	吉林教育出版社	1987
338	中学韵律体操选	王占春主编	人民教育出版社	1987
339	四川省中小学优质体育课教案	四川省教育科学研究所编	四川教育出版社	1987
340	全日制中学体育教学大纲	中华人民共和国国家教育委员会制订	人民教育出版社	1987
341	健美舞蹈挂图：中学生	周国耀等编；朱萍等动作设计	上海文艺出版社	1987
342	1987 年天津市中学暑假体育（供初中一年级学生使用）	天津市教育局《暑假体育》编写组编	天津教育出版社	1987
343	1987 年天津市中学暑假体育（供初中二年级学生使用）	天津市教育局《暑假体育》编写组编	天津教育出版社	1987

序号	书　名	著　者	出版者	出版时间
344	1987 年天津市中学暑假体育（供高中一、二年级学生使用）	天津市教育局《暑假体育》编写组编	天津教育出版社	1987
345	体育：第一册（初级中学试用课本）	哈尔滨市教育学院编	黑龙江教育出版社	1987
346	体育：第三册（初级中学试用课本）	哈尔滨市教育学院编	黑龙江教育出版社	1987
347	体育：第五册（初级中学试用课本）	哈尔滨市教育学院编	黑龙江教育出版社	1987
348	体育：第一册（山东省初级中学试用教材）	山东省教学研究室编	山东教育出版社	1987
349	体育：第三册（山东省初级中学试用教材）	山东省教学研究室编	山东教育出版社	1987
350	体育：第五册（山东省初级中学试用教材）	山东省教学研究室编	山东教育出版社	1987
351	体育：初中二年级（广东省中学试用课本）	《广东省中学体育试用课本》编写小组编	广东教育出版社	1987
352	体育：高中二年级（广东省中学试用课本）	《广东省中学体育试用课本》编写小组编	广东教育出版社	1987
353	体育：第二册（全日制初中试用课本）	重庆市教育局体育教材编写组编	重庆出版社	1987
354	体育：第三册（全日制初中试用课本）	重庆市教育局体育教材编写组编	重庆出版社	1987
355	体育：一年级上册（陕西省初级中学试用课本）	陕西省教育厅编	陕西师范大学出版社	1987
356	体育：二年级上册（陕西省初级中学试用课本）	陕西省教育厅编	陕西师范大学出版社	1987
357	体育：三年级上册（陕西省初级中学试用课本）	陕西省教育厅编	陕西师范大学出版社	1987
358	体育：第一册（西安市初中试用课本）	西安市教委教研室编	陕西人民教育出版社	1987
359	体育：第三册（西安市初中试用课本）	西安市教委教研室编	陕西人民教育出版社	1987
360	体育：第五册（西安市初中试用课本）	西安市教委教研室编	陕西人民教育出版社	1987
361	体育：第三册（西安市高中试用课本）	西安市教委教研室编	陕西人民教育出版社	1987
362	体育：第五册（西安市高中试用课本）	西安市教委教研室编	陕西人民教育出版社	1987
363	体育：高中第 1 册（试行本）	湖南省教委体委军训处，湖南省教育科学研究所编	湖南教育出版社	1988
364	体育：第二册（湖南省初级中学教学用书．试行本）	湖南省教委体卫军训处，湖南省教育科学研究所编	湖南教育出版社	1988

序号	书　名	著　者	出版者	出版时间
365	体育：高中第3册（试行本）	湖南省教委体卫军训处，湖南省教育科学研究所编	湖南教育出版社	1988
366	体育：第四册（湖南省初级中学教学用书．试行本）	湖南省教委体卫军训处，湖南省教育科学研究所编	湖南教育出版社	1988
367	体育：高中第5册（试行本）	湖南省教委体卫军训处，湖南省教育科学研究所编	湖南教育出版社	1988
368	体育：第六册（湖南省初级中学教学用书．试行本）	湖南省教委体卫军训处，湖南省教育科学研究所编	湖南教育出版社	1988
369	体育：高中第1册（试行本）	湖南省教委体委军训处，湖南省教育科学研究所编	湖南教育出版社	1988
370	体育：第二册（湖南省高中教学用书．试行本）	湖南省教委体卫军训处，湖南省教育科学研究所编	湖南教育出版社	1988
371	体育：高中第3册（试行本）	湖南省教委体卫军训处，湖南省教育科学研究所编	湖南教育出版社	1988
372	体育：第四册（湖南省高中教学用书．试行本）	湖南省教委体卫军训处，湖南省教育科学研究所编	湖南教育出版社	1988
373	体育：高中第5册（试行本）	湖南省教委体卫军训处，湖南省教育科学研究所编	湖南教育出版社	1988
374	体育：第六册（湖南省高中教学用书．试行本）	湖南省教委体卫军训处，湖南省教育科学研究所编	湖南教育出版社	1988
375	中学体育教学参考书：全一册	王香久等主编	吉林教育出版社	1988
376	中小学体育教材教法	吉林省教育学院编	吉林教育出版社	1988
377	上海市初中课本体育第一册使用说明	上海市中小学教材编写组编	上海教育出版社	1988
378	上海市初中课本体育第三册使用说明	上海市中小学教材编写组编	上海教育出版社	1988
379	上海市初中课本体育第五册使用说明	上海市中小学教材编写组编	上海教育出版社	1988
380	中小学体育试用课本冰雪课教学参考书	吉林省教育学院编	吉林教育出版社	1988
381	中小学健美操教学指南	刁在箴编著	中国地质大学出版社	1988
382	中学体育教学	金名院等编著	光明日报出版社	1988
383	中学体育教学参考书	吉林省教育学院编	吉林教育出版社	1988
384	中学体育教学指导书：人教版	李晋裕等主编	人民教育出版社	1988
385	体育课教学改革实验教案选	王占春主编	人民教育出版社	1988

序号	书 名	著 者	出版者	出版时间
386	体育教学口诀	郑如赐编著	人民体育出版社	1988
387	初中体育教学目标与基础知识形成性测试	南京市教学研究室编	江苏科学技术出版社	1988
388	初中体育基本知识（福建省中学体育课理论通用教材）	洪泰田主编	福建教育出版社	1988
389	高中体育教学目标与基础知识形成性测试	南京市教学研究室编	江苏科学技术出版社	1988
390	高中体育基本知识（福建省中学体育课理论通用教材）	洪泰田主编	福建教育出版社	1988
391	寒假体育锻炼：初中一年级	《寒假体育锻炼》编写组编	山东教育出版社	1988
392	寒假体育锻炼：初中二年级	《寒假体育锻炼》编写组编	山东教育出版社	1988
393	寒假体育锻炼：初中三年级	《寒假体育锻炼》编写组编	山东教育出版社	1988
394	体育：全一册（初级中学试用课本）	吉林省教育学院编	吉林教育出版社	1988
395	体育：上册（中学生课外阅读丛书）	北京市海淀区教师进修学校主编	机械工业出版社	1988
396	体育：下册（中学生课外阅读丛书）	北京市海淀区教师进修学校主编	机械工业出版社	1988
397	体育：全一册（高级中学试用课本．高中女生用）	王香久等编	吉林教育出版社	1988
398	体育：全一册（高级中学试用课本．高中男生用）	刘清黎等编	吉林教育出版社	1988
399	体育：第二册（初级中学试用课本）	哈尔滨市教育学院编	黑龙江教育出版社	1988
400	体育：第四册（初级中学试用课本）	哈尔滨市教育学院编	黑龙江教育出版社	1988
401	体育：第六册（初级中学试用课本）	哈尔滨市教育学院编	黑龙江教育出版社	1988
402	体育：一年级上学期（江西省初级中学课本．试用）	江西省教委教学教材研究室编	江西教育出版社	1988
403	体育：一年级下学期（江西省初级中学课本．试用）	江西省教委教学教材研究室编	江西教育出版社	1988
404	体育：二年级上学期（江西省初级中学课本．试用）	江西省教委教学教材研究室编	江西教育出版社	1988
405	体育：二年级下学期（江西省初级中学课本．试用）	江西省教委教学教材研究室编	江西教育出版社	1988
406	体育：三年级上学期（江西省初级中学课本．试用）	江西省教委教学教材研究室编	江西教育出版社	1988

序号	书　名	著　者	出版者	出版时间
407	体育：三年级下学期（江西省初级中学课本．试用）	江西省教委教学教材研究室编	江西教育出版社	1988
408	体育：初中一年级上册（河南省试用课本）	河南省中小学体育课本编辑委员会编	河南科学技术出版社	1988
409	体育：初中一年级下册（河南省试用课本）	河南省中小学体育课本编辑委员会编	河南科学技术出版社	1988
410	体育：初中二年级上册（河南省试用课本）	河南省中小学体育课本编辑委员会编	河南科学技术出版社	1988
411	体育：初中二年级下册（河南省试用课本）	河南省中小学体育课本编辑委员会编	河南科学技术出版社	1988
412	体育：初中三年级上册（河南省试用课本）	河南省中小学体育课本编辑委员会编	河南科学技术出版社	1988
413	体育：初中三年级下册（河南省试用课本）	河南省中小学体育课本编辑委员会编	河南科学技术出版社	1988
414	体育：高中一年级上册（河南省试用课本）	河南省中小学体育课本编辑委员会编	河南科学技术出版社	1988
415	体育：高中一年级下册（河南省试用课本）	河南省中小学体育课本编辑委员会编	河南科学技术出版社	1988
416	体育：高中二年级上册（河南省试用课本）	河南省中小学体育课本编辑委员会编	河南科学技术出版社	1988
417	体育：高中二年级下册（河南省试用课本）	河南省中小学体育课本编辑委员会编	河南科学技术出版社	1988
418	体育：高中三年级上册（河南省试用课本）	河南省中小学体育课本编辑委员会编	河南科学技术出版社	1988
419	体育：高中三年级下册（河南省试用课本）	河南省中小学体育课本编辑委员会编	河南科学技术出版社	1988
420	体育：第一册（广西壮族自治区中学试用课本）	广西壮族自治区教育厅体育卫生处编	广西教育出版社	1988
421	体育：第五册（广西壮族自治区中学试用课本）	广西壮族自治区教育厅体育卫生处编	广西教育出版社	1988
422	体育：第七册（广西壮族自治区中学试用课本）	广西壮族自治区教育厅体育卫生处编	广西教育出版社	1988
423	体育：第九册（广西壮族自治区中学试用课本）	广西壮族自治区教育厅体育卫生处编	广西教育出版社	1988
424	体育：第一册（云南省初级中学试用课本）	云南省教育厅教研室编	云南少年儿童出版社	1988
425	体育：第二册（云南省初级中学试用课本）	云南省教育厅教研室编	云南少年儿童出版社	1988
426	体育：第三册（云南省初级中学试用课本）	云南省教育厅教研室编	云南少年儿童出版社	1988
427	体育：第四册（云南省初级中学试用课本）	云南省教育厅教研室编	云南少年儿童出版社	1988

序号	书　名	著　者	出版者	出版时间
428	体育：第五册（云南省初级中学试用课本）	云南省教育厅教研室编	云南少年儿童出版社	1988
429	体育：第六册（云南省初级中学试用课本）	云南省教育厅教研室编	云南少年儿童出版社	1988
430	体育：一年级下册（陕西省初级中学试用课本）	陕西省教育厅编	陕西师范大学出版社	1988
431	体育：二年级下册（陕西省初级中学试用课本）	陕西省教育厅编	陕西师范大学出版社	1988
432	体育：三年级下册（陕西省初级中学试用课本）	陕西省教育厅编	陕西师范大学出版社	1988
433	体育：第三册（西安市初中试用课本）	西安市教委教研室编	陕西人民教育出版社	1988
434	体育：第一册（西安市高中试用课本）	西安市教委教研室编	陕西人民教育出版社	1988
435	体育：第三册（西安市高中试用课本）	西安市教委教研室编	陕西人民教育出版社	1988
436	体育：第五册（西安市高中试用课本）	西安市教委教研室编	陕西人民教育出版社	1988
437	初级中学试用课本：体育（全一册）	吉林省教育学院编	吉林教育出版社	1989
438	高级中学试用课本：体育（全一册）	吉林省教育学院	吉林教育出版社	1989
439	中学体育课本（初高中）教学参考书	吉林省教育学院	吉林教育出版社	1989
440	中学体育教学指导书：人教版	李晋裕等主编	人民教育出版社	1988
441	体育：第 1 册（四年制初级中学课本：试用本）	滕子敬，孟浩德主编	北京师范大学出版社	1989
442	体育：第 2 册（四年制初级中学课本：试用本）	滕子敬，孟浩德主编	北京师范大学出版社	1989
443	体育：初中第 3 册（试用本）	滕子敬，孟浩德主编	北京师范大学出版社	1989
444	体育：初中第 4 册（试用本）	滕子敬，孟浩德主编	北京师范大学出版社	1989
445	体育：第一册（天津市高级中学试用课本）	天津市教育局《体育》课本编写组	天津教育出版社	1989
446	体育：第二册（天津市高级中学试用课本）	天津市教育局《体育》课本编写组	天津教育出版社	1989
447	体育：第三册（天津市高级中学试用课本）	天津市教育局《体育》课本编写组	天津教育出版社	1989
448	体育：第四册（天津市高级中学试用课本）	天津市教育局《体育》课本编写组	天津教育出版社	1989

序号	书　名	著　者	出版者	出版时间
449	体育：第五册（天津市高级中学试用课本）	天津市教育局《体育》课本编写组	天津教育出版社	1989
450	体育：第六册（天津市高级中学试用课本）	天津市教育局《体育》课本编写组	天津教育出版社	1989
451	中小学体育教学法	（苏）卡恰什金著，萧远顺译	人民体育出版社	1989
452	上海市高中课本体育第一册使用说明	上海市中小学教材编写组编	上海教育出版社	1989
453	中小学生健身活动两跳一踢	陈运伍编著	河南教育出版社	1989
454	《中学生体育合格标准》知识手册	《中学生体育合格标准》知识手册编写组编	天津教育出版社	1989
455	中学体育课本教学参考书：初高中全一册	吉林省教育学院编	吉林教育出版社	1989
456	中学体操教材教法初探	陈国焜，周国珍编著	光明日报出版社	1989
457	中学教师实用体育辞典	《中学教师实用体育辞典》编写组编	北京科学技术出版社	1989
458	初中体育学习目标及检测	北京市教育科学研究所普通教育评价课题组编	中国标准出版社	1989
459	体育：一年级（云南省高级中学试用课本）	云南省高级中学体育课本编写委员会编	云南少年儿童出版社	1989
460	体育：二年级（云南省高级中学试用课本）	云南省高级中学体育课本编写委员会编	云南少年儿童出版社	1989
461	体育：三年级（云南省高级中学试用课本）	云南省高级中学体育课本编写委员会编	云南少年儿童出版社	1989
462	体育：一年级上学期（江西省高级中学课本）	江西省教育学院体育系编	江西教育出版社	1989
463	体育：一年级下学期（江西省高级中学课本）	江西省教育学院体育系编	江西教育出版社	1989
464	体育：二年级上学期（江西省高级中学课本）	江西省教育学院体育系编	江西教育出版社	1989
465	体育：二年级下学期（江西省高级中学课本）	江西省教育学院体育系编	江西教育出版社	1989
466	体育：三年级下学期（江西省高级中学课本）	江西省教育学院体育系编	江西教育出版社	1989
467	体育：第一册（上海市高中课本．试用本）	上海市中小学教材编写组编	上海教育出版社	1989
468	体育：高中第一册	广西壮族自治区教育委员会体育卫生处编	广西师范大学出版社	1989
469	体育：高中第三册	广西壮族自治区教育委员会体育卫生处编	广西师范大学出版社	1989

序号	书　名	著　者	出版者	出版时间
470	体育：高中第五册	广西壮族自治区教育委员会体育卫生处编	广西师范大学出版社	1989
471	体育：第二册（山东省高级中学试用课本）	山东省教学研究室编	山东教育出版社	1989
472	体育：第四册（山东省初级中学试用教材：二年级下学期用）	山东省教学研究室编	山东教育出版社	1989
473	体育：第六册（山东省初级中学试用教材：三年级下学期用）	山东省教学研究室编	山东教育出版社	1989
474	体育：第二册（西安市初中试用课本）	西安市教委教研室编	陕西人民教育出版社	1989
475	体育：第四册（西安市初中试用课本）	西安市教委教研室编	陕西人民教育出版社	1989
476	体育：第六册（西安市初中试用课本）	西安市教委教研室编	陕西人民教育出版社	1989
477	体育：第二册（西安市高中试用课本）	西安市教委教研室编	陕西人民教育出版社	1989
478	体育：第四册（西安市高中试用课本）	西安市教委教研室编	陕西人民教育出版社	1989
479	体育：第六册（西安市高中试用课本）	西安市教委教研室编	陕西人民教育出版社	1989
480	体育：第一册（高中课本：试用）	彭杰主编	江苏少年儿童出版社	1989
481	体育实验课本：初中一年级	长春市教育委员会教研室，长春教育学院教研部编	吉林大学出版社	1989
482	体育实验课本：初中二年级	长春市教育委员会教研室，长春教育学院教研部编	吉林大学出版社	1989
483	体育实验课本：初中三年级	长春市教育委员会教研室，长春教育学院教研部编	吉林大学出版社	1989
484	初中体育基础知识（湖北省全日制中学试用课本）	王忠友，谭汝吉主编	华中师范大学出版社	1989
485	体育：初中第 1 册	辽宁省中学体育课本编写组	辽宁少年儿童出版社	约 1990
486	体育：初中第 2 册	辽宁省中学体育课本编写组	辽宁少年儿童出版社	约 1990
487	体育：初中第 3 册	辽宁省中学体育课本编写组	辽宁少年儿童出版社	约 1990
488	体育：初中第 4 册	辽宁省中学体育课本编写组	辽宁少年儿童出版社	约 1990
489	体育：初中第 5 册	辽宁省中学体育课本编写组	辽宁少年儿童出版社	1990
490	体育：初中第 6 册	辽宁省中学体育课本编写组	辽宁少年儿童出版社	约 1990

序号	书　名	著　者	出版者	出版时间
491	初级中学体育健康教育课本	辽宁省中学体育课本编写组	缺	约 1990
492	高级中学体育课本	辽宁省中学体育课本编写组	缺	约 1990
493	中学体育教学指导	辽宁省中学体育课本编写组	缺	约 1990
494	上海市高中课本体育	上海市中小学教材编写组	缺	1990
495	体育教师用书：部分初稿	人民教育出版社体育室编	人民教育出版社	1990
496	中学体育卫生保健基础知识	梁汝城主编	人民教育出版社	1990
497	体育与保健：初中一年级（试用）	浙江省义乌教育教材编委会	浙江教育出版社	1991
498	体育与保健：初中二年级（试用）	浙江省义乌教育教材编委会	浙江教育出版社	约 1991
499	体育与保健：初中三年级（试用）	浙江省义乌教育教材编委会	浙江教育出版社	约 1991
500	上海市高中体育课本使用说明：第三、四册	上海市中小学教材编写组编	上海教育出版社	1991
501	山东省高级中学课本体育教学参考书	山东省教学研究室编	山东教育出版社	1991
502	全日制初级中学体育教学参考书：上册	重庆市教育委员会体育教材编写组编	重庆出版社	1991
503	体育与健康教育教学参考书	李晋裕主编	天津教育出版社	1991
504	高级中学体育教学参考书：上册	重庆市教育委员会体育教材编写组编	重庆出版社	1991
505	体育：第五册（上海市高中课本）	上海市中小学教材编写组编	上海教育出版社	1991
506	体育：第一册 一年级上学期（山东省初级中学课本）3 版	山东省教学研究室编	山东教育出版社	1991
507	体育：第三册 二年级上学期（山东省初级中学课本）3 版	山东省教学研究室编	山东教育出版社	1991
508	体育：第五册 三年级上学期（山东省初级中学课本）3 版	山东省教学研究室编	山东教育出版社	1991
509	体育：初中一年级（广东省中学试用课本）	广东省中学体育课本编写组编	广东教育出版社	1991
510	体育：初中二年级（广东省中学试用课本）	广东省中学体育课本编写组编	广东教育出版社	1991
511	体育：初中三年级（广东省中学试用课本）	广东省中学体育课本编写组编	广东教育出版社	1991

序号	书　名	著　者	出版者	出版时间
512	体育：高中一年级（广东省中学试用课本）	广东省中学体育课本编写组编	广东教育出版社	1991
513	体育：高中二年级（广东省中学试用课本）	广东省中学体育课本编写组编	广东教育出版社	1991
514	体育：高中三年级（广东省中学试用课本）	广东省中学体育课本编写组编	广东教育出版社	1991
515	体育：一年级（天津市初级中学试用课本）2 版	天津市中学《体育》课本编写组编	天津教育出版社	1991
516	体育：二年级（天津市初级中学试用课本）2 版	天津市中学《体育》课本编写组编	天津教育出版社	1991
517	体育：三年级（天津市初级中学试用课本）2 版	天津市中学《体育》课本编写组编	天津教育出版社	1991
518	体育：一年级（天津市高级中学试验课本）	天津市中学《体育》课本编写组编	天津教育出版社	1991
519	体育：二年级（天津市高级中学试验课本）	天津市中学《体育》课本编写组编	天津教育出版社	1991
520	体育：一年级（辽宁省高级中学试用课本）	辽宁省中学体育课本编写组编	辽宁教育出版社	1991
521	体育：三年级（辽宁省高级中学试用课本）	辽宁省中学体育课本编写组编	辽宁教育出版社	1991
522	体育：一年级上学期（江西省高级中学课本：试用）	江西省教委教研室编	江西教育出版社	1991
523	体育：第一册（初级中学课本：试用）	沈阳市中学体育课本编写组编	沈阳出版社	1991
524	体育：第三册（初级中学课本：试用）	沈阳市中学体育课本编写组编	沈阳出版社	1991
525	体育：第五册（初级中学课本：试用）	沈阳市中学体育课本编写组编	沈阳出版社	1991
526	体育：一年级上册（全日制初级中学试用课本）	重庆市教育委员会体育教材编写组编	重庆出版社	1991
527	体育：初中一年级（成都市中学试用课本）3 版	费光明等编写	四川教育出版社	1991
528	体育：初中二年级（成都市中学试用课本）	费光明等编写	四川教育出版社	1991
529	体育：高中一年级（成都市中学试用课本）3 版	费光明等编写	四川教育出版社	1991
530	体育：高中二年级（成都市中学试用课本）2 版	费光明等编写	四川教育出版社	1991
531	体育：高中三年级（成都市中学试用课本）3 版	费光明等编写	四川教育出版社	1991
532	体育：一年级（浙江省高级中学试用课本）	浙江省高级中学体育课本编写组编	浙江教育出版社	1991

序号	书　名	著　者	出版者	出版时间
533	体育：二年级（浙江省高级中学试用课本）	浙江省高级中学体育课本编写组编	浙江教育出版社	1991
534	体育：第五册（四年制初级中学实验课本）	滕子敬，孟浩德主编	青岛出版社	1991
535	体育：第六册（四年制初级中学实验课本）	滕子敬，孟浩德主编	青岛出版社	1991
536	体育与保健（高级中学课本：试验本）	上海中小学课教材改革委员会编	上海教育出版社	1991
537	体育与健康教育：初中一年级（九年义务教育试验课本）	李晋裕主编	天津教育出版社	1991
538	体育·保健：一年级（辽宁省初级中学试用课本）	辽宁省中学体育·保健课本编写组编	辽宁少年儿童出版社	1991
539	体育·保健：二年级（辽宁省初级中学试用课本）	辽宁省中学体育·保健课本编写组编	辽宁少年儿童出版社	1991
540	体育·保健：三年级（辽宁省初级中学试用课本）	辽宁省中学体育·保健课本编写组编	辽宁少年儿童出版社	1991
541	体育教学指导与参考：初中第 1 册	人民教育出版社体育室编	人民教育出版社	1992
542	体育教学指导与参考：初中第 2 册	人民教育出版社体育室编	人民教育出版社	1993
543	体育教师教学用书：初中第 1 册	人民教育出版社体育室编	人民教育出版社	1992
544	体育教师教学用书：初中第 2 册	人民教育出版社体育室编	人民教育出版社	1993
545	体育教师教学用书：初中第 3 册	人民教育出版社体育室编	人民教育出版社	1994
546	体育教学导与参考：初中第 1 册（四年制）	人民教育出版社体育室编	人民教育出版社	1992
547	体育教学导与参考：初中第 2 册（四年制）	人民教育出版社体育室编	人民教育出版社	1993
548	体育教师教学用书：初中第 1 册（四年制）	人民教育出版社体育室编	人民教育出版社	1992
549	体育教师教学用书：初中第 2 册（四年制）	人民教育出版社体育室编	人民教育出版社	1993
550	体育教师教学用书：初中第 3 册（四年制）	人民教育出版社体育室编	人民教育出版社	1994
551	体育教师教学用书：初中第 4 册（四年制）	人民教育出版社体育室编	人民教育出版社	1995
552	体育：初中第 1 册（四年制）	山东省教学研究室编	青岛出版社	约 1992
553	体育：初中第 2 册（四年制）	山东省教学研究室编	青岛出版社	约 1992

序号	书　名	著　者	出版者	出版时间
554	体育：初中第 3 册（四年制）	山东省教学研究室编	青岛出版社	约 1992
555	体育：初中第 4 册（四年制）	山东省教学研究室编	青岛出版社	约 1992
556	体育：初中第 5 册（四年制）	山东省教学研究室编	青岛出版社	约 1992
557	体育：初中第 6 册（四年制）	山东省教学研究室编	青岛出版社	约 1992
558	体育：初中第 7 册（四年制）	山东省教学研究室编	青岛出版社	约 1992
559	体育：初中第 8 册（四年制）	山东省教学研究室编	青岛出版社	1992
560	学校队列队形教学	蔡福全著	北京教育出版社	1992
561	中学生体育知识读本	藻世明主编	新疆科技卫生出版社	1992
562	中学体育与保健基础知识：初一年级使用	福州市教育学院体育教研室编写	福建少年儿童出版社	1992
563	中学体育与保健基础知识：初二年级使用	福州市教育学院体育教研室编写	福建少年儿童出版社	1992
564	中学体育与保健基础知识：初三年级使用	福州市教育学院体育教研室编写	福建少年儿童出版社	1992
565	中学体育与保健基础知识：高中生使用	福州市教育学院体育教研室编写	福建少年儿童出版社	1992
566	中学体育知识手册	李梦泽，同军咸编	陕西科学技术出版社	1992
567	体育：第八册（九年制义务教育四年制初级中学实验课本）	滕子敬，孟浩德主编	青岛出版社	1992
568	体育：一年级（浙江省高级中学试用课本）2 版	李翅鹏等编写，朱希伟绘图	浙江教育出版社	1992
569	体育：二年级（浙江省高级中学试用课本）2 版	李翅鹏等编写，朱希伟绘图	浙江教育出版社	1992
570	体育：三年级（浙江省高级中学试用课本）2 版	李翅鹏等编写，朱希伟绘图	浙江教育出版社	1992
571	体育与保健：一年级（义务教育初级中学课本：试用）	浙江省义务教育教材编委会编	浙江教育出版社	1992
572	体育与保健：二年级（义务教育初级中学课本：试用）	浙江省义务教育教材编委会编	浙江教育出版社	1992
573	体育与保健：七年级（九年制义务教育课本：试用本）	上海中小学课程教材改革委员会编	上海教育出版社	1992
574	体育基础知识：试题 1500 例	汪育军编	新疆大学出版社	1992

序号	书　名	著　者	出版者	出版时间
575	学生体育	张育青主编	北京体育学院出版社	1992
576	高考体育测试指南	钱民辉等主编	山西人民出版社	1992
577	体育教学参考书：初中一年级（四年制）	鲍泽惠，侣英超主编	青岛出版社	1993
578	体育教学参考书：初中二年级（四年制）	鲍泽惠，侣英超主编	青岛出版社	约 1993
579	体育教学参考书：初中三年级（四年制）	鲍泽惠，侣英超主编	青岛出版社	约 1993
580	体育教学参考书：初中四年级（四年制）	鲍泽惠，侣英超主编	青岛出版社	约 1993
581	九年义务教育三年制初级中学体育教学指导与参考：第一册（一年级用）	人民教育出版社体育室编	人民教育出版社	1993
582	广东省初中体育理论课教学参考	何坚主编	广东教育出版社	1993
583	广东省高中体育理论课教学参考	罗茂华主编	广东教育出版社	1993
584	中学体育教学挂图	中国学校体育杂志社编；毛振明，刘长春绘	北京体育学院出版社	1993
585	体育：第六册（湖南省初中教学用书）2 版（修订本）	湖南省教委体卫军训处，湖南省教育科学研究所编	湖南教育出版社	1993
586	体育教师参考书备课指要	刘志明，邱志钊编著	辽沈出版社	1993
587	室内体育教学新编	鲁国斌，熊焰主编	华中师范大学出版社	1993
588	九年义务教育体育与健康教学大纲：初审稿供实验用	国家教育委员会制订	人民教育出版社	1993
589	中学女生形体教育与训练	吴海宽，王淑琨编著	东北师范大学出版社	1993
590	中学生升学体育考试指南	马志忠，柳景主编	云南大学出版社	1993
591	中学体育项目考试与训练方法	白瑞庭主编	中国物资出版社	1993
592	队列队形训练	邬显德等编	浙江教育出版社	1993
593	体育：第一册（九年义务教育山西省初级中学课本：试用）	山西省教育委员会编	山西科学技术出版社	1993
594	体育：第二册（九年义务教育山西省初级中学课本：试用）	山西省教育委员会编	山西科学技术出版社	1993
595	体育：第三册（九年义务教育山西省初级中学课本：试用）	山西省教育委员会编	山西科学技术出版社	1993

序号	书　名	著　者	出版者	出版时间
596	体育：第一册（高级中学女子试用课本）	山西省教育委员会编	山西科学技术出版社	1993
597	体育：第二册（高级中学女子试用课本）	山西省教育委员会编	山西科学技术出版社	1993
598	体育：第三册（高级中学女子试用课本）	山西省教育委员会编	山西科学技术出版社	1993
599	体育：第一册（高级中学男子试用课本）	山西省教育委员会编	山西科学技术出版社	1993
600	体育：第二册（高级中学男子试用课本）	山西省教育委员会编	山西科学技术出版社	1993
601	体育：第三册（高级中学男子试用课本）	山西省教育委员会编	山西科学技术出版社	1993
602	体育：一年级全一册（义务教育山东省三年制初级中学试用课本）	山东省教学研究室编	山东教育出版社	1993
603	体育：二年级全一册（义务教育山东省三年制初级中学试用课本）	山东省教学研究室编	山东教育出版社	1993
604	体育：一年级上学期（江西省初级中学课本：试用）	江西省教委教学教材研究室编	江西教育出版社	1993
605	体育：二年级上学期（江西省初级中学课本：试用）	江西省教委教学教材研究室编	江西教育出版社	1993
606	体育：二年级下学期（江西省初级中学课本：试用）	江西省教委教学教材研究室编	江西教育出版社	1993
607	体育：三年级上学期（江西省初级中学课本：试用）	江西省教委教学教材研究室编	江西教育出版社	1993
608	体育：三年级下学期（江西省初级中学课本：试用）	江西省教委教学教材研究室编	江西教育出版社	1993
609	体育：一年级上学期（江西省高级中学课本：试用）	江西省教委教学教材研究室编	江西教育出版社	1993
610	体育：一年级下学期（江西省高级中学课本：试用）	江西省教委教学教材研究室编	江西教育出版社	1993
611	体育：二年级上学期（江西省高级中学课本：试用）	江西省教委教学教材研究室编	江西教育出版社	1993
612	体育：二年级下学期（江西省高级中学课本：试用）	江西省教委教学教材研究室编	江西教育出版社	1993
613	体育：三年级上学期（江西省高级中学课本：试用）	江西省教委教学教材研究室编	江西教育出版社	1993
614	体育：三年级下学期（江西省高级中学课本：试用）	江西省教委教学教材研究室编	江西教育出版社	1993
615	体育：第二册（初级中学课本：试用）	沈阳市中学体育课本编写组编	沈阳出版社	1993
616	体育：第四册（初级中学课本：试用）	沈阳市中学体育课本编写组编	沈阳出版社	1993

序号	书　名	著　者	出版者	出版时间
617	体育：第六册（初级中学课本：试用）	沈阳市中学体育课本编写组编	沈阳出版社	1993
618	体育：第二册（河北省初级中学课本：试用本）	骆文炳等编写	河北教育出版社	1993
619	体育：第六册（河北省初级中学课本：试用本）	骆文炳等编写	河北教育出版社	1993
620	体育：第一册（河北省高级中学课本：试用本）	骆文炳等编写	河北教育出版社	1993
621	体育：第二册（河北省高级中学课本：试用本）	骆文炳等编写	河北教育出版社	1993
622	体育：第三册（河北省高级中学课本：试用本）	骆文炳等编写	河北教育出版社	1993
623	体育：第四册（河北省高级中学课本：试用本）	骆文炳等编写	河北教育出版社	1993
624	体育：第六册（河北省高级中学课本：试用本）	骆文炳等编写	河北教育出版社	1993
625	体育：第二册（九年义务教育四年制初级中学试用课本）2版	滕子敬，孟浩德主编	青岛出版社	1993
626	体育与保健：发达地区版 八年级（九年制义务教育课本：试用本）	上海中小学课程教材改革委员会编	上海教育出版社	1993
627	体育与保健：三年级（义务教育初级中学课本：试用）	浙江省义务教育教材编委会编	浙江教育出版社	1993
628	体育高考方法与训练	刘俊庭主编	江西高校出版社	1993
629	初中体育：一年级下学期（江西省初级中学课本：试用）	江西省教委教研室编	江西教育出版社	1993
630	体育教学参考书：初中（上册）	重庆市教育委员会体育教材编写组编	重庆出版社	约1992
631	体育教学参考书：初中（下册）	重庆市教育委员会体育教材编写组编	重庆出版社	1992
632	体育：初中第1册（学生用书）	王占春主编	人民教育出版社	1994
633	体育：初中第2册（学生用书）	王占春主编	人民教育出版社	1993
634	体育：初中第3册（学生用书）	王占春主编	人民教育出版社	1995
635	中等学校体育	孙培初，郑子良	同济大学出版社	1993
636	高级中学课本体育与保健 选项课本	上海中小学课程教材改革委员会	缺	1994
637	高级中学体育基础知识	王忠友，谭汝吉	湖北科学技术出版社	1994

序号	书 名	著 者	出版者	出版时间
638	广东省中学体育教学指导书：初中体育理论部分	广东省教育厅编	广东省教育出版社	1994
639	广东省中学体育教学指导书：高中体育理论部分 -2版	广东省教育厅编	广东省教育出版社	1994
640	广东省中学体育教学指导书：初高中实践部分	广东省教育厅编	广东省教育出版社	1994
641	体育教学参考书：初中（上册）	重庆市教育委员会体育教材编写组编	重庆出版社	约1994
642	九年义务教育三年制初级中学(试用)课本教师用书下册体育教学参考书	重庆市教育委员会体育教材编写组编	重庆出版社	1994
643	体育教学参考书：高中（上册）	重庆市教育委员会体育教材编写组编	重庆出版社	约1994
644	高级中学（试用）课本体育教学参考书：下册	重庆市教育委员会体育教材编写组编	重庆出版社	1994
645	体育与健康教育：初中一年级	李晋裕主编	天津教育出版社	约1994
646	体育与健康教育：初中二年级	李晋裕主编	天津教育出版社	1994
647	体育与健康教育教学参考书：供中小学教师使用	李晋裕主编	天津教育出版社	1994
648	中小学体育基本知识	李晞等主编	河南人民出版社	1994
649	中学体育：初中一年级	江苏省教育委员会教研室	江苏省少年儿童出版社	1994
650	中学体育：初中二年级	江苏省教育委员会教研室	江苏省少年儿童出版社	1994
651	中学体育：初中三年级	江苏省教育委员会教研室	江苏省少年儿童出版社	1994
652	安徽省中学体育教学参考基础知识	安徽省中学体育教学参考编写组编	安徽教育出版社	1994
653	九年义务教育四年制初级中学体育教师教学用书：第三册	王占春主编；人民教育出版社体育室编著	人民教育出版社	1994
654	体育：第二册（湖南省初中教学用书）2版（修订本）	湖南省教委体卫军训处，湖南省教育科学研究所编	湖南教育出版社	1994
655	体育：第四册（湖南省初中教学用书）2版（修订本）	湖南省教委体卫军训处，湖南省教育科学研究所编	湖南教育出版社	1994
656	义务教育初中体育与保健一、二、三年级教学参考书	李翅鹏主编	浙江教育出版社	1994
657	义务教育全日制朝鲜族初级中学体育教学大纲：试用本	朝鲜族中小学体育教学大纲编写组编	东北朝鲜民族教育出版社	1994
658	义务教育山东省三年制初级中学试用课本体育教学参考书	山东省教学研究室编	山东教育出版社	1994

序号	书　名	著　者	出版者	出版时间
659	义务教育山东省四年制初级中学试用课本体育教学参考书	山东省教学研究室编	山东教育出版社	1994
660	高中体育：一年级上学期（江西省高级中学课本：试用）	江西省中小学体育课本编委会编	江西教育出版社	1994
661	体育：第一册（九年义务教育全日制初中课本：试用本）	王香久主编	吉林教育出版社	1994
662	体育：第二册（九年义务教育全日制初中课本：试用本）	王香久主编	吉林教育出版社	1994
663	体育：第三册（九年义务教育全日制初中课本：试用本）	王香久主编	吉林教育出版社	1994
664	体育：第三册（高中课本：试用）	王香久主编	吉林教育出版社	1994
665	体育：第二册（河北省初级中学课本：试用本）2 版	骆文炳等编写	河北教育出版社	1994
666	体育：第三册（河北省初级中学课本：试用本）2 版	骆文炳等编写	河北教育出版社	1994
667	体育：第六册（河北省初级中学课本：试用本）2 版	骆文炳等编写	河北教育出版社	1994
668	体育：第三册（沈阳市初级中学课本：试用）2 版	沈阳市中小学体育教材编写组编	沈阳出版社	1994
669	体育：第一册（安徽省初中试用课本）2 版	安徽省初级中学体育课本编写组编	安徽教育出版社	1994
670	体育：初中一年级（成都市中学试用课本）2 版	费光明等编	四川教育出版社	1994
671	体育：初中二年级（成都市中学试用课本）	费光明等编	四川教育出版社	1994
672	体育：初中三年级（成都市中学试用课本）4 版	费光明等编	四川教育出版社	1994
673	体育：高中一年级（成都市中学试用课本）4 版	费光明等编	四川教育出版社	1994
674	体育：高中二年级（成都市中学试用课本）	费光明等编	四川教育出版社	1994
675	体育：高中三年级（成都市中学试用课本）4 版	费光明等编	四川教育出版社	1994
676	体育：初中一年级（广东省中学试用课本）	广东省教育厅编	广东教育出版社	1994
677	体育：初中二年级（广东省中学试用课本）	广东省教育厅编	广东教育出版社	1994
678	体育：初中三年级（广东省中学试用课本）	广东省教育厅编	广东教育出版社	1994
679	体育：高中一年级（广东省中学试用课本）	广东省教育厅编	广东教育出版社	1994

序号	书 名	著 者	出版者	出版时间
680	体育：高中二年级（广东省中学试用课本）	广东省教育厅编	广东教育出版社	1994
681	体育：高中三年级（广东省中学试用课本）	广东省教育厅编	广东教育出版社	1994
682	体育：二年级（九年义务教育三年制初级中学试用课本）3 版	天津市中学体育教材编委会编	天津教育出版社	1994
683	体育：一年级下册（高级中学试用课本）	重庆市教育委员会体育教材编写组编	重庆出版社	1994
684	体育：二年级下册（高级中学试用课本）	重庆市教育委员会体育教材编写组编	重庆出版社	1994
685	体育：三年级下册（高级中学试用课本）	重庆市教育委员会体育教材编写组编	重庆出版社	1994
686	体育：一年级下册（九年义务教育三年制初级中学试用课本）	重庆市教育委员会体育教材编写组编	重庆出版社	1994
687	体育：二年级下册（九年义务教育三年制初级中学试用课本）	重庆市教育委员会体育教材编写组编	重庆出版社	1994
688	体育：三年级下册（九年义务教育三年制初级中学试用课本）	重庆市教育委员会体育教材编写组编	重庆出版社	1994
689	体育：一年级上学期（江西省初级中学课本：试用）	江西省教委教学教材研究室编	江西教育出版社	1994
690	体育：一年级下学期（江西省初级中学课本：试用）	章瑞麟主编；江西省教委教研室编	江西教育出版社	1994
691	体育：二年级上学期（江西省初级中学课本：试用）	江西省教委教学教材研究室编	江西教育出版社	1994
692	体育：二年级下学期（江西省初级中学课本：试用）	江西省教委教学教材研究室编	江西教育出版社	1994
693	体育：三年级上学期（江西省初级中学课本：试用）	江西省教委教学教材研究室编	江西教育出版社	1994
694	体育：三年级下学期（江西省初级中学课本：试用）	章瑞麟主编；江西省教委教研室编	江西教育出版社	1994
695	体育：一年级下学期（江西省高级中学课本：试用）	江西省教委教研室编	江西教育出版社	1994
696	体育：二年级上学期（江西省高级中学课本：试用）	江西省教委教研室编	江西教育出版社	1994
697	体育：二年级下学期（江西省高级中学课本：试用）	江西省教委教研室编	江西教育出版社	1994
698	体育：三年级上学期（江西省高级中学课本：试用）	江西省教委教研室编	江西教育出版社	1994
699	体育：三年级下学期（江西省高级中学课本：试用）	江西省教委教研室编	江西教育出版社	1994
700	体育考试升学指南	刘永东等编著	广东高等教育出版社	1994

序号	书　名	著　者	出版者	出版时间
701	体育与保健：一年级 单色本（义务教育初级中学课本：试用）	李翊鹏主编；施绍曾等编写	浙江教育出版社	1994
702	体育与保健：二年级 单色本（义务教育初级中学课本：试用）	李翊鹏主编；施绍曾等编写	浙江教育出版社	1994
703	体育与保健：三年级 单色本（义务教育初级中学课本：试用）	李翊鹏主编；施绍曾等编写	浙江教育出版社	1994
704	体育与保健：九年级（九年制义务教育课本：试用本）	上海中小学课程教材改革委员会编	上海教育出版社	1994
705	体育与保健：篮球（高级中学课本）	上海中小学课程教材改革委员会编	上海教育出版社	1994
706	体育与保健：民族传统体育（高级中学课本．选项课本）	上海中小学课程教材改革委员会编	上海教育出版社	1994
707	体育与保健：排球（高级中学课本．选项课本）	上海中小学课程教材改革委员会编	上海教育出版社	1994
708	体育与保健：手球（高级中学课本．选项课本）	上海中小学课程教材改革委员会编	上海教育出版社	1994
709	体育与保健：田径（高级中学课本．选项课本）	上海中小学课程教材改革委员会编	上海教育出版社	1994
710	体育与保健：游泳（高级中学课本．选项课本）	上海中小学课程教材改革委员会编	上海教育出版社	1994
711	体育与保健：羽毛球（高级中学课本．选项课本）	上海中小学课程教材改革委员会编	上海教育出版社	1994
712	中学生体育读本：修订版	藻世明主编；方汝楫等编	新疆科技卫生出版社	1994
713	中学体育：高中一年级	彭杰，朱文章主编	江苏省少年儿童出版社	1995
714	中学体育：高中二年级	彭杰，朱文章主编	江苏省少年儿童出版社	1995
715	中学体育：高中三年级	彭杰，朱文章主编	江苏省少年儿童出版社	1995
716	体育：初中第 1 册（学生用书）	人民教育出版社体育室，兰州教育局编著	人民教育出版社	1995
717	体育：初中第 2 册（学生用书）	人民教育出版社体育室，兰州教育局编著	人民教育出版社	1995
718	体育：初中第 3 册（学生用书）	人民教育出版社体育室，兰州教育局编著	人民教育出版社	1996
719	九年义务教育三年制初级中学体育教学参考书：第一册	王占春主编；人民教育出版社体育室编	人民教育出版社	1995
720	九年义务教育三年制初级中学体育教学参考书：第二册	王占春主编；人民教育出版社体育室编	人民教育出版社	1995
721	九年义务教育三年制初级中学体育教学参考书：第三册	王占春主编；人民教育出版社体育室编	人民教育出版社	1995

序号	书　名	著　者	出版者	出版时间
722	九年义务教育四年制初级中学体育教学参考书：第一册	王占春主编；人民教育出版社体育室编	人民教育出版社	1995
723	九年义务教育四年制初级中学体育教学参考书：第二册	王占春主编；人民教育出版社体育室编	人民教育出版社	1995
724	九年义务教育四年制初级中学体育教学参考书：第三册	王占春主编；人民教育出版社体育室编	人民教育出版社	1995
725	九年义务教育四年制初级中学体育教学参考书：第四册	王占春主编；人民教育出版社体育室编	人民教育出版社	1995
726	九年义务教育四年制初级中学体育教师教学用书：第四册	王占春主编；人民教育出版社体育室编	人民教育出版社	1995
727	广东省中学体育教学指导书：实中体育理论部分 3 版	广东省教育厅编	广东教育出版社	1995
728	广东省中学体育教学指导书：高中体育理论部分 3 版	广东省教育厅编	广东教育出版社	1995
729	九年制义务教育课本体育与保健教学参考资料：六－九年级（试用本）	上海市中小学课程教材改革委员会编	上海教育出版社	1995
730	体育：第一册（湖南省初中教学用书）2 版（修订本）	湖南省教委体卫军训处，湖南省教育科学研究所编	湖南教育出版社	1995
731	体育：第三册（湖南省初中教学用书）2 版（修订本）	湖南省教委体卫军训处，湖南省教育科学研究所编	湖南教育出版社	1995
732	体育：第五册（湖南省初中教学用书）2 版（修订本）	湖南省教委体卫军训处，湖南省教育科学研究所编	湖南教育出版社	1995
733	中考体育训练指导	顾刚臣编著	北京体育大学出版社	1995
734	中小学体育科学研究	王金保，彭士媛编著	北京教育出版社	1995
735	中学体育教材教法	夏思永主编；蒋启伟等编著	西南师范大学出版社	1995
736	健美操（高级中学选修课本：供高中一、二年级用）	王吉林编著	上海音乐出版社	1995
737	围棋（选修课本：供高中一、二年级用）	上海中小学课程教材改革委员会编	上海文化出版社	1995
738	舞蹈（高级中学选修课本：供高中一、二年级用）	朱蘋等编著	上海音乐出版社	1995
739	艺术体操（高级中学选修课本：供高中一、二年级用）	吕曼琳编著	上海音乐出版社	1995
740	桥牌（选修课本：供中学用）	上海中小学课程教材改革委员会编	上海文化出版社	1995
741	青春的风采：中小学男女生健美	于运联，许萍著	上海古籍出版社	1995
742	体育：第二册（九年义务教育云南省实级中学乡土教材）	云南省教委教研室编	晨光出版社	1995

序号	书　名	著　者	出版者	出版时间
743	体育：第四册（九年义务教育云南省实级中学乡土教材）	云南省教委教研室编	晨光出版社	1995
744	体育：第三册（沈阳市高级中学课本：试用）	沈阳市中小学体育教材编写组编	沈阳出版社	1995
745	体育・健康教育：一年级下学期（辽宁省九年义务教育初级中学课本）	辽宁省教材编写组编	辽宁教育出版社	1995
746	体育・健康教育：二年级下学期（辽宁省九年义务教育初级中学课本）	辽宁省教材编写组编	辽宁教育出版社	1995
747	体育・健康教育:三年级上学期(辽宁省九年义务教育初级中学课本)2版	辽宁省教材编写组编	辽宁教育出版社	1995
748	体育・健康教育：三年级下学期（辽宁省九年义务教育初级中学课本）	辽宁省教材编写组编	辽宁教育出版社	1995
749	体育：初中一年级（成都市中学试用课本）3版	费光明等编	四川教育出版社	1995
750	体育：一年级（九年义务教育三年制初中试用课本）3版	天津市中学体育教材编委会编	天津教育出版社	1995
751	体育：二年级（九年义务教育三年制初中试用课本）4版	天津市中学体育教材编委会编	天津教育出版社	1995
752	体育：三年级（九年义务教育三年制初中试用课本）3版	天津市中学体育教材编委会编	天津教育出版社	1995
753	体育：二年级 全一册（义务教育山东省四年制初级中学试用课本）	鲍泽惠主编	山东教育出版社	1995
754	体育：三年级 全一册（义务教育山东省四年制初级中学试用课本）	山东省教学研究室编	山东教育出版社	1995
755	体育：三年级 全一册（义务教育山东省三年制初级中学试用课本）	鲍泽惠主编	山东教育出版社	1995
756	体育：一年级上学期（江西省高级中学课本）	江西省教委教研室编	江西教育出版社	1995
757	体育：一年级下学期（江西省高级中学课本：试用）	章瑞麟主编；江西省教委教研室编	江西教育出版社	1995
758	体育：二年级上学期（江西省高级中学课本：试用）	江西省教委教研室编	江西教育出版社	1995
759	体育：二年级下学期（江西省高级中学课本：试用）	章瑞麟主编；江西省教委教研室编	江西教育出版社	1995
760	体育：三年级上学期（江西省高级中学课本：试用）	江西省教委教研室编	江西教育出版社	1995
761	体育：三年级下学期（江西省高级中学课本：试用）	章瑞麟主编；江西省教委教研室编	江西教育出版社	1995
762	体育：一年级上学期（江西省初级中学课本：试用）	江西省教委教学教材研究室编	江西教育出版社	1995
763	体育：一年级下学期（江西省初级中学课本：试用）	章瑞麟主编；江西省教委教学教材研究室编	江西教育出版社	1995

序号	书 名	著 者	出版者	出版时间
764	体育：二年级上学期（江西省初级中学课本：试用）	江西省教委教学教材研究室编	江西教育出版社	1995
765	体育：二年级下学期（江西省初级中学课本：试用）	章瑞麟主编；江西省教委教学教材研究室编	江西教育出版社	1995
766	体育：三年级上学期（江西省初级中学课本：试用）	江西省教委教学教研室编	江西教育出版社	1995
767	体育：三年级下学期（江西省初级中学课本：试用）	章瑞麟主编；江西省教委教学教材研究室编	江西教育出版社	1995
768	体育与保健：修订本（高级中学课本：试用本）	上海市中小学课程教材改革委员会编	上海教育出版社	1995
769	体育与保健：乒乓球（高级中学课本：试用本）	上海市中小学课程教材改革委员会编	上海教育出版社	1995
770	体育与保健：体操与健美（高级中学课本：试用本）	上海市中小学课程教材改革委员会编	上海教育出版社	1995
771	体育与保健：韵律体操与舞蹈（高级中学课本：试用本）	上海市中小学课程教材改革委员会编	上海教育出版社	1995
772	体育与保健：足球（高级中学课本）	上海市中小学课程教材改革委员会编	上海教育出版社	1995
773	体育与保健：七年级（九年制义务教育课本：试用本）2 版	上海市中小学课程教材改革委员会编	上海教育出版社	1995
774	体育与保健：九年级（九年制义务教育课本：试用本）2 版	陈安槐主编	上海教育出版社	1995
775	初中体育和健康教育基本知识（修订本）	洪泰田主编	福建教育出版社	1996
776	高考体育强化训练与指导	易小坚编著	湖南文艺出版社	1996
777	高中体育和健康教育基本知识	洪泰田主编	福建教育出版社	1996
778	高中体育与保健教学参考资料	陈安槐主编；上海中小学课程教材改革委员会编写	上海教育出版社	1996
779	九年义务教育三年制湖北省初级中学试用课本体育教学参考书	江会生主编	湖北科学技术出版社	1996
780	全日制高级中学体育与保健学科课程标准（草案）	上海中小学课程教材改革委员会编	上海教育出版社	1996
781	全日制九年制义务教育体育与保健学科课程标准（试用）	上海中小学课程教材改革委员会编	上海教育出版社	1996
782	全日制普通高级中学体育教学大纲（供试验用）	国家教育委员会体育、卫生与艺术教育司编订	人民教育出版社	1996
783	体育：第五册（九年义务教育云南省初级中学乡土教材）	云南省教委教研室编写	晨光出版社	1996
784	体育：第六册（九年义务教育云南省初级中学课本：试用）	云南省教委教研室编写	晨光出版社	1996

序号	书　名	著　者	出版者	出版时间
785	体育：第四册（沈阳市初级中学课本：试用）	沈阳市中小学体育教材编写组编	沈阳出版社	1996
786	体育：第六册（沈阳市初级中学课本：试用）	沈阳市中小学体育教材编写组编	沈阳出版社	1996
787	体育：第四册（沈阳市高级中学课本：试用）	沈阳市中小学体育教材编写组编	沈阳出版社	1996
788	体育：第五册（沈阳市高级中学课本：试用）	沈阳市中小学体育教材编写组编	沈阳出版社	1996
789	体育：第六册（沈阳市高级中学课本：试用）	沈阳市中小学体育教材编写组编	沈阳出版社	1996
790	体育：一年级（九年义务教育三年制湖北省初中试用课本）	江会生主编	湖北科学技术出版社	1996
791	体育：二年级（九年义务教育三年制湖北省初中试用课本）	江会生主编	湖北科学技术出版社	1996
792	体育：三年级（九年义务教育三年制湖北省初中试用课本）	江会生主编	湖北科学技术出版社	1996
793	体育：一年级上学期（江西省初级中学课本：试用）	章瑞麟主编；江西省教委教研室编	江西教育出版社	1996
794	体育：一年级下学期（江西省初级中学课本：试用）	江西省教委教学教材研室编	江西教育出版社	1996
795	体育：二年级上学期（江西省初级中学课本：试用）	章瑞麟主编；江西省教委教研室编	江西教育出版社	1996
796	体育：二年级下学期（江西省初级中学课本：试用）	江西省教委教学教材研室编	江西教育出版社	1996
797	体育：三年级上学期（江西省初级中学课本：试用）	章瑞麟主编；江西省教委教研室编	江西教育出版社	1996
798	体育：三年级下学期（江西省初级中学课本：试用）	江西省教委教研室编	江西教育出版社	1996
799	体育：一年级下学期（江西省高级中学课本：试用）	江西省教委教学教材研室编	江西教育出版社	1996
800	体育：二年级上学期（江西省高级中学课本：试用）	章瑞麟主编；江西省教委教研室编	江西教育出版社	1996
801	体育：二年级下学期（江西省高级中学课本：试用）	江西省教委教学教材研室编	江西教育出版社	1996
802	体育：三年级上学期（江西省高级中学课本：试用）	章瑞麟主编；江西省教委教研室编	江西教育出版社	1996
803	体育：三年级下学期（江西省高级中学课本：试用）	江西省教委教学教材研室编	江西教育出版社	1996
804	中小学生体育考试手册	高佩林等主编	海燕出版社	1996
805	南方农村中学体育	曾庆云主编	江西人民出版社	1997

序号	书　名	著　者	出版者	出版时间
806	初三体育基础知识	福州教育学院编	中国少年儿童出版社	1997
807	初中寒假健身活动：三年制初中二年级、四年制初中三年级用	《初中寒假健身活动》编写组编	明天出版社	1997
808	初中寒假健身活动：四年制一年级	《初中寒假健身活动》编写组编	明天出版社	1997
809	初中生体育运动技能训练指导	李录主编	天津教育出版社	1997
810	初中体育活动（中小学体育活动指南）	中小学体育活动指南编写组编	上海科技教育出版社	1997
811	高中体育活动（中小学体育活动指南）	中小学体育活动指南编写组编	上海科技教育出版社	1997
812	体育：第二册 必修（全日制普通高级中学教科书：试验本）	人民教育出版社体育室编著	人民教育出版社	1997
813	体育：第二册（河北省初级中学课本：试用本）3版	韩清林主编	河北教育出版社	1997
814	体育：第三册（河北省初级中学课本：试用本）3版	韩清林主编	河北教育出版社	1997
815	体育：第四册（河北省初级中学课本：试用本）2版	韩清林主编	河北教育出版社	1997
816	体育：第五册（河北省初级中学课本：试用本）3版	韩清林主编	河北教育出版社	1997
817	体育：第六册（河北省初级中学课本：试用本）3版	韩清林主编	河北教育出版社	1997
818	体育：第一册（广西壮族自治区九年义务教育初级中学试用课本）3版	陈先乐主编；陈绍基等编写	广西师范大学出版社	1997
819	体育：第三册（广西壮族自治区九年义务教育初级中学试用课本）3版	陈先乐主编；陈绍基等编写	广西师范大学出版社	1997
820	体育：第五册（广西壮族自治区九年义务教育初级中学试用课本）3版	陈先乐主编；陈绍基等编写	广西师范大学出版社	1997
821	体育：下册（九年义务教育全日制试用课本：初中一年级用）2版	河南省中小学体育课本编辑委员会编	河南科学技术出版社	1997
822	体育：上册（九年义务教育全日制试用课本．初中二年级用）2版	河南省中小学体育课本编辑委员会编	河南科学技术出版社	1997
823	体育：上册（九年义务教育全日制试用课本：初中三年级用）2版	河南省中小学体育课本编辑委员会编	河南科学技术出版社	1997
824	体育：上册（河南省试用课本：高中一年级用）2版	河南省中小学体育课本编辑委员会编	河南科学技术出版社	1997
825	体育：下册（河南省试用课本：高中三年级用）2版	河南省中小学体育课本编辑委员会编	河南科学技术出版社	1997
826	体育·健康教育：一年级上学期（辽宁省九年义务教育初级中学课本）	杨继刚主编；辽宁省教材编写组编	辽海出版社	1997

序号	书　名	著　者	出版者	出版时间
827	体育·健康教育：一年级下学期（辽宁省九年义务教育初级中学课本）	杨继刚主编；辽宁省教材编写组编	辽海出版社	1997
828	体育·健康教育：二年级上学期（辽宁省九年义务教育初级中学课本）	杨继刚主编；辽宁省教材编写组编	辽海出版社	1997
829	体育·健康教育：二年级下学期（辽宁省九年义务教育初级中学课本）	杨继刚主编；辽宁省教材编写组编	辽海出版社	1997
830	体育：一年级（辽宁省高级中学试用课本）	杨继刚，姚林祥主编；辽宁省中学体育课本编写组编	辽海出版社	1997
831	体育：二年级（辽宁省高级中学试用课本）	杨继刚，姚林祥主编；辽宁省中学体育课本编写组编	辽海出版社	1997
832	体育：三年级（辽宁省高级中学试用课本）	杨继刚，姚林祥主编；辽宁省中学体育课本编写组编	辽海出版社	1997
833	体育·健康教育：三年级上学期（辽宁省九年义务教育初级中学课本）	辽宁省教材编写组编	辽海出版社	1997
834	体育·健康教育：三年级下学期（辽宁省九年义务教育初级中学课本）	辽宁省教材编写组编	辽海出版社	1997
835	体育:初中第二册(广西壮族自治区九年义务教育初级中学试用课本)3版	陈先乐主编	广西师范大学出版社	1997
836	体育:初中第四册(广西壮族自治区九年义务教育初级中学试用课本)3版	陈先乐主编	广西师范大学出版社	1997
837	体育:初中第六册(广西壮族自治区九年义务教育初级中学试用课本)3版	陈先乐主编	广西师范大学出版社	1997
838	体育：初中一年级（成都市中学试用课本）4版	费光明等编	四川教育出版社	1997
839	体育：初中二年级（成都市中学试用课本）2版	费光明等编	四川教育出版社	1997
840	体育：初中三年级（成都市中学试用课本）5版	费光明等编	四川教育出版社	1997
841	体育：二年级上学期（江西省高级中学课本：试用）	江西省教委教学教材研究室编	江西教育出版社	1997
842	体育：三年级下学期（江西省高级中学课本：试用）	江西省教委教研室编	江西教育出版社	1997
843	体育：三年级下学期（江西省初级中学课本：试用）	章瑞麟主编；江西省教委教研室编	江西教育出版社	1997
844	体育：高中一年级（成都市中学试用课本）5版	费光明等编	四川教育出版社	1997
845	体育：高中二年级（成都市中学试用课本）5版	费光明等编	四川教育出版社	1997
846	体育：四年级全一册（义务教育山东省四年制初级中学试用课本）	山东省教学研究室编	山东教育出版社	1997
847	体育高考训练指南	王金城编著	南京师范大学出版社	1997

序号	书 名	著 者	出版者	出版时间
848	体育理论与实践：一年级（普通高级中学活动类课程试验教材）	普通高中活动类课程试验教材《体育》编写组编	天津教育出版社	1997
849	体育与健康教育：一年级（九年义务教育初中试用课本）3 版	张高顺主编	武汉出版社	1997
850	体育与健康教育：二年级（九年义务教育初中试用课本）3 版	张高顺主编	武汉出版社	1997
851	体育与健康教育：三年级（九年义务教育初中试用课本）3 版	张高顺主编	武汉出版社	1997
852	中学生体育考试与达标	毛振明，吴键主编	人民体育出版社	1997
853	中学体育达标与应试辅导	王家宏主编	苏州大学出版社	1997
854	九年制义务教育：体育（长沙市中学实验教材：第五册）	长沙市教育科学研究所编	缺	1997
855	九年制义务教育：体育（长沙市中学实验教材：第六册）	长沙市教育科学研究所编	缺	1997
856	福建省九年义务教育初级中学体育试用课本教学参考书：初一－初三	福建省中学体育教材编写组编	福建教育出版社	1998
857	广东省中学体育教学指导书：高中体育理论部分 4 版	广东省教育厅编	广东教育出版社	1998
858	九年义务教育三年制初级中学（试用）课本体育教学参考书 2 版	重庆市教育委员会体育教材编写组编	重庆出版社	1998
859	青少年儿童运动训练	刘知音主编	黑龙江朝鲜民族出版社	1998
860	全日制高级中学体育与保健学科课程标准 2 版（修订本）	上海中小学课程教材改革委员会编	上海教育出版社	1998
861	全日制九年制义务教育体育与保健学科课程标准 2 版（修订本）	上海中小学课程教材改革委员会编	上海教育出版社	1998
862	全日制普通高级中学体育（试验本.必修）教师教学用书：第三册	人民教育出版社体育室编著	人民教育出版社	1998
863	体育：必修 第三册（全日制普通高级中学教科书：试验本）	人民教育出版社体育室编	人民教育出版社	1998
864	中小学生幼儿系列广播体操教学参考书：中学	中华人民共和国教育部体育卫生与艺术教育司编	人民教育出版社	1998
865	中小学体育教学指导与参考	朱万银，杨跃主编	湖北科学技术出版社	1998
866	中学体育教材教法	邰崇喜等主编	苏州大学出版社	1998
867	中学体育教材教法	王启明等主编	人民体育出版社	1998
868	初中毕业生升学体育考试指南	吴键，王刚主编	北京体育大学出版社	1998

序号	书　名	著　者	出版者	出版时间
869	九年义务教育三年制初级中学体育第三册学生用书	人民教育出版社体育室编著	内蒙古教育出版社	1998
870	体育：一年级（高级中学试用课本）2版	重庆市教育委员会体育教材编写组编	重庆出版社	1998
871	体育：三年级（高级中学试用课本）	重庆市教育委员会体育教材编写组编	重庆出版社	1998
872	体育：必修 第一册（全日制普通高级中学教科书：试验本）2版	人民教育出版社体育室编著	人民教育出版社	1998
873	体育：必修 第三册（全日制普通高级中学教科书：试验本）	人民教育出版社体育室编著	人民教育出版社	1998
874	体育：初中一年级（成都市中学试用课本）5版	费光明等编	四川教育出版社	1998
875	体育：初中二年级（成都市中学试用课本）3版	费光明等编	四川教育出版社	1998
876	体育：初中三年级（成都市中学试用课本）6版	费光明等编	四川教育出版社	1998
877	体育：一年级（九年义务教育初级中学实验教材）	中学体育实验教材编委会编著	高等教育出版社	1998
878	体育：二年级（九年义务教育初级中学实验教材）	中学体育实验教材编委会编著	高等教育出版社	1998
879	体育：三年级（九年义务教育初级中学实验教材）	中学体育实验教材编委会编著	高等教育出版社	1998
880	体育：一年级（全日制普通高级中学实验教材）	中学体育实验教材编委会编著	高等教育出版社	1998
881	体育：一年级上学期（江西省初级中学课本：试用）	江西省教委教学教材研究室编	江西教育出版社	1998
882	体育：一年级下学期（江西省初级中学课本：试用）	江西省教委教研室编	江西教育出版社	1998
883	体育：二年级上学期（江西省初级中学课本：试用）	江西省教委教学教材研究室编	江西教育出版社	1998
884	体育：二年级下学期（江西省初级中学课本：试用）	江西省教委教学教材研究室编	江西教育出版社	1998
885	体育：三年级上学期（江西省初级中学课本：试用）	江西省教委教学教材研究室编	江西教育出版社	1998
886	体育：三年级下学期（江西省初级中学课本：试用）	章瑞麟主编；江西省教委教学教材研究室编	江西教育出版社	1998
887	体育：三年级下学期（江西省高级中学课本：试用）	江西省教委教研室编	江西教育出版社	1998
888	体育：高中一年级（福建省高级中学试用课本）3版	福建省中学体育教材编写组编	福建教育出版社	1998
889	体育：高中二年级（福建省高级中学试用课本）3版	福建省中学体育教材编写组编	福建教育出版社	1998

序号	书　名	著　者	出版者	出版时间
890	体育：一年级（福建省九年义务教育初级中学试用课本）3 版	福建省中学体育教材编写组编	福建教育出版社	1998
891	体育：三年级（福建省九年义务教育初级中学试用课本）3 版	福建省中学体育教材编写组编	福建教育出版社	1998
892	体育：高中三年级（广东省中学试用课本）2 版	广东省教育厅编	广东教育出版社	1998
893	体育理论与实践：二年级（普通高级中学活动类课程试验教材）	普通高中活动类课程试验教材《体育》编写组编	天津教育出版社	1998
894	体育与保健：二年级单色本（义务教育初级中学课本：试用）3 版	董玉泉主编	浙江教育出版社	1998
895	体育与保健：足球（高级中学课本）2 版	上海中小学课程教材改革委员会编	上海教育出版社	1998
896	乡土体育活动选例	四川省教育科学研究所编	四川教育出版社	1998
897	中考体育达标指导：中考体育项目的训练与锻炼方法	雷国梁主编	人民体育出版社	1998
898	中小学体育知识教育丛书：篮球	郭永波，孟文绨编著	文化艺术出版社	1998
899	中小学体育知识教育丛书：排球	周典明编著	文化艺术出版社	1998
900	中小学体育知识教育丛书：乒乓球	潘永芝，张若波编著	文化艺术出版社	1998
901	中小学体育知识教育丛书：体操	李克俭等编著	文化艺术出版社	1998
902	中小学体育知识教育丛书：武术	杨丽等编著	文化艺术出版社	1998
903	中小学体育知识教育丛书：游泳	杨玉强编著	文化艺术出版社	1998
904	中小学体育知识教育丛书：羽毛球	王凯珍编著	文化艺术出版社	1998
905	中小学体育知识教育丛书：足球	马冰等编著	文化艺术出版社	1998
906	中学生广播体操（一）	中华人民共和国教育部制作	人民教育出版社	1998
907	中学生广播体操（二）	中华人民共和国教育部制作	人民教育出版社	1998
908	中学生体育读本　3 版（修订本）	藻世明主编	新疆科技卫生出版社	1998
909	中学生身体素质锻炼指南	赵建林，杨胜利著	新疆科技卫生出版社	1998
910	体育：高中第 1 册	人民教育出版社体育室，兰州市教育局编著	人民教育出版社	1996

序号	书　名	著　者	出版者	出版时间
911	体育：高中第 2 册	人民教育出版社体育室，兰州市教育局编著	人民教育出版社	1997
912	体育：高中第 3 册	人民教育出版社体育室，兰州市教育局编著	人民教育出版社	1998
913	体育教师教学用书：高中第 1 册	人民教育出版社体育室编	人民教育出版社	1996
914	体育教师教学用书：高中第 2 册	人民教育出版社体育室编	人民教育出版社	1997
915	体育教师教学用书：高中第 3 册	人民教育出版社体育室编	人民教育出版社	1998
916	体育	马希华，柴洁主编	中国物资出版社	1998
917	体育与健康：初中一年级	邓树勋，季克异主编	高等教育出版社	1998
918	体育与健康：初中二年级	邓树勋，季克异主编	高等教育出版社	1998
919	体育与健康：初中三年级	邓树勋，季克异主编	高等教育出版社	1998
920	体育与健康：高中一年级	邓树勋，季克异主编	高等教育出版社	1999
921	体育与健康：高中二年级	邓树勋，季克异主编	高等教育出版社	1999
922	体育与健康：高中三年级	邓树勋，季克异主编	高等教育出版社	1999
923	体育：一年级上册（高级中学课本）	黄超文等主编；王志海等编	湖南教育出版社	1999
924	体育：二年级上册（高级中学课本）	黄超文等主编；王志海等编	湖南教育出版社	1999
925	体育：三年级上册（高级中学课本）	黄超文等主编；王志海等编	湖南教育出版社	1999
926	体育：高中一年级（福建省高级中学试用课本）4 版	福建省中学体育教材编写组编	福建教育出版社	1999
927	体育：高中二年级（福建省高级中学试用课本）4 版	福建省中学体育教材编写组编	福建教育出版社	1999
928	体育：高中三年级（福建省高级中学试用课本）4 版	福建省中学体育教材编写组编	福建教育出版社	1999
929	体育：一年级（山东省高级中学课本）	鲍泽惠主编	山东教育出版社	1999
930	体育：二年级（山东省高级中学课本）	鲍泽惠主编	山东教育出版社	1999
931	体育：三年级（山东省高级中学课本）	鲍泽惠主编	山东教育出版社	1999

序号	书 名	著 者	出版者	出版时间
932	体育活动：初中（全一册）	李禄田，傅希臣主编	泰山出版社	1999
933	体育基础教程	杨迎天等主编	中国民族大学出版社	1999
934	体育理论与实践：一年级	《普通高中活动类课程实验教材》编写组编	天津教育出版社	约 1999
935	体育理论与实践：二年级	《普通高中活动类课程实验教材》编写组编	天津教育出版社	约 1999
936	体育理论与实践：三年级（普通高级中学活动课程试验教材）	《普通高中活动类课程实验教材》编写组编	天津教育出版社	1999
937	体育与健康教育：一年级（上册）	《体育与健康教育》教材编写组编	湖南教育出版社	1999
938	体育与健康教育：一年级（下册）	《体育与健康教育》教材编写组编	湖南教育出版社	1999
939	体育与健康教育：二年级（上册）	《体育与健康教育》教材编写组编	湖南教育出版社	1999
940	体育与健康教育：二年级（下册）	《体育与健康教育》教材编写组编	湖南教育出版社	1999
941	体育与健康教育：三年级（上册）	《体育与健康教育》教材编写组编	湖南教育出版社	1999
942	体育与健康教育：三年级（下册）	《体育与健康教育》教材编写组编	湖南教育出版社	1999
943	中学体育微格教学教程	张维安；北京教育学院组编	科学出版社	1999
944	河南省普通高招体育考试指南	侯福禄主编	河南大学出版社	1999
945	山东省高级中学课本体育教学参考书	山东省教学研究室编	山东教育出版社	1999
946	中学体育教材教法	于素梅等主编	北京体育大学出版社	1999
947	1999－2000 贵州中考考试项目和身体锻炼安排	杨润发，周文常编	贵州人民出版社	1999
948	福建省初中毕业升学体育考试指南	福建省教育委员会体育卫生艺术教育处编	福建教育出版社	1999
949	体育：一年级（全日制普通高级中学实验教材）	邓树勋，季克异主编；中学体育实验教材编委会编著	高等教育出版社	1999
950	体育：二年级（全日制普通高级中学实验教材）	邓树勋，季克异主编；中学体育实验教材编委会编著	高等教育出版社	1999
951	体育：三年级（全日制普通高级中学实验教材）	邓树勋，季克异主编；中学体育实验教材编委会编著	高等教育出版社	1999
952	体育：一年级（全日制普通高级中学实验教材）2 版（修订本）	邓树勋，季克异主编；中学体育实验教材编委会编著	高等教育出版社	1999

序号	书　名	著　者	出版者	出版时间
953	体育：二年级（全日制普通高级中学实验教材）2版（修订本）	邓树勋，季克异主编；中学体育实验教材编委会编著	高等教育出版社	1999
954	体育：三年级（全日制普通高级中学实验教材）2版（修订本）	邓树勋，季克异主编；中学体育实验教材编委会编著	高等教育出版社	1999
955	体育：二年级（山东省高级中学课本）	山东省教学研究室编	山东教育出版社	1999
956	体育考试指南	纪瑞颂，梅亚宁主编	山东大学出版社	1999
957	一二一健力操中小学体育教材	王少甫等主编	北京体育大学出版社	1999
958	体育：一年级下册（高级中学课本）	《体育》教材编写组编	湖南教育出版社	1999
959	广东省中学体育教学指导书：初中体育实践部分	广东省教育厅编	广东省教育出版社	2000
960	广东省中学体育教学指导书：初中体育理论部分	广东省教育厅编	广东省教育出版社	约2000
961	体育与健康：高中第1册	王占春，耿培新主编	人民教育出版社	2000
962	体育	山西省中小学体育教材编委会编	山西科学技术出版社	2000
963	体育（第5册）	王平主编	北京少年儿童出版社	2000
964	体育：一年级上学期	江西省教委教学教材研究室编	江西教育出版社	2000
965	体育：一年级下学期	江西省教委教学教材研究室编	江西教育出版社	2000
966	体育：二年级上学期	江西省教委教学教材研究室编	江西教育出版社	2000
967	体育：二年级下学期	江西省教委教学教材研究室编	江西教育出版社	2000
968	体育：三年级上学期	江西省教委教学教材研究室编	江西教育出版社	2000
969	体育：三年级下学期	江西省教委教学教材研究室编	江西教育出版社	2000
970	体育与健康：初一年级（上）	《体育与健康》编写组编	海南出版社	2000
971	体育与健康：初一年级（下）	《体育与健康》编写组编	海南出版社	2000
972	体育与健康：初二年级（上）	《体育与健康》编写组编	海南出版社	2000
973	体育与健康：初二年级（下）	《体育与健康》编写组编	海南出版社	2000

序号	书 名	著 者	出版者	出版时间
974	体育与健康：初三年级（上）	《体育与健康》编写组编	海南出版社	2000
975	体育与健康：初三年级（下）	《体育与健康》编写组编	海南出版社	2000
976	体育与健康：初中一年级	张良瑞，卜永达主编	四川科学技术出版社	2000
977	体育与健康：初中二年级	张良瑞，卜永达主编	四川科学技术出版社	2000
978	体育与健康：初中三年级	张良瑞，卜永达主编	四川科学技术出版社	2000
979	中学生体育读本	藻世民主编	新疆科技卫生出版社	2000
980	体育：初中一年级	长沙市教育科学研究院编	湖南科学技术出版社	2000
981	体育：初中二年级	长沙市教育科学研究院编	湖南科学技术出版社	2000
982	体育：初中三年级	长沙市教育科学研究院编	湖南科学技术出版社	2000
983	体育：高中一年级	长沙市教育科学研究院编	湖南科学技术出版社	2000
984	体育：高中二年级	长沙市教育科学研究院编	湖南科学技术出版社	2000
985	体育：高中三年级	长沙市教育科学研究院编	湖南科学技术出版社	2000
986	体育与健康教育:初中一年级(九年制义务教育长沙市中学体育实验课本)	长沙市教育科学研究所编	湖南科学技术出版社	2000
987	体育：初中一年级	江苏省中小学教学研究室编	江苏少年儿童出版社	2000
988	体育：初中二年级	江苏省中小学教学研究室编	江苏少年儿童出版社	2000
989	体育：初中三年级	江苏省中小学教学研究室编	江苏少年儿童出版社	2000
990	体育：高中一年级	江苏省中小学教学研究室编	江苏少年儿童出版社	2000
991	体育：高中二年级	江苏省中小学教学研究室编	江苏少年儿童出版社	2000
992	体育：高中三年级	江苏省中小学教学研究室编	江苏少年儿童出版社	2000
993	体育与健康：初中一年级 3版	江苏省中小学教学研究室编	江苏少年儿童出版社	2001
994	体育与健康：初中二年级 3版	江苏省中小学教学研究室编	江苏少年儿童出版社	2001

序号	书　名	著　者	出版者	出版时间
995	体育与健康：初中三年级　3 版	江苏省中小学教学研究室编	江苏少年儿童出版社	2001
996	体育与健康：高中一年级　3 版	江苏省中小学教学研究室编	江苏少年儿童出版社	2001
997	体育与健康：高中二年级　3 版	江苏省中小学教学研究室编	江苏少年儿童出版社	2001
998	体育与健康：高中三年级　3 版	江苏省中小学教学研究室编	江苏少年儿童出版社	2001
999	体育与健康：初中一年级	福建省初中《体育与健康》编写组	福建教育出版社	2001
1000	体育与健康：初中二年级	福建省初中《体育与健康》编写组	福建教育出版社	2001
1001	体育与健康：初中三年级	福建省初中《体育与健康》编写组	福建教育出版社	2001
1002	体育与健康：一年级（福建省九年义务教育初级中学试用课本）4 版	福建省中学体育与健康教育编写组编	福建教育出版社	2001
1003	体育与健康：第一册（九年义务教育三年制初级中学教科书）	黄超文，张子沙主编	湖南教育出版社	2001
1004	体育与健康：第二册（九年义务教育三年制初级中学教科书）	黄超文，张子沙主编	湖南教育出版社	2001
1005	体育与健康：第三册（九年义务教育三年制初级中学教科书）	黄超文，张子沙主编	湖南教育出版社	2001
1006	体育与健康：第四册（九年义务教育三年制初级中学教科书）	黄超文，张子沙主编	湖南教育出版社	2001
1007	体育与健康：第五册（九年义务教育三年制初级中学教科书）	黄超文，张子沙主编	湖南教育出版社	2001
1008	体育与健康：第六册（九年义务教育三年制初级中学教科书）	黄超文，张子沙主编	湖南教育出版社	2001
1009	体育与健康：第一册（全日制普通高级中学教科书：试用本）	黄超文，刘先捍主编	湖南教育出版社	2001
1010	体育与健康：第一册（全日制普通高级中学教科书：试用本）	黄超文，刘先捍主编	湖南教育出版社	2001
1011	体育与健康：第二册（全日制普通高级中学教科书：试用本）	黄超文，刘先捍主编	湖南教育出版社	2001
1012	体育与健康：第三册（全日制普通高级中学教科书：试用本）	黄超文，刘先捍主编	湖南教育出版社	2001
1013	体育与健康：第四册（全日制普通高级中学教科书：试用本）	黄超文，刘先捍主编	湖南教育出版社	2001
1014	体育与健康：第五册（全日制普通高级中学教科书：试用本）	黄超文，刘先捍主编	湖南教育出版社	2001
1015	体育与健康：初中一年级	汪凤雄主编	四川教育出版社	2001

序号	书 名	著 者	出版者	出版时间
1016	体育与健康：初中二年级	汪凤雄主编	四川教育出版社	2001
1017	体育与健康：初中三年级	汪凤雄主编	四川教育出版社	2001
1018	体育与健康：初中教师用书	邓树勋，季克异主编	高等教育出版社	2001
1019	体育与健康：高中教师用书	邓树勋，季克异主编	高等教育出版社	2001
1020	体育与健康：初中一年级	广西中学体育与健康课程教材研究组编写	广西师范大学出版社	2001
1021	体育与健康：初中二年级	广西中学体育与健康课程教材研究组编写	广西师范大学出版社	2001
1022	体育与健康：初中三年级	广西中学体育与健康课程教材研究组编写	广西师范大学出版社	2001
1023	体育与健康：高中一年级	广西中学体育与健康课程教材研究组编写	广西师范大学出版社	2001
1024	体育与健康：高中二年级	广西中学体育与健康课程教材研究组编写	广西师范大学出版社	2001
1025	体育与健康：高中三年级	广西中学体育与健康课程教材研究组编写	广西师范大学出版社	2001
1026	体育比赛与欣赏	杜伟，周兵主编	江苏少年儿童出版社	2001
1027	体育与健康：7－9年级	季浏主编	华东师范大学出版社	2001
1028	体育与健康：水平四七至九年级（义务教育课程标准实验教科书）	季浏主编	华东师范大学出版社	2001
1029	体育与健康：初中教师用书	季浏主编	华东师范大学出版社	2001
1030	体育与健康教师教学用书：七～九年级（全一册）	耿培新主编	人民教育出版社	2001
1031	体育与健康：七～九年级全一册（义务教育课程标准实验教科书）	耿培新主编	人民教育出版社	2001
1032	体育与健康：初中第一册	王占春，耿培新主编	人民教育出版社	2001
1033	体育与健康：初中第二册	王占春，耿培新主编	人民教育出版社	2001
1034	体育与健康：初中第三册	王占春，耿培新主编	人民教育出版社	2001
1035	《体育与健康》教师用书	季克异编著	高等教育出版社	2001
1036	初中体育与健康教学参考书	江苏省中小学教学研究室编	江苏少年儿童出版社	2001

序号	书　名	著　者	出版者	出版时间
1037	高中体育与健康教学参考书	江苏省中小学教学研究室编	江苏少年儿童出版社	2001
1038	九年义务教育初级中学实验教材《体育与健康》教师用书	中学体育与健康实验教材教师用书编委会编著	高等教育出版社	2001
1039	室内体育游戏	杨慧编著	中国妇女出版社	2001
1040	体育：1－2年级（义务教育课程标准实验教师用书）	耿培新主编；课程教材研究所、体育课程教材研究开发中心编著	人民教育出版社	2001
1041	体育：三、四年级（义务教育课程标准实验教师用书）	耿培新主编；课程教材研究所、体育课程教材研究开发中心编著	人民教育出版社	2001
1042	体育：初中第1、2册（九年义务教育目标教学丛书）	广西教育学院教研部编	广西人民出版社	2001
1043	体育：初中第3、4册（九年义务教育目标教学丛书）	广西教育学院教研部编	广西人民出版社	2001
1044	体育：初中第5、6册（九年义务教育目标教学丛书）	广西教育学院教研部编	广西人民出版社	2001
1045	体育（1－6年级）、体育与健康（7－12年级）课程标准：实验稿	中华人民共和国教育部制订	北京师范大学出版社	2001
1046	体育与健康教师教学用书：第1册（四年制初级中学）	人民教育出版社体育室编著	人民教育出版社	2001
1047	体育与健康教学参考书：实验本第1册（北京市21世纪教材．九年义务教育教材）	北京市教育委员会，北京出版社编	北京出版社	2001
1048	中小学体育课教案设计	曲宗湖主编	广西师范大学出版社	2001
1049	中学体育教材教法	罗希尧主编	高等教育出版社	2001
1050	竞技小斗士：体育健儿成才方案（中学生实践能力培养培养丛书）	诸葛伟民，李敦杰主编	中国大地出版社	2001
1051	体育比赛与欣赏（江苏省高级中学选修课本）	江苏省中小学教学研究室编著	江苏少年儿童出版社	2001
1052	体育高考研究：中学体育高考指南	王志斌，康辉斌，程其练主编	江西高校出版社	2001
1053	体育与健康：初中一年级	《体育与健康》编写组编	天津教育出版社	2001
1054	体育与健康：初中三年级	《体育与健康》编写组编	天津教育出版社	2001
1055	体育与健康：第1册（云南省高级中学课本）	云南省教育科学研究院编	晨光出版社	2001
1056	体育与健康：一年级第2册（云南省高级中学课本）	云南省教育科学研究院编	晨光出版社	2001

序号	书 名	著 者	出版者	出版时间
1057	体育与健康：第6册（九年义务教育云南省初级中学课本）	云南省教委教研室编	晨光出版社	2001
1058	体育与健康：七年级 5版	天津市九年义务教育体育教材编写组编	天津教育出版社	2001
1059	体育与健康：八年级 6版	天津市九年义务教育体育教材编写组编	天津教育出版社	2001
1060	体育与健康：九年级 6版	天津市九年义务教育体育教材编写组编	天津教育出版社	2001
1061	体育与健康：初中二年级	《体育与健康》编写组编	天津教育出版社	2001
1062	体育与健康：初中一年级	四川省教育科学研究所编	四川教育出版社	2001
1063	体育与健康：初中二年级	四川省教育科学研究所编	四川教育出版社	2001
1064	体育与健康：初中三年级	四川省教育科学研究所编	四川教育出版社	2001
1065	体育与健康：一年级下学期（初级中学试用课本）	江西省教育厅教学教材研究室编	江西教育出版社	2001
1066	体育与健康：二年级下学期（初级中学试用课本）	江西省教育厅教学教材研究室编	江西教育出版社	2001
1067	体育与健康：三年级下学期（初级中学试用课本）	江西省教育厅教学教材研究室编	江西教育出版社	2001
1068	体育与健康：体育第1册（河北省初级中学课本）	张秉祥主编	河北教育出版社	2001
1069	体育与健康：体育第2册（河北省初级中学课本）	张秉祥主编	河北教育出版社	2001
1070	体育与健康：体育第3册（河北省初级中学课本）	张秉祥主编	河北教育出版社	2001
1071	体育与健康：体育第5册（河北省初级中学课本）	张秉祥主编	河北教育出版社	2001
1072	体育与健康：体育第6册（河北省初级中学课本）	张秉祥主编	河北教育出版社	2001
1073	高中新教材《体育与健康》教师学习指导用书	陈雁飞主编	北京体育大学出版社	2002
1074	体育与健康：七年级（试用）（全一册）	天津市九年义务教育体育与健康教材编写组	天津教育出版社	2002
1075	体育与健康教程	兰润生主编	厦门大学出版社	2002
1076	体育与健康：初中第1册	广西课程教材发展中心组织编写	广西师范大学出版社	2002-3
1077	体育与健康：初中第2册	广西课程教材发展中心组织编写	广西师范大学出版社	2002-3

序号	书　名	著　者	出版者	出版时间
1078	体育与健康：初中第 3 册	广西课程教材发展中心组织编写	广西师范大学出版社	2002-3
1079	体育与健康：初中第 4 册	广西课程教材发展中心组织编写	广西师范大学出版社	2002-3
1080	体育与健康：初中第 5 册	广西课程教材发展中心组织编写	广西师范大学出版社	2002-3
1081	体育与健康：初中第 6 册	广西课程教材发展中心组织编写	广西师范大学出版社	2002-3
1082	体育与健康：高中第 1 册	广西课程教材发展中心组织编写	广西师范大学出版社	2002-3
1083	体育与健康：高中第 2 册	广西课程教材发展中心组织编写	广西师范大学出版社	2002-3
1084	体育与健康：高中第 3 册	广西课程教材发展中心组织编写	广西师范大学出版社	2002-3
1085	体育与健康：高中第 4 册	广西课程教材发展中心组织编写	广西师范大学出版社	2002-3
1086	体育与健康：高中第 5 册	广西课程教材发展中心组织编写	广西师范大学出版社	2002-3
1087	体育与健康：高中第 6 册	广西课程教材发展中心组织编写	广西师范大学出版社	2002-3
1088	体育与健康：水平四. 七－九年级	季浏主编	华东师范大学出版社	2002
1089	体育与健康：实践教程	李刚，张梅主编	天津教育出版社	2002
1090	体育与健康：理论教程	李刚，张梅主编	天津教育出版社	2002
1091	中小学与健康课教案设计	于素梅等主编	北京体育大学出版社	2002
1092	体育与健康教师教学用书：第 2 册（九年义务教育四年制初级中学）	人民教育出版社体育室编	人民教育出版社	2002
1093	体育与健康教师用书：初中 1－3 年级全一册	《体育与健康》编写组编	天津教育出版社	2002
1094	体育与健康教师用书：七－九年级全 1 册 3 版	天津市九年义务教育体育教材编写组编	天津教育出版社	2002
1095	体育与健康教师用书：一－二年级全 1 册 2 版	天津市九年义务教育体育教材编写组编	天津教育出版社	2002
1096	体育与健康实验本第 2 册教学参考书（北京市 21 世纪教材 · 九年义务教育教材）	北京教育科学研究院编	北京出版社	2002
1097	体育与健康：第 5 册	湖南省教育科学研究院编	湖南教育出版社	2002
1098	体育与健康	张培华主编	天津教育出版社	2002

序号	书 名	著 者	出版者	出版时间
1099	体育与健康：二年级第3册（九年义务教育云南省初级中学乡土教材）	云南省教育科学研究院编写	晨光出版社	2002
1100	体育与健康：二年级第4册（九年义务教育云南省初级中学课本：试用）	云南省教育科学研究院编写	晨光出版社	2002
1101	体育与健康：第5册（九年义务教育云南省初级中学乡土教材）	云南省教委教研室编写	晨光出版社	2002
1102	体育与健康：三年级第6册（九年义务教育云南省初级中学课本）	云南省教育科学研究院编写	晨光出版社	2002
1103	体育与健康：三年级第6册（九年义务教育云南省初级中学课本：试用）	云南省教育科学研究院编写	晨光出版社	2002
1104	体育与健康：二年级第3册（云南省高级中学课本）	云南省教育科学研究院编	晨光出版社	2002
1105	体育与健康：二年级（福建省九年义务教育初级中学试用课本）	福建省初中《体育与健康》编写组编	福建教育出版社	2002
1106	体育与健康：三年级（福建省九年义务教育初级中学试用课本）4版	福建省中学体育教材编写组编	福建教育出版社	2002
1107	体育与健康：初中全1册（广东省中学教科书）2版	邓树勋，庄弼主编；韦奕光等编写	广东教育出版社	2002
1108	体育与健康：高中全1册（广东省中学教科书）2版	邓树勋，庄弼主编	广东教育出版社	2002
1109	体育与健康：七－九年级（义务教育课程标准实验教科书）2版	季浏主编	华东师范大学出版社	2002
1110	体育与健康：二年级上（江西省初级中学课本）	江西省教委教学教材研究室编	江西教育出版社	2002
1111	体育与健康：初中一年级（长沙市中学体育实验课本）2版	长沙市教育科学研究院编	科学技术出版社	2002
1112	体育与健康：初中二年级（长沙市中学体育实验课本）2版	长沙市教育科学研究院编	科学技术出版社	2002
1113	体育与健康：初中三年级（长沙市中学体育实验课本）2版	长沙市教育科学研究院编	科学技术出版社	2002
1114	体育与健康：高中一年级（长沙市中学体育实验课本）2版	长沙市教育科学研究院编	科学技术出版社	2002
1115	体育与健康：高中二年级（长沙市中学体育实验课本）2版	长沙市教育科学研究院编	科学技术出版社	2002
1116	体育与健康：高中三年级（长沙市中学体育实验课本）2版	长沙市教育科学研究院编	科学技术出版社	2002
1117	体育与健康：七年级全1册（九年制义务教育教科书：试用）	天津市九年义务教育体育与健康教材编写组编	天津教育出版社	2002
1118	体育与健康：七年级全1册（九年制义务教育教科书：试用）7版	天津市九年义务教育体育与健康教材编写组编	天津教育出版社	2002
1119	体育与健康：七年级全1册（九年制义务教育教科书：试用）7版	天津市九年义务教育体育与健康教材编写组编	天津教育出版社	2002

序号	书　名	著　者	出版者	出版时间
1120	体育与健康:必修七年级(九年义务教育三年制初级中学教科书:试验本)	赵永忠主编；新疆维吾尔自治区教学研究室编	新疆科技卫生出版社	2002
1121	体育与健康:必修八年级(九年义务教育三年制初级中学教科书:试验本)	赵永忠主编；新疆维吾尔自治区教学研究室编	新疆科技卫生出版社	2002
1122	体育与健康:必修九年级(九年义务教育三年制初级中学教科书:试验本)	赵永忠主编；新疆维吾尔自治区教学研究室编	新疆科技卫生出版社	2002
1123	体育与健康：初中一年级上	《体育与健康》编写组编	中国环境科学出版社	2002
1124	体育与健康：初中三年级上	《体育与健康》编写组编	中国环境科学出版社	2002
1125	体育与健身：第1册（高级中学课本）	李伟民主编	上海教育出版社	2002
1126	体育与健身：七年级（九年义务教育课本：试验本）	李伟民主编	上海教育出版社	2002
1127	体育与健康：水平四．七－九年级（义务教育课程标准实验教科书）2版	季浏主编；童昭岗等编写	华东师范大学出版社	2002
1128	初中体育健康教育：初中一－三年级·上	《初中体育健康教育》编委会编	沈阳出版社	2002
1129	中小学生武术训练	刘庆菊等编著	北京科学技术出版社	2002
1130	中学体育与健康教学	罗玲主编	民族出版社	2003
1131	体育与健康：球类部分	陆胜兴，於学林主编	苏州大学出版社	2004
1132	体育与健康休闲运动	顾志红主编	苏州大学出版社	2004
1133	体育与健康教师教学用书：上册（七年级）	毛振明主编	教育科学出版社	2004
1134	体育与健康教师教学用书：中册（八年级）	毛振明主编	教育科学出版社	2004
1135	体育与健康教师教学用书：下册（九年级）	毛振明主编	教育科学出版社	2004
1136	体育与健康教师教学用书：高中（全一册）	毛振明主编	教育科学出版社	2004
1137	体育与健康：上册七年级适用（义务教育课程标准实验教科书）	毛振明主编	教育科学出版社	2004
1138	体育与健康：中册八年级适用（义务教育课程标准实验教科书）	毛振明主编	教育科学出版社	2004
1139	体育与健康：下册九年级适用（义务教育课程标准实验教科书）	毛振明主编	教育科学出版社	2004
1140	体育与健康：高中全一册（普通高中课程标准实验教科书）	毛振明主编	教育科学出版社	2004

序号	书 名	著 者	出版者	出版时间
1141	体育与健康：初中（全一册）	耿培新主编	人民教育出版社	2004
1142	体育与健康：初中教师教学用书	耿培新主编	人民教育出版社	2004
1143	体育与健康：必修全一册（普通高中课程标准实验教科书）	人民教育出版社，课程教育研究所体育课程教材研究开发中心编著	人民教育出版社	2004
1144	体育与健康：高中教师教学用书	耿培新主编	人民教育出版社	2004
1145	体育与健康：初中（全一册）	赖天德	地质出版社	2004
1146	体育与健康：初中教学参考书	赖天德	地质出版社	2004
1147	体育与健康：初中（全一册）	刘建国、李艳群主编	河北教育出版社	2004
1148	体育与健康：初中教师用书	刘建国、李艳群主编	河北教育出版社	2004
1149	体育与健康：高中（全一册）	李艳群、吴键主编	河北教育出版社	2004
1150	体育与健康：高中教师用书	李艳群、吴键主编	河北教育出版社	2004
1151	体育与健康初中教师用书：体育篇	季浏主编	华东师范大学出版社	2004
1152	体育与健康初中教师用书：健康篇	季浏主编	华东师范大学出版社	2004
1153	体育与健康：高中	季浏主编	华东师范大学出版社	2004
1154	体育与健康：高中教师用书	季浏主编	华东师范大学出版社	2004
1155	体育与健康：水平四（黑白版）	缺	华东师范大学出版社	2005
1156	体育与健康	谭华，庄弼主编	广东教育出版社	2005
1157	体育：七年级（义务教育朝鲜族学校教科书）	朝鲜族中小学体育教材编写组编	延边教育出版社	2004
1158	体育与健康教师用书：7－9年级全1册（九年义务教育：试用）5版	天津市九年义务教育体育教材编写组编	天津教育出版社	2004
1159	河南省中小学体育（体育与健康）课程教学指导	河南省教育厅编	郑州大学出版社	2004
1160	高级中学体育基础知识　2版	王忠友，谭汝吉主编	湖北科学技术出版社	2004
1161	体育与健康教师教学用书:七年级全1册(九年义务教育课程标准实验教科书)	《体育与健康》编写组编	山东教育出版社	2004

序号	书　名	著　者	出版者	出版时间
1162	中小学体育与健康教材教法	戴三育，刘新民主编	人民体育出版社	2004
1163	游泳、冰雪和新兴体育运动（普通高中课程标准实验教科书，体育与健康学和自讲习读课本）	耿培新主编；曹建民，蒙猛分册主编	人民教育出版社	2004
1164	体育与健康教师教学用书：第3册（九年义务教育四年制初级中学）	耿培新主编；人民教育出版社等编著	人民教育出版社	2004
1165	体育与健康：高中（全一册）	邓树勋，庄弼主编	广东教育出版社	2005
1166	体育与健康：高中教师教学用书	邓树勋，庄弼主编	广东教育出版社	2005
1167	体育与健康：初中（全一册）	王健主编	华中师范大学出版社	2005
1168	体育与健康教师教学用书：7－9年级	王健，王维主编	华中师范大学出版社	2005
1169	体育与健康教师手册：中学上册	广西课程教材发展中心组织编写	广西师范大学出版社	2005
1170	体育与健康教师手册：中学下册	广西课程教材发展中心组织编写	广西师范大学出版社	2005
1171	体育与健康：高中第1册	高嵘，张建华主编	广西师范大学出版社	2005
1172	体育与健康：高中第2册	高嵘，张建华主编	广西师范大学出版社	2005
1173	体育与健康：高中第3册	高嵘，张建华主编	广西师范大学出版社	2005
1174	体育与健康教师教学用书：高中第1册	高嵘，张建华主编	广西师范大学出版社	2006
1175	体育与健康教师教学用书：高中第2册	高嵘，张建华主编	广西师范大学出版社	2005
1176	体育与健康教师教学用书：高中第3册	高嵘，张建华主编	广西师范大学出版社	2007
1177	体育：三年级上学期（江西省初级中学教科书）	江西省教育厅教学教材研究室编	江西教育出版社	2005
1178	体育：朝鲜文（义务教育朝鲜族学校教科书）	朝鲜族中小学体育教材编写组编	延边教育出版社	2005
1179	体育与健康：八年级全1册（义务教育课程标准实验教科书）	山东教育出版社编	山东教育出版社	2005
1180	体育与健康教师教学用书：八年级全1册（义务教育课程标准实验教科书）	山东教育出版社编	山东教育出版社	2005
1181	体育与健康：一年级上学期（江西省初级中学教科书）	江西省教委教学教材研究室编	江西教育出版社	2005

序号	书　名	著　者	出版者	出版时间
1182	体育与健康：一年级下学期（江西省初级中学教科书）	江西省教育厅教学教材研究室编	江西教育出版社	2005
1183	体育与健康：二年级上学期（江西省初级中学教科书）	江西省教育厅教学教材研究室编	江西教育出版社	2005
1184	体育与健康：二年级下学期（江西省初级中学教科书）	江西省教育厅教学教材研究室编	江西教育出版社	2005
1185	体育与健康：三年级下学期（江西省初级中学教科书）	江西省教育厅教学教材研究室编	江西教育出版社	2005
1186	体育与健康：藏文. 7－9 年级全 1 册（义务教育课程标准实验教科书）	西藏教材编译中心译	西藏人民出版社	2005
1187	体育与健康	魏纯镭等主编	中国标准出版社	2005
1188	中小学生课外体育活动	《中小学生课处体育活动》编委会编	中国档案出版社	2005
1189	体育与健康教师教学用书：7－9 年级全 1 册（义务教育课程标准实验教科书）	赖天德主编	地质出版社	2005
1190	小学体育新课标教法图解	关槐秀主编	北京体育大学出版社	2005
1191	中学体育新课标教法图解	关槐秀主编	北京体育大学出版社	2005
1192	体育与健康：七年级上册	程丕红主编	北京体育大学出版社	2005
1193	体育与健康：八年级上册	李桦主编	北京体育大学出版社	2005
1194	体育与健康：九年级上册	罗少功主编	北京体育大学出版社	2005
1195	体育与健康：高中一年级上册（教育部“十五”规划课题配套实验用书）	田茂林主编	北京体育大学出版社	2005
1196	体育与健康：高中二年级上册（教育部“十五”规划课题配套实验用书）	郑阳主编	北京体育大学出版社	2005
1197	体育与健康：高中二年级下册（教育部“十五”规划课题配套实验用书）	袁运平主编	北京体育大学出版社	2005
1198	九年义务教育三年制初级中学《体育与健康》教学参考书：三年级　4 版	《体育与健康》编写组编	福建教育出版社	2005
1199	体育与健康：七年级上册（义务教育课程标准实验云南省编课本）	云南省教育科学研究院编写	晨光出版社	2005
1299	体育（义务教育阶段）新课程校本教研问题与指导	李大春主编；魏来来等编写	陕西师范大学出版社	2005
1201	体育：初中一年级上册　2 版	孙培山主编	河南科学技术出版社	2005
1202	体育与健康教学指导用书：第 1 册（北京市义务教育课程改革实验教材：七年级）	北京教育科学研究院，北京出版社编	北京出版社、北京教育出版社	2005

序号	书　名	著　者	出版者	出版时间
1203	体育与教学指导用书:第2册(北京义务教育课程改革实验教材:八年级用)	北京教育科学研究院,北京出版社合编	北京出版社、北京教育出版社	2006
1204	体育:初中三年级上册　2版	孟宪平主编;《体育》编委会编	河南科学技术出版社	2006
1205	体育:初中四年级上册　2版	冯勇主编;《体育》编委会编	河南科学技术出版社	2006
1206	体育:二年级上学期(江西省初级中学教科书)	江西省教育厅教学教材研究室编	江西教育出版社	2006
1207	体育:三年级上学期(江西省初级中学教科书)	江西省教育厅教学教材研究室编	江西教育出版社	2006
1208	体育与健康:七年级(水平四)上册(义务教育课程标准云南地方乡土实验教材)	杨春晓主编;云南省教育科学研究院编写	晨光出版社	2006
1209	体育与健康:八年级(水平四)上册(义务教育课程标准云南地方乡土实验教材)	金云生主编;云南省教育科学研究院编写	晨光出版社	2006
1210	体育高考探索	胡建鸿等主编	江西高校出版社	2006
1211	体育与健身教学参考资料:试用本(6-7年级)	徐阿根主编	上海教育出版社	2006
1212	体育与健康教师教学用书:九年级全1册(义务教育课程标准实验教科书)	丁玉等改编	山东教育出版社	2006
1213	上海市中小学体育与健身课程标准解读	上海市中小学(幼儿园)课程改革委员会编著	少年儿童出版社	2006
1214	普通高中新课程体育与健康教学与评价指导	庄弼主编;广东省教育厅教研室编	广东教育出版社	2006
1215	新课标中学体育与健康课游戏创编和教学设计	于素梅,苏静,周宏主编	人民体育出版社	2006
1216	广东省普通高中体育与健康艺术模块教学与考核要求	广东省教育厅制订	广东教育出版社	2006
1217	中学体育与健康教材教学教案:构建运动技能的策略	何平主编	人民体育出版社	2006
1218	体育:高中二年级上册(河南省试用课本)	河南省中小学体育课本编辑委员会编	河南科学技术出版社	2006
1219	体育:高中三年级上册(河南省试用课本)	河南省中小学体育课本编辑委员会编	河南科学技术出版社	2006
1220	体育:朝鲜文.九年级(义务教育朝鲜族学校教科书)	朝鲜族中小学体育教材编写组编	延边教育出版社	2006
1221	体育:教师教学用书.朝鲜文.六年级(义务教育朝鲜族学校教科书)	朝鲜族中小学体育教材编写组编	延边教育出版社	2006
1222	体育:初中一年级下册	孙培山主编;《体育》编委会编	河南科学技术出版社	2006
1223	体育:初中二年级上册　2版	罗光远,唐国超主编	河南科学技术出版社	2006

序号	书　名	著　者	出版者	出版时间
1224	体育与健康：初中一年级上册	陈逊，李国玉主编	河南科学技术出版社	2006
1225	体育与健康：七－九年级全1册（义务教育课程标准实验教科书）	赖天德主编；陆作生等编写	地质出版社	2006
1226	体育与健康：必修全1册（普通高中课程标准实验教科书）2版	耿培新主编；人民教育出版社等编著	人民教育出版社	2006
1227	体育与健康：第1册（全日制普通高级中学教科书：必修）2版	人民教育出版社体育室编著	人民教育出版社	2006
1228	体育与健康：第2册（全日制普通高级中学教科书：必修）2版	人民教育出版社体育室编著	人民教育出版社	2006
1229	体育与健康：第3册（全日制普通高级中学教科书：必修）2版	人民教育出版社体育室编著	人民教育出版社	2006
1230	新体育教学设计与案例：水平四之九年级	毛振明，严胜华，朱万银主编；袁正仁等编写	湖北科学技术出版社	2006
1231	新体育课教学设计与案例	赵少雄著	海南出版社	2006
1232	初中新课程体育优秀教学设计与案例	吴惟奥主编；广东省教育厅教研室编	广东高等教育出版社	2006
1233	体育	本书编委会编	河南科学技术出版社	2006
1234	体育与健康：七年级上册（义务教育课程标准实验教科书）2版	王健主编；华中师范大学组编	华中师范大学出版社	2006
1235	体育与健康：八年级上册（义务教育课程标准实验教科书）2版	王健主编；华中师范大学组编	华中师范大学出版社	2006
1236	体育与健康：七年级上册．彩图（义务教育课程标准实验教科书）2版	王健主编；华中师范大学组编	华中师范大学出版社	2006
1237	体育与健康：八年级上册．彩图（义务教育课程标准实验教科书）2版	王健主编；华中师范大学组编	华中师范大学出版社	2006
1238	中学体育与健康选用教材：排球	邓树勋，庄弼主编；杨锡齐分册主编	广东高等教育出版社	2006
1239	中学体育与健康选用教材：游泳	邓树勋，庄弼主编；曲明分册主编	广东高等教育出版社	2006
1240	中学体育与健康选用教材：南拳	邓树勋，庄弼主编；李朝旭分册主编	广东高等教育出版社	2006
1241	中学体育与健康选用教材：太极拳	邓树勋，庄弼主编；李志辉分册主编	广东高等教育出版社	2006
1242	中学体育与健康选用教材：跆拳道	邓树勋，庄弼主编；李志辉分册主编	广东高等教育出版社	2006
1243	中学体育与健康选用教材：体操	邓树勋，庄弼主编；何镜芳分册主编	广东高等教育出版社	2006
1244	中学体育与健康选用教材：网球	邓树勋，庄弼主编；朱征宇分册主编	广东高等教育出版社	2006

序号	书 名	著 者	出版者	出版时间
1245	中学体育与健康选用教材:韵律活动	邓树勋,庄弼主编;许爱梅分册主编	广东高等教育出版社	2006
1246	中学体育与健康选用教材:散打	邓树勋,庄弼主编;李朝旭分册主编	广东高等教育出版社	2006
1247	中学体育与健康选用教材:轮滑	邓树勋,庄弼主编;万浩分册主编	广东高等教育出版社	2006
1248	中学体育与健康选用教材:羽毛球	邓树勋,庄弼主编;黄美好分册主编	广东高等教育出版社	2006
1249	中学体育与健康选用教材:篮球	邓树勋,庄弼主编;钟卫东分册主编	广东高等教育出版社	2006
1250	中学体育与健康选用教材:足球	邓树勋,庄弼主编;钟卫东分册主编	广东高等教育出版社	2006
1251	中学体育与健康选用教材:乒乓球	邓树勋,庄弼主编;李广泉分册主编	广东高等教育出版社	2006
1252	体育与健康教师教学用书	人民教育出版社体育室编著	人民教育出版社	2006
1253	体育与健康教师教学用书	人民教育出版社体育室编著	人民教育出版社	2006
1254	体育与健康教师教学用书	人民教育出版社体育室编著	人民教育出版社	2006
1255	全国中小学体育与健康课优秀单元教学计划选编:水平四.初中一年级	全国中小学体育教学指导委员分组编	人民教育出版社	2006
1256	全国中小学体育与健康课优秀单元教学计划选编:水平四.初中二年级	全国中小学体育教学指导委员分组编	人民教育出版社	2006
1257	全国中小学体育与健康课优秀单元教学计划选编:水平四.初中三年级	全国中小学体育教学指导委员分组编	人民教育出版社	2006
1258	体育与健康:二年级下学期(江西省初级中学教科书)	江西省教育厅教学教材研究室编	江西教育出版社	2006
1259	体育与健康:三年级上学期(江西省初级中学教科书)	江西省教育厅教学教材研究室编	江西教育出版社	2007
1260	体育与健康:三年级下学期(江西省初级中学教科书)	江西省教育厅教学教材研究室编	江西教育出版社	2006
1261	体育与健康:朝鲜文.必修全1册(普通高中课程标准实验教科书)	延边教育出版社美音体编辑室译	延边教育出版社	2007
1262	体育与健身:试用本.七年级(九年义务教育课本)2版	上海市中小学(幼儿园)课程改革委员会编	上海教育出版社	2007
1263	体育与健身:试用本.八年级(九年义务教育课本)2版	李伟民主编;上海市中小学(幼儿园)课程改革委员会编	上海教育出版社	2007
1264	体育与健身:试用本.九年级(九年义务教育课本)2版	上海市中小学(幼儿园)课程改革委员会编	上海教育出版社	2007
1265	体育与健身:试用本.基本内容.Ⅰ(高级中学课本)3版	上海市中小学(幼儿园)课程改革委员会编	上海教育出版社	2007

序号	书 名	著 者	出版者	出版时间
1266	体育与健身:试用本.基本内容.Ⅱ(高级中学课本)	李伟民主编;上海市中小学(幼儿园)课程改革委员会编	上海教育出版社	2007
1267	体育与健身:试用本.拓展内容(高级中学课本)3版	李伟民主编;上海市中小学(幼儿园)课程改革委员会编	上海教育出版社	2007
1268	初中体育游戏400例	李岩等主编	北京体育大学出版社	2007
1269	高中体育游戏300例	李岩等主编	北京体育大学出版社	2007
1270	中招体育考试实用手册	邵水潮主编;河南省基础教育教学研究室编	河南大学出版社	2007
1271	农村学校体育教学指导	邵水潮主编;河南省基础教育教学研究室编	河南大学出版社	2007
1272	体育与健康教学指导用书:第3册(北京市义务教育课程改革实验教材:九年级用)	罗希尧主编;北京教育科学研究院,北京出版社编	北京出版社、北京教育出版社	2007
1273	体育与健身教学参考资料:试用本.高中年级	曹可强主编;上海市中小学(幼儿园)课程改革委员会编	上海教育出版社	2007
1274	义务教育阶段体育(与健康)校本培训指导手册	刘永东主编;邓万金等编写	广东高等教育出版社	2007
1275	义务教育朝鲜族学校高中体育与健康课程标准:朝鲜文	延边教育出版社美音体编辑室编著	延边教育出版社	2007
1276	体育与健康:九年级上册	云南省教育科学研究院编写	晨光出版社	2007
1277	初中体育教学中的问题与对策	嵇明海主编	东北师范大学出版社	2007
1278	体育与健康:七年级下册	王健主编	华中师范大学出版社	2007
1279	体育与健康:八年级下册	王健主编	华中师范大学出版社	2007
1280	体育与健康:七年级上册	赵永忠主编	新疆科学技术出版社	2008
1281	体育与健康:八年级上册	赵永忠主编	新疆科学技术出版社	2008
1282	体育与健康:九年级上册	赵永忠主编	新疆科学技术出版社	2008
1283	体育与健康:七年级全1册	《体育与健康》编写组编	山东教育出版社	2008
1284	体育与健康:八年级全1册	山东教育出版社编	山东教育出版社	2008
1285	体育与健身教学参考资料:试用本.初中年级	徐阿根主编	上海教育出版社	2008
1286	体育与健康教师教学用书:六年级全一册	王绍谦等改编	山东教育出版社	2008

序号	书　名	著　者	出版者	出版时间
1287	体育与健康教师教学用书:七年级全一册	王绍谦等编	山东教育出版社	2008
1288	体育与健康教师教学用书:八年级全一册	王青辉等改编	山东教育出版社	2008
1289	体育与健康教师教学用书:九年级全一册	丁玉等改编	山东教育出版社	2008
1290	中学体育与健康教材教法	王启明,王海燕,李建英主编	人民体育出版社	2008
1291	体育与健康:必修全一册(高中教材)	人民教育出版社,课程教材研究所,体育课程教材研究开发中心编著	内蒙古教育出版社	2009
1292	体育与健康	《普通高中课程标准实验教科书》编写组编	中国对外翻译出版公司	2009
1293	体育与健康:全一册	缺	山东教育出版社	2009
1294	初中体育与健康	胡凌燕主编	北京师范大学出版社	2009
1295	初中《体育与健康》教学案例精选	赵伟方,马春花主编	中国标准出版社	2009
1296	北京市21世纪体育与健康教师参考用书	缺	缺	缺
1297	体育与健康教学指导用书:第7册	北京市义务教育课程改革实验教材编写组	缺	缺
1298	体育与健康教学指导用书:第8册	北京市义务教育课程改革实验教材编写组	缺	缺
1299	体育与健康教学指导用书:第8册	北京市义务教育课程改革实验教材编写组	缺	缺
1300	体育与健康:七年级全一册(义务教育教科书)	人民教育出版社,课程教材研究所,体育课程教材研究开发中心	人民教育出版社	2012
1301	体育与健康:八年级全一册(义务教育教科书)	人民教育出版社,课程教材研究所,体育课程教材研究开发中心	人民教育出版社	2013
1302	体育与健康:七年级全一册(义务教育教科书教师教学用书)	人民教育出版社,课程教材研究所,体育课程教材研究开发中心	人民教育出版社	2012
1303	体育与健康:八年级全一册(义务教育教科书教师教学用书)	人民教育出版社,课程教材研究所,体育课程教材研究开发中心	人民教育出版社	2013
1304	体育与健康:七年级全一册(义务教育教科书)	赖天德总主编,唐炎本册主编	地质出版社	2012
1305	体育与健康:八年级全一册(义务教育教科书)	赖天德总主编,刘昕本册主编	地质出版社	2013

序号	书　名	著　者	出版者	出版时间
1306	体育与健康:七年级全一册(义务教育教科书)	季浏主编	华东师范大学出版社	2012
1307	体育与健康:八年级全一册(义务教育教科书)	季浏主编	华东师范大学出版社	2013
1308	体育与健康:七年级全一册(义务教育教科书)	毛振明主编	教育科学出版社	2012
1309	体育与健康:八年级全一册(义务教育教科书)	毛振明主编	教育科学出版社	2013
1310	体育与健康教师教学用书:七年级全一册(义务教育教材)	毛振明主编	教育科学出版社	2012
1311	体育与健康教师教学用书:八年级全一册(义务教育教材)	毛振明主编	教育科学出版社	2013
1312	体育与健康:七年级全一册(义务教育教科书)	李雁群,吴健主编	河北教育出版社	2012
1313	体育与健康:八年级全一册(义务教育教科书)	李雁群,吴健主编	河北教育出版社	2013

后　记

本书是在我的博士学位论文的基础上修订出版的。当再次梳理这些文献和资料时，读博期间的那段岁月又一次清晰地浮现在我的眼前。那些年的所有收获与感动，经历过一段时光的沉淀后，并没有随风而逝，它依然留在我的心底，并将永远伴我前行。

博士阶段最大的幸运，是遇到了我的导师王华倬教授。我在那段时间里个人学识上所取得的每一个小进步，都离不开他的指点和帮助。王老师为人谦和仁厚，治学态度严谨细致，他不仅把我领进了体育学研究的大门，而且教会了我如何以宽广的处世胸怀面对学术研究和人生际遇中的一切问题。导师对我的每一份关怀和鼓励，都将永远铭记我心！

书稿的选题，缘于人民教育出版社国家社科基金重大项目子课题《百年中小学体育教科书的变迁研究》，课题组在本书稿的选题及研究结构安排上，均给了我重要的指导，并为我调研访谈和查阅资料提供了极大的帮助，在此对他们表示深深的谢意！

教科书作为发行量最大、读者最多的出版物之一，既是人类文明传承的重要工具，也是社会主流文化和意识形态渗透的主要手段。教科书应当成为教育领域不可忽视的重要研究文本，如何整理和研究我国近现代体育教科书的变迁历史，总结其发展规律，是一个值得不断深入研究下去的课题。本人对此领域略有涉猎，但仍然多有疏漏，尚有待于后续研究进一步完善。

谨将此书献给所有关心我的家人和朋友！特别感谢我的妻子李理和爱子牧言，他们一直在我身后，是我不断前行的最大动力！

蒋宏宇

2018 年 10 月